Elisabeth Heresch

Alexej, der Sohn des letzten Zaren

Elisabeth Heresch

Alexej, der Sohn des letzten Zaren

*»Warum kann ich nicht sein
wie andere Kinder...«*

*Biographie
mit neuen Dokumenten*

Mit 89 Abbildungen

Langen Müller

Die Transkription russischer Namen wurde nach der populären Schreibweise unter Berücksichtigung der korrekten Aussprache vorgenommen. Daher heißt es zum Beispiel Zarskoje Sjelo statt Carskoe Selo. Die Daten sind angesichts des Schauplatzes Rußland nach altem julianischen Kalender angegeben – außer dort, wo es anders vermerkt ist. Der orthodoxe Kalender steht dem westlichen bis 1900 um zwölf, 1900–1917 um dreizehn Tage nach (z. B. der 1. eines Monats = 14. nach westlicher Zeitrechnung). Seit dem 31. 1. 1918 sind beide Kalender gleich.

Die russische Hauptstadt bis 1918, Petersburg (russ. Sankt Peterburg), wurde mit Kriegseintritt im August 1914 in Petrograd umbenannt, 1924 in Leningrad; seit 7. 11. 1991 trägt die Stadt wieder ihren ursprünglichen Namen. Mit dem Jahre 1918 ist der Regierungssitz wie vor Peter dem Großen wieder in Moskau.

Vorsatz/Nachsatz: Im Jugendstil gestaltetes Briefmonogramm des Thronfolgers Alexej.

© 1997 by Langen Müller
in der F. A. Herbig Verlagsbuchhandlung GmbH, München
Alle Rechte vorbehalten
Umschlagentwurf: Bernd und Christel Kaselow, München,
unter Verwendung eines Fotos des Archivs für Kunst
und Geschichte, Berlin
Herstellung und Satz: VerlagsService Dr. Helmut Neuberger
& Karl Schaumann GmbH, Heimstetten
Gesetzt aus der 10/12 Punkt Palatino
Druck und Bindung: Graph. Großbetrieb Pößneck
Printed in Germany
ISBN 3-7844-2587-9

Inhalt

Vorwort

Ich flehe dich an, frag die Ärzte, ob es Anzeichen für die Bluterkrankheit gibt ...« Als der Zar das hört, schweigt er lange am Telefon, dann wiederholt er am Ende nur leise das Wort, das ihm einen Schock versetzt hat: »Bluterkrankheit ...«

In Rußland schreibt man den 31. Juli 1904. Einen Tag zuvor, am Nachmittag des 30. Juli, war in Peterhof der erste Sohn von Zar Nikolaus II. und Zarin Alexandra zur Welt gekommen: Alexej, der langersehnte Thronfolger. Vier Töchter waren in den zehn Jahren seit der glanzvollen Hochzeit des Herrscherpaares geboren worden – und kein Sohn.

Doch schon Stunden nach der Geburt die ersten Blutungen. Die Ärzte können sie nicht erklären. Zunächst macht sich niemand weitere Gedanken. Alle sind in Hochstimmung.

Großfürst Pjotr Nikolajewitsch, ein Onkel des Zaren, der auf dem Nachbargut lebt, besucht die glücklichen Eltern schon am Tag nach der Geburt und erzählt später seiner Frau auch von den Blutungen. Miliza ist die erste, die den unheilvollen Zusammenhang ahnt und den Zaren sofort anruft.

Während dieses Telefonats spricht der Zar zum ersten und einzigen Mal das Wort »Hämophilie« aus. Wir wissen nicht, was der Zar empfunden hat – in keiner Tagebucheintragung, in keinem Brief hat er dieses Wort je erwähnt. Nicht einmal in den Schreiben an seine Mutter, der er als einziger alles, was ihn persönlich und politisch bewegt hat, anvertraute. Selbst dann nicht, wenn sein Sohn dem Tode nahe war. Das Wort ist am Zarenhof zur schrecklichen Realität geworden und bis zum Tod der Zarenfamilie ein Tabu geblieben.

Alexej hat die Hämophilie von seiner Mutter geerbt, einer Enkelin von Königin Victoria von England, von der sich die Krankheit über mehrere Dynastien Europas ausbreitete. Doch in keiner Familie hat sie sich nicht nur für den Betroffenen, sondern auch für den Lauf der politischen Ereignisse so gravierend ausgewirkt wie in der Zarenfamilie.

Als Alexej zehn war, brach der Erste Weltkrieg aus. Jahre folgten, die Europas Landkarte umgestalten sollten. Schließlich fiel in Rußland – wie anderswo auch – die Krone. Doch nicht nur, um für kurze Zeit einer bürgerlichen Regierung Platz zu machen: am Ende stand ein unmenschliches Regime, das alle traditionellen russischen Werte vernichtete – und jeden, der sie repräsentierte.

Alexejs Krankheit hat Rasputin zur Macht verholfen. Denn ihm allein schenkte die Zarin ihr Vertrauen. Und während Alexej in den Kriegsjahren im Generalstab an der Seite seines Vaters allmählich in seine Rolle als Thronfolger hineinwuchs, griff Rasputin in der Hauptstadt skrupellos in wichtige politische Entscheidungen ein. Er brachte damit Rußland der Katastrophe näher – und zerstörte nach und nach auch Alexejs Erbe.

Und wieder spielte die Hämophilie eine Rolle, als der Zar am 2. März 1917 abdankte. Er tat dies für sich *und* für seinen Sohn. Denn Alexej würde, so der Hofarzt, das regierungsfähige Alter möglicherweise nicht erreichen.

Alexej war vierzehn Jahre alt, als er in einer Julinacht des Jahres 1918 vom Tschekachef Jurowskij mit zwei Kopfschüssen ermordet wurde. Seine Leiche wurde aber nie gefunden. Das hat – trotz der Dokumentation des Untersuchungsrichters Sokolow, die keine Zweifel über die Ermordung der Zarenfamilie offenläßt – bis in die Gegenwart Anlaß zu Spekulationen gegeben. Unter den angeblichen »Alexejs«, die sich als der letzte Zarensohn ausgaben, war erst vor wenigen Jahren der russische Doppelagent Goleniewski der sensationellste, der in Amerika auftrat. Im Beisein eines Journalisten inszenierte er eine ergreifende »Wiedersehensszene« mit seiner »Schwester Anastasia« (alias Frau Anderson), denn selbst er glaubte an angebliches Zarenvermögen in westlichen Banken.

8

Genetische Vergleiche mit den nun gefundenen sterblichen Überresten der Zarenfamilie bereiten solchen Spekulationen ein Ende. Doch an ihre Stelle sind politische Machenschaften um das Begräbnis der Zarenfamilie getreten. Auch nach seinem Tod bleibt Alexej somit ein Symbol des zarischen Rußland.

Angesichts der willensstarken Persönlichkeit, die der Zarjewitsch nicht zuletzt während seiner Gefangenschaft und in seinem Tagebuch erkennen läßt, muß man sich heute fragen, was aus Rußland geworden wäre, hätte Alexej je regiert. Dabei kann man sich seine Worte vor Augen halten:

»Wenn ich Zar bin, wird mich niemand anlügen. Ich werde in diesem Land Ordnung machen ...«

Prolog

Die Hochzeit des Zaren

Petersburg, am 14. November (dem 26. westlicher Zeitrechnung) 1894. Ein trüber spätherbstlicher Tag wie schon einige zuvor, die den nahenden Winter angekündigt hatten. Doch die düstere Atmosphäre, die in letzter Zeit während der wochenlangen Begräbniszeremonien für den plötzlich verstorbenen Zaren Alexander III. über der russischen Hauptstadt gelastet hatte, scheint plötzlich wie weggeblasen. Um acht Uhr früh werden die Bewohner durch einundzwanzig Salutschüsse aus ihrer Melancholie gerissen: es ist die Ankündigung der Hochzeit des neuen Zaren Nikolaus II. mit der gebürtigen Prinzessin Alix von Hessen und nunmehrigen orthodoxen Großfürstin Alexandra Fjodorowna.

Wegen dieses Ereignisses ist für den heutigen Tag, den Geburtstag der Zarinwitwe und Mutter des jungen Zaren, Maria Fjodorowna, die Staatstrauer aufgehoben worden; noch vor Anbruch der Fastenzeit, die Festivitäten verbietet, sollte der Thronfolger seine Hochzeit feiern. In Rußland ist es üblich, daß ein Zar als verheirateter Mann den Thron besteigt, aber die Ereignisse hatten sich anläßlich des unerwarteten Todes von Alexander III. überstürzt, und Nikolaus regiert de facto bereits seit über einem Monat – mit Alexandra als Braut an seiner Seite.

Das Manifest über die bevorstehende Eheschließung hat Menschen von überallher ins Zentrum der Stadt gelockt. Schon seit den Nachtstunden hatten sie sich im Bereich zwischen Winterpalais und dem Njewskij-Prospekt, wo die Brautleute im Anitschkow-Palais vorläufig eingezogen waren, gesammelt, um wenigstens einen Blick auf das neue Zarenpaar zu werfen.

11

Andere harren vor der Kasan-Kathedrale aus, wo der Brautzug nach der Trauung im Winterpalais erwartet wird. In dichtem Gedränge werden hastig Stühle aufgestellt und Podeste errichtet.

Entlang der vorgesehenen Route werden Kordons verschiedener Militäreinheiten gebildet, die in ihren blauen, roten und grünen Galauniformen Spalier stehen. Als Nikolaus, begleitet von seinem Bruder, Großfürst Michail Alexandrowitsch, in Husarenuniform erscheint, brausen die ersten Begeisterungsrufe auf. Beim Anblick der nachfolgenden von acht Schimmeln gezogenen weißen Brautkutsche ist die Menschenmenge kaum mehr zu bändigen. Es ist ein majestätisches Bild, das sich ihr bietet – die Zarenkrone auf der Kutsche, deren bunte Edelsteine funkeln; sie wird von acht Reitern in roter Livree mit goldbesticktem Emblem, das sich auf den roten Samtdecken der mit Federbuschen geschmückten Pferde wiederfindet, geführt. Dahinter in mit kostbaren Gemälden von Watteau und Boucher verzierten Kutschen die anderen Mitglieder des Kaiserhauses, die Großfürstinnen in traditioneller Hoftracht mit Katharinenorden, ihr Umhang je nach Rang und Grad der Verwandtschaft zum Zaren in unterschiedlichen Farben. Dazwischen Galauniformen und prunkvolle Livrees: Prachtentfaltung nach dem Protokoll der Zarin Katharina II., die der Erweiterung des russischen Reiches – das nun ein Sechstel der Erde umfaßt – auch durch äußeren Prunk symbolischen Ausdruck verleihen wollte.

Wie Katharina ist auch Alexandra fremd in dieses Land eingezogen. Während ihrer Fahrt zum Winterpalais ziehen die Bilder der vergangenen Ereignisse, die sich förmlich überschlagen hatten, in der Erinnerung der Braut wie ein Film vorbei.

Alles hat sich so rasch entwickelt. Begegnet war sie dem Thronfolger schon als junges Mädchen; der elegante und sprachgewandte Nikolaus hatte sich ebenfalls sogleich in das um vier Jahre jüngere, hübsche, aber schüchterne Mädchen verliebt. Als sie sich durch die Besuche bei ihrer älteren, mit einem seiner Onkel verheirateten Schwester Ella wiedersahen, stand für Nikolaus fest: Alix und niemand anderen wollte er heiraten.

Vergeblich die Versuche seiner Eltern, ihm andere Bräute – etwa Hélène d'Orléans aus dem verbündeten Frankreich – schmackhaft zu machen. Oder wenigstens Margarethe, Prinzessin von Preußen. »Bevor ich diese Bohnenstange heirate, werde ich lieber Mönch«, drohte Nikolaus und setzte auf Zeit. Vergeblich auch die Versuche von Alix' Vater und der resoluten Großmutter, Queen Victoria von England, die nach dem Tod von Alix' Mutter fürsorglich, aber bestimmt die Zügel in der Hand hielt, der jungen Prinzessin Gedanken an Rußland aus dem Kopf zu schlagen: »Rußland ist ein unzivilisiertes Land«, pflegte sie zu argumentieren, »unsicher und verkommen...« – wohl angesichts der in ihren puritanischen Augen »schockierenden« russischen Ungezwungenheit und der sich ungeachtet der Reformansätze häufenden Attentate und Komplotte, vor denen ein Zar nicht einmal im eigenen Haus sicher sein konnte. »Und das Klima verdirbt nur die Gesundheit«, fügte sie warnend hinzu, wenn schon politische Argumente wie »Rußland ist Englands Antagonist« oder persönliche Antipathien (»Ich hasse den fetten Zaren!« – nämlich Alexander III.) nichts fruchteten. Aber was kümmerte ein verliebtes Paar, ob die Kolonien des britischen Empire durch die aufkommende Großmacht Rußland bedroht sein mochten?

Alle Bemühungen der Queen, Alix mit ihrem Enkel Eddie[1] und dem damit in Aussicht stehenden Titel einer Königin von England und Irland und Kaiserin von Indien zu locken, prallten ab: zu unauslöschlich war die Erinnerung an den Zauber der Petersburger Tage und Nächte und an den gutaussehen-

---

[1] Albert Victor, ältester Sohn von Albert Edward (später König Edward VII.); er starb, bevor er nach Edwards VII. Tod den Thron besteigen konnte; daher folgte ihm sein jüngerer Bruder George (König George V.) nach.

den, charmanten, die junge Prinzessin mit Humor, Klavierspiel und Geduld umwerbenden Zarjewitsch.

Eddie, nicht minder in Alix verliebt als Nikolaus, schien seine Niederlage leichter zu nehmen als seine besorgte Großmutter: noch während (vergebliche) Anbahnungsversuche zur (auch von englischer Seite bemühten!) Prinzessin von Orléans im Gange waren, die schließlich an der starren konfessionellen Haltung der Katholiken scheiterten, schrieb Eddie bereits heiße Liebesbriefe an eine weitere Auserwählte. So schied er als Hindernis für Alix und Nikolaus endlich aus, der den Fall aus der Ferne aufmerksam verfolgt hatte und das Ergebnis in seinem Tagebuch befriedigt abhakte.

Konfessionelle Bedenken waren es auch, die Alix selbst im Weg standen, ihren Gefühlen und dem Wunsch von Nikolaus nachzugeben. Sie fühlte sich, bereits von Jugend an tief religiös, so stark ihrer protestantischen Religion verpflichtet, daß sie sich nicht vorstellen konnte, zum orthodoxen Glauben überzutreten, wie es von der Braut eines russischen Thronfolgers verlangt wurde.

Doch dann traten die Ereignisse ein, die den Lauf der Dinge beschleunigten. Im Frühjahr des Jahres 1894 – also ein halbes Jahr vorher – heiratete Alix' Bruder Ernst Ludwig, Großherzog von Hessen. Nikolaus – ursprünglich nicht als Gast vorgesehen – setzte durch, seine Onkel nach Coburg zu begleiten, wo die Hochzeit stattfand. Und dort spielte er auf allen Registern seiner Überredungskunst. Mit Erfolg: Alix hatte plötzlich keine Bedenken mehr, und noch während der Hochzeitsfeier ihres Bruders wurde ihre Verlobung mit dem russischen Thronfolger bekanntgegeben.

Es folgte die Brautzeit wie ein schöner, aber kurzer Traum. Ein unbeschwerter Sommer in England, wo Nikolaus Alexandra besuchte und mit kostbaren Verlobungsgeschenken überhäufte. Die Schmuckstücke waren vom Hofjuwelier Carl Fabergé gefertigt – die größten Aufträge, die er je erhielt. Alix nahm Unterricht in der russischen Sprache und beschäftigte sich unter der Führung des russischen Hofgeistlichen mit der orthodoxen Religion, während Nikolaus in Rußland an den üblichen Manövern im Sommertrainingslager von Krasnoje Sjelo teilnahm und von dort seiner Braut innige und zugleich heitere Liebesbriefe schrieb. Eine Weile, so schien es, würden die beiden ihre Verlobungszeit genießen und sich auf ihre künftige Rolle vorbereiten können.

Doch bald kam das düstere Erwachen. Zar Alexander, erst im neunundvierzigsten Lebensjahr, erkrankte schwer. Die chronische innere Verletzung, die er sich Jahre zuvor bei einem Zugunglück zugezogen hatte, wurde akut. Der Mann mit der sprichwörtlichen Stärke, der nicht nur sein Reich mit fester Hand regierte, sondern auch Silbergabeln mühelos biegen konnte, erlitt nach den sommerlichen Manövern einen Schwächeanfall. Die Gäste der traditionellen Herbstjagd konnte er nur mit Mühe unterhalten. Der herbeigerufene Hofarzt erwies sich als wenig treffsicher in seiner Diagnose, ja zeigte sich vielmehr um den eigenen Gesundheitszustand besorgt: er beklagte, sich nicht wohl zu fühlen, weil er unausgeschlafen sei: die Turmuhr des Jagdschlosses störe ihn im Schlaf.

Entsprechend dem Rat, sich in wärmerem südlichem Klima zu erholen, begab sich der Zar auf den Weg nach Griechenland. Doch unterwegs verschlechterte sich das Befinden Alexanders derart, daß man in der sommerlichen Residenz Livadia auf der Krim anhalten mußte. Eilig wurde nach der Braut des Thronfolgers gesandt, die nun tagelang an seiner Seite das qualvolle Dahinscheiden Alexanders miterlebte. Und wieder wurde dieser unfähige Arzt gerufen, der sich mit seiner merkwürdigen Angewohnheit, sich auf dem Weg zum Kranken in jedem Zimmer hinsetzen zu müssen, den Unmut nicht nur derer zuzog, die ihm durch alle Räume Stühle bereitstellten. Und als der allseits verehrte Zar schließlich starb, wurde das Moskauer Haus des Arztes Ziel von Anschlägen – er selbst entging nur knapp der Lynchjustiz.

Zar Alexander III. hatte noch in den letzten Lebensstunden seinem Sohn Nikolaus, der auf eine so plötzliche Thronübernahme nicht vorbereitet war, einige staatspolitische Grundsätze ans Herz gelegt. Sie sollten dem jungen Thronfolger ein Vermächtnis sein, das er vor allem in seinen ersten Regierungsjahren bewahren wollte:

»Bewahre die Autokratie«, klangen Alexanders Worte noch lange nach, »denn sie ist für Rußland die traditionelle Staatsform; wenn sie fällt, wird es eine Welle der Unruhen und Chaos geben... Vermeide Kriege; bewahre Neutralität – Rußland hat keine Freunde: man fürchtet die Größe unseres Reiches. Schütze die Kirche, denn nicht nur einmal hat sie Rußland gerettet. Höre Dir alle an, aber folge nur Deinem Gewissen und Deiner Verantwortung vor Gott...« Als der Zar starb und alle Familienmitglieder der Tradition entsprechend dem Thronfolger Nikolaus die Hand küßten, brach der junge Mann im Bewußtsein, nun so plötzlich die übergroße Last der Verantwortung auf sich nehmen zu müssen, zusammen. Als er die Salutschüsse für den soeben verschiedenen Zaren vernahm, erschrak er. Und schon waren vom Hafen her Männerstimmen zu hören: sie sangen dem neuen Zaren die Hymne und leisteten den Treueeid auf ihn, Zar Nikolaus II. Das war am 20. Oktober – in Westeuropa 1. November – 1894.

Auch Alexandra, wie Alix sich nun nennt, hatte Nikolaus in dieser Zeit wenig helfen können. Im Palast von Livadia herrschte Chaos. Ständig waren Entscheidungen zu treffen, doch Nikolaus war noch unsicher, was zu tun war. Die Zarinmutter, die agieren sollte, war dazu nicht imstande. Das Hofpersonal war konfus und saß weinend herum. Es ging vor allem darum, die Überführung der sterblichen Überreste von Alexander III. nach Petersburg und die anschließenden Begräbniszeremonien zu organisieren. Endlich war es soweit. Der Begräbniszug setzte sich von Yalta aus erst per Schiff nach Sewastopol und von dort per Bahn Richtung Norden in Bewegung. Unterwegs wurde der Zug viele Male für die Abhaltung von Trauergottesdiensten angehalten. In Moskau begab sich der Trauerzug zum Kreml. Als die Bevölkerung die junge Braut des Thronfolgers zum ersten Mal sah, fürchteten manche, es sei ein unheilversprechendes Omen, daß die künftige Zarin unter einem Trauerschleier in ihre neue Heimat einzog... All das, die Wochen und Tage bis zum Begräbnis des Zaren, gleicht in der Erinnerung Alexandras einem bösen Traum. Erst jetzt, am Hochzeitstag, hellt sich die düstere Atmosphäre der letzten Zeit auf, die das Glück des Brautpaares, endlich zusammenzusein, getrübt hatte.

Indessen ist Alexandra im Winterpalais angelangt. Im grünen Malachitsaal werden ihr zu ihrem weißen, mit Diamanten übersäten Brautkleid vor dem Spiegel der Zarin Anna[1] die Kronjuwelen angelegt. An der Schulter wird das Band mit dem Katharinenorden befestigt, der ihr anläßlich der Verlobung mit dem Zarjewitsch verliehen worden war. An die kleine diamantene Brautkrone werden der kurze und ein langer Brautschleier festgesteckt, der in langen Kaskaden zu Boden fällt. Der Purpurmantel, den man ihr über die Schultern legt, ist so schwer, daß sich Alexandra ohne die Hilfe der Träger gar nicht von der Stelle bewegen kann. Währenddessen haben sich die angrenzenden Säle des Winterpalais mit den etwa achttausend geladenen Gästen gefüllt, die sich erwartungsvoll versammeln.

Eine bunte Festgesellschaft ist je nach gesellschaftlichem oder militärischem Rang über den Georgssaal, die Feldherrnhalle, die Rüstkammer und den Konzertsaal verteilt. Weiße Uniformen mit Goldepauletten, rote, blaue und gelbe Uniformen der Garderegimenter mit leuchtenden Orden zwischen schweren Satin- und Samtroben weiblicher Gäste, auf deren Haut kostbare Juwelen funkeln. Zwischen stolzen Generälen und Admirälen der hoheitsvolle Metropolit mit dem wallenden Bart und der goldenen Mitra. Hier Dschingis Khan, ein Nach-

---

[1] regierte 1730–1740

komme des legendären Tatarenführers, dort der König von Siam, Freund und Verbündeter des russischen Kaiserhauses, da Mitglieder des englischen Königshauses und deutscher Fürsten- und Herzogshäuser, zwischen ihnen die markante Gestalt des Metropoliten von Jerusalem im langen blauen Seidenchalat, ferner der Oberrabbiner der kaukasischen Karaimjuden und das greise Oberhaupt der Mohammedaner, abseits der lärmenden Gesellschaft in entrückte Kontemplation versunken. Salutschüsse beenden abrupt das Stimmengewirr. Dreiundfünfzig Salven kündigen den Beginn der Trauungszeremonie an. Die Gesellschaft formiert sich zur Prozession, durch die sich der Zeremonienminister mit den kaiserlichen Insignien aus purem Gold, dem diamantenen Reichsadler und der Zarenkrone, den Weg bahnt. Ernst und blaß, aber überirdisch schön wirkt Alexandra an der Seite des jungen Zaren. Die Trauungszeremonie in der Palastkapelle, die bei weitem nicht allen Gästen Platz bieten kann, beeindruckt besonders diese junge Zarin – nicht nur ihrer Herkunft aus einer eher nüchternen Umgebung wegen, sondern vor allem durch ihren Hang zur mystischen und religiösen Welt. Nach dem orthodoxen Ritus werden die Ringe noch in der althergebrachten Form gewechselt: dabei erhält der Bräutigam den goldenen Ring, der die Sonne mit ihrer Kraft und Stärke symbolisiert, und die Braut den silbernen, der den Mond versinnbildlicht, der das Licht der Sonne reflektiert. Die Brautleute haben aus einem Kelch mit rotem Wein und Wasser zu trinken – was die Bereitschaft bedeuten soll, von nun an Freude und Schmerz zu teilen.

Wegen der nur bedingt aufgehobenen Staatstrauer findet anschließend kein Empfang oder Ball statt, nachdem für die Verwandten und Gäste aus dem Ausland am Vorabend eine Tafel gegeben worden war. So begibt sich das frisch vermählte Zarenpaar unter Hochrufen der sich am Straßenrand drängenden Menschenmenge nach einem kurzen Aufenthalt bei der Kasaner Kathedrale zu seiner vorläufigen Residenz. Vor dem Anitschkow-Palais vorfahrend, werden sie von der Zarinmutter traditionsgemäß mit Brot und Salz empfangen. Einige der älteren englischen Verwandten mögen sich daran erinnern, daß auch zum Zeitpunkt der Hochzeit von Alexandras Mutter, Prinzessin Alice, Hoftrauer verhängt war: kurz zuvor war deren Vater, Prinzgemahl Albert, gestorben, und viele der in Schwarz erschienenen Hochzeitsgäste waren davon noch so berührt, daß sie während der Trauung laut schluchzten – was die nunmehr verwitwete Königin Victoria zum Kommentar veranlaßte, es hätte eher Begräbnisatmosphäre als Hochzeitsstimmung geherrscht.

Wegen der kurzfristig angesetzten Hochzeit verfügt das neue Herrscherpaar noch über keine eigene Residenz. Da Nikolaus wie zuvor Zar Alexander III. sich im Winterpalais mit seinen überdimensionalen Räumen nicht wohlfühlt, nimmt er dort nur seine Amtsgeschäfte wahr und residiert mit Alexandra vorläufig im Palais seiner Mutter, bis die Räume des Alexander-Palais in Zarskoje Sjelo bereit sein würden. Daß Zarskoje Sjelo außerhalb der Stadt gelegen ist, stört Nikolaus wenig. Zu seinem Vater hatten die Minister noch weiter reisen müssen: Alexander hielt sich gewöhnlich in Gatschina auf. Dort konnte er frühmorgens im Wald Pilze zu sammeln und im Herbst nach Mitternacht bis in die frühen Morgenstunden bei Fackellicht am großen Teich fischen.

Das Reich von Zar Nikolaus II.

So lebt die junge Zarin im Anitschkow-Palais Seite an Seite mit ihrer Schwiegermutter, Maria Fjodorowna. Der Gegensatz der beiden Persönlichkeiten könnte nicht größer sein. Der weltgewandten, charmanten, lebenslustigen und beliebten Zarinmutter steht die schüchterne, puritanische und steife junge Zarin gegenüber. Zu diesen kontrastierenden Charakteren kommt noch der Umstand hinzu, daß nach russischer

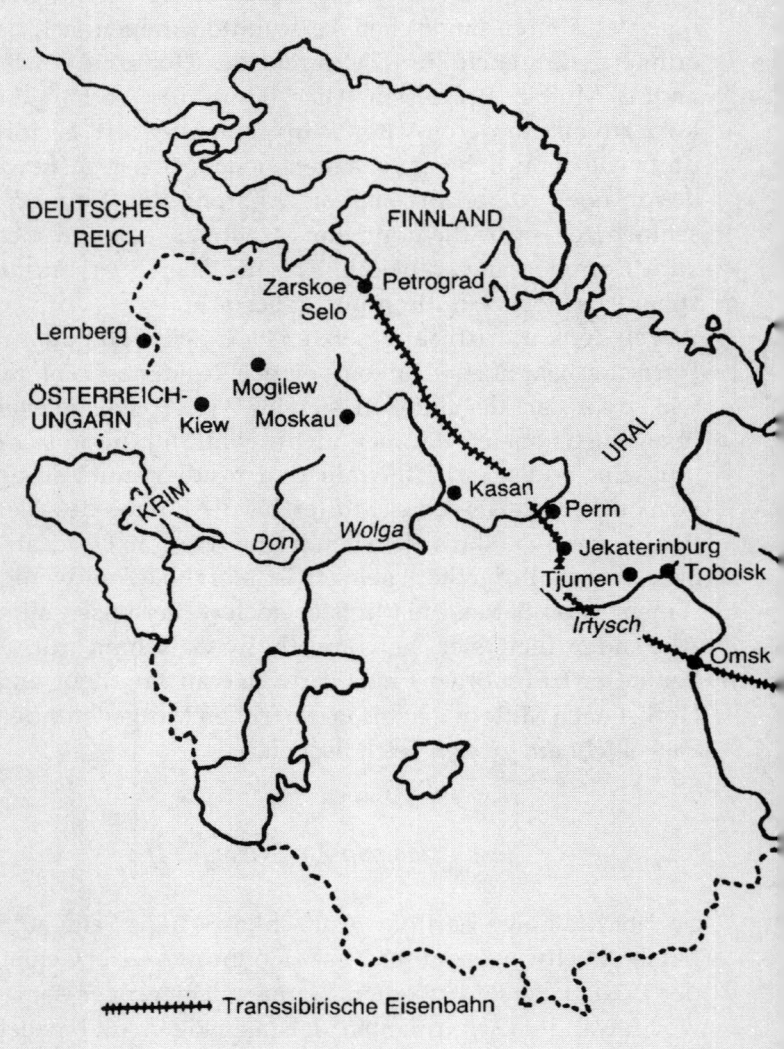

DEUTSCHES
REICH

FINNLAND

Zarskoe
Selo

Petrograd

Lemberg

ÖSTERREICH-
UNGARN

Mogilew

Kiew

Moskau

URAL

KRIM

Kasan

Perm

Don

Wolga

Jekaterinburg

Tjumen

Tobolsk

Irtysch

Omsk

╫╫╫╫╫╫╫╫╫ Transsibirische Eisenbahn

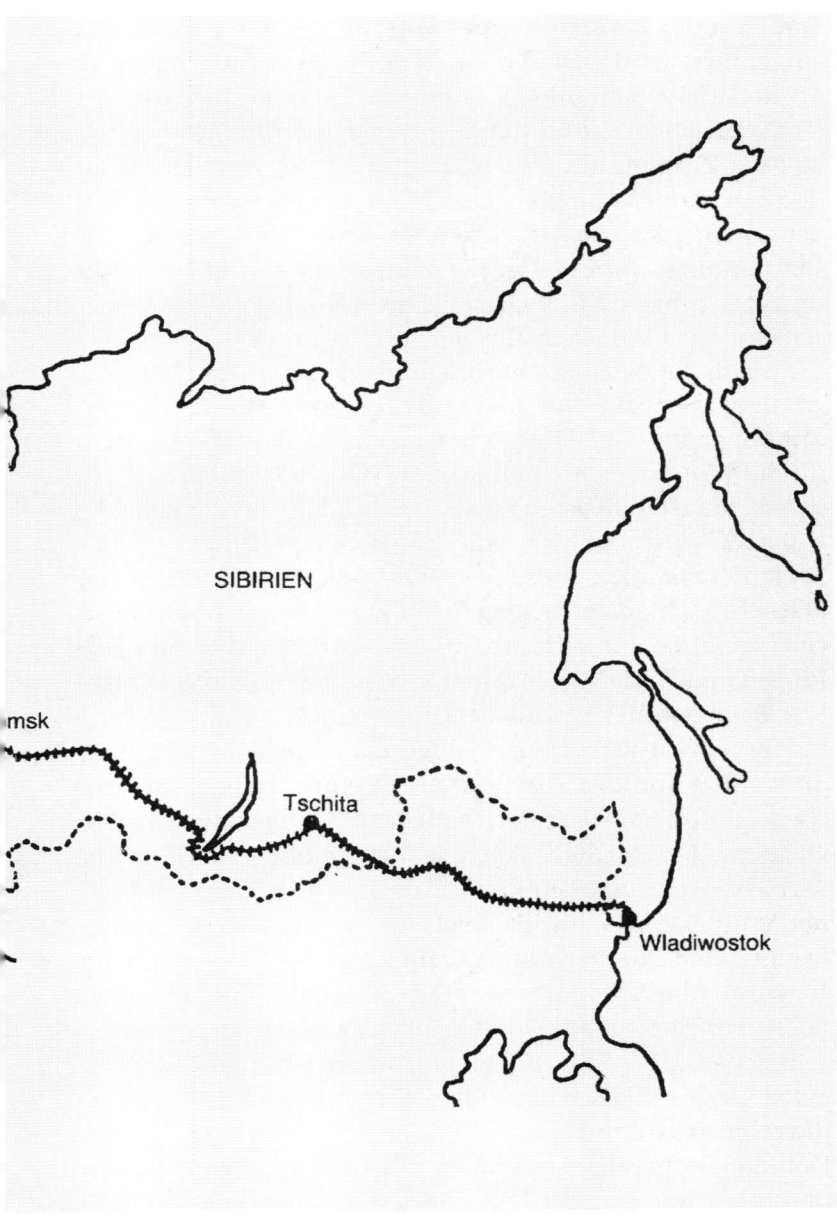

SIBIRIEN

msk

Tschita

Wladiwostok

Tradition der Zarinmutter der Vorrang vor der neuen Zarin eingeräumt wird. Der Zar hat bei offiziellen Anlässen seine Mutter am Arm zu führen, erst danach kommt die Zarin, geleitet von einem der Großfürsten. Auch die Kronjuwelen stehen der Zarinmutter zu deren Lebzeiten an erster Stelle zu und erst dann der jungen Zarin. Mehr als unter diesen Äußerlichkeiten jedoch leidet Alexandra unter der Tatsache, daß sich der junge Zar in erster Linie mit seiner Mutter berät. Mit ihr hat er sich von Kindheit an tiefer verbunden gefühlt als mit seinem Vater. Vor allem aber sucht Nikolaus in seiner Mutter die politische Beraterin, nachdem sie vierzehn Jahre lang Zarin an der Seite von Zar Alexander III. gewesen war.

Mit seinen politischen Ansichten stellt Nikolaus die Weichen für die Regierung der kommenden Jahre. Er läßt sich dabei in den wichtigsten Belangen noch weitgehend von der Haltung leiten, die er von seinem Vater übernommen hat. Zum Großteil stimmt er auch mit seiner Mutter überein, mit der er fast alles bespricht, da er sich zu Recht in vielem noch sehr unsicher fühlt und zugleich den auf ihn einstürmenden Empfehlungen und Forderungen seiner Verwandten, vor allem Onkel (der Brüder seines Vaters), begegnen muß.

Innenpolitisch versucht der junge Zar in dieser ersten Zeit, unterstützt von der Zarinmutter, an einer straffen autokratischen, föderalistischen Tendenzen entgegenwirkenden Ordnung festzuhalten. Auch in außenpolitischer Hinsicht herrscht weitgehend Einklang zwischen dem Zaren und seiner Mutter, so zum Beispiel im Mißtrauen gegenüber Deutschland und der Abneigung gegenüber Kaiser Wilhelm II., worin Maria Fjodorowna als gebürtige Dänin ihren Sohn noch übertrifft. Allerdings ist Nikolaus gezwungen, entgegen seinen persönlichen Gefühlen und seiner intuitiven Vorsicht, einen Modus vivendi mit Wilhelm, zudem sein und Alexandras Cousin, zu finden.

Der Mangel an echten freundschaftlichen Gefühlen zwischen der russischen und der herrschenden preußischen Dynastie beruht – stellvertretend für die wechselvolle deutsch-russi-sche Geschichte – auf Gegenseitigkeit. Er geht auf die Zeit zurück, als der Bismarcksche deutsch-russische Beistands-pakt bei Regierungsantritt von Wilhelm II. nicht mehr verlän-gert wurde. Seit damals – das war 1888 – hat sich Rußland statt dessen stärker nach Frankreich orientiert. Schon in jenen Jah-ren, in denen Nikolaus um die zwanzig war, hat er wohl un-ter dem Einfluß seines Vaters persönlich wenig Sympathie für den Kaiser entwickelt. Wilhelm pflegte über Zar Alexander III. als »barbarischen Muschik« zu sprechen. In seinem mit »Liebster Nicki!« eingeleiteten Beileidsschreiben verleiht er umso überschwenglicher seiner »tiefen Erschütterung« Aus-druck über das plötzliche Ableben »Deines lieben, teuren Pa-pas, der dem meinen so ähnlich gewesen ist...«.

Auch in der Folgezeit unternahm Wilhelm alles, um das Ver-trauen seines jüngeren russischen Vetters zu gewinnen. Er tritt in regelmäßigen Briefen als Berater auf, wobei er seinen jün-geren und weniger erfahrenen russischen Cousin in dessen außenpolitischen Entscheidungen zu kontrollieren und zu manipulieren sucht. Wilhelm geht es darum, eine Umklam-merung Deutschlands durch enge russische Bindung an Frankreich und England zu vermeiden und ein Engagement Rußlands am Balkan auszuschließen. Obwohl Nikolaus sich des Gefühls nicht erwehren kann, daß Wilhelm nicht wirklich zu trauen sei, fühlt er sich ihm dennoch nicht gewachsen.

Was England betrifft, empfindet Nikolaus hingegen ungeach-tet der Herkunft seiner jungen Frau und der angenehmen Er-innerungen, die ihn mit den Besuchen bei den englischen Ver-wandten verbinden, weniger Sympathien als seine Mutter. Maria Fjodorownas Schwester Alexandra ist mit Queen Vic-torias Sohn Edward, ab 1901 König Edward VII., verheiratet. Auch in Hinblick auf die unterschwelligen Gefühle des Mißtrauens gegenüber England sollte die Intuition den Zaren nicht trügen. Schon wenige Jahre später wird es sich als schlechter Verbündeter erweisen – und das nicht nur im Russisch-Japanischen Krieg; England sollte auch über den Weiterbestand des Zarenreiches und darüber hinaus über Leben und Tod der Zarenfamilie mitentscheiden.

Die Zarinmutter und den jungen Zaren verbindet dafür wiederum die Sympathie zu Frankreich, das zu diesem Zeitpunkt – außer Montenegro und Siam, wie Zar Alexander III. einmal scherzend bemerkte – den einzigen politischen Freund Rußlands darstellt.

Wie die ständige Korrespondenz, die Nikolaus und seine Mutter Maria Fjodorowna bald nach dem Auszug aus dem Anitschkow-Palais bis kurz vor seinem Tod führen, deutlich macht, nimmt der junge Zar eine striktere Haltung als seine Mutter ein, wenn es um die Wahrung der Staatsinteressen geht. Da der Einfluß der Zarinmutter kein Geheimnis ist, gelangen zahlreiche Interventionen von Privatpersonen zuerst an sie in der Hoffnung, durch ihre Fürsprache beim jungen Zaren die Erfüllung der Petition zu erreichen.

So geht aus dem Briefwechsel zwischen Mutter und Sohn hervor, daß Nikolaus in einem Fall bereit ist, einer durch das leichtsinnige Verschleudern von Vermögen durch ihren Sohn mittellos gewordenen betagten Mutter eine staatliche Pension zukommen zu lassen. Dagegen entscheidet Nikolaus ungeachtet der Beschwörungen der Zarinmutter, immer schützend seine Hände über die Aristokratie zu halten, negativ. Bei ihrer Parteinahme für den Adel handelt es sich nicht um Standesdenken, sondern um die Erkenntnis, daß in Rußland, anders als in Westeuropa, der Adel zum Dienst an der Krone und damit auch zur Unterstützung der Dynastie verpflichtet ist.

Dennoch entscheidet Nikolaus zum Beispiel, als sich Maria Fjodorowna um die Annullierung der Kreditschuld und noch dazu Gewährung eines hohen neuen Kredits für einen adeligen Gutsbesitzer engagiert, negativ. Diese Haltung nimmt Nikolaus auch später ein, als es um Angelegenheiten seiner nächsten Familienangehörigen geht. Andererseits beugt sich Nikolaus, vor allem in seinen ersten Regierungsjahren, meist

24

dem Druck der erwähnten zahlreichen Onkel. Ihnen kann er sich kaum widersetzen, denn er meint, ihnen als Brüdern seines verstorbenen Vaters den entsprechenden Respekt und Gehorsam nicht verweigern zu können.

Nikolaus hat von Alexander III. Rußland in einem außerordentlich prosperierenden und erfolgversprechenden Zustand übernommen. Die Leibeigenschaft, die ursprünglich eingeführt wurde, um nomadisierende Bauern an eine Scholle zu binden, war 1861 von Nikolaus' Großvater, Zar Alexander II., aufgehoben worden. Dieser Schritt hatte den Weg zu Reformen für die Gleichstellung des Bauernstandes und zur Überwindung der krassesten sozialen Gegensätze geebnet. Durch die Ermordung von Alexander II. waren diese Reformen jedoch vorübergehend unterbrochen.

Das Attentat gegen diesen sogenannten »Befreier-Zar« kann im übrigen als Beispiel dafür gelten, daß es Anarchisten und Revolutionären in Rußland nicht um die Verbesserung der Zustände ging, sondern um die Zerstörung des Zarismus an sich. Diesen Personenkreisen war daher jede Reformtätigkeit eher unwillkommen, denn sie entzog ihnen den Boden für ihre oppositionelle Agitation. Das wird auch Zar Nikolaus bald zu spüren bekommen, als einer seiner Minister das abgebrochene Reformwerk von Alexander II. wieder aufnehmen und weiterführen und dadurch eben jenen Anarchisten zum Opfer fallen wird, deren regierungsfeindlicher Agitation er den Wind aus den Segeln nimmt.

Die wirtschaftliche Grundlage für eine erfolgreiche Regierungszeit ist jedoch unbestreitbar gegeben. Die Weichen für diese positive Entwicklung zwischen 1895 und 1914 in Rußland hat zum Großteil der fähigste Minister im Kabinett von Zar Nikolaus II., Sergej Witte, gestellt, der bereits unter Alexander III. gewirkt hatte. Witte setzt auf die Bindung ausländischen Kapitals für die Modernisierung der eigenen Industrie statt auf Importe, um den Staatshaushalt zu entlasten. Der Export der veredelten Landwirtschaftsprodukte wird verdreifacht, das Staatsbudget durch Importzölle geschont. Zur Erschließung und Ausbeutung des russischen Ostens wird der Bau der fast zehntausend Kilometer langen transsibirischen Eisenbahnlinie innerhalb weniger Jahre vollbracht, das Bahnnetz privatisiert und je nach Regionen auf verschiedene Gesellschaften aufgeteilt. Um die Jahrhundertwende existieren in Rußland fast dreihundert Aktiengesellschaften mit ausländischem Kapital. Drei Millionen Russen sind in der Industrie beschäftigt, allerdings noch immer zwei Drittel der Bevölkerung in der Landwirtschaft. Der Zar gibt zur Erweiterung des Standes Selbständiger Gebiete seines privaten Grundbesitzes für Bauern frei, um ein Beispiel zu setzen, dem der Landadel allerdings nur zögernd folgt. Auch die per Gesetz erlassenen sozialen Begleitmaßnahmen greifen nur langsam, und so steht dem Prozeß der sozialen Harmonisierung innerhalb der weitläufig verstreuten Bevölkerung noch ein langer Weg bevor.

Doch immerhin gilt schon zur Jahrhundertwende die russische Handelsbilanz als aktiv. Der Rubel ist konvertible Goldwährung und zwei amerikanische Dollar wert. Bis 1914 übersteigen die Goldreserven als Deckung die in Umlauf befindliche Währung bei weitem. Dank großzügigem Mäzenatentum entspricht der florierenden Wirtschaft ein blühendes, vielfältiges kulturelles Leben, dem diese Ära den Namen »Silbernes Zeitalter« verdankt.

Selbstbewußt schenkt der Zar den Expansionsplänen seiner Berater in Fernost Aufgeschlossenheit. Seit dem Chinesisch-Japanischen Krieg, in welchem Rußland sich auf die Seite Chinas stellte, hält Rußland das Vorrecht für Bau und Kontrolle der Chinesischen Ostbahn durch die Mandschurei und ab 1898 auch für die Südmandschurische Eisenbahn von Harbin bis Dairen. Die chinesische Halbinsel Laotung mit dem eisfreien Hafen Port Arthur sowie Formosa und Korea stehen unter russischer Kontrolle.

An den Westgrenzen des Reiches sucht der Zar Stabilität und

die Erhaltung des Status quo. Mit Österreich-Ungarn schließt er ein »Stillhalteabkommen« am Balkan, das er 1903 anläßlich eines persönlichen Besuchs beim österreichischen Kaiser Franz Joseph auf dessen Jagdsitz Mürzsteg erneuert. Durch seine Agenten über Aufrüstung sowohl in Österreich-Ungarn als auch im deutschen Kaiserreich auf dem laufenden gehalten, entschließt sich der Zar zu einer Initiative. Er lädt in einer Note an die Regierungen in aller Welt mit dem Hinweis »auf die wirtschaftlichen, finanziellen und moralischen Folgen des Wettrüstens« zu einer Konferenz über »Abrüstung und internationale Friedenserhaltung« ein. Bemerkenswerterweise reagieren gerade Deutschland und England negativ. Doch zwanzig europäische Staaten sind bereit – neben Amerika, Mexiko, Japan, China, Siam und Persien – mit Rußland 1899 an der Konferenz in Den Haag in der »Kammer des Internationalen Schiedsgerichts« teilzunehmen. Das Ergebnis ist unter anderem eine Konvention zur Landkriegsordnung mit Regeln der Kriegsführung, Schutz der Zivilbevölkerung, Giftgasverbot u. a. Vor allem aber ist nun der »Ständige Schiedshof« zur Klärung zwischenstaatlicher Streitfragen ins Leben gerufen.

1907 findet eine »Zweite Internationale Friedenskonferenz« statt. Deren Konvention wird von vierundvierzig Staaten unterzeichnet. Die Signatarmächte verpflichten sich, »um in den internationalen Beziehungen die Anwendung von Gewalt zu vermeiden, alle ihre Bemühungen zur Schlichtung internationaler Streitigkeiten mit friedlichen Mitteln anzuwenden...« Nikolaus meint, nun ein übernationales Forum zur Sicherung des Friedens geschaffen zu haben. Später werden nur mehr ein überlebensgroßes Gemälde des Zaren und sein Name auf einer Gedenktafel im Großen Sitzungssaal des Haager Gerichtshofes und in der Liga der Vereinten Nationen in New York an die wohlgemeinte Idee erinnern.

Die Krönung des Zaren

Nach dem Trauerjahr nach Zar Alexanders Tod im Jahre 1894 findet im Mai 1896 die offizielle Krönung von Nikolaus II. zum Zaren statt. Trotz des Regierungssitzes seit Peter dem Großen in Petersburg wird sie traditionell in Moskau abgehalten. Denn hier hat vor über dreihundertfünfzig Jahren erstmals Iwan der Schreckliche den Titel »Zar von ganz Rußland« angenommen. Für die Menschen überall im Land bedeutet dieser nach byzantinischem Ritus gestaltete Akt ein großes Ereignis, und das Bewußtsein, dabeizusein oder auch nur einen Blick auf den »von Gott Gesalbten« zu erhaschen, ist eine weite Reise wert. Aber auch Abgesandte ausländischer Höfe berichten von der Krönung des Zaren als dem »prunkvollsten und eindrucksvollsten Geschehen«, das sie je erlebt hätten. Für das große Ereignis erstrahlt die alte Hauptstadt in frischem Glanz, Fassaden sind restauriert und Staatswappen blankgeputzt. Am 14./26. Mai 1896 ist es soweit. Die Menschen an der Einzugsroute zum Kreml werden von je zwei Kordons mit den Gardehusaren des Zaren zurückgehalten. Die Eliteregimenter, Kavallerie der Kaiserlichen Garde und endlich die stolze Kosakenleibgarde kündigen die Ankunft des Zaren an. Nikolaus reitet hinter den prunkvoll gekleideten Adjutanten, dem Hofminister und den Würdeträgern unter den Klängen der Hymne in der nur mit dem Andreasorden dekorierten blauen Uniform des Preobraschenskij-Regiments auf seinem Apfelschimmel ein. Weiß gilt als die Farbe des Zaren, Weiß symbolisiert den »wahren« (orthodoxen) Glauben, daher ist auch das Pferd auf den russischen Ikonen des hl. Georg, wie es sich auch im Zentrum des russischen Doppeladlers findet, weiß. Diese Farbe wiederholt sich in der weiß-blau-roten russischen Nationalflagge: weiß für den Zaren, blau für die Aristokratie, rot für das Volk. Hinter den Großfürsten folgen Zarin und Zarinmutter in ei-

28

ner Goldkutsche. Bunt ist die Prozession: unter Monarchen und Botschaftern in ihrer festlichen Kleidung hebt sich der Emir von Buchara im langen Chalat mit Generalsepaulette in Diamanten heraus oder der Gesandte des Kaisers von China im gelben Seidenmantel... Der Zug kommt vor der Uspenskij-Kathedrale im Kreml zum Stillstand, in welcher der Stunden dauernde Krönungsakt stattfindet. Hier erhält der Zar vom Metropoliten die »Heilige Salbung« und die Krone – der Metropolit verleiht ihm damit stellvertretend für Gott die Zarenwürde »von Gottes Gnaden«. Außer dem Zaren von Rußland gilt nur der Kaiser von China oder der Tenno von Japan als göttliches Wesen auf Erden. Nach dem Krönungsakt setzt der Zar der Zarin eine Krone auf.

In schwere hermelinbesetzte Goldbrokatmäntel gehüllt, verläßt das Zarenpaar die Kirche und verneigt sich dreimal vor der jubelnden, in die Zarenhymne einstimmenden Bevölkerung und den Andersgläubigen wie Moslems, denen von ihrer Religion der Zutritt zu einer orthodoxen Messe verwehrt ist. Salutschüsse und stürmisches Läuten der vierhundertfünfzig Kirchen von Moskau tragen die Kunde von der Krönung des neuen Zaren hinaus. Das Festmahl für die siebentausend Gäste im nahegelegenen Gebäude der Granitnaja Palata muß das Zarenpaar in vollem Ornat unter einem erhöhten Baldachin verfolgen und solange ausharren, bis die Festgäste zum obligaten Glückwunsch defiliert sind. Den abschließenden Höhepunkt bedeutet jedoch am gleichen Abend die nächtliche Illuminierung von ganz Moskau. Der Zar behält es der Zarin vor, von einer Balustrade im Kremlpalast aus den in einem Blumenbukett verborgenen Knopf zu betätigen – und ein faszinierendes Schauspiel bietet sich dar: erst erhellen sich die Kremltürme, nach und nach die der Paläste, dann der gesamte Palastbezirk, schließlich die Konturen der umliegenden Gebäude, der Triumphbögen und Denkmäler und endlich die ganze Stadt Moskau.

Das für die Bevölkerung vorgesehene Volksfest bringt die erste größere Katastrophe der Regierungszeit von Nikolaus II. mit sich. Auf dem für diverse Lustbarkeiten mit Gratisverköstigung vorgesehenen Terrain des Chodynkafeldes durchbrechen einige Ungeduldige die Absperrungen, da sie fürchten, bei der Verteilung der Geschenke (Emailbecher und Münzen zum Andenken an die Krönung) zu kurz zu kommen. Die Balken, die nur mangelhaft Gräben überbrücken, stürzen ein und begraben viele Wartende unter sich, andere werden von ungeduldig Nachdrängenden zu Tode getrampelt. Als der Zar selbst eintrifft, kommen ihm bereits die Wagen entgegen, die Verletzte und Tote abtransportieren.

Wenn man das Unglück auch nicht dem Zaren anlasten kann, der sofort Konsequenzen unter den Verantwortlichen anordnet und aus privaten Mitteln Begräbnisse für die Opfer und Unterstützung für deren Hinterbliebene finanziert, so verzeiht man ihm doch nicht, daß er sich dem Druck seiner übermächtigen Onkel und Ratgeber beugt und dem anläßlich der Krönung gegebenen Ball der französischen Mission (»außer Montenegro unser einziger Freund...«) nicht fernbleibt. Nachträglich deuten viele Zeitgenossen das Unglück als böses Omen für Nikolaus, dessen Regierung »mit Tod und Blut begonnen« hätte.

Während die Krönungsfeierlichkeiten für Nikolaus, wie er in einem Brief an seine Mutter in jenen Tagen gesteht, »eine Prüfung« waren » – gottseidank muß das nur einmal sein!«, hatten sie bei der mystisch veranlagten jungen Zarin tiefen Eindruck hinterlassen. Vor allem die Formel über die Verantwortlichkeit des Souveräns »nur vor Gott« (und nicht vor dem Volk oder einer von diesem bestimmten Vertretung) hat Alexandra wörtlich genommen. Sie versteht diesen symbolischen Akt als Auftrag an den von Gottes Gnaden Gekrönten, seine Macht mit keinem irdischen Wesen oder keiner auf Erden geschaffenen Institution zu teilen. Und diesem Prinzip folgt die Zarin von dem Zeitpunkt an, da es um die

Wahrung des Erbes der Krone für einen künftigen Thronfolger geht.

Zunächst hält sich Alexandra aus politischen Angelegenheiten heraus, und Nikolaus selbst vermeidet – ähnlich seinem Vater Alexander –, Staatsangelegenheiten im Familienkreis zu erörtern. Die junge Zarin schafft sich, nachdem die beiden im Alexander-Palais in Zarskoje Sjelo Residenz genommen und sie nach Alexandras Geschmack überwiegend in victorianisch-englischem Stil gestaltet haben, ihren eigenen Aufgabenkreis. Nachdem die Zarinmutter die Organisation des russischen Roten Kreuzes sich allein vorbehält, engagiert sich Alexandra umsomehr auf jenem Gebiet, in welchem sie sich an ihre eigene Mutter, Großherzogin Alice von Hessen, als leuchtendes Vorbild halten kann. Sie gründet Spitäler, organisiert Schwesternausbildung und schafft aus eigenen privaten Mitteln medizinische Einrichtungen und mobile Lazarette für Verwundete in Kriegszeiten.

Ende 1895 wird das erste Kind von Nikolaus und Alexandra geboren. Doch der Hof hatte vergeblich ein Bulletin mit der Meldung über die Geburt eines Thronfolgers vorbereitet. Die Romanow-Dynastie ist so reich mit Söhnen gesegnet, daß die Geburt eines Sohnes als selbstverständlich gilt. Diesmal hat man sich geirrt. Doch die Tatsache, daß eine Tochter geboren wurde, verblaßt zumindest für ihre Eltern angesichts der Freude über das gesunde Kind. Im Tagebuch des Zaren vom 3./15. November 1895 ist zu lesen:

»Ein Tag, der mir ewig in Erinnerung bleiben wird (...) Gott hat uns eine Tochter gesandt, und wir tauften sie in dankbarem Gebet auf den Namen Olga.«

Zwei Jahre später bringt Alexandra das nächste Kind zur Welt – Tatjana. 1899 findet die dritte Niederkunft statt – Maria.

Warten auf den Thronfolger

Keine Frage – alles wartet auf einen männlichen Nachkommen, nachdem seit Zar Paul I., etwa hundert Jahre zuvor, die Erbfolge für den Thron für weibliche Nachkommen aufgehoben ist. Die Romanow-Dynastie hatte mit der männlichen Erbfolge keine Probleme – in jeder Generation gab es überwiegend Söhne, Töchter waren eher in der Minderheit, wenn nicht sogar eine Seltenheit: Nikolaus' Vater war einer von sechs Brüdern (gegenüber einer Schwester); seine Schwester Xenia hatte mit Großfürst Alexander Michajlowitsch innerhalb weniger Jahre sechs Söhne und eine Tochter, und Nikolaus selbst war einer von vier Brüdern (davon starb einer im Kindesalter) mit zwei Schwestern. Demgegenüber stammt Alexandra aus einer Familie, in der sie eine von fünf Töchtern gegenüber zwei Söhnen war.

Bis zur Geburt eines Sohnes gilt der nächstjüngere Bruder des Zaren als Thronfolger. Das war bis 1899 Georgij, offiziell Großfürst Georgij Alexandrowitsch. Dieser litt jedoch an Tuberkulose, die erst relativ spät entsprechend behandelt wurde, da die Hofärzte es lange Zeit nicht wagten, seinen Eltern die wahre Diagnose mitzuteilen. Schließlich starb er im Kaukasus, wo er sich längere Zeit zur Genesung aufhielt, auf banale Weise bei einem Motorradunfall.

Nach Georgijs Tod beteten die gläubigen Russen sogleich vor der Ikone des hl. Michail, Namenspatron des nunmehr nächsten in der Thronfolge: Nikolaus' Bruder Michail Alexandrowitsch. Sein Name wird auch in den Gebetsformeln am Ende jeder Messe erwähnt, wenn der Priester jene Mitglieder der Zarenfamilie nennt, für die er den Segen Gottes beschwört. Und jedes Kind muß alle diese Namen in sein Abendgebet einschließen. Um nun nicht den Eindruck entstehen zu lassen, aus der eigenen Familie des Zaren sei kein Thronfolger mehr zu erwarten, veröffentlicht Nikolaus auf Beschwörungen seiner besorgten Mutter hin ein Manifest, das die Bedingtheit von Michails Thronfolge klarstellt (und der Hoffnung auf einen eigenen männlichen Nachkommen Ausdruck verleiht):

»... bis Uns ein Sohn geboren wird, ist der Cäsarjewitsch Unser geliebter Bruder Großfürst Michail Alexandrowitsch...« Die Erwartung, die in die junge Zarin gesetzt wird, und ihr verzweifeltes Bemühen, diese an sie gestellte Aufgabe zu erfüllen, führt mitunter zu ungewöhnlichen Verhaltensweisen, die Alexandra der Kritik und Lächerlichkeit preisgeben. So etwa, als im Jahre 1900 der Zar während eines Aufenthaltes in Livadia auf der Krim an Typhus erkrankt. Da die Ärzte anfangs nur eine Influenza diagnostizieren und die wahre Krankheit zu spät behandelt wird, ist der Zustand des Zaren indessen bedrohlich fortgeschritten. Zu diesem Zeitpunkt sind bereits drei Töchter auf der Welt, und die Zarin erwartet ihr viertes Kind.

Als der Hofminister entsprechend dem Gesetz ein Bulletin aussenden will, in welchem – wie bei einer Erkrankung des Zaren üblich, die ihn an der Ausübung seines Amtes hindert – Großfürst Michail Alexandrowitsch als temporärer Regent und im Fall des Ablebens des Zaren als dessen Nachfolger genannt wird, protestiert Alexandra heftig. Zunächst läßt sie weder eine offizielle Mitteilung der Erkrankung des Zaren noch eine private an seine eigene Mutter zu und verwehrt dem verzweifelten Hofbeamten den Zutritt zum Zaren. Ferner erklärt sie, im Fall des Ablebens würde sie Regentin sein bis, drittens, ihr Kind, das sie gerade erwarte und vermutlich ein Sohn sei, das regierungsfähige Alter erreicht haben würde. Doch soweit kommt es nicht. Nikolaus wird rechtzeitig gesund – und das 1901 geborene Kind wieder eine Tochter: Anastasia. Diesmal unternimmt der Zar erst einen längeren Spaziergang, ehe er sich zu seiner Frau begibt und sie zur Geburt des Kindes beglückwünscht.

Alexandra sucht nun in ihrer Bedrängnis in der für sie charakteristischen Weise Hilfe bei überirdischen Kräften. Es gilt in diesen Jahren als nicht unüblich, sich mit übersinnlichen Phänomenen, denen gegenüber Alexandra aufgeschlossen ist, und mit Spiritismus zu beschäftigen. Durch die Empfehlung zweier sich damit befassender weiblicher Verwandter gelangt ein aus Frankreich stammender Spiritist und selbsternannter Seelenarzt, Philippe Vachod (genannt »Monsieur Philippe«), an den Hof.

Diesem gelingt es, Alexandras Vertrauen zu gewinnen und ihre Hoffnung zu stärken, ihr nächstes Kind werde ein Sohn sein; dabei stützt er sich vermutlich eher auf mathematische Wahrscheinlichkeit als auf konkrete Anhaltspunkte. Alexandra steigert sich so sehr in diese Überzeugung hinein, daß sie ungeachtet gegenteiliger Befunde an der Meinung festhält, schwanger zu sein und sich dementsprechend kleidet und verhält. Bald heißt es in Rußland, wo Gerüchte rascher als irgendwo anders zu gedeihen scheinen, die Zarin hätte indessen wieder eine Tochter zur Welt gebracht, diese aber außer Landes schmuggeln lassen. Diese Idee ist nicht absurd genug, um nicht aufgegriffen zu werden: Jahre später tauchen allerorts Prätendentinnen auf, die von sich behaupten, eben jene imaginäre Tochter der Zarin zu sein...

Erst die erfolglose Wartezeit auf eine (tatsächliche) Niederkunft befreit die Zarin – und ihre Umgebung – von diesem eingebildeten Zustand und schließlich auch von der Anwesenheit des Monsieur Philippe. Dieser wird nach anderen Skandalgeschichten, durch die er von sich reden machte, nicht nur vom Hof, sondern auch aus dem Land gejagt. »Es wird ein anderer kommen, der an meine Stelle tritt!«, lautet seine letzte Prophezeiung – wohl die einzige, die tatsächlich eintreffen sollte.

Die Zarin ist nun zwar vom französischen Scharlatan, jedoch noch nicht vom Druck befreit, der nach wie vor auf ihr lastet: einen Thronfolger zur Welt zu bringen. Schon gar nicht ist sie von ihrer Neigung geheilt, mystischen Vorstellungen zu folgen.

1903 wird einer unerklärlichen Entscheidung zufolge (böswillige Gerüchte besagen, es sollte ein neuer Heiliger geschaffen werden) der Einsiedler Seraphim von Saratow heiliggesprochen. Seine Gebeine werden exhumiert und ungeachtet der Tatsache, daß ihre Zersetzung weiter fortgeschritten ist als dies bei einem Heiligen zu erwarten wäre, als Reliquien bestattet.

Die Zarin pilgert zu diesem religiösen Festakt und badet gehorsam, wie es die Legenden, die sich um die Wundertaten des hl. Seraphim ranken, verlangen, bei Vollmond im Fluß. Dabei betet sie, daß dies das Wunder eines Sohnes bewirken möge. Sollte ihr sehnlicher Wunsch in Erfüllung gehen, so würde dies zweifellos ihren Glauben an Überirdisches und Irrationales für immer festigen und ihr Handeln bestimmen.

Doch nun lenkt ein Ereignis die Aufmerksamkeit von der Frage der Thronfolge auf ein anderes Problem – Schauplatz Fernost. 1904 eskaliert der Konflikt mit Japan. Rußland hat sich noch immer nicht, wie ihm nach dem chinesischen Boxeraufstand um 1900 nahegelegt worden war, aus Korea zurückgezogen. Japan fühlt sich durch die russische Präsenz bedroht.

Ohne Vorwarnung oder Kriegserklärung bombardieren die Japaner in der Nacht vom 26. auf den 27. Januar 1904 den russischen Stützpunkt Port Arthur. Damit beginnt ein für Rußland verhängnisvoller Krieg. Die russische Flotte muß, da ihr von England (obwohl offiziell auf russischer Seite) die Passage durch den Suezkanal verweigert wird, um Afrika herum zu ihrem Ziel fahren, wo Admiral Togo sie mit seinem Flottenverband bereits erwartet und in der Bucht von Tsushima versenkt.

Auch am Kriegsschauplatz zu Land, wie in der Schlacht bei Mukden, werden die Russen geschlagen. Und da – inmitten dieses katastrophalen Kriegsjahres tritt das Ereignis ein, das einen Lichtblick für alle bedeutet: Salutschüsse kündigen neu-

erlich die Geburt eines kaiserlichen Kindes an. Die Bewohner der russischen Hauptstadt horchen auf und zählen: »... drei, vier ... einhundert ... zweihundert... – dreihundert, dreihundertundeins – ein Sohn!!!«
Der Thronfolger ist geboren.

I.

Der Thronfolger ist geboren

Mit dem 30. Juli – im Westen schreibt man den 12. August – 1904 hat Rußland den langerwarteten Zarjewitsch. »Ich erinnere mich noch deutlich an diese Begebenheit«, berichtet der damals achtjährige Prinz Roman Romanow[1] über diesen Sommertag. »... es war ein heißer Tag. Nadja und ich sollten mit Madame Taylor einen Spaziergang machen. Als wir hinaus in den Garten kamen, begegneten wir meinen Eltern, die, nachdem sie irgend etwas zu unserer Gouvernante gesagt hatten, uns ermahnten, nicht zu weit weg zu gehen. Das machte unsere Pläne zunichte, denn wir hatten vorgehabt, tief in den Park hineinzugehen, um Walderdbeeren zu sammeln und nach den ersten Pilzen des Jahres Ausschau zu halten. Obwohl Nadja und ich betrübt waren, trösteten wir uns damit, daß – dem Gesichtsausdruck unserer Eltern nach zu schließen – das Verbot mit irgend etwas Angenehmem oder Besonderem verbunden war. Wir stellten uns vor, daß wir Geschenke bekommen würden, und begannen zu raten, was es wohl sein würde. Ich hoffte, eine neue Schachtel Zinnsoldaten zu bekommen.

Wir hatten kaum den Park erreicht, als der atemlose Kammerdiener uns mitteilte, daß wir sofort umkehren sollten. Als wir heimkamen, bot sich uns ein ungewohnter Anblick. In unserem Garten bei der Kirche war ein runder Tisch mit vielen Flaschen und Gläsern gedeckt. Um den Tisch saßen unsere Eltern, Onkel Nikolascha[2], Onkel Alexander von Oldenburg

---

[1] Cousin von Zar Nikolaus II., der in der Nähe des Schloßparks lebte, wo sich die Zarenfamilie im Sommer aufhielt und der Thronfolger zur Welt kam
[2] Großfürst Nikolaus Nikolajewitsch, auch Onkel des Zaren

und Onkel Georg von Leuchtenberg mit seiner Frau, Tante Stana. Als wir angelaufen kamen, rief Onkel Nikolascha mit seiner dröhnenden Stimme:

›Ein Prosit auf...‹ – und es folgten einige Worte, die ich nicht verstand; ich hörte nur den Namen Alexej. Gleichzeitig drückte mir Onkel Nikolascha ein Glas in die Hand – und zum erstenmal in meinem Leben kostete ich Champagner! Es stellte sich heraus, daß Onkel Nikolascha auch mich aufforderte, auf Großfürst Alexej Nikolajewitsch zu trinken – den neugeborenen Zarjewitsch und Thronfolger!«

Seit den Morgenstunden hatte man die Niederkunft der Zarin erwartet und gebetet, daß es diesmal ein Sohn sein möge. Weiter berichtet Roman:»Neben das Telefon auf unserem Schloß Znamenka hatte man eine Wache postiert, und sobald die frohe Nachricht von Alexandria[1] übermittelt wurde, eilte Baron Stahl hinaus in den Garten, um meinen Vater davon zu unterrichten. Alle, die der Zarenfamilie nahestanden, wußten, daß der lang ersehnte Thronfolger den Namen Alexej bekommen würde, deshalb wartete man gar nicht erst auf die offizielle Bekanntgabe und nannte den Neugeborenen gleich bei diesem Namen...«

Die Zarenfamilie befand sich am Mittagstisch, als die Zarin plötzlich von akuten Schmerzen befallen wurde.»Die Kaiserin schaffte es kaum noch, die Treppen hinauf zu ihrem Schlafzimmer zu eilen«, erinnert sich ihre Hofdame und Freundin Anna Tanejewa (später verehelichte Wyrubowa) –»da kam auch schon der Thronfolger zur Welt. Es herrschte eine solche Freude, ungeachtet der schrecklichen Nachrichten vom Krieg [mit Japan], daß der Herrscher alles auf der Welt aus Anlaß dieses großen Tages getan hätte...«

---

[1] Name der Sommervilla in Peterhof, welche die Zarenfamilie im Sommer bewohnte

Nikolaus schreibt in sein Tagebuch:
»30. Juli [13. August], Freitag: Ein großer, unvergeßlicher Tag
für uns, an dem sich die Güte Gottes so großartig geoffenbart
hat: um 1 Uhr 15 nachmittags hat Alix einen Sohn geboren,
den wir im Gebet Alexej tauften.
Es gibt keine Worte, die ausreichen würden, Gott für den Trost
zu danken, den er uns in diesem Jahr der schweren Prüfungen gesandt hat...«
Um fünf Uhr nachmittags betet Nikolaus im ersten Dank-
gottesdienst der Zarenfamilie für seinen Sohn.
Der Zar erläßt Amnestien. Alle Untersuchungshäftlinge werden auf freien Fuß gesetzt. Die Peitschenstrafe für geringfügi-
gere Vergehen wird allgemein abgeschafft. Für politische Gefangene wird eine Generalamnestie erlassen. Angesichts der
katastrophalen Nachrichten vom Kriegsschauplatz im Fernen
Osten trägt der Zar seinen Soldaten in der Mandschurei auf,
die Ehrenpatenschaft für den soeben geborenen Thronfolger
zu übernehmen.
In der Hauptstadt läuten alle Kirchenglocken, bald stimmen
auch die in den ländlichen Gemeinden des weiten Landes ein.
Überall wird das Ereignis gefeiert, die Menschen auf der
Straße stimmen die Zarenhymne an, schwenken Fahnen und
beten in den ersten Dankesgottesdiensten für den Thronfolger.
Indessen wird das Manifest des Zaren vorbereitet. Am nächsten Tag steht es in allen Zeitungen:

»Von Gottes Gnaden
Wir, Nikolaus Der Zweite
Kaiser und Selbstherrscher
von Ganz Rußland,
Zar von Polen, Großfürst von Finnland
usw. usw. usw.

verkünden all Unseren treuen Untertanen:

БОЖІЕЮ МИЛОСТІЮ

МЫ НИКОЛАЙ ВТОРЫЙ,

ИМПЕРАТОРЪ И САМОДЕРЖЕЦЪ

ВСЕРОССІЙСКІЙ,

ЦАРЬ ПОЛЬСКІЙ, ВЕЛИКІЙ КНЯЗЬ ФИНЛЯНДСКІЙ.

И ПРОЧАЯ, И ПРОЧАЯ, И ПРОЧАЯ.

Объявляемъ всѣмъ вѣрнымъ НАШИМЪ подданнымъ:

Въ 30-й день сего Іюля Любезнѣйшая Супруга НАША, ГОСУДАРЫНЯ ИМПЕРАТРИЦА АЛЕКСАНДРА ѲЕОДОРОВНА благополучно разрѣшилась отъ бремени рожденіемъ НАМЪ Сына, нареченнаго Алексѣемъ.

Пріемля сіе радостное событіе, какъ знаменованіе благодати Божіей на НАСЪ и Имперію НАШУ изливаемой, возносимъ вмѣстѣ съ вѣрными НАШИМИ подданными горячія молитвы ко Всевышнему о благополучномъ возрастаніи и преуспѣяніи НАШЕГО Первороднаго Сына, призываемаго быть Наслѣдникомъ Богомъ врученной НАМЪ Державы и великаго НАШЕГО служенія.

Манифестомъ отъ 28 Іюня 1899 года призвали МЫ Любезнѣйшаго Брата НАШЕГО Великаго Князя Михаила Александровича къ наслѣдованію НАМЪ до рожденія у НАСЪ Сына. Отнынѣ въ силу основныхъ Государственныхъ Законовъ Имперіи, Сыну НАШЕМУ Алексѣю принадлежитъ высокое званіе и титулъ Наслѣдника Цесаревича, со всѣми сопряженными съ нимъ правами.

Данъ въ Петергофѣ въ 30-й день Іюля въ лѣто отъ Рождества Христова тысяча девятьсотъ четвертое, Царствованія же НАШЕГО въ десятое.

На подлинномъ Собственною ЕГО ИМПЕРАТОРСКАГО ВЕЛИЧЕСТВА рукою подписано:

„НИКОЛАЙ".

Печатано въ С.-Петербургѣ, при Сенатѣ.   Іюля 30 дня 1904 года.

Manifest der Geburt des Thronfolgers Alexej Nikolajewitsch, Petersburg, 30.7.1904

40

Am 30. Tag dieses Juli ist Unsere Allerteuerste Gemahlin, Ihre Majestät die Kaiserin Alexandra Fjodorowna, glücklich von Unserem Sohn entbunden worden, dem Wir den Namen Alexej gegeben haben.

Indem Wir dieses freudige Ereignis als Zeichen der Gnade empfangen, die Gott Uns und Unserem Reich gesandt hat, senden Wir gemeinsam mit Unseren treuen Untertanen innige Gebete zum Allmächtigen empor, daß Unser Erstgeborener Sohn, der dazu ausersehen ist, der Thronfolger der Uns von Gott anvertrauten Macht und Unseres hohen Dienstes zu sein, glücklich aufwachsen und gedeihen möge.

Mit dem Manifest vom 28. Juni 1899 haben Wir Unseren Allerteuersten Bruder Großfürst Michail Alexandrowitsch zu Unserer Nachfolge ausersehen, bis Uns ein Sohn geboren ist. Nunmehr gehört kraft der Staatsgesetze des Reiches Unserem Sohn Alexej der Name und Titel Thronerbe Cäsarjewitsch[1] mit allen dazugehörenden Rechten.

Ausgegeben in Peterhof am 30. Tag des Juli im Jahre eintausendneunhundertvier seit Christi Geburt, und im zehnten Jahr Unserer Regentschaft.

Im Original eigenhändig von Seiner Kaiserlichen Hoheit Selbst unterzeichnet:

›NIKOLAJ‹.«

Bezüglich der Namensgebung gab es Gerüchte, wonach sich der Zar auf den weltlichen Namen des heiligen Seraphim von Sarow besonnen hätte, der auf Betreiben Alexandras heiliggesprochen worden war und der ihre Gebete um einen Thronfolger erhört hätte. Mehr spricht jedoch für die Benennung nach dem Sohn Peters des Großen, den Nikolaus besonders verehrte. Dazu berichtet General Rauch, Kommandant der Leibgarde der Kürassiere Seiner Majestät, der am Tag nach Alexejs Geburt vom Zaren empfangen wurde:

---

[1] lateinische Form analog der russischen »Zarjewitsch«

41

»Er war in bester Stimmung. Auf meine Frage, ob er sich schon entschieden hätte, welcher Name dem Thronfolger gegeben würde, antwortete der Herrscher: ›Die Kaiserin und ich haben beschlossen, dem Thronfolger den Namen Alexej zu geben; man muß doch endlich diese Linie der Alexanders und Nikolajs durchbrechen...‹ – Daraufhin erinnerte ich den Herrscher daran, daß einer der ersten Herrscher der Russischen Erde aus dem Geschlecht der Romanows den Namen Alexej getragen hätte, dessen Herrschaft für Rußland ruhmreich gewesen sei; daraufhin meinte der Herrscher: ›Ja, da haben Sie recht; ich meinerseits wünsche mir nur eines – daß der Thronfolger in der Person seines Sohnes Rußland einen zweiten Peter den Großen schenkt.‹«

Aus dem Geburtsprotokoll:
»Gewicht 4660 g, Länge 58 cm, Kopfumfang 38 cm, Brustumfang 39 cm...«

Mit seiner Geburt erhält Alexej sogleich eine ganze Reihe von Titeln und Rängen. Er ist Chef des Finnischen Garderegiments, des 51. Litauischen Infanterieregiments, des 12. Ostsibirischen Schützenregiments, und er gehört allen Garderegimentern und Truppenkorps an, deren Chef der Zar ist, ferner den Regimentern der Gardekavallerie, der Gardekürassiere Ihrer Majestät der Zarinmutter, den Gardeulanenregimentern Ihrer Majestät der Zarin Alexandra Fjodorowna und dem 13. Jerewaner Infanterieregiment des Zaren. Und nicht zuletzt ist Alexej Ataman[1] sämtlicher Kosakentruppen.

Alexej scheint sich der frühen Ehren würdig zu erweisen. Drei Tage nach seiner Geburt hält der Zar in seinem Tagebuch fest:
»3. August, Dienstag. (...) Alix fühlte sich sehr wohl, der kleine Alexej ebenfalls. Ein erstaunlich ruhiges Kind, er weint fast überhaupt nie...«

Der Zar beantwortet selbst die unzähligen Telegramme, die ihn erreichen und in ihrer üppigen Ausdrucksweise die Kul-

---

[1] auch Hetman – Kosakenoberhaupt

tur des jeweiligen Landes widerspiegeln, aus dem sie kommen:

»Unendlich glücklich, Eurer Kaiserlichen Majestät und Ihrer Kaiserlichen Hoheit der Zarin die untertänigste Gratulation zur allerfeierlichsten Geburt Seiner Kaiserlichen Hoheit des Herrn Thronfolgers Cäsarewitsch darbringen zu dürfen,
Prinz Tschakrabon von Siam.«

»Das Herz zerspringt vor Freude, Sie, mein Herrscher, zu beglückwünschen! Möge Allah den Hochgeborenen segnen,
Dschingis Khan.«

»Weisen Sie, hoher Herr, meinen aufrichtigen Ausdruck der Freude und die herzinnigsten Glückwünsche zum glücklichen Tag nicht zurück, an dem Ihnen von der Vorsehung der erstgeborene Sohn gewährt worden ist. Möge ihn Gott mit Glück und langem Leben zur Freude Eurer Majestät und des mächtigen Russischen Reiches segnen. Der Eurer Kaiserlichen Majestät treuergebene Thronfolger des Persischen Throns
Prinz Mohammed Ali Mirsa.«

Die Taufe des Zarjewitsch

Zwölf Tage nach der Geburt wird Alexej getauft. In der orthodoxen Kirche ist es üblich, daß die Eltern des Täuflings der Taufzeremonie nicht beiwohnen. Das geht auf die archaischen Vorstellungen zurück, wonach die Mutter bis vierzig Tage nach der Geburt als »nicht rein« gilt und die Eltern bei dieser heiligen Handlung nicht zwischen Gott (in der Person des Priesters) und dem Täufling stehen sollen.
So wird das Kind von einer Hofdame, Prinzessin Galitzin, getragen, die in dieser Rolle durch die vier zuvor getauften Großfürstinnen bereits geübt ist. Angesichts ihres bereits fortgeschrittenen Alters und der damit verbundenen Fragilität

werden besondere Vorkehrungen getroffen, damit es für ihre kostbare Last zu keiner Katastrophe kommt: ihre Schuhe werden mit einer Gummisohle rutschfest gemacht, und das Taufkissen ruht nicht nur auf ihren zittrigen Händen, sondern zusätzlich auf einer Schleife, die um ihren Hals befestigt ist. Der Zar bleibt mit der Zarin im Palast zurück und hält seinen Eindruck vom festlichen Anblick des sich in Bewegung setzenden Zuges in seinem Tagebuch fest: »11. [24.] August, Mittwoch. Der bedeutende Tag der Taufe unseres teuren Sohnes. Der Morgen war klar und warm. Vor 9 Uhr dreißig standen den Weg entlang des Meeres die goldenen Kutschen, der Konvoi der Garde, Husaren und Atamanen bereit. Fünf Minuten vor zehn setzte sich alles in Bewegung (...) Die Taufe begann um 11 Uhr. Erfuhr später, daß sich der kleine Alexej sehr ruhig verhalten hat (...) Die Hauptpaten waren Mama [Zarinmutter Maria Fjodorowna] und Onkel Alexej [Großfürst Alexej Alexandrowitsch]. Olga, Tatjana[1] und Irina[2] nahmen mit anderen Kindern zum ersten Mal an einer offiziellen Ausfahrt teil und haben den ganzen langen Gottesdienst ausgezeichnet durchgestanden. Nach der Zeremonie mußte ich Diplomaten empfangen, und danach fand die große Tafel statt (...) Später wurde das Wetter schlecht und es goß in Strömen (...)«

Die Zarin kann einiges der Szenerie von ihrem Fenster aus beobachten: die Kutsche mit dem Thronfolger, die von acht, mit Federbuschen geschmückten weißen Pferden gezogen wird, flankiert von acht Reitern in Weiß mit Zweispitz und hohen schwarzen Stiefeln – noch ganz nach dem Hofzeremoniell von Zarin Katharina der Großen – hinter dem grünbetreßten Vorreiter mit dem gold- und silbergesäumten Dreispitz, die in der Sonne glänzenden Goldstickereien auf der Livree, die jener der Kutscher in den Kniehosen mit den weißen Strümpfen gleicht. Dann die Hofmeisterin der Zarin, Fürstin Galitzin, die

---

[1] Nikolaus' ältere Töchter, zu diesem Zeitpunkt neun und sieben Jahre alt
[2] Tochter von Nikolaus' Schwester Xenia, später Frau von Felix Jusupow

in traditioneller russischer Hoftracht in Silber mit der kostbaren Last im Arm Platz genommen hat: das Kind im langen Taufkleid aus Spitze mit dem obligaten Umhang des »Purpurgeborenen« – als Sprößling eines regierenden Zaren – auf dem silber- und golddurchwebten Kissen. Zwei Würdenträger flankieren die Fürstin, da sie die hermelinbesetzte Mantelschleppe des Zarjewitsch zu tragen haben.

Majestätisch nimmt sich der Anblick des Zuges aus – es ist seit Peter dem Großen zum ersten Mal, daß der Zarjewitsch eines regierenden Zaren getauft wird! Hinter der goldenen Kutsche folgt in würdiger Haltung der Kaiserliche Hofmeister mit dem goldenen Szepter in der Rechten, danach der Zeremonienmeister mit dem Reichsstab und weitere Mitglieder des Staatsrats, gefolgt vom Hofmarschall zu Pferd und dem Generaladjutanten der »Suite Seiner Majestät«. Nun ertönt die Fanfare an der Spitze der Militäreskorte, die in paarweiser Formation paradiert, danach die stolzen Kubankosaken in ihren roten, goldgesäumten Festuniformen, mit den hohen »Kubanka«-Mützen alle anderen überragend, die langen Säbel im Anschlag. Hinter ihnen reitet in weißen Uniformen das Gardekorps der Kürassiere, dessen Helme in der Sonne aufblitzen. Ein letztes Reitergefolge beschließt den Zug.

Prinz Roman Petrowitsch erinnert sich an das Ereignis aus der Sicht eines Achtjährigen, der mit seinen großfürstlichen Eltern teilnimmt: »Im weißen Matrosenanzug wartete ich mit meinen Schwestern in der Vorhalle auf meine Eltern. (...) Mein Vater trug seine Galauniform und meine Mutter das ›russische Kleid‹, das wie ihre Kokoschka[1] mit Edelsteinen bestickt war. An der Haupttreppe warteten geschlossene Kutschen und ein Landauer mit Lakaien in Galalivreen, die golden glänzten. Als sich meine Eltern in die Kutsche setzten, hielt der Kutscher seine Peitsche in die Höhe – eine Ehrenbezeugung, die die Hofkutscher ihren Herrschaften zu erweisen pflegten. Ich er-

---

[1] bogenförmiger russischer Haarschmuck

innere mich auch daran, welche Schwierigkeiten die Lakaien mit der langen zobelbesetzten Schleppe meiner Mutter hatten. (...) Wir Kinder folgten im Landauer. Es folgten Baron Stahl und Kotzebue.

Als wir beim großen Schloß von Peterhof angekommen waren, wurden wir von unseren Eltern getrennt und einem Hofbediensteten übergeben, der eine goldbestickte Uniform mit Ordensband über der Schulter und weiße enge Beinkleider trug. Er führte uns in ein großes Zimmer hinauf, wo unsere Halbcousinen und -cousins, die ›Konstantinowitscher‹ und ›Alexandrinowitscher‹ bereits warteten. (...) Kurz darauf stießen die Töchter des Zaren – Olga, Tatjana und Maria – zu uns. Wir drängten uns um die Fenster, um die Aufstellung der Truppenparade und der Hofleute, die bei der Haupttreppe standen, zu beobachten.

Für uns Kinder war das ein spannendes Schauspiel. Plötzlich ein militärisches Kommando – die Soldaten salutierten, die Hofbediensteten nahmen ihre Positionen ein, und von rechts kam eine ganze Reihe goldener Prachtequipagen langsam herangerollt. Dazwischen erspähte ich eine besonders große, die auf mich wie ein riesiges Gefäß aus Gold wirkte. Als dieses eindrucksvolle Gefährt langsam an die Haupttreppe herangefahren kam, konnte ich durch die großen Fenster ein großes weißes Kissen erkennen, das eine ältere Dame auf dem Schoß hatte. Eine der Zarentöchter rief gleich aus: ›Seht, sie kommen mit Alexej!‹

Als das Neugeborene ins Schloß getragen wurde, rannten wir zur Tür, um es aus der Nähe zu sehen – aber zu unserer Enttäuschung blieb die Tür verschlossen. So konnten wir nur weiterhin vom Fenster aus die Truppenparade bewundern.

Indessen wurde der Thronfolger in der Schloßkirche von Peterhof getauft. Paten waren der Onkel des Zaren, Großfürst Alexej Alexandrowitsch[1], ein weiterer Pate war (unter ande-

---

[1] Wie berichtet, war die zweite Patin die Zarinmutter Maria Fjodorowna.

rem) Kaiser Wilhelm II. Wir mußten sehr lange auf das Ende der kirchlichen Zeremonie warten und nutzten die Abwesenheit unserer Gouvernante für wilde und lärmende Spiele aus ...«.

An der Zeremonie in der Kirche nehmen auch Angehörige ausländischer Dynastien teil: Ludwig von Battenberg in Vertretung von König Edward VII. von England (einem weiteren der Taufpaten), Prinz Heinrich von Preußen stellvertretend für den Paten Kaiser Wilhelm II. und König Christian IX. von Dänemark (Vater der Zarinmutter Maria Fjodorowna, gebürtiger Prinzessin Dagmar von Dänemark) läßt sich durch seinen Enkel Christian vertreten. Als der Augenblick der eigentlichen Taufe gekommen ist, trägt die Zarinmutter als eine der beiden Hauptpaten den Täufling selbst zum Taufbecken.

In diesem Moment läßt der kleine Thronfolger seine kräftige Stimme zum ersten Mal unüberhörbar und durchdringend vernehmen. Mit dem vollzogenen Taufakt des Thronfolgers, der auch der künftige Schirmherr der Kirche seines Landes sein soll, wird die weihevolle Stille von dreihundert Kanonensalven erschüttert, woraufhin tausend Glocken die Botschaft der Taufe des Thronfolgers hinaustragen. Nun stimmen die Gesänge des liturgischen Chores ein und erfüllen die Palastkirche mit ihren vollen Harmonien. Jetzt erst betritt der Zar die Kirche und schließt sich den Dankgebeten an.

Auch für die ausgesperrten Kinder ist die Wartezeit zu Ende. Roman Petrowitsch:»Schließlich ging die Tür auf, und herein trat Zarinmutter Maria Fjodorowna, begleitet von Großfürst Alexej Alexandrowitsch, der mich wegen seiner enormen Größe und seines blonden Barts sehr beeindruckte. Dahinter folgte der Zar in der leuchtendblauen Uniform des Garderegiments der Atamanen, das dem Thronfolger zugehörig war – und dahinter meine Eltern mit unzähligen Onkeln und Tanten.

Wir kehrten ohne unsere Eltern nach Snamenka zurück, denn sie blieben in Peterhof, um an der offiziellen Mittagstafel teilzunehmen. Zu Hause erfuhren wir, daß in Peterhof auf dem Gelände zum Ufer hin ein großes Feuerwerk stattfinden sollte. Entlang der gesamten Küste um Alexandria wurden ununterbrochen Tausende von Raketen abgefeuert, wobei ganz Peterhof mit all seinen Springbrunnen und Fontänen im Park von den verschiedenfarbigen Lichtblitzen erleuchtet wurde. Wir wurden schließlich in den unteren Teil des Parks gefahren, wo wir eine ausgelassene und festliche Volksmenge trafen, die unter dem aufblitzenden Feuerwerk herumspazierte...«

Dem getauften Thronfolger verleiht der Zar den Andreasorden, der ihm auf einem Goldteller dargebracht wird. Zugleich wird Alexej Träger des Alexander Newskij-Ordens, des Ordens des Weißen Adlers, des Großen Kreuzes des Anna-Ordens und des Stanislaus-Ordens.

Den Soldaten an der fernöstlichen Front wird ein Telegramm gesandt: »Zarjewitsch das Sakrament der Taufe erhalten.« Ein neuer Sanitätszug mit dem Namen des Thronfolgers ist an den Schauplatz unterwegs und ein Schlachtschiff auf seinen Namen getauft. Doch das alles kann das Kriegsgeschick nicht zum Besseren für die russische Seite wenden, und bald sind es die Wohltätigkeitskomitees zugunsten der Kriegswaisen, die unter dem Ehrenpatronat Alexejs stehen sollten. Und schon wenig später fällt auch auf das junge Leben des so überschwenglich gefeierten Thronfolgers selbst ein Schatten, der ihn nicht mehr verlassen wird.

Außer Rang und Titeln erhält der neugeborene Zarjewitsch auch Geld. Mit der Geburt wird dem Thronfolger wie jedem Großfürsten eine jährliche Apanage von 280 000 Rubel[1], die später hinaufgesetzt wird, zugeteilt. Der Betrag kommt größ-

---

[1] Goldwährung seit 1897: bis 1914 entsprechen 10 Goldrubel ca. 1 Brit. Pfund. 280 000 Goldrubel wären derzeit (1996) ca. 1 120 000 Pfund – rund 2,5 Mill. DM

tenteils aus dem Ertrag der Familiengüter, die Katharina die Große eigens zum Zweck des Unterhalts der herrschenden Familie in großem Umfang angekauft hatte. Ihr Sohn, Zar Paul I., hatte die zu vergebenden Apanagen je nach Rang festgelegt, ebenso wie die für Großfürstinnen bei der Geburt auszusetzende Mitgift (laut Großfürstin Olga Alexandrowna, der Schwester des Zaren, drei Millionen Goldrubel). Dieser Betrag wird in englischen Banken deponiert. Vor dem Ersten Weltkrieg erreichen die Reserven der Zarenkinder den Betrag von 100 Millionen Goldrubel. Er wird vom Finanzminister und zwei Bankiers gegen den energischen Protest des Deutschland gegenüber mißtrauischen Zaren in deutschen Aktien angelegt – was man spätestens 1914 anläßlich der überraschenden Kriegserklärung Deutschlands an Rußland bereut.

Während ein Großfürst relativ geringe finanzielle Verpflichtungen zu erfüllen hat, muß ein Zar so viele und große finanzielle Lasten tragen, daß ihm von seinem jährlichen Einkommen, das auf den ersten Blick ansehnlich scheint, kaum etwas übrigbleibt. Er muß aus seinem Budget den Hofstaat von tausenden Bediensteten erhalten (von denen jeder einzelne Geschenke zu jedem Feiertag erhält), seine Paläste, den Kaiserlichen Zug und die Yachten. Sämtliche Reisekosten trägt ein Zar selbst.

Gewichtiger für sein Budget sind die Kaiserlichen Theater mit Oper und Ballett und den dazugehörigen Ausbildungsstätten in Petersburg und Moskau sowie die Subventionen für die Akademien der Künste und der Wissenschaften. Außerdem hat ein Zar auch karitative Einrichtungen wie Waisenhäuser, Armenhäuser und Spitäler zu finanzieren.

Zahllos sind die Bettelbriefe von Privatpersonen, und die Hofkanzlei ist angewiesen, kein Ansuchen zurückzuweisen, sondern jedes zu prüfen und ihm gegebenenfalls stattzugeben. Für den Fischer ein neues Boot, den Studenten sein Studium, für den Bauer eine neue Kuh – allerdings nicht für den Offizier die Begleichung seiner Schulden und Finanzierung einer Rennpferdezucht.

Dem am Jahresende zusammengeschmolzenen Barvermögen eines Zaren steht jedoch beträchtlicher unbeweglicher Besitz gegenüber, der mehrere Millionen Rubel jährlich abwirft: Ländereien, Wälder, Fischereien und Weingebiete. Legendär sind jene Besitztümer der Romanows, die keine Erträge bringen: die Schlösser mit ihrem unschätzbaren Inventar und den Gemäldesammlungen – und die Fülle der Kronjuwelen, deren Wert allein auf hunderte Millionen (Vorkriegs-)Rubel geschätzt wird. Zu den berühmtesten Einzelstücken zählen der Orlow-Diamant mit 194 Karat, der »Mondberg« mit 120 oder der »Polarstern« (ein blasser Rubin) mit 40 Karat. Prunkvoll sind die Zarenkronen; verhältnismäßig schlicht noch jene mit dem Kreuz in der Mitte, das aus fünf riesigen, durch einen Rubin verbundenen Diamanten besteht. Kostbar die Tiaras und Diademe wie etwa jenes mit 500 Diamanten und über 100 rosa Perlen. So betrachtet, steht Alexej eine glanzvolle Zukunft bevor.

Der erste Schatten

Fünf Wochen nach der Geburt beginnt Alexej am Nabel zu bluten. Der Zar hält das in seinem Tagebuch fest: »8. [21.] September 1904. Alix und ich waren sehr beunruhigt über die Blutung des kleinen Alexej, die mit Unterbrechungen bis zum Abend andauerte! Mußten Korowin und den Chirurgen Fjodorow zu Rate ziehen. Gegen 7 Uhr abends gaben sie ihm einen Verband. Der Kleine war erstaunlich ruhig und fröhlich! Wie schwer solche beunruhigenden Augenblicke sind... 9. [22.] September. Morgens war der Verband wieder blutig...« Der Zar läßt das Wort »Hämophilie« nicht fallen. In keinem Gespräch, wie es durch Memoiren von Augenzeugen überliefert ist, nicht in den sehr persönlichen und offenen Briefen an seine Mutter – und nicht einmal im Tagebuch. Und dennoch muß ihm jene denkwürdige Unterredung in Erinnerung gekommen sein, die er am Tag nach Alexejs Geburt mit einer Verwandten geführt hatte. Es war die Mutter des bereits erwähnten Prinz Roman, der darüber berichtet:

»Gleich nach der Geburt des Thronfolgers waren meine Eltern nach Peterhof gefahren, um dem Zaren und der Zarin ihre Glückwünsche zu überbringen. Als sie am Abend nach Snamenka zurückgekehrt waren, fiel meinem Vater ein, daß der Zar ihm beim Abschied erzählt hatte, Alexej sei zwar ein großes und gesundes Kind, doch seien die Ärzte beunruhigt über die häufigen Blutflecken in den Windeln des Kindes. Als meine Mutter das hörte, erschrak sie und bestand darauf, die Ärzte auf die Möglichkeit einer Bluterkrankheit aufmerksam zu machen, die des öfteren aus der Linie von Königin Victoria, der Großmutter der Zarin, vererbt würde. Mein Vater versuchte sie zu beruhigen und versicherte, daß der Zar beim Abschied glänzender Laune gewesen sei. Schließlich rief mein Vater aber doch im Schloß an, um den Zaren persönlich zu fragen, was die Ärzte zu den Blutflecken sagten. Als der Zar erwiderte, die Ärzte hofften, die Blutungen würden bald aufhören, nahm meine Mutter den Hörer und fragte, ob die Ärzte irgendeinen Grund für die Blutungen angeben könnten. Als ihr der Zar keine klare Antwort geben konnte, bat sie ihn mit so ruhiger Stimme wie es ihr nur möglich war: ›Ich flehe dich an, frag sie, ob es Anzeichen für die Bluterkrankheit gibt ...‹ und fügte gleich hinzu, daß die Ärzte heute in der Lage seien, bestimmte Verhaltensregeln zu geben.

Der Zar schwieg lange am Telefon; dann fing er jedoch an, meine Mutter auszufragen, und wiederholte am Ende leise das Wort, das ihm einen Schock versetzt hatte: ›Bluterkrankheit‹...«

Bekanntlich fehlt bei einem von Hämophilie oder Bluterkrankheit Befallenen durch Genmutation bedingt die Fähigkeit, eine Blutung zum Stillstand zu bringen. Das Blut des Betroffenen ist nicht imstande zu gerinnen. Somit kann auch eine unerhebliche äußere oder innere Verletzung zum Verbluten führen. Daher sterben Bluterkranke meist im Kindesalter, wo durch spontane, lebhafte und unkontrollierte Bewegungen oder Aktionen Verletzungen oder Beulen an der Tagesordnung sind. Die Gefäßwände der Adern sind zudem bei Bluterkranken zarter und verschlimmern damit den Zustand. Wenn das Hämatom sich vergrößert, führt dies nicht nur dazu, daß benachbarte Gelenke oder Gliedmaßen anschwellen und steif werden, sondern durch den Druck auf Nervenstränge vor allem zu unerträglichen Schmerzen. Besonders gefährlich sind innere Blutungen, da sie nicht leicht erkennbar und schwieriger zu behandeln sind.

Medizinisch korrekt wird die Hämophilie laut Lehrbüchern so definiert:
»Die Hämophilie ist klinisch charakterisiert durch eine von Jugend an bestehende vermehrte Blutungsneigung, vor allem aber durch die Unstillbarkeit der Blutungen nach kleinen Verletzungen. Die Krankheit befällt fast nur Männer und wird durch phänotypisch gesunde Mütter (Konduktorinnen) übertragen. Ihr Erbgang ist also rezessiv geschlechtsgebunden.

(...) Das klinische Bild ist einerseits durch die Unstillbarkeit traumatisch bedingter Blutungen, andererseits durch die leichte Auslösbarkeit von Blutungen jeder Art charakterisiert (...) Sehr charakteristisch sind die hämophilen Gelenkblutungen, am häufigsten im Knie- und Ellenbogengelenk, die durch reaktive Entzündungsvorgänge zu schweren deformierenden Gelenkprozessen bis zur totalen Ankylose führen. Nach solchen Blutungen sind die Gelenke hochgradig geschwollen, gerötet und schmerzhaft, auch besteht zumeist Fieber.

(...) Die Krankheit beginnt meist schon in früher Jugend und nimmt im allgemeinen mit zunehmendem Alter an Intensität ab. (...) Die Prognose der Erkrankung ist quoad vitam nicht schlecht, wenn die Kranken die Kindheitsperiode überstan-

den haben. Eine besondere Gefährdung stellen die Gelenkblutungen dar, da $^4/_5$ der Hämophiliekranken infolge der Blutergelenke invalid werden...«[1]
Die Medizin unterscheidet zwei verschiedene Formen der Bluterkrankheit, die Hämophilie A und B. Statistisch gesehen ist erstere fünfmal häufiger als letztere, die im Schweregrad ihres Gerinnungsdefekts weniger ausgeprägt ist.

Hämophilie wird von weiblichen Trägern, die selbst jedoch nie davon befallen werden, an ihre männlichen Nachkommen vererbt. Nicht unbedingt – folgt man der Mendelschen Vererbungslehre –, aber möglicherweise. Im Falle von Alexej war dies sogar wahrscheinlich. Alexandras Großmutter, Königin Victoria von England, hatte diese Erbkrankheit in sich und durch ihre weitverzweigte Verwandtschaft an mehrere Dynastien Europas weitergegeben (allein zehn prominente Träger sind bekannt). Durch sie wurde diese Erbkrankheit berühmt, denn sie hat durch ihre Folgen Geschichte gemacht.

Die zeitgenössischen Genforscher D. M. und W. T. W. Potts sind der Frage nachgegangen, wie die englische Königin selbst zu dieser Krankheit gekommen ist. Sie vermuten, daß dies durch eine außereheliche Beziehung von Queen Victorias Mutter (zum Zweck der Sicherung der Nachkommenschaft in ihrer Linie) mit einem durch Degeneration gengeschädigten Partner geschehen sei[2]. Sie belegen dies durch biographische Fakten – solche der Beziehungen bei Hof und schließlich durch Briefwechsel und Berichte von Zeitgenossen. Auch die äußerliche Ähnlichkeit Victorias mit ihrem von den Autoren Potts vermuteten Vater und ihre politische Einstellung bestärken die Genannten in ihrer Annahme.

Als Kontext malen die Genforscher im übrigen ein Bild des sittlichen Verhaltens führender Mitglieder des englischen Kö-

---

[1] Aus: Herbert Begemann, »Praktische Hämatologie«, Stuttgart 1977
[2] D. M. Potts und W. T. W. Potts, »Queen Victoria's Gene«, Gloucester 1995

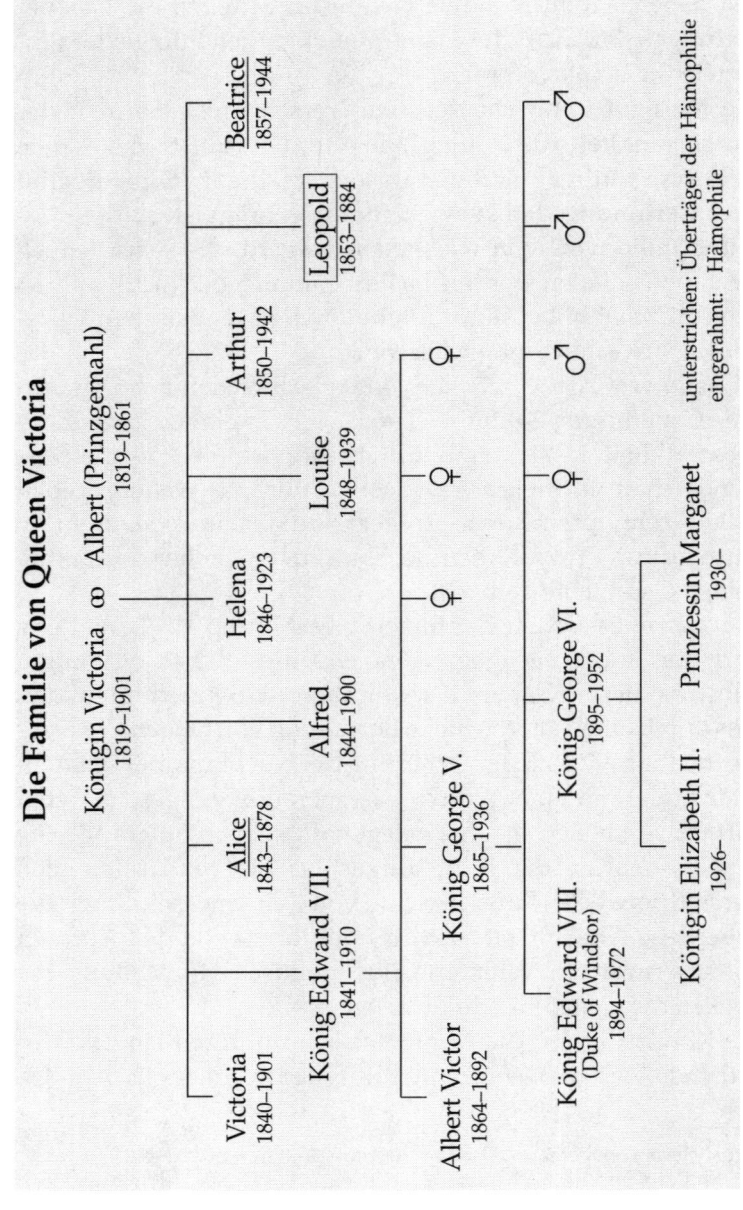

Die Familie von Queen Victoria

Königin Victoria ∞ Albert (Prinzgemahl)
1819–1901   1819–1861

Victoria 1840–1901

König Edward VII. 1841–1910

Alice 1843–1878

Alfred 1844–1900

Helena 1846–1923

Louise 1848–1939

Arthur 1850–1942

Leopold 1853–1884

Beatrice 1857–1944

Albert Victor 1864–1892

König George V. 1865–1936

König Edward VIII. (Duke of Windsor) 1894–1972

König George VI. 1895–1952

Prinzessin Margaret 1930–

Königin Elizabeth II. 1926–

unterstrichen: Überträger der Hämophilie
eingerahmt: Hämophile

Träger der Hämophilie in der Familie von Königin Victoria von England

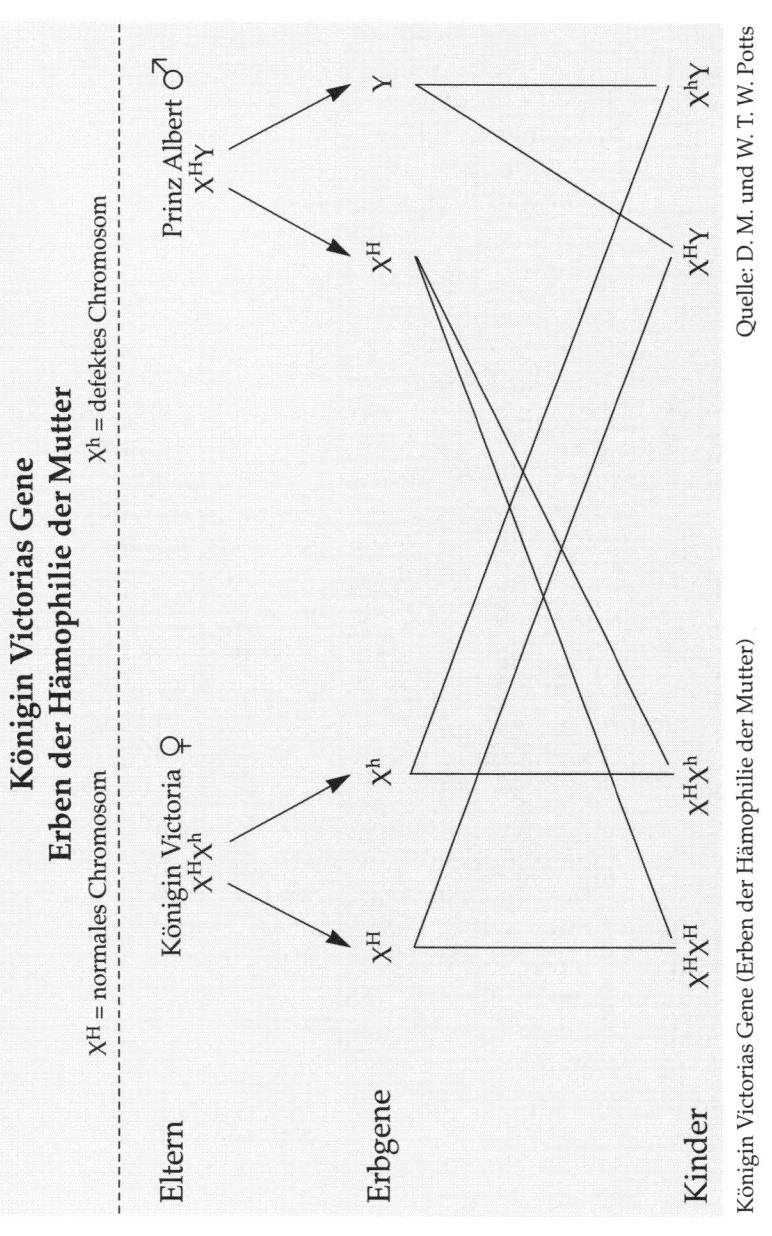

Königin Victorias Gene
Erben der Hämophilie der Mutter

X^H = normales Chromosom X^h = defektes Chromosom

Eltern

Prinz Albert ♂
$X^H Y$

Königin Victoria ♀
$X^H X^h$

Erbgene

Y

X^H

X^h

X^H

Kinder

$X^H Y$

$X^H Y$

$X^H X^h$

$X^H X^H$

Quelle: D. M. und W. T. W. Potts

Königin Victorias Gene (Erben der Hämophilie der Mutter)

nigshauses, das selbst in der als freizügig geltenden Gegenwart schockieren muß. Danach soll sich einer der nachfolgenden Könige von England noch als Kronprinz mit seinem Bruder die Geliebte geteilt haben, und ein Herzog von Kent – später König von Hannover – nicht nur die Ehefrauen seiner Hofminister, sondern auch seine eigene Schwester zu vergewaltigen versucht haben. Die Briefe letzterer an einen Vertrauten wurden diesem laut Potts Recherchen erwiesenermaßen gegen ein Schweigegeld abgekauft; die Autoren berufen sich dabei auf Archivmaterial.

Die beiden Wissenschafter weisen im Stammbaum von Queen Victoria bis zu vierhundert Jahren zurück auch andere Erbkrankheiten nach, die für ihre Vorfahren – ob Stuarts oder Hannoveraner – charakteristisch gewesen seien – wie zum Beispiel die Porphyria (zu deren Symptomen beschleunigter Puls und rote Flecken auf der Haut gehören, wie dies bei Zarin Alexandra zu beobachten ist).

Wesentlich scheint hier, daß die Hämophilie nicht nur zum Zeitpunkt der Geburt des Zarjewitsch Alexej bekannt und beschrieben war – wie medizinische Lehrbücher der achtziger Jahre des 19. Jahrhunderts bezeugen –, sondern bereits zur Zeit der Verlobung und Heirat seiner Eltern im Jahre 1894.

Zarin Alexandra, deren Mutter eine Tochter von Queen Victoria war, hatte zwangsläufig schon als junges Mädchen von dieser Krankheit Kenntnis: ihr jüngerer Bruder war dadurch als Kind gestorben und einer ihrer Onkel, Leopold, verblutet. Alexandras Tante Beatrice (eine weitere Tochter der Queen Victoria) sah zwei ihrer vier Söhne an Hämophilie leiden. Beatrices Tochter Victoria-Eugenie, die König Alfons XIII. von Spanien heiratete, vererbte zwei von ihren drei Söhnen diese Krankheit. Diesen wurden von früher Kindheit an die Kleider mit Watte ausstaffiert, um das Risiko der Verletzungen zu mindern; sogar die Bäume des Parks, in welchem die Kinder zu spielen pflegten, wurden abgepolstert.

Hämophilie in der Linie von Prinzessin Alix (Zarin Alexandra)

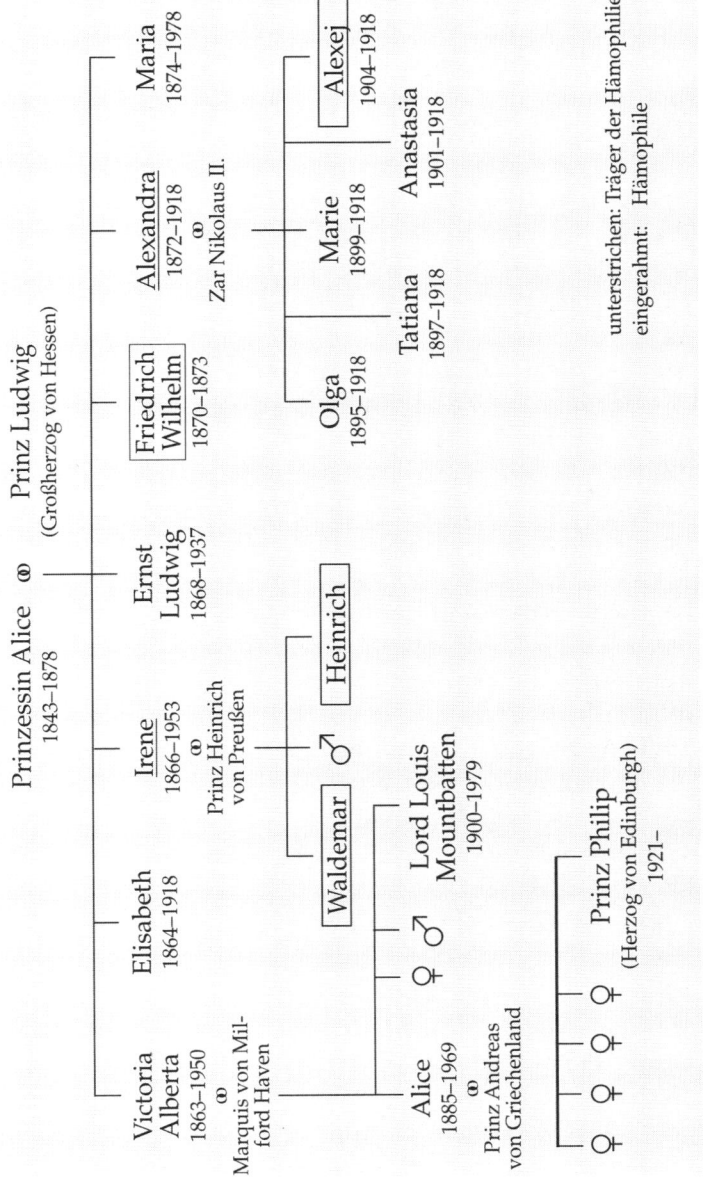

unterstrichen: Träger der Hämophilie
eingerahmt: Hämophile

Auch Alexandras Schwester Irene, die Kaiser Wilhelms jüngeren Bruder Prinz Heinrich von Preußen heiratete, war Trägerin der Hämophilie und vererbte beiden Söhnen diese Krankheit. Einer von ihnen war erst kurz vor der Geburt Alexejs daran gestorben. Dennoch hatte Königin Victoria, einmal auf die von ihr verbreitete Erbkrankheit angesprochen, in einem Brief dementiert: »Bei uns kommt Hämophilie nicht vor...« Warum niemand zumindest der am russischen Hof Verantwortlichen den Zaren rechtzeitig in dieser Hinsicht gewarnt hatte, ist erstaunlich. Möglicherweise hätte es auch wenig geändert. Nikolaus war nicht nur unerschütterlich in seiner Zuneigung zu »Alix«, sondern konnte davon ausgehen, daß er – wie sein Vater und sämtliche seiner Onkel und Cousins – mehrere Söhne haben würde.

Nikolaus und Alexandra weigern sich zunächst, an die furchtbare Wahrheit zu glauben. Erleichtert atmen sie auf, als die Blutungen nach drei Tagen aufhören. Nikolaus: »11./24. September. Gott sei Dank! Unser lieber Alexej hat keine Anzeichen der Blutung mehr, und wir können jetzt ganz ruhig sein...« Am Hof sind vierzig Ärzte akkreditiert...

Für den Zaren scheinen alle anderen Angelegenheiten – immerhin herrscht nach wie vor Krieg mit Japan – an zweiter Stelle nach seinem Sohn und Thronfolger zu rangieren. Am 5. Oktober, Alexejs Namenstag nach dem orthodoxen Heiligenkalender, schreibt Nikolaus:

»5. Oktober, Dienstag. Der erste Namenstag unseres Schatzes. Um 10 Uhr Bericht des Generals Sacharow. (...) Empfing Delegation meines Moskauer Regiments, das Alexej eine Ikone brachte. (...) Erhielt viele Glückwunschtelegramme...«

Alexejs Stellenwert für den Zaren wird auch bei einer anderen Gelegenheit deutlich. Kurz nach Alexejs Namenstag empfängt Nikolaus Admiral Roschdestwenskij vor dessen Abreise an den Kriegsschauplatz. Der Admiral berichtet über einen peinlichen Zwischenfall. Eine russische Schwadron hat irrtümlich englische Fischerboote bombardiert, die sie für japa-

nische Torpedoboote hielt. Inmitten des Reports unterbricht ihn der Zar:
»Wissen Sie, daß er schon sieben Kilo wiegt?«
»Wer?« fragt der Admiral.
»Der Erbe der Krone«, antwortet Nikolaus.

Ebenso spontan und für den Gesprächspartner unerwartet, unterbricht der Zar den Bericht des Direktors der Kaiserlichen Hofkanzlei, General Mosolow:
»Ich glaube, Sie haben meinen lieben kleinen Zarjewitsch noch nicht gesehen. Kommen Sie, ich zeige ihn Ihnen.«
Zur Mißbilligung von Alexandra hebt Nikolaus das Baby, das gerade gebadet wird, aus der Wanne – die prüde und autoritätsbewußte Zarin schätzt es nicht, daß es Außenstehenden in diesem Zustand gezeigt wird. Die Zarinmutter ist anwesend und begeistert, weil sich das Kind allein aufsetzen kann. Der Hofminister erinnert sich an diese Szene: »... ›Es ist wirklich wunderbar‹, schwärmte die Zarenmutter, begeistert von ihrem Enkelkind, ›so lebhaft, gutmütig und mit schönen Zügen‹...«
Die Zarin erfüllt – anders als in Rußland in dieser Position üblich – selbst die Aufgaben einer jungen Mutter, obwohl ihr drei Ammen zur Seite stehen.
Später, bei Ausfahrten der Zarenfamilie auf der Kaiserlichen Yacht, kommt als Betreuer der Matrose Andrej Djerewjenjko hinzu, der mit dem Thronfolger die ersten Gehversuche unternimmt und später neben einem weiteren Matrosen, Klimentij Nagornyj, und dem Lakaien J. Sjednew ständiger Beschützer des Thronfolgers wird.
Alexej selbst ist von den Matrosen an Bord so sehr begeistert, daß er, sobald er endlich dem Babyalter[1] entwachsen ist, nur Matrosengewand tragen will. Schon als kleines Kind besteht er darauf, am Exerzieren an Bord teilnehmen zu dürfen und steht dafür gerne um sieben Uhr morgens auf.

---

[1] Damals wurden Jungen im Babyalter wie Mädchen gekleidet und frisiert.

Der Zar sorgt dafür, daß der Thronfolger so oft wie möglich präsent ist und so früh wie möglich selbst mit den vielen Repräsentationspflichten, vor allem im militärischen Bereich, der Nikolaus selbst am nächsten steht, vertraut wird. Alexej ist erst ein halbes Jahr alt, als er neben der Zarin vor dem Palast begeistert die erste Militärparade mitverfolgt. Als der Zar gegen Ende des ersten Jahres in die Hafenstadt Reval fährt, um die nach Japan abkommandierte Flotte unter Admiral Roschdestwenskij zu verabschieden, hat er Alexej auf dem Arm. Alexej ist auch – wie ein lebendes Symbol – dabei, als in der Hauptstadt der Zar zu Pferd, wie in Rußland üblich, einrückende Truppeneinheiten mit der Ikone in der Hand segnet. Der tragische Verlauf des russisch-japanischen Krieges kann jedoch nicht mehr beeinflußt werden. Indessen versucht die Zarin nach Kräften, die Folgen des Krieges lindern zu helfen. Alexandra, bisher ihrer Zurückgezogenheit wegen öfter kritisiert, hat seit der Geburt des Thronfolgers an Sympathien gewonnen, und man würdigt ihren tatkräftigen Einsatz für die Opfer des Krieges. Sie organisiert ein eigenes Spital für Kriegsversehrte und läßt im Palastpark ein Heim für Kriegsinvalide errichten, in welchem für diese – erstmals in Rußland – Umschulungsprogramme durchgeführt werden.

Der Zar korrespondiert mit seiner Mutter, die in ihrem Petersburger Stadtpalais lebt, nach wie vor über politische Fragen. Kaum versäumt er es, auch über den Zarjewitsch zu berichten. Als Alexej ein Jahr und vier Monate alt ist, schreibt Nikolaus: »... der Junge kann schon ganz gut gehen, aber er spricht noch nicht. Es gibt noch keine Photographien von ihm.«

Bald darauf wird Alexej erstmals porträtiert. Die Sitzung gestaltet sich angesichts seines lebhaften Temperaments anfangs schwierig, und es ist erst möglich, den ersten Pinselstrich zu setzen, als er selbst ebenfalls die Möglichkeit erhält zu malen, was bald eine seiner bevorzugten Tätigkeiten wird.

Zarskoje Sjelo

Über den Thronfolger und die Welt, die ihn als Kind umgibt, berichtet der Schweizer Pierre Gilliard. Dieser ist als Französischlehrer von Alexejs älteren Schwestern am Zarenhof engagiert:

»Den Winter über verbrachte die Zarenfamilie gewöhnlich in Zarskoje Sjelo [wörtlich: Zarendorf], einer Cottagestadt für sich, die etwa zwanzig Kilometer südlich von Petersburg gelegen ist. Das Areal erstreckte sich auf einer großen Anhöhe, deren Mittelpunkt der Große Palast Katharinas II. einnahm. Unweit davon lag im Park, der von kleinen künstlichen Seen durchbrochen war, der kleinere und bescheidenere Alexander-Palast, den Zar Nikolaus II. nach den tragischen Ereignissen des Januar 1905[1] endgültig zu seiner Hauptresidenz machte.

Der Zar und die Zarin lebten im unteren Geschoß des einen Palastflügels, ihre Kinder in der Etage darüber. Im Mittelgebäude befanden sich die offiziellen Räume, im anderen Flügel waren einige Mitglieder der Suite untergebracht. In diesem Rahmen, der ihrem bescheidenen persönlichen Geschmack entsprach, lebte die Zarenfamilie.

Dort sah ich im Februar 1906 Zarjewitsch Alexej zum ersten Mal. Er war damals eineinhalb Jahre alt. An diesem Tag war ich wie mehrmals in der Woche im Alexander-Palast. Es war schon am Ende der Unterrichtsstunde mit Olga Nikolajewna, als die Zarin mit Großfürst Alexej Nikolajewitsch auf dem Arm hereinkam – offenbar in der Absicht, mir ihren Sohn zu zeigen, den ich noch nicht kannte. Auf ihrem Gesicht stand die Freude einer Mutter, die in ihrem Kind die Erfüllung ihres sehnlichsten Wunsches sah. Es war zu spüren, wie stolz und glücklich sie über die Schönheit ihres Kindes war. Und tatsächlich – der Zarjewitsch war zu diesem Zeitpunkt das

---

[1] blutig niedergeschlagene Demonstration in Petersburg

herrlichste Kind, von dem man nur träumen konnte, mit seinen wundervollen hellen Locken und den großen graublauen Augen unter den dichten, langen, dunklen Wimpern. Er hatte den frischen rosigen Teint eines gesunden Kindes, und wenn er lächelte, bildeten sich zwei Grübchen. Als ich an ihn herantrat, sah er mich ernst und scheu an und entschloß sich erst nach einigem Zögern, mir seine kleine Hand hinzustrecken. Bei dieser ersten Begegnung fiel mir auf, wie die Zarin mehrmals mit der zärtlichen Geste einer Mutter, die ständig um das Wohl ihres Kindes besorgt ist, den Zarjewitsch an sich drückte. Es war aber auch ganz klar zu sehen, daß sie dabei von einer verborgenen Sorge, Unruhe erfüllt war, die mich überraschte, und deren Grund ich erst viel später begreifen sollte.«

In den folgenden Jahren hat Gilliard öfter Gelegenheit, Alexej Nikolajewitsch zu sehen, der es besonders liebt, seinen Betreuern davonzulaufen und in das Klassenzimmer seiner Schwestern zu stürzen, wenn sie Unterricht haben.

Sobald Alexej gehen kann, ist er kaum zu bändigen. Seinem Kindermädchen fällt es mitunter schwer, ihn einzufangen, so rasch entwischt er in irgendeinen Raum des Palastes: lediglich um den Empfangsraum des Zaren vor dessen Arbeitszimmer macht er einen Bogen: den Kindern ist verboten, sich dort aufzuhalten, wo Minister, Diplomaten und andere Besucher auf ihre Audienz warten. Aber der von Alexander I. erbaute halbkreisförmige Palast ist noch groß genug, um in den Paraderäumen zwischen dem linken und rechten Flügel unendlich viele Möglichkeiten zu bieten, sich zu verstecken. Zudem entbehrt die festliche, mit dem intimen Charakter der Kinderzimmer kontrastierende Atmosphäre der eleganten Paradesäle für Alexej nicht des Reizes des Verbotenen, sich dort aufzuhalten und hinter riesigen Vasen oder schweren Samtvorhängen abzuwarten, bis er entdeckt wird – oder einfach über die weichen, dicken Perserteppiche zu rasen.

Die Privaträume der Zarenfamilie fallen, wenn man von den Empfangsräumen des Zaren und jenen der Zarin, deren Arbeitszimmer und dem Speisezimmer absieht, für die Residenz einer Zarenfamilie relativ schlicht aus. Sie unterscheiden sich kaum von jenen typisch englischen Wohnräumen, wie Alexandra sie von den Besuchen auf den Landsitzen ihrer spartanischen Großmutter in England gewöhnt war.

In den Kinderzimmern dominieren wenigstens helle Möbel aus dem Holz von Zitronenbäumen und Vorhänge in kräftigen Farben – anders als das legendäre lila Boudoir der Zarin. Je zwei der Großfürstinnen teilen ein Zimmer; Alexej hat von Anfang an zwei für sich allein. Im Gegensatz zu seinen Schwestern muß er – in Rücksicht auf seine fallweisen Erkrankungen – nicht auf einem harten Feldbett schlafen, wie es in Rußland seit Zarin Katharina und in Alexandras englischem Elternhaus üblich ist. Außerdem bleibt die Amme oder eines der drei Kindermädchen auch die ganze Nacht in Alexejs Zimmer, wo sich im Eck ein Sofa für sie befindet. Über seinem Bett hängen Ikonen, darunter die Geburtsikone, die jedes Kind genau entsprechend seiner Größe zum Zeitpunkt der Geburt erhält; Tag und Nacht brennt in einem Zimmereck eine Ikonenlampe. Spartanisch wiederum der Brauch, wonach alle Kinder morgens ein kaltes Bad in ihren Silberwannen nehmen müssen und nur abends warm baden dürfen. Der Zar ist selbst so aufgezogen worden, und zudem schwimmt er morgens eine halbe Stunde im Salzwasserpool, der an sein Badezimmer angrenzt, ehe er, schon an seinem Arbeitstisch, den Frühstückstee einnimmt.

Ungeachtet dieser Einfachheit ist die Hofetikette auch bei den Kindern präsent. Alexej amüsieren besonders die vier schwarzen Äthiopier, die auch den Kindern ständig die Türen zu öffnen und hinter ihnen zu schließen haben, was Alexej gerne bis zur Unendlichkeit wiederholen läßt. Sie sind in rote Hosen, goldbestickte Westen, geschwungene Pantoffel und einen weißen Turban gekleidet. Die Tradition, sich schwarze

Kammerdiener für diese Funktion zu halten, stammt aus dem Rokoko, und es heißt, der Großvater des berühmten russischen Dichters Alexander Puschkin sei ein »Mohr aus Abessinien« am Hof Peters des Großen gewesen, wofür Puschkins unrussisches Profil und schwarze Locken sprechen. Dagegen stammen die schwarzen dienstbaren Geister um Alexej aus den Vereinigten Staaten von Amerika, und bei ihren jährlichen Urlauben versäumen sie es nie, dem kleinen Thronfolger seine bevorzugte Marmelade aus der exotischen Guavafrucht mitzubringen.

Interessant wird der Alltag für Alexej aber erst, als er aus der begrenzten Welt des Palais hinaus in die Märchenlandschaft des weitläufigen Parkes treten kann. Das weitläufige Areal bietet alles, worum ihn jedes andere Kind seines Alters nur beneiden kann. Vorbei an Katharinas majestätischem blau-weiß-goldenen Rastrelli-Palast mit seinen zweihundert Sälen wird er im von einem Pony gezogenen Wagen durch den Park gefahren, zwischen feenhaften Gestalten aus weißem Marmor und Obelisken, durch blühende Gärten und sprühende Fontänen zu einem der Seen, wo die Entdeckungsreise per Ruderboot fortgesetzt wird. Auf einem der künstlich angelegten Teiche ist eigens für die Kinder ein Kinderspielhaus errichtet, das nur ihnen gehört.

Der Park wird bald zum bevorzugten Lebensraum Alexejs. Für seine Sicherheit ist gesorgt. Das riesige Gelände wird entlang der gesamten, unüberwindlichen schwarz-goldenen Gitterumzäunung Tag und Nacht von kräftigen bärtigen Kosaken, in der Regel – ohne ihre hohe Mütze – zwischen 1,85 und 2 Meter groß, in roten Uniformen, und von Infanteristen der Garderegimenter bewacht. Alexej selbst steht ständig unter Geleitschutz, unter anderem durch den oder die erwähnten Matrosen. Es bereitet ihm großen Spaß, den Gärtnern beim Leerfegen der Alleen von den Blättern der Bäume zu helfen oder im Winter die Wege vom Schnee zu säubern. Wenn der Zar Zeit findet, fährt er im Sommer seinen Sohn mit dem Boot spazieren oder baut mit ihm Festungen aus Lehm, im Winter aus Schnee. In seinem Zimmer spielt Alexej bevorzugt mit Miniatursoldaten, wobei er allerdings meist selbst beide Kriegsparteien führen muß. Aus der ganzen Welt erhält er Spielzeug meist von den Angehörigen befreundeter Königshäuser, aber auch von Firmen, die an Geschäftsbeziehungen mit dem Zarenhof interessiert sind: so bekommter Alexej aus Deutschland einen Mercedes in Miniaturausgabe; aus Rußland selbst erreichen ihn Geschenke, die ihm eine ganze Welt in Miniatur eröffnen: von Admiral Tschagin erhält er ein kleines Schiff, von Arbeitern einer sibirischen Fabrik eine Miniaturkanone, von Landarbeitern die gesamte Ausstattung von Landmaschinen und -geräten in Miniatur, Studierende der Kunstgewerbeschule basteln ihm Werkzeuge aller Art – in Kleinformat, und Kosaken aus Sibirien schenken ihm ein komplettes Waffenarsenal ihres Regiments (dessen Ehrenkommandeur Alexej ist) in Miniatur – mit Dolch und Patronentasche.

Aber auch Tiere treffen von überallher ein, um dem kleinen Thronfolger die Einsamkeit zu vertreiben, doch nur relativ wenige darf er behalten, denn bald gäbe es genug für einen Privatzoo. Außer einem Hund, dem braunen Spaniel Joy, und einem Kater besitzt er bald ein eigenes Pony, auch wenn er zunächst im Korb daraufgesetzt und das Pony von jemandem (manchmal Alexejs älterer Schwester Olga) vorsichtig am Zügel geführt wird, bevor es später den Wagen mit Alexej zieht.

Besonders gern amüsiert sich Alexej mit dem weißen Elefanten, den der König von Siam gesandt hat und für den eine eigene Behausung errichtet worden ist. Wenn der Dickhäuter in einem der Seen ein Bad nimmt und mit seinem Rüssel spielt, betrachtet Alexej fasziniert die großen Kreise und Wellen, die von ihm ausgehen.

Eines Tages bringt ein sibirischer Bauer einen eigens für die Zarenfamilie gezähmten Zobel. Als den Kindern dessen Ankunft angekündigt wird, versammeln sie sich erwartungsvoll in einem ihrer Zimmer. Es war nicht so einfach für den Sibirier, zur Kaiserlichen Residenz zu gelangen. Erst war er, der alle seine Ersparnisse für die weite Reise für ihn und seine Frau zusammengelegt hat, nach Moskau gefahren. Dort hatte man ihn nach Petersburg weitergeschickt. Die Sicherheitsbeamten des Winterpalais waren in Verlegenheit, was sie mit den Sibiriern anfangen sollten. Schließlich rieten sie dem Mann, er solle versuchen, in Zarskoje Sjelo empfangen zu werden. Der Direktor der Hofkanzlei, General Mosolow, wußte, daß der Zar ungeachtet seiner Überlastung gerne Leute »aus dem einfachen Volk« kennenlernte. Nachdem er kurz per Telegramm beim zuständigen Gouvernement in Sibirien nachgeforscht hatte, ob es sich nicht um einen Revolutionär handelte, gewährte er dem Besucher einen Termin. Mosolow schildert die Szene so:

»›Ich bin eigentlich Jäger‹, erklärte der Mann, ›und es gelang mir, einen jungen Zobel lebend zu fangen. Meine Alte und ich haben beschlossen, ihn dem Zaren zu bringen. Ein Zobel ist doch schon sehr selten geworden ... Unser Geld reichte nur bis Moskau, aber dann hat uns ein fremder Mann, Gott schenke ihm Gesundheit, Fahrkarten nach Petersburg gekauft...‹ – Und er zeigt mir den Zobel, der direkt auf meinen Schreibtisch springt und beginnt, die Listen, die ich betreffend die Beförderungen von Personen vorbereitet hatte, abzuschnuppern. Ich stellte mir vor, welche Freude die Kinder damit haben würden, gab dem Alten Geld für seine Reisekosten und seinen Reisefinancier und rief die Hofdame der Zarin, Fürstin Obeliani an; eine Stunde später gab sie die Zusage dafür, den Mann zu empfangen...«

Mehr als eine Stunde verbringen die beiden alten Leute im Kinderzimmer und berichten anschließend, wie liebenswürdig die Zarin gewesen sei. Schließlich meint diese jedoch, es sei besser, die beiden nähmen das Tier wieder mit, bis man ein Gehege gebaut hätte. Aber die Kinder protestieren so heftig, daß der Zobel bleibt. Ihr Glück ist allerdings von kurzer Dauer. Denn der Sibirier besteht hartnäckig auf seinem Wunsch, den Zaren selbst sehen zu dürfen und weigert sich, vorher abzureisen, wobei er Zweifel darüber erkennen läßt, ob der Zobel sich im Palast auch wie zu Hause fühlen würde. Schließlich wird ihm ein neuerlicher Besuch für sechs Uhr des nächsten Abends gewährt. Darüber berichtet er: »Der Zobel ist umhergesprungen und hat alles kaputt und schmutzig gemacht. Als ich gekommen bin, ist er gleich auf mich zugelaufen und hat sich anschließend in einem Winkel versteckt. Da trat der Zar ein. Meine Alte und ich haben uns auf den Boden geworfen. Der Zobel ist hervorgekrochen und hat offensichtlich auch begriffen, daß vor ihm der Herrscher steht. Bleibt ganz ruhig und schaut ihn an. Dann sind wir dem Zaren ins Kinderzimmer gefolgt, wo es hieß, ihn auszulassen. Die Kinder begannen mit dem Zobel zu spielen. In unserer Anwesenheit war er nicht wild. Der Zar ließ uns Platz nehmen und fragte uns, wie wir hierhergekommen wären und wie es in Sibirien ist, die Jagd, das Leben. Dann meinte die Zarin, es wäre Zeit fürs Abendessen für die Kinder. Es wurde klar, daß man den Zobel nicht bei den Kindern lassen sollte, es war von einem Jagdgehege in Gatschina die Rede. Aber ich meinte: ›Batjuschka Zar, es wäre schade, ihn irgendeinem Jäger zu überlassen. Der zieht ihm nur das Fell ab und schneidet ihn in Stücke – und nachher sagt er, es wäre ihm passiert. Ich kenne die Jäger. Kaum einer hat was für Tiere übrig‹...«

Daraufhin beschließt der Zar unter größtem Protest der Kinder – am lautstärksten dem Alexejs, den Zobel dem Bauern wieder mitzugeben mit dem Auftrag, auf ihn zu achten und quasi als Eigentum des Zaren zu betrachten, und läßt ihm ein paar hundert Rubel für den Zobel und als Geschenk eine Golduhr mit dem Kaiserlichen Monogramm, der Frau eine Brosche aushändigen. Der Zar hatte dem Besuch zwei Stunden gewidmet und sich anschließend begeistert von dessen Erzählungen geäußert, wie es für einen vom wirklichen Leben weiter Bevölkerungskreise seines Landes abgeschnittenen Monarchen natürlich ist.

Nur Alexej ist verzweifelt und niedergeschmettert. Es ist das erste Mal, daß ihm ein Wunsch abgeschlagen oder nicht erfüllt wird und alles nichts nützt – es bleibt dabei.

Dafür genießt Alexej schon von früher Kindheit an das Leben eines Zarjewitsch mit all den Ehrenbezeugungen, die man ihm erweist. Bei der Weihnachtsfeier eines Leibgarderegiments in der Manege, wo in Anwesenheit der Zarenfamilie ein riesiger Baum entzündet wird, ist er, der kleine Zarjewitsch, in seinem weißen bordürengesäumten Hemd im russischen Stil und weißer Lammfellmütze unbestritten der Mittelpunkt; er wird beschenkt, und alles mögliche wird unternommen, um ihn zu unterhalten und zu amüsieren.

Wie fasziniert ist er aber erst, als die Kosaken hereingaloppieren! Jeder ist vom Temperament angesteckt, mit dem diese Akrobaten auf ihren Pferden ihre Reitkunst demonstrieren. Da schlagen sie in der Luft über den dahinjagenden Pferden ein Salto nach dem anderen, da jonglieren sie ihre Säbel und schleudern unter lauten Rufen ihre Mützen in die Luft. Da tanzen sie eigens für Alexej in schwindelerregendem Tempo ihre berühmten Tänze, angefeuert von der rhythmischen Musik der Balalajkas, zu der Alexej in die Hände klatscht.

Als das Spektakel mit stimmungsvollen Liedern der bärtigen Männer, deren kräftige Bässe die Manege erdröhnen lassen, ausklingt, hat man alle Mühe, Alexej zum Heimweg zu bewegen. Viele Leute, die Alexej noch nie gesehen hat, küssen nach dem Zaren auch ihm die Hand, als sie ihre Festtagswünsche zum Ausdruck bringen. Alexej küßt daraufhin seinen »Papa« ebenfalls, was ihm allerdings bald darauf abgewöhnt wird.

Zu seinem zweiten Geburtstag im Sommer 1906 darf Alexej zum ersten Mal bei den jährlichen Manövern am Exerzierfeld von Krasnoje Sjelo unweit von Petersburg dabeisein, die traditionell in Anwesenheit des Zaren abgehalten werden. Schon

früh beginnt der Zar, Alexej mit Angehörigen »Seiner« Armee und ihren Traditionen vertraut zu machen – jenem Milieu, das Nikolaus seit seiner Ausbildungszeit selbst am meisten liebt.
Mit sechzehn Monaten hat Alexej bereits einer Parade beigewohnt und die hochgewachsenen Männer des Preobraschenskij-Regiments, Elite der Russischen Armee, in ihren eleganten dunkelblauen Uniformen defilieren gesehen. Die Angehörigen dieses Regimentes werden wie die anderer Einheiten nach Aussehen – Haarfarbe, Körpergröße – und Herkunft rekrutiert; meist wird ihre Regimentszugehörigkeit auch von Generation zu Generation vererbt, je nach Rang und Verdienst der Familie. Soldaten der Preobraschenskijs sind in der Regel um die zwei Meter groß. Der nur mittelgroße Zar bildet eine Ausnahme: er bekleidet bei diesem wie bei zwei anderen Regimentern den Rang eines Kompaniekommandanten – allerdings nicht aufgrund seiner Position, sondern als Ergebnis seiner Militärausbildung. Und die Preobraschenskijuniform trug er bei seiner Krönung zum Zaren.
Nun sieht der kleine Thronfolger auf dem Gelände des Exerzierfeldes von Krasnoje Sjelo bei den Manövern tausende Soldaten verschiedener Waffengattungen in Reih und Glied vorbeiziehen. Eine Uniform scheint ihm interessanter als die andere. Als die Kavallerie kommt und die Pferde, von Musik und Applaus begleitet, vorbeijagen, kennt seine Begeisterung keine Grenzen, und er klatscht unentwegt in die kleinen Hände. Nicht einen Augenblick fühlt er sich vom Lärm eingeschüchtert – im Gegenteil: als die Militärmusikkapelle mit ohrenbetäubendem Trommeln vorbeizieht, feuert Alexej sie noch an: »Lauter, lauter!«
Und wie beeindruckt scheint der Zarjewitsch erst darüber, daß all die Paraden scheinbar »Papa« gelten! Für ihn erheben sich alle anderen, wenn die Hymne »Gott schütze den Zaren« gespielt wird, in die die tausenden Bässe einstimmen, und ihm gilt es doch, wenn am Ende alle im Chor die Gebete mit den Schlußworten singen: »...daß Gott über Dir wachen möge,

unser rechtsgläubiger Zar, für den unsere Liebe grenzenlos ist...« Das alles steigert die Autorität des Vaters in Alexejs Augen, und er ist und bleibt die einzige Person, der der verwöhnte Zarjewitsch bedingungslos gehorcht.

Begegnung mit Rasputin

Im Herbst 1906 erlebt Alexej eine Abwechslung anderer Art in der Person eines merkwürdigen Mannes. Es ist ein gewisser Grigorij Jefimowitsch, der als Besuch angekündigt ist. Sein Familienname lautet: Rasputin. Der Zar pflegt selten einem Bauern, speziell wenn er aus Sibirien angereist kommt, die Bitte um Audienz abzuschlagen. Auch wenn er nicht so weit geht wie die Zarin, die meint, »nur einfachen Menschen kann man trauen« und daher auch ihre Kinder weitgehend von einem adäquaten Freundeskreis fernhält, genießt er es, wie an dem Besuch des sibirischen Jägers zu ersehen war, mit ungekünstelten, bodenständigen Menschen seines Landes Bekanntschaft zu machen.

Rasputins Name ist Nikolaus bereits geläufig.

Schon ein Jahr zuvor war dem Zaren, wie aus Eintragungen in seinem Tagebuch ersichtlich, nach dem Gottesdienst »ein Mann Gottes« vorgestellt worden – »Grigorij aus dem Gouvernement Tobolsk« (Eintragung vom 1./14.11.1905), arrangiert von zwei Großfürstinnen, die offenbar nicht nur reges Interesse an diesem bärtigen Sibirier im mönchartigen Aufzug und originellen Interpretationen der Heiligen Schrift zeigten, sondern auch daran, ihn bei der Herrscherfamilie einzuführen. Miliza und Anastasia, beide aus dem befreundeten Montenegro stammend, sind mit Onkeln des Zaren verheiratet und beide mystisch veranlagt, was sie mit der Zarin verbindet.

Im Juli des folgenden Jahres hatte die Zarenfamilie Rasputin nach einem Gottesdienst kurz wiedergesehen. Im Oktober darauf – Alexej ist zwei Jahre und drei Monate alt – kommt er nun zum ersten Mal in den Palast. Der Grund, weshalb ihm ein Besuch gewährt wird: er wolle eine Ikone aus dem sibirischen Kloster Werchoturje bringen.

Die Kinder sind schon im Bett. Alexej sieht den großen Mann mit dem durchdringenden Blick überrascht an. Seine Kleidung – ein Mittelding zwischen Mönchskutte und langem russischen Bauernkittel – ist so ganz anders als die eleganten Dienerlivrees und Offiziers- und Generalsuniformen der vielen Leute, die er im Palast herumschwirren sieht, seine Haltung nicht respektvoll, sondern eher plump und komisch. Unwillkürlich muß Alexej über den merkwürdigen Mann lachen.

»Er war noch nicht im Bett«, berichtet Olga Alexandrowna, die gerade zu Besuch weilende Schwester des Zaren, »und hüpfte in seinem Pyjama wie ein Hase umher, als wolle er entkommen; da spielte Rasputin mit und hüpfte hinterher. Dem Kleinen hat das riesigen Spaß gemacht. Schließlich ließ sich Alexej ins Bett befördern. Wie Rasputin dann Märchen erzählte von der Hexe Baba Jaga, von der untreuen Prinzessin, die in eine Ente verwandelt wurde, vom grauen Wolf und vom Bären, der ein Holzbein hatte – und wie er dann anschließend mit gesenktem Kopf mitten im Zimmer stand und seine Hände zum Gebet mit den Kindern faltete, das sah ehrlich und rührend aus, und man konnte ihm beim besten Willen keinen unlauteren Gedanken unterstellen...«

Der Zar und die Zarin unterhalten sich noch ein wenig mit Rasputin über Sibirien, bevor sie ihn entlassen; der Muschik beeindruckt sie durch seine offensichtliche Frömmigkeit und seinen Wortschatz mit erbaulichen Zitaten, wie Rasputin sie immer auf den Lippen hat.

»Mich konnte er nicht beeindrucken«, relativiert Olga Alexandrowna den Eindruck, den Rasputin auf Alexandra gemacht hatte, »ich kenne die russischen Bauern gut genug, um zu wissen, daß sie alle mehr oder weniger die Heilige Schrift auswendig kennen.«

Auch die jahrelangen Pilgerwanderungen, die Rasputins Ruf als »Starez« oder »Mann Gottes« – wie er als Typ wandernder Pilger mit hohem ethischen Verhalten unter anderem auch in den Werken Dostojewskijs beschrieben wird – gefördert hatten, fügen sich in die russische Tradition: danach ist es vor allem in der sibirischen Hälfte Rußlands – und nicht nur unter Bauern – üblich, einmal pro Jahr eine Bußwanderung zu einem Kloster, einer »heiligen Stätte«, zu unternehmen. Bei dieser Gelegenheit werden in Rußland seit altersher auch die Schriften der Kirchenväter mündlich tradiert oder vertieft. Mit neuer Kenntnis und Erfahrung um die Wirkung und Heilkraft von Kräutern, die ihnen vor allem während der Fastperioden Nahrung und Arznei waren, kehren die Pilger zurück.

Von alldem weiß Alexej noch nichts. Für ihn war der Abend die Begegnung mit einem durchaus sympathischen Sonderling.

Das Kaiserpaar, in dessen Augen Rasputin als einfacher, ehrlicher, vom Glauben und der Kenntnis der Heiligen Schrift durchdrungener sibirischer Muschik erscheint, findet in Gesprächen mit ihm über dessen fernes Zuhause oder religiöse Fragen offenbar Entspannung und Erbauung. Aus ähnlichen Motiven empfangen der Zar und die Zarin manchmal auch den Hofgeistlichen, Pater Janischew, im Palast.

Alexej kann gar nicht wissen, wie sehr der Zar in dieser Zeit moralische Stärkung nötig hat. Wie sollte er auch schon begreifen können, was in Rußland schon seit 1905 vor sich geht?

Das Ende der Autokratie

Schon der Beginn des Jahres 1905 war durch tragische Ereignisse gekennzeichnet, und seitdem war das Land nicht zur Ruhe gekommen.

Rußland hat den Krieg gegen Japan verloren.

Am 14. (27.) Mai 1905 wurde die russische Flotte unter Admiral Roschdestwenskij, in Alexejs Gegenwart vom Zaren so feierlich verabschiedet, bei Tsushima versenkt. Durch Minister Witte konnten zwar relativ glimpfliche Friedensbedingungen für Rußland erhandelt werden[1], doch die Ereignisse zeitigten innenpolitische Folgen. Rußland wurde von einer Welle von Unruhen und Aufständen überrollt. Unter Ausnutzung der demoralisierten Stimmung in Bevölkerung und Armee, vor allem der Marine, nach all den vergeblichen Kriegsopfern zettelten politisch entschlossene Agitatoren aus revolutionärem und anarchistischem Milieu Streiks an und betrieben lautstark regierungsfeindliche Propaganda.

Doch schon vor der Niederlage an der Front und ihren Folgen im Landesinnern war etwas Tragisches passiert, das für lange Zeit wesentlich zur Stimmung im Land beitrug.

Am 9. Januar fand eine Demonstration in Petersburg statt. Eine Gruppe von Arbeitern und Bauern wollte beim Zaren vorsprechen und ihm eine Petition überreichen. Nikolaus, vorher davon in Kenntnis gesetzt, plante, sie im Winterpalais zu empfangen und anzuhören. Doch seine von den Sicherheitsbeamten alarmierten Berater hielten Nikolaus zurück, sich nach Petersburg zu begeben. Diese Entscheidung erwies sich als verhängnisvoller Fehler. Begründet wurde sie mit einem vorhergehenden Ereignis, das nicht allgemein bekannt ist und daher selten Erwähnung findet. Das hat zur Fehlinterpretation des Verhaltens des Zaren beigetragen.

Kurz zuvor war Nikolaus nämlich offenbar nur knapp einem Attentatsversuch entgangen. Am Tag der hl. Epiphanie hatte der Zar vor dem Winterpalais der Tradition entsprechend der Wasserweihe an der Njewa beigewohnt. Während der Metropolit nach Aufbrechen des Eises die Zeremonie vornahm,

---

[1] Dafür erhielt Witte vom Zaren den Grafentitel. »Dreimal versuchte er mir dafür die Hand zu küssen«, schreibt der Zar danach an seine Mutter.

wurden wie üblich von der Peter-und-Pauls-Festung Salutschüsse abgefeuert. Doch diesmal kamen echte Geschosse geflogen. Sie verfehlten den Zaren nur knapp, trafen jedoch die Fenster des Winterpalais. Nikolaus blieb ruhig stehen. »Was hätte ich sonst tun sollen?« meinte er später seiner Schwester Olga gegenüber. Bei der anschließenden Zeremonie im Winterpalais waren die zersplitterten Fensterscheiben unübersehbar, und Nikolaus hatte wenig Grund, den beruhigenden Erklärungen Glauben zu schenken. In Erinnerung daran ließ er sich umstimmen und blieb der Hauptstadt fern. Doch die Polizei versuchte, die Demonstration aufzulösen, und als Warnschüsse keine Wirkung zeigten, schossen die Beamten in die Menge. Der Blutzoll war sehr hoch. So ging das Ereignis, bei dem eine friedliche Prozession ein so brutales Ende fand, als der »blutige Sonntag« in die Geschichte ein. Nikolaus hatte dafür die Verantwortung zu tragen.

Das Ereignis löste eine Welle von Unruhen aus, von der nach und nach das ganze Land erfaßt wurde. Im gleichen Monat wurde Großfürst Sergej Alexandrowitsch, Onkel von Nikolaus und Schwager von Alexandra, Gouverneur von Moskau, ermordet. Als im Mai die Nachricht von der endgültigen Niederlage Rußlands gegen Japan eintrifft, ist der Zar gebrochen.

Sein jüngster Onkel, Schwager durch seine Heirat mit Nikolaus' Schwester Xenia und nahestehender Freund, Großfürst Alexander Michajlowitsch (»Sandro«), meint dazu: »Ich hatte ihm immer gesagt, er müsse die Flotte reorganisieren; aber er meinte, Onkel Alexej Alexandrowitsch [Taufpate Alexejs], der ihr vorstand, wäre nie damit einverstanden. Ihn in den Ruhestand zu schicken, kam nicht in Frage: ›Wie kann ich den Lieblingsbruder meines Vaters feuern?‹ Er konnte nicht begreifen, daß ein Herrscher seine rein menschlichen Gefühle unterdrücken muß. Doch nach der Katastrophe mit Japan und den anderen Erschütterungen verlor er seinen

Glauben an den Sinn seiner Aufgabe und wurde apathisch. Das einzige Lebensziel blieb nur mehr, seinen Sohn am Leben zu erhalten.«

Die Ereignisse, die Rußland im Inneren nach der Niederlage im Ausland erschütterten, führten eine Entscheidung des Zaren herbei, die auch für Alexej in seiner künftigen Rolle als Herrscher Rußlands von Bedeutung sein würde.

Ausgelöst wurde der Vorgang durch die erwähnten Unruhen. Schon während der letzten verlustreichen Kämpfe am Kriegsschauplatz reisten Agitatoren zu den Stützpunkten der geschlagenen Armee und begannen, die demoralisierten Soldaten gegen das zarische Regime aufzuhetzen. Die nächsten Ziele der regierungsfeindlichen Propagandaaktionen waren die Hafenstädte der ebenfalls gedemütigten Schwarzmeerflotte, danach Industriezentren, Fabriken und von sozial schlechter Gestellten besiedelte Gebiete.

Im Herbst dieses Jahres 1905 beschrieb Nikolaus die Situation in einem Brief an seine in Dänemark weilende Mutter und legte darin die Situation im Land dar, die ihn zu einer historischen Entscheidung bewog:

»Wir haben hier die schwersten, beispiellosen Ereignisse hier durchlebt; waren die Januartage schon katastrophal gewesen – das war noch gar nichts gegen das, was jetzt geschehen ist! (...) Der erste Bahnstreik begann in und um Moskau und breitete sich sofort über ganz Rußland aus. Petersburg und Moskau waren völlig vom Landesinneren abgeschnitten. (...) Von den Bahnwegen griff der Streik auf die Fabriken über, sogar zu den städtischen Einrichtungen, und schließlich zum Ministerium für Verkehrswesen überhaupt! (...)

Weiß Gott, was mit den Universitäten los ist. Jeder Anarchist kam von den Straßen herein, und Aufstände wurden ausgerufen. Den Führungsgremien aller Universitäten und Ingenieurschulen war Autonomie gewährt worden – aber sie wissen nicht, wie sie sie anwenden sollen und konnten nicht einmal den unverschämten Mob fernhalten. (...)

Nichts als Streiks in Schulen und Fabriken, ermordete Polizisten, Kosaken, Soldaten, Aufstände, Meutereien und Chaos. Aber die Minister, statt kurzentschlossen zu handeln, versammeln sich nur zu Beratungen wie eine Schar von aufgeschreckten Hühnern und gackern etwas von vereinten Ministeraktionen herum. (...) Bei den diversen ›Meetings‹ – dieses modern gewordene Wort haben die Revolutionäre übernommen, verwenden es aber ausschließlich im Sinne von Revolution – wurde offen beschlossen, einen bewaffneten Aufstand zu unternehmen. Ich bekam davon Wind und unterstellte unverzüglich alle Truppen des Bezirks Petersburg dem Kommando von Trjepow[1] und befahl ihm, die Stadt in Sektoren zu unterteilen. Trjepow machte unmißverständlich klar, daß er energisch für Ruhe und Ordnung zu sorgen gedenke, falls sich eine Revolution anbahnt. (...) Und es herrschte nun tatsächlich Ruhe in den Straßen. Aber es war eine unheimliche Ruhe. Und es war klar, daß etwas geschehen mußte, denn lange konnte es so nicht weitergehen. Ich beriet mich tagelang mit Witte. Er machte mir klar, daß es nur zwei Möglichkeiten gibt: entweder Diktatur mit Blutvergießen und wenig langfristigem Erfolg – oder: der Bevölkerung ihre bürgerlichen Rechte geben, bestätigt von einer Duma[2], das bedeutet also eine Verfassung. Witte erklärte sich einverstanden, unter solchen Umständen den Vorsitz des Ministerrats zu übernehmen und eine Regierung zu bilden. (...) Witte und Obolenskij entwarfen das Projekt, und mit Gottes Hilfe unterschrieb ich es. (...) Es war eine schwere Entscheidung, aber in ganz Rußland schrie man danach. (...) Möge Gott Rußland schützen und ihm Frieden bringen...«

---

[1] Dmitrij F. Trjepow, zuvor Moskauer Polizeichef, ab Jan. 1905 Petersburger Generalgouverneur, ab April desselben Jahres Innenminister
[2] Parlament (wörtlich: der Gedanke)

Im Oktober 1905 erhielt Rußland eine Verfassung und per Gesetz ein Parlament und war somit keine absolute Monarchie und der Zar kein absoluter Herrscher mehr. Am energischsten hatte die Zarin versucht, Nikolaus von diesem Schritt abzuhalten. Sie dachte dabei an Alexej. Alexandra meinte, ein Zar sei dem Krönungseid, den er als autokratischer Herrscher abgelegt hatte, verpflichtet, sei nur Gott und keiner irdischen Gewalt gegenüber verantwortlich und Rußland sei »für eine konstitutionelle Monarchie nicht reif«. Sie fürchtete, daß die künftige Herrschaft ihres Sohnes durch die Minderung seiner Macht schwieriger sein würde, als sie es für einen uneingeschränkten Zaren war.

Die Zarin befand sich in einem Zwiespalt: einerseits wollte sie ihren Mann unterstützen, andererseits die Interessen ihres Sohnes wahren. Das konnte auch der Französischlehrer ihrer Töchter beobachten: »Manchmal war die Zarin beim Unterricht anwesend, was mich verunsicherte – schon aus protokollarischen Gründen – sollte ich nun stehend weiterarbeiten? – sondern auch in meinem Unterricht irritierte. Dabei fiel mir an diesem Tag das sonderbare Benehmen der Zarin auf. Ich erinnere mich deshalb so genau daran, weil die Stunde auf einen Tag oder zwei vor der Veröffentlichung des Manifests vom 17. Oktober 1905 fiel.

Die Zarin nahm an diesem Tag einen Platz im Fauteuil neben dem Fenster ein; sie schien mir von Anfang an geistesabwesend und sorgenvoller Verfassung zu sein; so sehr sie sich Mühe zu geben schien, verriet ihr Gesicht dennoch Unruhe in höchstem Maß. Sie unternahm alle Anstrengungen, ihre Aufmerksamkeit auf uns zu konzentrieren, aber bald verfiel sie vollständig in düstere Nachdenklichkeit und ließ ihre Handarbeit auf dem Schoß ruhen. Sie verschränkte die Hände, und ihr Blick schien das um sie vor sich Gehende nicht mehr wahrzunehmen.

Gewöhnlich schloß ich am Ende der Stunde mein Buch und wartete, bis die Zarin sich erhob und mich entließ. Aber diesmal war sie derart in ihre Nachdenklichkeit versunken, daß sie sich ungeachtet des Schweigens, das den Schluß unseres Unterrichts bedeutete, nicht von der Stelle rührte. Minuten vergingen, die Kinder wurden ungeduldig; ich öffnete mein Buch wieder und begann von neuem vorzulesen. Erst nach einer Viertelstunde trat eine der Großfürstinnen an sie heran und brachte ihr Bewußtsein wieder zur Realität zurück.«

Doch die kämpferische Verteidigung von Alexejs Rechten gegen den Druck der Zeit war vergeblich. Alexandra mußte sich der Entscheidung des Zaren fügen.

Am 17. (30.) Oktober 1905 wird der »unerschütterliche Wille« des Zaren zur Gewährung einer Verfassung und gesetzgebenden Körperschaft, Duma, und aller bürgerlicher Rechte verkündet. Das Ende der Autokratie ist gekommen. Doch ungeachtet dieser Tatsache sollte Alexandra nicht aufgeben, weiterhin gegen die Schmälerung von Alexejs künftiger Regierungsgewalt zu kämpfen.

Unbeschwerte Kindheit und Beginn der Erziehung

1907 wird Alexej vom Zaren die Leibgarde des Atamanenregiments[1] vorgestellt, deren Chef der Thronfolger seit seiner Geburt ist. Das Erlebnis einer Parade oder Truppeninspektion vor dem Zaren stellt für jeden Angehörigen der kaiserlichen russischen Armee einen besonderen Höhepunkt dar. Wenn solche Militärrevuen nicht zuletzt dem Zweck dienen sollen, die patriotischen Gefühle und Loyalität gegenüber dem Land und dem obersten Kriegsherrn zu fördern, so scheint dieser Zweck erreicht. Das läßt sich jedenfalls aus Augenzeugenberichten und Erinnerungen von Militärs der zarischen Armee schließen. Auch der Bericht des russischen Generals Kras-

---

[1] Ataman: Kosakenoberhaupt

now[1] über die erste Begegnung mit dem Thronfolger scheint das zu bestätigen:
»Der Herrscher nahm den Thronfolger an der Hand und schritt langsam mit ihm die Front der Kosaken ab. Ich stand im Flügel der Sotnie[2] und konnte von dort bemerken, daß die Säbel in den Händen der 1. und 2. Sotnie schwankten. Mir zog es das Herz zusammen: ›Ihr seid doch nicht etwa müde? Nehmt euch zusammen!‹ zischte ich. Der Herrscher kam zur Flanke meiner Sotnie und begrüßte sie. Ich schritt hinter dem Kaiser mit und sah den Kosaken in die Augen, um sicherzugehen, daß zumindest meine Sotnie mit der Standarte strammstand und sich kein Säbel rührte. Als vor dem Herrscher die silberne Standarte mit dem Schwarzen Doppeladler gesenkt[3] wurde, sah ich, daß im Gesicht des stolzen bärtigen Wachtmeisters Tränen standen. Und je weiter der Herrscher mit dem Thronfolger schritt, desto mehr Kosaken waren von dieser Rührung übermannt, in ihren groben schwieligen Händen zitterten die Säbelgriffe – und sie zurechtzuweisen war mir unmöglich und wollte ich nun auch gar nicht mehr.«

Alexej ist seines fröhlichen, gutmütigen Wesens und gewinnenden Äußeren wegen allseits beliebt. Besonders im Freien kennt seine Ausgelassenheit keine Grenzen, was seinen Kindermädchen nicht wenig zu schaffen macht.

Im Sommer übersiedelt die Zarenfamilie in die Landvilla Alexandria inmitten der weitläufigen Anlagen von Peterhof an der finnischen Meeresbucht. In diesem unendlichen Areal mit den vielen Palais und versteckten Pavillons findet der Thronfolger grenzenlose Möglichkeiten, Neues zu entdecken und sich auszutoben. Außerdem kommen hierher mitunter

---

[1] der aus einer Kosakenfamilie stammende Generalleutnant P. P. Krasnow, der später eine Widerstandsarmee gegen die revolutionären Truppen anführt
[2] Hundertschaft in einem Kosakenheer
[3] militärische Geste der Verbeugung

auch die Kinder der auf den benachbarten Besitzungen lebenden Verwandten des Zaren zum Spielen.

Die beiden älteren Großfürstinnen fahren in einer großen Kutsche, die jüngeren mit Alexej und den Gouvernanten in einem Landauer hin. Sobald der Wagen die Hauptwache von Peterhof erreicht, ertönt eine Glocke, und einem kleinen Schilderhaus im gotischen Stil entsteigt ein Posten und nimmt Habtachtstellung ein. Dann geht es durch den Park, an den vielen Pavillons und zahllosen Springbrunnen vorbei, über die Brücke des Kanals. Von dieser Stelle aus bietet sich der Blick vom Schloß am höchsten Punkt der Anlage bis zur Meeresbucht hinunter über den terrassenförmig abfallenden Abhang mit den Fontänen, Kaskaden, über denen Goldfiguren emporragen – bis zum kleinen Schlößchen Marly hinüber. Vor diesem ist ein Teich angelegt, über den ein Wärter mit vielen Orden auf seiner Livree wacht. An einem Schulterriemen trägt er eine kleine Holzkiste, und wenn er die Kinder kommen sieht, läutet er mit einer Glocke. Auf dieses Signal hin gerät plötzlich das Wasser in Bewegung, und wie aufgepeitscht spritzen Wellen hoch: Augenblicke später strömen darin ausgesetzten Fische, in einem dichten Schwarm dem Glockenklang folgend, zum Ufer. Der Aufseher öffnet die Kiste, die voll Brotkrumen ist, und die Kinder dürfen die Fische füttern, solange der Vorrat reicht. So oft sich dieses Ritual auch bei jedem Besuch wiederholt – für Alexej ist es jedesmal ein spannendes Schauspiel.

Nach Prinz Roman Petrowitsch, der dies in seinen Erinnerungen festgehalten hat, soll es zu dieser Zeit hier sogar noch einen der Karpfen geben, die von Zar Peter dem Großen, dem Erbauer dieser Schloßanlage mit all ihren Spielereien, ausgesetzt wurden, denn angeblich können Karpfen über zweihundert Jahre alt werden.

Weiter geht es zur Anhöhe Babigony im südlichen Teil von Peterhof. Der Kanal ist hier zu einem See aufgestaut, an dessen

Ufer der kleine Pavillon Oserskij[1] liegt. Die Terrassen unter dem Pavillon münden in einen Abhang mit hohem Gras, über den die Kinder hinunterkollern und Purzelbäume schlagen, bevor sie im Garten hinter den vielen Statuen und Bäumen Verstecken spielen oder das bronzene Ungeheuer dort mit Gras füttern (von dem sie erst später erfahren, daß es Österreich-Ungarn symbolisieren soll!).

Während sich die Gouvernanten von Alexejs Schwestern und der Kinder anderer Verwandter – zum Beispiel der Schwester des Zaren, Xenia, – nun auf ihren Kutschen entspannt zurücklehnen und sich unter ihrem malerischen Sonnenschirm für die nächsten Stunden in ein Buch vertiefen können, ist das für Alexejs besorgte Betreuer meist der schwierigste und beunruhigendste Zeitpunkt: am Ziel angekommen, dürfen sich die Kinder nach Belieben vergnügen. Alexejs Kindermädchen sind dabei zwischen ihrer Verantwortung für die Sicherheit des Thronfolgers bei der Sorge um folgenschwere, auch kleine Verletzungen und die Neigung, ihn wenigstens manchmal mit den anderen frei austoben zu lassen, hin und hergerissen. Erst als die Zarin zum obligaten Fünfuhrtee erscheint, ist das Ende der Aufregung abzusehen.

Doch alle Vorsicht nützt nichts. Alexej lehnt sich manchmal verzweifelt gegen die ihm auferlegten Einschränkungen auf. Dabei bricht es aus ihm heraus:»Warum kann ich nicht so sein wie die anderen auch?!« Nicht weniger schmerzlich als für ihn ist es für die Umstehenden, darauf keine Antwort geben zu können. Doch bald spürt er sie am eigenen Leib.

Er verletzt sich beim Spielen im Park. Olga Alexandrowna, die Schwester des Zaren, berichtet über den Vorfall: »Er war gestürzt und weinte nicht einmal – sein Bein zeigte keine größere Wunde. Doch der Sturz hatte innere Blutungen in Gang gesetzt, und innerhalb weniger Stunden litt er unter größten Schmerzen. Die Zarin rief mich an, und ich kam so-

---

[1] von russisch osero – der See

Fieberkurve, die Alexejs Betreuer anläßlich dessen erster schwerer hämophiliebedingten Erkrankung im Jahre 1908 aufzeichnete: »5. Februar, morgens 38, tagsüber – , abends 38,5; (...) 9. Februar, morgens 40, tagsüber 39,9, abends 39,7; (...) 14. Februar, morgens 37,3, tagsüber 38, abends 38,1.«

fort zu ihr. Es war die erste Krise von so vielen, die folgen sollten. Das arme Kind lag da, der kleine Körper gekrümmt vor Schmerzen, das Bein schrecklich geschwollen, und unter den Augen dunkle Ränder. Die Ärzte waren hilflos. Sie blickten erschrockener drein als wir alle und flüsterten ständig miteinander. Es schien, als könnte man nichts tun, und nach Stunden hatten sie die Hoffnung aufgegeben. Es wurde spät, und mir wurde geraten, mich zurückzuziehen. Nun sandte Alicky [Alexandra] ein Telegramm an Rasputin nach Petersburg. Nach Mitternacht kam er in den Palast. Als ich Alexej am nächsten Morgen wiedersah, traute ich meinen Augen nicht: der Kleine war nicht nur am Leben, sondern gesund. Das Fieber war weg, die Augen waren klar und hell – und keine Spur mehr von der Schwellung am Bein! Der Schrecken des Vorabends schien wie ein unglaublicher Alptraum. Ich erfuhr von Alicky, daß Rasputin das Kind nicht einmal berührt hatte, sondern nur am Fußende des Bettes gestanden und gebetet...«

Alexejs Tante Olga gehört, anders als nach dieser Erzählung zu vermuten, keineswegs zu jenen, die Rasputin verehren oder an seine Wunderkräfte glauben. Sie bewahrt dank ihrem gesunden Menschenverstand ihre nüchterne Einschätzung seiner Person. Umsomehr gilt das für den Palastkommandanten, Generalmajor Wojejkow:

»Als der Hofchirurg vergeblich alle medizinischen Mittel angewandt hatte, um die Blutung zum Stillstand zu bringen, war die Zarin der Ohnmacht nahe. Sie brauchte nicht die Meinung der Spezialisten zu hören, um zu wissen, was diese Blutung bedeutete: es war die schreckliche Hämophilie, die Erbkrankheit ihrer Familie seit Jahrhunderten. Das gesunde Blut der Romanows war nicht imstande, das kranke Blut der Hessen-Darmstädter zu besiegen, und das unschuldige Kind mußte durch jene Unvorsichtigkeit leiden, die der russische Hof in der Auswahl der Braut von Nikolaus II. an den Tag gelegt hatte.

In der einen Nacht alterte der Herrscher um zehn Jahre. Er konnte den Gedanken nicht ertragen, daß sein einziger Sohn, sein geliebter Alexej, von der Medizin zum vorzeitigen Tod oder dem Dasein eines Invaliden verurteilt war. ›Es gibt doch nicht etwa in ganz Europa keinen einzigen Spezialisten, der meinen Sohn heilen kann? Meinetwegen soll er dafür verlangen, was er will – meinetwegen bleibt er das ganze Leben im Palast! Aber Alexej muß gerettet werden!‹

Die Ärzte schwiegen. Sie konnten nur eine negative Antwort geben. Sie konnten dem Kaiser nichts vormachen. Sie mußten zugeben, daß auch die berühmtesten Spezialisten der Welt nicht imstande waren, gegen die Übermacht der Hämophilie des Thronfolgers anzukämpfen. ›Eurer Majestät muß klar sein,‹ – erklärte der Leibchirurg, ›daß der Thronfolger Cäsarjewitsch[1] niemals von seiner Krankheit geheilt werden wird. Ihre Anfälle werden sich von Zeit zu Zeit immer wiederholen. Es ist unvermeidlich, die striktesten Maßnahmen zu ergreifen, um Seine Hoheit davor zu schützen zu stürzen, Schnittwunden oder auch nur Abschürfungen zu erleiden, weil jede unerhebliche Blutung für Menschen, die an Hämophilie leiden, schicksalhaft sein kann.‹

Es genügte, daß Rasputin am Bett des Thronfolgers erschien, und Besserung trat im Zustand des Kranken ein. Dabei hatte er scheinbar nur ein paar Gebete gemurmelt und intensiv auf Alexej Nikolajewitsch eingeredet.

In der Folge erhielt der kräftige Matrose den Befehl, für die Sicherheit von Alexej Nikolajewitsch zu sorgen und ihn immer dann zu tragen, wenn der Junge längere Zeit zu stehen hätte.«

»Für seine kaiserlichen Eltern verlor das Leben jeden Sinn«, ergänzt Großfürst Alexander Michajlowitsch zu diesem Vorfall, der Alexejs Eltern ein für alle Mal vor Augen führt, daß ihr Sohn an Hämophilie leidet. »Wir wagten nicht einmal in ihrer Gegenwart zu lachen. Wenn wir Ihre Majestäten auf-

---

[1] offizielle Form zur in Rußland gebräuchlicheren »Zarjewitsch«

suchten, benahmen wir uns im Palast wie in einem Haus, in dem gerade jemand verstorben war. Der Kaiser bemühte sich, in unablässiger Arbeit Vergessen zu finden, aber die Kaiserin wollte sich dem Schicksal nicht beugen...«

Viel ist über Rasputins geheimnisvolle Kräfte gerätselt worden. Unbestreitbar steht fest, daß Rasputin als sibirischer Pilger-wanderer über die alten, in seiner Heimat überlieferten und der städtischen Gesellschaft nicht geläufigen natürlichen Metho-den und Kräuter zur Behandlung diverser Krankheiten und Leiden Bescheid weiß; seine sibirische Heimat ist zudem seit tausenden Jahren Kerngebiet schamanistischer Traditionen, nach welchen die Übertragung der eigenen Körperenergie auf die eines Kranken praktiziert wird; ferner verfügt Rasputin (wie Augenzeugen- und Erlebnisberichte anderer bestätigen) auch über hypnotische Fähigkeiten, die laut medizinischen Ex-perimenten durch Einwirkung auf das vegetative System Blu-tungen verringern, wenn nicht zum Stillstand bringen können. Und schließlich ist Rasputin auch mit psychologischer Bega-bung ausgestattet, die es ihm erlaubt, sich der Umgebung und dem Augenblick anzupassen und entsprechend zu verhalten: die Beruhigung, die von ihm ausgeht, überträgt sich ohne Zweifel auch auf den Kranken und wirkt sich positiv aus – be-ruhigender jedenfalls als die aufgeregte Atmosphäre, die alle anderen in ihrer Verzweiflung erzeugen.

Für Alexandra gibt es nur eine Erklärung. Für sie steht fest: Ras-putins Gebete haben Alexej gerettet – er ist offenbar ein »Mann Gottes«. Unter diesem Aspekt betrachtet sie von nun an den Si-birier. Daran können auch Gerüchte, die bald darauf über sei-nen Lebenswandel aufkommen, nichts ändern. Rasputin beläßt die Zarin auch in ihrem Glauben an die göttliche Hilfe, die durch ihn als Vermittler Gottes ihrem Sohn zuteil werde.

Bald nach dem erwähnten Unglücksfall sendet Alexandra Rasputin wieder ein Telegramm – diesmal scheint Alexejs Zu-stand weniger bedrohlich. Rasputin telegraphiert zurück: »Liebe Mama!« lautet seine plump-vertrauliche Anrede, die sich auf Alexandra als Landesmutter bezieht.»Ich habe Dein Telegramm bekommen. Sei nicht bekümmert; die Barmherzigkeit Gottes gilt nicht den Sündern, sondern den Gebeten. Glaube daran, und der Zarjewitsch wird gerettet. Ich selbst bete unentwegt, aber was bin ich schon zu tun imstande? Der Mensch ist nichts und hat nichts und niemanden außer Gott.« Im Umgang mit Alexej vermeidet Rasputin jede Mitleidsbezeugung oder besorgtes Gehaben, die dem Thronfolger seinen Zustand erst richtig bewußtmachen. Als die Zarin Rasputin einmal wegen Ohrenschmerzen Alexejs anruft, dröhnt Rasputin in den Apparat:

»Wie? Aljoscha schläft nicht? Ohrenschmerzen? Rufen Sie ihn ans Telefon... – Also, was ist das, Aljoscha, spielt man um Mitternacht Tag? Du hast Schmerzen? Laß' diese Dummheiten! Geh sofort ins Bett. Dir tut das Ohr gar nicht weh. Es tut dir nicht weh, sag' ich dir – hörst du? Schlaf!«

Kurze Zeit später läutet bei Rasputin wieder das Telefon. Alexej habe keine Schmerzen mehr und schlafe.

Alexej wird nun noch mehr isoliert, darf nur mit den Söhnen der inzwischen zu zweit den Thronfolger begleitenden Matrosen und später mit dem Sohn seines Leibarztes spielen. Die Zarin befürchtet, daß sich Alexej bei den unter Jungen üblichen Raufereien und Balgereien verletzen könnte. Es ist noch eher möglich, einigen wenigen Spielkameraden Vorsicht im Umgang mit dem Zarjewitsch aufzutragen. Doch weiteren Kreisen diese Einschränkung aufzuerlegen ist schon aufgrund der von der Zarin geübten Geheimhaltung der Ursache für die Vorsichtsmaßnahmen schwieriger. Somit kann Alexej mit Kindern ebenbürtiger Kreise, wie zum Beispiel den zahlreichen Söhnen der Schwester des Zaren, Xenia, nicht zusammenkommen. Daran hat die Zarin allerdings auch wegen ihrer Reserviertheit gegenüber anderen großfürstlichen Familien wenig Interesse.

Alexej scheinen die Einschränkungen, die seine Ausgelassenheit hemmen, manchmal unerträglich. Doch wenn es darum geht, daß er Sportarten, die selbst seine Schwestern beherrschen, nicht ausüben darf, leidet nicht nur sein Lebensgefühl darunter, sondern auch sein männlicher Stolz. Er möchte auch Tennis spielen wie die anderen. Und wie sollte aus ihm einmal ein künftiger Soldat und ein Zar werden, wenn er nicht einmal reiten darf? Während seine älteren Schwestern, Olga und Tatjana, sogar Chefs von Husaren- und Ulanenregimentern sind und hoch zu Roß die Paraden ihrer Regimenter abnehmen und mit ihnen die Regimentsfesttage feiern dürfen, darf Alexej nicht einmal ein Pferd besteigen. Wie soll aus ihm einmal der oberste Befehlsherr seiner Armeen werden?»Warum darf ich nicht reiten?« fragt er immer wieder verzweifelt, selbst in Unkenntnis über seine Erbkrankheit belassen.»Du weißt, daß das nicht geht«, lautet die ausweichende Antwort der Mutter, die eine Erklärung vermeidet. –»Auch nicht auf einem Pony?« bettelt Alexej.

»Vielleicht, später ...« gibt ihm Alexandra Hoffnung.

Doch damit muß der Zarjewitsch noch warten. Zunächst einmal erhält er einen dressierten Esel, der nach langwierigen Verhandlungen einem italienischen Zirkus in Petersburg abgekauft wird. Er soll Alexej wenigstens ablenken und durch seine komischen Kunststücke amüsieren. Der Esel spielt perfekt einen Taschendieb, kann im Nu die Taschen Anwesender öffnen, auf ihren Inhalt prüfen und leeren. Sobald er etwas Eßbares ergattert, pflegt er es zu verzehren, wobei er genießerisch das linke Auge schließt. Im Sommer wird der Esel vor einen Wagen gespannt, im Winter vor einen Schlitten, und so fährt er den Thronfolger im weiten Park von Zarskoje Sjelo spazieren.

Das vierte, zehnte und sechzehnte Lebensjahr markieren im Alter eines Thronfolgers Phasen eines jeweils neuen Lebensabschnitts. Ab dem vierten gilt er nicht mehr als Kleinkind; ab dem zehnten beginnt seine systematische Erziehung und Vorbereitung zum künftigen Zaren; mit sechzehn Jahren ist die

Grundausbildung beendet, es folgt Unterricht in Bereichen wie Navigation, Kriegsrecht, -strategie und -taktik, bevor die für einen Zarjewitsch meist reizvollere praktische Militärausbildung beginnt. Mit dem sechzehnten Lebensjahr ist er vor dem Gesetz auch volljährig und theoretisch berechtigt, den Thron zu besteigen (der erste Zar der Romanows hatte bei seiner Krönung gerade dieses Alter erreicht), und dieser Anlaß wird offiziell gefeiert, wobei auch Oberhäupter ausländischer Dynastien oder Regierungen eingeladen werden. Doch Alexej fühlt sich schon mit vier Jahren halb erwachsen. In diesem Alter werden endlich die kurzen Hosen gegen lange ausgetauscht, endlich weichen die langen Locken, deren Blond allmählich den endgültigen kastanienbraunen Farbton annehmen, einem jungenhaften Haarschnitt; keine Ponys verdecken seine Stirne mehr, statt dessen wird das Haar fein säuberlich auf der Seite gescheitelt. Zum vierten Geburtstag widmen ihm die Dichter zum ersten Mal Hymnen und Oden, die an Pathos nichts zu wünschen übrig lassen:

»Führe uns, dem Ruf des Herrschers folgen wir,
ob Feindes Übermacht, ob Tod und Feuer drohen,
die Pflicht für Gott und Zar allein erfüllen wir,
und unsere Herzen schlagen für Rußland, unsre Heimat:
Siegen oder Sterben werden wir!«

Ab dem vierten Lebensjahr darf sich Alexej auch gelegentlich beim Mittagstisch im Palast zeigen. Die Mittagstafel ist gewöhnlich offizieller als das intimere, meist nur im Kreis der Familie abgehaltene Abendessen.
Schon einer der ersten Besuche läuft in der für Alexejs Wesen typischen Weise ab. Rechtzeitig zum Dessert betritt er das Speisezimmer und mustert erst einmal das Bild, das sich ihm bietet. Wie am Zarenhof zu Mittag üblich, befinden sich auch Gäste an der Tafel des Herrscherpaars: Minister, Militärs, Adjutanten, Angehörige des Hofes.

НА ДЕНЬ ТЕЗОИМЕНИТСТВА

ЕГО ИМПЕРАТОРСКАГО ВЫСОЧЕСТВА

ГОСУДАРЯ-НАСЛѢДНИКА-ЦЕСАРЕВИЧА и ВЕЛИКАГО КНЯЗЯ

АЛЕКСѢЯ НИКОЛАЕВИЧА

5-го октября 1908 года.

Widmung eines Gedichts für Zarjewitsch Alexej zu dessen 4. Namenstag am 5.Oktober 1908: »Ich habe nicht das Glück, Dich zu kennen, gottgefälliger Thronerbe (...), und bin doch voller väterlicher Gefühle für Dich, Grüße überbringe ich Dir...«

89

Die formelle Atmosphäre wird noch durch die festlichen Uniformen und Livrees der Hofangestellten unterstrichen, die je nach Anlaß in verschiedener Adjustierung erscheinen. Da schwirren die Bediensteten der höheren Ränge in ihren braunen Kaftanen umher, die mit Goldtressen eingefaßt und mit dem Doppeladler bestickt sind, und große Goldknöpfe prangen auf ihrer Brust. Dazwischen herrscht reges Kommen und Gehen von Dienern, die – bescheidener – nur auf der rechten Schulter eine Epaulette tragen. Von dieser läuft über die Brust ein Goldband, das in eine Kordel mündet und in einer Quaste mit Goldfransen endet. Unter den Kaftanen leuchten rote Westen hervor, die mit Tressen und Doppeladler verziert sind. Dazu sind die Bediensteten in schwarze samtene Kniehosen gekleidet, die seitlich mit Metallknöpfen geschlossen sind. Im Gegensatz zu den braunen Gamaschen für den Dienst innerhalb und außerhalb des Palastes tragen die Diener hier offene Schuhe mit goldenen Schnallen.

Über ihr Kommen und Gehen wacht offensichtlich der Hofmeister in der dunkelblauen Uniform, der unbeweglich hinter der Zarin steht und lediglich aus den Augenwinkeln oder mit flink nach rechts und links wandernden Augen und dem entsprechenden Gesichtsausdruck unauffällig das Geschehen dirigiert.

Schließlich nähert sich Alexej der Tafel. Erst kommt er entschlossenen Schritts auf den Zaren und die Zarin zu und begrüßt sie. Dann geht er ohne Scheu von einem Gast zum anderen und fragt nach dem Befinden. Weiter wird von Augenzeugen berichtet, was unwahrscheinlich klingen mag: Nachdem er sein Dessert konsumiert habe, sei er unter dem Tisch verschwunden. Plötzlich habe eine Dame einen schrillen Schrei ausgestoßen: Alexej habe ihr den Schuh ausgezogen und ihn gleich einer stolzen Trophäe dem Zaren gebracht! Dieser habe wenig Begeisterung für Alexejs Idee gezeigt: »Bring den Schuh sofort zurück!« lautete der energische Befehl. Alexej gehorchte – aber nicht ohne rasch eine Erdbeere in

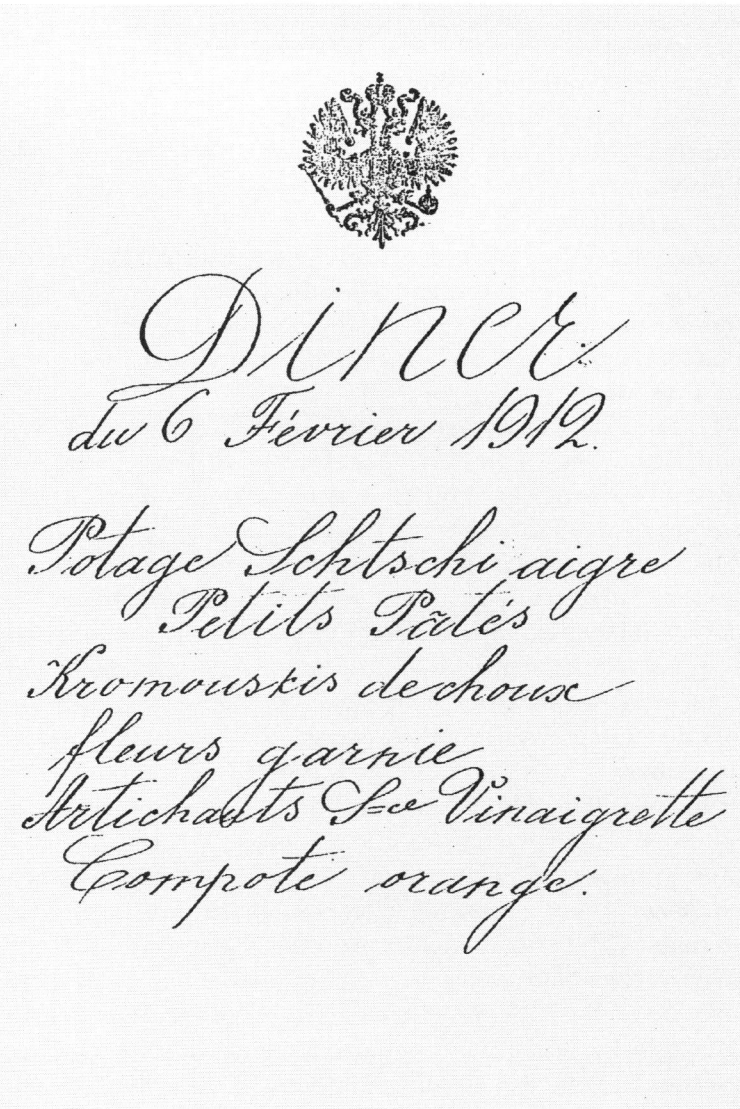

Eine der täglich handgeschriebenen Speisekarten am Zarenhof: Abendessen am 6. Februar 1912: Kohlsuppe, kleine Pasteten, garnierter Blumenkohl, Artischocken mit Sauce Vinaigrette, Orangenkompott.

den Schuh zu schmuggeln, bevor er ihn der Dame wieder angezogen habe.

Alexej sei daraufhin in sein Zimmer und ungeachtet heftiger Proteste einige Wochen lang von der Mittagstafel verbannt worden. Ob sich das alles so zugetragen hat oder nicht – die Episode spricht für Alexejs Selbstbewußtsein und seine Position in der Familie.

Aufregender und wichtiger für den Zarjewitsch ist jedoch die Tatsache, daß er ab diesem Alter die Kasernen seiner Regimenter besuchen und in der Offiziersmesse gemeinsam mit den Offizieren essen darf. Auch darüber erzählt man sich später Episoden:

Als es nur schwarzes statt weißes Brot gibt, fragt Alexej, weshalb sie nur schwarzes Brot äßen. Darauf die scherzhafte Antwort: »Weißbrot ist nur für Mädchen« – woraufhin Alexej kein weißes Brot mehr anrührt.

Auch hier zeigt sich Alexej gern gesellig und fragt seine Gesprächspartner, wie er es bei seinem Vater beobachtet hat, nach ihrer Familie aus. Als ein Offizier, der Alexej offenbar sympathisch ist, von seinen Kindern erzählt, unter denen sich auch Mädchen befinden, holt Alexej, zu Hause angekommen, aus den Zimmern seiner Schwestern Puppen und bringt sie dem überraschten Militär in die Kaserne.

Schon in jungen Jahren ist Alexej mit der Hofetikette vertraut. Sie bietet ihm glänzende Möglichkeiten, sein durch die vielen Einschränkungen im sportlichen Bereich verletztes Selbstbewußtsein zu kompensieren. Von dem Zeremoniell Gebrauch zu machen, bereitet dem Zarjewitsch großen Spaß.

So ertönt beispielsweise, als er einmal spontan den Palast verläßt und in den Park spaziert, dem Hofritual entsprechend die Palastglocke. Auf dieses Signal hin stehen alle Garden und auch andere, die sich zufällig auf dem Weg befinden, habtacht und salutieren. Alexej schreitet unter den feierlichen Klängen der wie auf Knopfdruck einsetzenden Trompeten genüßlich das blitzschnell gebildete Spalier ab. Dabei begrüßt er, wie er es von seinem Vater gewöhnt ist, die Soldaten mit der üblichen militärischen Formel. Im Chor kommt die Antwort:»Gesundheit wünschen wir!«

Als Alexej am Ende des Platzes angelangt ist, kehrt er um. Das gleiche Ritual. Palastglocke. Trompeten. Spalier. Diesmal findet es Alexej überflüssig, Worte zu verlieren. Beim Palast angelangt, macht er neuerlich kehrt und begibt sich in Richtung der erwarteten Ehrenbezeugung. Er wird nicht enttäuscht. Glocke, Trompeten, Spalier.

Doch als er wieder zurückkommen und das mechanische Spiel mit den lebendigen Soldaten (ausgelöst nicht einmal durch Knopfdruck, sondern durch bloßes Erscheinen!) weiter auskosten will, ist plötzlich alles anders. Keine Palastglocke, und die Trompeten schweigen. Nur die Garde wagt nicht, das Spalier zu verweigern.

Als Alexej den diensthabenden Offizier nach dem Grund des Ausbleibens des Rituals fragt, erklärt ihm dieser, daß der Palastkommandant den Chef der Hofkanzlei informiert und um Anweisung gebeten habe. Dieser wiederum habe den Zaren über das Treiben des Thronfolgers in Kenntnis gesetzt. Und Nikolaus läßt das Spiel abstellen.

Alexej fühlt sich gedemütigt, und er nimmt sich vor, bei nächster Gelegenheit seine Autorität wiederherzustellen.

So beschließt Alexej einmal – gegen die Hausordnung –, in jenen Salon zu gehen, in dem Besucher des Zaren auf ihre Audienz warten. Hier befindet sich gerade Außenminister Iswolskij[1]. Dieser begnügt sich mit einer kurzen Begrüßung des Thronfolgers. Alexej, sich seiner Position und der damit verbundenen Etikette bewußt, postiert sich vor dem Minister und verschränkt seine Hände am Rücken, als wolle er mehr

---

[1] Iswolskij sprach in dieser Zeit häufig bei Hof vor. Er war 1908 anläßlich der Annexion von Bosnien und der Herzegowina durch Österreich-Ungarn in Rußland unter Beschuß geraten. Man warf ihm vor, sich von Österreichs Außenminister Ährenthal getäuscht und Rußland gedemütigt haben zu lassen; zwei Jahre später mußte Iswolskij gehen.

als einen Gruß erwarten. Keine Reaktion. Da erklärt der Zarjewitsch in ernstem Ton:»Wenn der Erbe der russischen Krone erscheint, haben sich alle zu erheben!« Daraufhin schickt sich der überraschte Minister an aufzustehen. Als der Zar Zeuge dieser Szene wird, meint er:»Mit ihm werden Sie es nicht so leicht haben wie mit mir – ich fürchte, das wird einmal Alexej der Schreckliche...« und sieht seinem Sohn nachdenklich nach, als dieser sich entfernt.

Einige Zeit später befindet sich Alexej in einer Phase der Rekonvaleszenz nach einer der so häufigen kleinen Verletzungen mit großen Folgen und anschließenden Einschränkungen. Das führt zu Trotzreaktionen. In einer solchen Laune stellt er, als wolle er sich für sein Leid an jemand Beliebigem rächen, seine Autorität neuerlich auf die Probe. Er befiehlt einem diensthabenden Offizier, in Uniform ins Wasser zu springen. Dieser gehorcht. Alexejs Begeisterung ist von kurzer Dauer. Als der Zar davon erfährt, unterzieht er seinen Sohn einer ernsthaften Lektion.

Diese Begebenheiten mögen über das wahre Wesen Alexejs hinwegtäuschen. Tatsächlich ist er nicht nur bescheiden, mitunter sogar schüchtern, sondern auch eher gutmütig und nicht so arrogant, wie dies den Anschein haben könnte. Das bezeugen andere Episoden.

So verhält sich Alexej gegenüber seinen Freunden, vor denen er nicht als»Kaiserliche Hoheit«auftreten will, im Gegensatz zur Hofetikette nach seinen persönlichen Regeln der Höflichkeit, wie aus nachfolgenden Beispielen zu ersehen ist.

Als er Schreiben lernt, gelten Alexejs erste Zeilen seinen Spielkameraden: den Söhnen der ihn beschützenden Matrosen oder»Kolja«, dem Sohn seines Arztes Djerjewjenko, und Gleb, dem um Jahre älteren Sohn des Hofarztes Doktor Botkin. Dabei geht es meist um Absprachen oder den Austausch von Spielzeugkanonen. Botkins Sohn ist aber auch mehr als ein Spielkamerad: er hat sich bei Alexej besonders beliebt gemacht. Wenn der Zarjewitsch manchmal ans Bett gefesselt ist, fungiert Gleb als erfinderischer und unermüdlicher Geschichtenerzähler. Er hat für Alexej beispielsweise einen eigenen Planeten erfunden, der nur von Plüschtieren bewohnt wird. Nicht genug damit, daß Glebs Repertoire an Abenteuern, die er auf diesem imaginären Planeten ansiedelt, unerschöpflich ist. Er hat diese für Alexej auch noch in einem Notizheft zeichnerisch dargestellt und bunt illustriert. Das begeistert Alexej so sehr, daß er bei Gleb Farbzeichnungen der Uniformen sämtlicher Regimenter der russischen Armee »bestellt« – immerhin sollte er sie alle als ihr künftiger Kriegsherr gut kennen. Und Gleb hat ihm diesen großen Wunsch erfüllt. Ganze Hefte hat er mit Aquarellen russischer Uniformen vollgemalt[1].

Nun möchte Alexej, daß Gleb ihm einige Gedichte, die ihm besonders gut gefallen, illustriert. Er gibt dessen Vater, Doktor Botkin, am Ende seines üblichen Besuchs im Palast in einem Briefkuvert ein Schreiben für Gleb mit. Darin steht lakonisch: »Illustrieren und unter die Zeichnungen die Gedichte schreiben. Alexej.« Doch im letzten Moment nimmt Alexej das Kuvert zurück und streicht aus dem Schreiben seine Unterschrift. Auf die erstaunte Frage des Arztes erklärt Alexej: »Wenn ich dieses Schreiben an Gleb mit meiner Unterschrift versehe, entspricht das einem Befehl, dem Gleb gehorchen muß – aber hier handelt es sich nur um eine Bitte. Wenn er nicht tun möchte, worum ich ihn bitte, braucht er es natürlich nicht zu tun.«

Und eine der Zarin nahestehende Hofdame, Lili Dehn, berichtet, daß Alexej ihrem Sohn immer höflich den Vortritt gelassen habe, wenn beide durch eine Tür gingen.

Wenn der Thronfolger sich nicht im privaten Freundeskreis befindet oder beim zwanglosen Mittagstisch mit Militärs in der Offiziersmesse, sondern offiziell auftreten soll, zeigt er

---

[1] Diese Zeichenhefte befinden sich heute im Besitz der Nachkommen von Gleb Botkin in den USA.

sich noch schüchtern und kommt leicht in Verlegenheit. So kurz nach seinem sechsten Geburtstag. Der Zarjewitsch hat soeben das Regiment der Gardegrenadiere der Kavallerie als Ehrenkommandeur »geerbt«, da deren bisheriger Chef, Alexejs Onkel Großfürst Michail Nikolajewitsch, gestorben ist. Nun präsentiert sich eine Abordnung des Regiments dem kleinen neuen Vorgesetzten, der zu diesem Anlaß in ihrer Uniform erscheint, in der Kirche. Nach der Zeremonie und Messe flüstert der Zar Alexej zu: »Jetzt gehst du zu denen hin, die gesungen haben, und dankst ihnen für den schönen Gesang.« Alexej unternimmt ein paar Schritte in ihre Richtung – und bleibt vor der Abordnung stehen. Er bringt kein Wort heraus. Mit gesenktem Kopf steht er da, rot vor Verlegenheit. Der Zar muß zu Hilfe kommen: »Der Zarjewitsch dankt Ihnen für Ihre großartigen Gesänge...«

Alexej erfreut sich nicht nur in der Familie, dem Freundeskreis, bei seinen persönlichen Betreuer(inne)n, Personal, Regimentskameraden ebenso wie bei Hofbediensteten großer Beliebtheit. Wo immer er sich zeigt, ob im eigenen Land oder bald auch im Ausland, löst der kleine Zarjewitsch Begeisterung aus.

Das Kindermädchen S. Ofrosimowa: »Ich sehe immer das heitere Gesicht des Zarjewitsch vor mir, mit den neugierigen strahlenden Augen und der für ihn typischen Geste, mit der er die Hand grüßend an die Matrosenkappe mit den goldenen Lettern ›Standarte‹ (dem Namen der Kaiserlichen Yacht) zu legen pflegte...«

»Ein wunderbares Kind mit einem gutmütigen Charakter«, beschreibt die Hofdame Tanejewa-Wyrubowa Alexej, den sie als engste Freundin der Zarin täglich sieht, »das hübscheste aller Kinder. Die Eltern und seine Amme, Maria Wischnjakowa, haben ihn allerdings schon von früher Kindheit an sehr verwöhnt, indem sie selbst seiner kleinsten Laune nachgaben. Das ist verständlich, wenn man mitansehen mußte, wie schwer der Kleine manchmal zu leiden hatte: ein kleiner Stoß

/2 Das
Große und
das Kleine
Wappen des
Thronfol-
gers Alexej
Nikolaje-
witsch aus
dem Jahre
1905

Гербъ города
Алексина
~~Царскаго Псков~~

часовой

Гербъ Константиноград-
скаго округа

3–9 Zeichnungen und
Aquarelle des kleinen
Thronfolgers Alexej

Zu den Wappen hat
Alexej Phantasiebe-
zeichnungen geschrie-
ben: li. o. »Wappen der
Stadt Alexin«, li. u.
»Wappen des Bezirks
Konstantinograd«

Это электрическая ДАМА.

10/11 Diese Karikaturen hat Gleb Botkin (Sohn des Hofarztes Botkin) für den Thronfolger Alexej gezeichnet, um ihn während einer Erkrankung aufzuheitern.

12 Zar Nikolaus II.

13 Zarin Alexandra Fjodorowna, gebürtige
Prinzessin Alix von Hessen-Darmstadt

14 Zarin Alexandra Fjodorowna mit dem
Thronfolger Alexej im Jahre 1904

15 Zar Nikolaus II. mit dem Thronfolger
Alexej, 1904

16 Nikolaus II. und Alexandra Fjodorowna mit Alexej und den vier Töchtern (von links nach rechts: Tatjana, Maria, Anastasia und Olga) um 1905

7 Alexandra und Nikolaus mit ihrer erstgeborenen Tochter Olga um 1896 zu Besuch
bei Alexandras Großmutter, Königin Victoria von England; rechts stehend Prinz Albert
Edward (später König Edward VII.)

18 (Mai 1909). Während einer Truppeninspektion mit dem Zaren zeigt sich der fünfjährige Zarjewitsch verstimmt und verläßt, salutiert von Adjutanten, das Exerzierfeld

19 Alexej (vorne links) mit dem Elefanten, den ihm der König von Siam geschenkt hat, im Park von Zarskoje Sjelo

mit dem Kopf oder der Hand – und sofort gab es eine riesige Beule durch eine innere Blutung, die ihm große Schmerzen verursachte.«

Weniger nachgiebig bei den Launen des Thronfolgers ist sein Betreuer, der Matrose Djerewjenjko[1], der Alexej ständig begleitet und beschützt. Er spielt mit ihm dessen Lieblingsspiele – Paraden und Kriege – mit seiner Miniatur-Armee und -Flotte; er trägt ihn überallhin, wohin Alexej will, wenn er verletzt ist, und erfüllt ihm jede Bitte wie »heb mir den Arm«, »dreh mein Bein« und »wärme mir die Hand«. Und er tröstet ihn, wenn es Alexej schlecht geht.

Dankbar dafür erweist sich Alexej Djerewjenjko gegenüber besonders loyal: Als der Matrose bei einer Ausfahrt mit dem Kanu, bei welcher der Zar gern selbst das Ruder führt, der Etikette entsprechend als einziger im Boot stehenbleibt, verlangt Alexej, daß auch er sich setze – wobei er allerdings vom Zaren in die Schranken gewiesen wird.

»Zarjewitsch Alexej Nikolajewitsch war ein extrem hübscher Junge«, beschreibt ihn Graf Alexander N. Grabbe, Generalmajor der Suite des Zaren und Kommandant des persönlichen Konvois Seiner Majestät (des Zaren): »Gut gewachsen, elegant, intelligent und außerordentlich geistesgegenwärtig. Und er verfügte über sehr gewinnende Eigenschaften: er war warmherzig und heiter im Wesen und von großzügigem Charakter, er war sehr hilfsbereit und imstande, rasch mit anderen Kontakt zu schließen. Doch ungeachtet seiner angenehmen Wesensart, Geselligkeit und ungezwungenen Manieren legte der Zarjewitsch eine gewisse Stärke und Beharrlichkeit im Charakter an den Tag. Er hatte seinen eigenen Willen. Und er ließ keinen Zweifel daran, daß er nicht geneigt war, sich dem Willen anderer unterzuordnen. Die Kaiserliche Familie erklärte den Zarjewitsch zu ihrem Liebling, und er erwiderte die Liebe seiner Eltern und Schwestern mit gleicher Herzlich-

---

[1] nicht verwandt mit dem Arzt gleichen Namens

keit und Zärtlichkeit. Doch seine Krankheit lag stets wie ein Damoklesschwert über dem Alltag der Zarenfamilie...« Kein Wunder, daß der Thronfolger selbstbewußt ist angesichts der Sympathie- und Ehrenbezeugungen, die ihm zuteil werden, sobald er sich in der Öffentlichkeit zeigt. Dabei bereiten ihm jene, die aus Kreisen seiner Regimenter kommen, die größte Freude.

Zum Hundertjahre-Jubiläum des Moskauer Leibgarde-Regiments erhält der Thronfolger von dessen Stabskapitän, Baron von Stackelberg, zwei Kantaten geschenkt: eine, die dem Regiment gewidmet ist, und eine anläßlich der Ernennung des Thronfolgers zu dessen Kommandeur. Die poetischen Worte der ersten Hymne rufen die Teilnahme des Regiments an der Verteidigung Rußlands gegen Napoleons Armee in Erinnerung. Abschließend klingt die Hoffnung auf eine ähnlich glorreiche Zukunft an.

Wie könnte Alexej da an der großen Zukunft seines Landes zweifeln? Die Entwicklung seines Selbstbewußtseins wird bei zahlreichen Gelegenheiten gefördert: So begeht der Thronfolger einen seiner Namenstage auf der Yacht »Standarte«, die üblicherweise von einem Konvoi kleinerer Yachten, von Torpedobooten und anderen Schiffen zur Sicherheit der Zarenfamilie begleitet wird. Am Vorabend ergeht vom Stabskapitän Seiner Majestät folgende Order an sämtliche Besatzungen von Yacht und Konvoischiffen:

»Ich befehle, morgen, am 5. Oktober, dem Hohen Festtag des Namensheiligen Seiner Kaiserlichen Hoheit des Thronfolgers Cäsarjewitsch und Großfürsten Alexej Nikolajewitsch, um 8 Uhr früh auf allen Schiffen die Flaggen zu hissen und bei Beendigung des Gottesdienstes auf der Kaiserlichen Yacht ›Standarte‹ zum Salut anzutreten. Die Kaiserliche Yacht ›Alexandria‹ und die Melderboote ›Almaz‹ und ›Asia‹ beginnen den Salut nach dem zweiten Salutschuß der Kanone der Kaiserlichen Yacht ›Standarte‹. Alle Herren Offiziere haben zum Gottesdienst und Salut im Gehrock mit Offiziersdegen und -schärpe zu erscheinen. Abends: alle Schiffe des Konvois Festbeleuchtung unmittelbar nach Einsetzen der Illumination auf der Kaiserlichen Yacht ›Standarte‹.

Unterzeichnet: Vizeadmiral des Stabs,
Leutnant Baron Osten-Sacken.«

Als Alexej mit der Zarenfamilie auf der Fahrt mit der Yacht zu den Finnischen Schären an einer der Inseln an Land geht, kommen selbst die wenig prorussischen finnischen Bauern zur Anlegestelle:»Der Thronfolger! Der Thronfolger!« Zwar begrüßen sie die kaiserliche Familie nicht – wie in Rußland üblich – mit Brot und Salz, aber sie gravieren in einen großen Stein am Ufer, den sie als Gedenktafel aufstellen, das Datum des Besuches der Zarenfamilie ein.

Das alles mag Alexej stolz machen, aber nicht überheblich. Für ihn stehen seine Interessen im Vordergrund – alles, was Militär und Marine betrifft, und ansonsten bereitet es ihm ebenso großes Vergnügen sich auszutoben wie anderen Jungen seines Alters. Hier möchte er nicht anders sein als »die anderen«. Flügeladjutant S. Fabritzkij hat oft Gelegenheit, den Thronfolger auf der Yacht zu beobachten:»Ich sah ihn mit den andern Kindern umhertollen; aber immer waren an ihm seine rasche Reaktionsgabe, seine Entschlossenheit – und zugleich seine Gutmütigkeit anderen gegenüber zu erkennen. Er war ganz klar sehr begabt. Umso schwerer fiel es, ihn leiden zu sehen, wenn er krank war.«

Der Zar überträgt Alexej während der Reise an Bord der Kaiserlichen Yacht die traditionelle Aufgabe, um elf Uhr vormittag das Essen der Offiziersmesse vorzukosten. Seitdem pflegt der Thronfolger dieses Ritual mit Begeisterung – aber er hat auch seine Liebe zur Soldatenküche entdeckt:»Das schmeckt aber gut!« – schwärmt Alexej.»Nicht so langweilig wie bei uns!« Manchmal rührt er an der Kaiserlichen Tafel kaum sein Essen an, um sich anschließend in die Soldatenküche zu stehlen und dort alles zu kosten, was es an diesem Tag gibt.»Ich esse am liebsten Kohl, Kascha und Schwarzbrot – wie meine

Soldaten«, erklärt der Zarjewitsch, während er die Löffel abschleckt. Auch zu Hause im Palast von Zarskoje Sjelo schleicht er dann und wann zum Küchentrakt, klopft von außen ans Fenster und weiß, daß der Koch ihm keinen Wunsch abschlagen wird.

Alexejs Freunde, Geschwister und erste Lehrer

Mit seinen Schwestern spielt Alexej kaum. Er hält sich von der »weiblichen« Umgebung weitgehend fern. Eine Ausnahme bildet die jüngste Zarentochter Anastasia. Sie ist um drei Jahre älter als Alexej, und ihr Übermut und ihre Bereitschaft, immer neue Späße und Streiche auszuhecken, sind allgemein bekannt; sie wird dafür »kleiner Teufel« genannt. Alexej beneidet sie insgeheim, weil sie wie ein Junge auf Bäume klettern kann – ein sportliches Vergnügen, das ihm aus Gründen der Vorsicht vorenthalten bleibt.

Bei seinen Freunden hat Alexej einen Stein im Brett, seit er in einer heiklen Lage Charakter gezeigt hat. Es trug sich bei der Weihnachtsfeier im Hause eines seiner Freunde, des Sohnes eines Obersten der Leibgarde, zu. Wie meist in Gesellschaft von Freunden sorgte Alexej auch bei dieser Gelegenheit (obwohl selbst zu Besuch) für eine ungestörte Atmosphäre, indem er Betreuer und Aufsichtspersonen aus dem Zimmer verbannte.

Die Stimmung strebte ihrem Höhepunkt zu, als der junge Gastgeber Kyrill auf eine im wahrsten Sinn des Wortes zündende Idee verfiel: jeder der Anwesenden sollte versuchen, so hoch zu springen, daß er mit einem Fuß die von der Decke hängende Petroleumlampe treffen konnte. Wer es schaffte, hatte gewonnen.

Es war der hochgewachsene Kyrill selbst, dem dies mit seinen langen Beinen gelang. Die Folgen waren katastrophal. Das aus der zerbrochenen Glaslampe austretende Petroleum entfachte im Nu ein Feuer, das auf die Vorhänge und bald auf das ganze Zimmer übergriff. Die bis dahin im Vorraum ausharrenden Gouvernanten schrieen um Hilfe. Herbeieilenden Offizieren gelang es gottlob rasch, den Brand zu löschen. Da erschien der Hausherr. Seine Miene ließ für Kyrill das Schlimmste befürchten. Da trat ohne zu zögern Alexej vor den Oberst hin und erklärte, das alles hätte er verbrochen, Kyrill könnte nichts dafür und wäre völlig unschuldig. Dem Vater blieb nichts anderes übrig, als seinen Zorn zu zügeln und Milde gegenüber seinem Sohn walten zu lassen – zumindest bis dessen Gäste das Haus verlassen hatten.

Alexej fehlt es also nicht an Mut. Es kommt auch vor, daß er sich beim Zaren selbst für jemanden einsetzt, wenn seiner Meinung nach der Betreffende (tatsächlich) ungerecht behandelt oder zu Unrecht entlassen worden ist. Und manchmal hat seine Intervention sogar Erfolg. Alexej wird bald für seine Willensstärke und Beharrlichkeit bekannt.

Zu seinen Geschwistern pflegt der Thronfolger ein freundschaftliches Verhältnis. Die Schwestern zeigen keinen Neid angesichts Alexejs bevorzugter Stellung in der Öffentlichkeit, und daß er als Thronfolger und einziger Sohn auch im privaten Kreis verwöhnt und bevorzugt behandelt wird, stört sie offenbar nicht. Dabei mag wohl auch die Tatsache eine Rolle spielen, daß sie immer wieder mitansehen müssen, wie bedauernswert ihr kleiner Bruder ist, wenn er durch Verletzungen wieder an endlosen und schmerzhaften Blutungen leidet.

Als Spielgefährten kommen Alexejs Schwestern für ihn kaum in Frage (außer Anastasia); Freundin ist ihm die älteste der vier, Olga. Sie steht Alexej nahe und vertritt mitunter die Mutter, achtet auf ihn, liest ihm vor und führt mit ihm Gespräche; ihr vertraut er sich am liebsten an. Sie scheint alles zu wissen und zu verstehen, erklärt ihm, wie schwierig die Aufgaben eines Zaren seien und daß »Papa« deshalb so viel rauche...

Auf den ersten Blick ähneln die vier Großfürstinnen einander sehr – schon deshalb, weil sie stets völlig gleich gekleidet sind (die Kleidung wählt die Zarin für sie aus). Doch schon in ihren jungen Jahren zeichnen sich ihre Wesensunterschiede ab. Im Jahre 1908 ist Olga dreizehn, Tatjana elf, Maria neun und Anastasia sieben Jahre alt. Olga zeigt früh ihren starken Charakter. In ihrem Wesen und ihrem Typ ist sie dem Zaren am ähnlichsten. Mit ihrem Gesichtstyp und den schmalen, hellblauen Augen und dem hellbrünetten Haar entspricht sie dem slawischen Typ am stärksten. Sie ist ernster als ihre Geschwister, gilt als intelligenteste, ist belesen und auch begabt, selbst zu dichten. Olga ist eigenständig in ihren Auffassungen und schließt sich nicht wie die anderen Geschwister kritiklos der Haltung ihrer Mutter an – was später in Hinblick auf Alexandras Einstellung gegenüber Rasputin mitunter zu ernsten Zerwürfnissen führt. Sie ist die einzige, die der Zar manchmal auf einen Spaziergang mitnimmt; normalerweise geht er allein oder läßt sich lediglich von seinen Collie-Hunden begleiten. Gerüchten zufolge soll Nikolaus vor der Geburt Alexejs erwogen haben, Olga zur Thronfolgerin zu bestimmen, wenn ihm kein Sohn geboren würde.

Der Französischlehrer der Zarenkinder, Pierre Gilliard, der die Zarenkinder über mehrere Jahre hindurch nahezu täglich sieht, beschreibt sie in seinen späteren Aufzeichnungen so: »Olga hatte sehr helle Haut, sehr intelligente Augen mit prüfendem Blick; sie war stolz, offen und ehrlich, gerecht im Umgang mit ihren Geschwistern; ihr klarer Verstand und ihre rasche Auffassungsgabe überragte die der anderen Kinder; im Wesen war sie spontan und in der Rede schlagfertig und originell; sie war die Belesenste von allen. Sie war nicht leicht zu gewinnen, nahm einen aber sofort mit Sympathie ein...«

Graf Grabbe, Generalmajor der Suite und Kommandant der Leibgarde Seiner Majestät, beobachtete die Kinder während der sommerlichen Reisen an Bord der Yacht »Standarte« und sieht sie im Laufe der Jahre heranwachsen:
»Olga war der hellste Typ von allen Zarenkindern. Meditativ, suchte sie die Einsamkeit, mochte Poesie und liebte es, am

Klavier zu improvisieren. Später wurde sie als einzige bei Hofbällen zugelassen und mit königlichen Kandidaten für eine Eheschließung bekanntgemacht. Aber der erste Versuch, sie mit Kronprinz Karl von Rumänien zu verheiraten, schlug fehl. Sie erklärte ihren Eltern, nur einen Russen heiraten zu können. Sie war die selbständigste von allen Töchtern. Sie war ihrem Vater am ähnlichsten außer in bezug auf seine Reserviertheit. Direkt im Wesen, konnte sie ihre Seele nicht verbergen. Im Laufe der Zeit begriff sie die Probleme ihres Vaters am besten und litt mit ihm mit...«

Tatjana gilt als die hübscheste der Zarentöchter. Sie stellt eher einen klassischen als russischen Typ mit ebenmäßigen Zügen dar; ihr dichtes Haar ist rotbraun, die Augen sind grau. Tatjana ist Zarin Alexandra am ähnlichsten, der sie sich auch mehr verbunden fühlt als dem Vater. Sie gilt als die »Organisatorin« in der Familie.

Gilliard über Tatjana:

»Tatjana war von Natur aus zurückhaltender als die spontanere und direktere Olga; sie war hübscher als die ältere Schwester, willensstark, weniger offen und auch weniger begabt als Olga, machte dies aber mit hohem Maß an Konsequenz und Beständigkeit (darin ihrer Mutter ähnelnd) wett; abgesehen von ihrer Schönheit verfügte sie jedoch nicht über den Charme ihrer älteren Schwester. Sie war die Lieblingstochter der Zarin und während deren häufiger Krankheit meist um sie bemüht, auch wenn ihr nicht danach zumute war. Im Verhältnis zu Tatjana trug Olga ihre eigenen Ansichten stärker zur Schau.«

Grabbe über Tatjana:

»Die hübscheste von allen Großfürstinnen. In ihrer Erscheinung und eifrigen Wesensart ihrer Mutter am ähnlichsten. Sie galt als Familienmanager und -organisator und hatte mehr als alle ihre Schwestern einen ausgeprägten Sinn für ihre Stellung als Tochter des Zaren. In Temperament und Interessen war sie von Olga sehr verschieden. Viel selbstbewußter und reservierter, beharrlicher und ausgeglichener. Schlank und auffallend gutaussehend, genoß sie sichtlich die Aufmerksamkeit, die ihre Schönheit auslöste. Hätte ihr Leben einen natürlichen Lauf genommen, wäre sie die Krone vieler Bälle geworden.«

Maria ist dunkelhaarig und besticht durch ihre großen graublauen Augen; ihr Gesichtstyp ist eher rund und bäuerlich. Alexej mag an ihr besonders ihre Gutmütigkeit, mit der sie sich auch von ihm alles gefallen läßt. Der Zar pflegt sie ihrer Gutmütigkeit wegen scherzhaft zu warnen:»Paß auf, daß dir nicht noch Engelsflügel wachsen!« Mit den Jahren wird Maria immer hübscher. Ihr Cousin, der spätere Earl Louis Mountbatten[1] gesteht später, er habe in seiner Jugend davon geträumt, einmal Maria zu heiraten.

Im allgemeinen wird auch in späteren Jahren wenig von Heiratsanträgen an die Zarentöchter bekannt; es wird angenommen, daß sie mit dem Stigma der Hämophilie behaftet sind, das viele potentielle Kandidaten abschreckt. Maria spricht oft davon, daß sie gerne einmal eine große Familie mit vielen Kindern haben würde und widmet sich karitativen Aktivitäten, die Kindern zugute kommen.

Gilliard über Maria:

»Maria war hübsch und für ihr Alter kräftig. Sie bestach durch starke Farben und Gesundheit, die sie ausstrahlte; ihre großen grauen Augen waren wundervoll; im Wesen war sie eher bescheiden, herzlich und gutmütig; von ihren Schwestern wurde sie ›das dicke Entchen‹ genannt.«

Grabbe über Maria:

»Sie war mir am liebsten: mit ihren großen, leuchtenden grauen Augen, klassischen Zügen und lässigen Bewegungen – der Typ einer russischen Schönheit, die gutmütigste und

---

[1] Sohn jenes Ludwig von Battenberg, der mit der ältesten Schwester von Zarin Alexandra, Victoria, verheiratet ist und später in England wegen des Krieges zwischen Deutschland und England seinen Namen in Mountbatten ändern muß

natürlichste aller vier Schwestern, mit liebenswürdigen Eigenschaften, die Leute anzog. Extrovertierter und kontaktfreudiger als ihre älteren Schwestern, war Maria Nikolajewna auch sehr kinderliebend und unterhielt sich später mit den Soldaten gerne über deren Familien. Sie kannte die Namen vieler der Kosaken des Konvois[1] und der Matrosen der Yacht ›Standarte‹ und interessierte sich für deren Probleme; von ihrem geringen Taschengeld zweigte sie regelmäßig etwas für kleine Geschenke für deren Kinder ab. Bei all ihrer Sanftheit war sie sehr kräftig und stark gebaut wie ihr Großvater Alexander III.«

Anastasia hat wiederum helleres Haar als ihre Schwestern und blaue Augen, sie ist weniger als die anderen mit Schönheit bedacht, dafür mit komödiantischem Temperament. Wie erwähnt, verfügt sie über ein burschikoses Wesen und kommt daher am ehesten als Spielkameradin Alexejs in Frage.

Gilliard über Anastasia:
»Anastasia war ein echter Lausbub und immer zu Scherzen und Späßen aufgelegt, was auch mit den Jahren so blieb. Jeder Situation verstand sie eine komische Seite abzugewinnen, und ihre Einfälle waren entwaffnend; sie war verwöhnt, was sich mit der Zeit besserte. Sie war faul, wie das oft bei begabten Kindern der Fall ist, aber sie verfügte über die beste Aussprache des Französischen unter ihren Geschwistern und spielte mit viel Talent in dieser Sprache Theaterstücke. Da sie jedem seine Sorgenfalten vertrieb, wurde sie ›Sunshine‹ genannt.«

Grabbe über Anastasia:
»Die jüngste Tochter des Zaren war die munterste und unterhaltsamste. Sie besaß komödiantische Begabung und erheiterte jeden mit den Parodien anderer Leute Schwächen. Aber es gab auch eine ernste Seite an ihr. Ihre Intelligenz war ruhelos und alles hinterfragend. Wann immer ich mich mit ihr un-

---

[1] kaiserliche Leibgarde

terhielt, war ich von der Vielfalt ihrer Interessen beeindruckt. Ihr Verstand war lebendig und immer gegenwärtig. Anastasia litt mehr als ihre Schwestern an der Enge ihres Milieus und machte von ihrem Sinn für Komik Gebrauch, dagegen zu revoltieren. Sie haßte das formelle Leben bei Hof und brachte das zum Ausdruck, wo immer sie konnte. Sie wehrte sich sogar gegen die jedem Kind zugeteilte Kosakengarde.« Das Verhältnis der Töchter zu ihren kaiserlichen Eltern gilt als sehr herzlich. Auch die Zarin wird von den Großfürstinnen als Autorität akzeptiert – außer manchmal von Olga, die diesbezüglich eigene Ansichten vertritt und auch danach handelt. Außer der ältesten gelten alle Zarentöchter als mittelmäßige Schülerinnen. Der Französischlehrer appelliert wiederholt – vergeblich – an die Zarin, ihnen eine französische Gouvernante zur Seite zu stellen, damit die Mädchen die Sprache praktizieren. Doch die Zarin weigert sich, ihre Töchter einer französischen Gouvernante anzuvertrauen – vor allem in Hinblick auf ihre Vorurteile gegen alles, was aus dem ihrer Meinung nach »frivolen Frankreich« kommt. Alexandra zieht eine aus England an den Hof beorderte mittelmäßig gebildete und eher prüden viktorianischen Geist versprühende Dame vor.

Die auf den begrenzten Horizont und die starre Haltung der Zarin zurückzuführende Isolation der Zarenkinder läßt eine Entfaltung ihrer geistigen und charakterlichen Anlagen nicht zu. Scheinbar spürt Anastasia diese Begrenztheit in jeder Hinsicht am stärksten. Während es für Angehörige der russischen Mittel- und Oberschicht dieser Zeit selbstverständlich ist, das Ausland zu bereisen und Kinder in Paris, London, Berlin oder Rom studieren zu lassen, kommt dies der Zarin nicht in den Sinn. Alexandra unternimmt wenig, um den Horizont ihrer Töchter zu erweitern, wenn man vom Unterricht durch die Hauslehrer absieht, die Grundsätzliches in den Sprachen, in Arithmetik, Geschichte, Geographie und orthodoxer Religion vermitteln.

Auch die Erweiterung des Gesichtskreises der Kinder durch den Gedankenaustausch mit Menschen außerhalb der engsten Familienangehörigen findet kaum statt. Regelmäßigen Kontakt mit standesgemäßen Freunden gibt es nicht. Alexandra vermeidet dies schon wegen ihrer reservierten Haltung gegenüber der Petersburger Aristokratie, die sie für leichtlebig hält – und wohl auch aufgrund ihres ein wenig besitzergreifenden Charakters.

Alexandra bleibt, da ihr selbst persönliche Erfahrung, entsprechende Kontakte und Wissen um die russische Welt fehlen, wie sie sich in der reichhaltigen russischen Literatur offenbaren, vieles verborgen; zwangsläufig ist dies damit auch ihren Kindern zu deren Nachteil (und ihrem eigenen in Hinblick auf ihre Position als Zarin) vorenthalten.

Die Petersburger Gesellschaft steht in ihrer natürlichen Einstellung zu den Dingen des Lebens keinesfalls auf einem niedrigeren moralischen Niveau als etwa die englische Gesellschaft.

Im Gegenteil: uneheliche Geburten werden nicht verurteilt oder schamhaft dem »Vergessen« preisgegeben. Ein eigenes Gebärhaus ist für solche Fälle in Petersburg eingerichtet und es wird auch dafür gesorgt, daß die Kinder Betreuung finden. Gerade die von Alexandra kritisierte Aristokratie ist in der Finanzierung solcher und anderer sozialer Aufgaben beispielgebend. Die Schulausbildung und Krankenbetreuung Bedürftiger werden von den Frauen aus wohlhabenden Kreisen ebenso finanziert wie die soziale Betreuung der Hausangestellten und ihrer Kinder.

Als Ergebnis falscher Vorstellungen der Zarin von Petersburg führen die vier Großfürstinnen auch in den folgenden Jahren ein isoliertes Dasein fern von der pulsierenden Hauptstadt, die in dieser Zeit als eine der faszinierendsten, vielfältigsten und innovativsten Kulturmetropolen der Welt gilt. Manchmal nimmt der Zar seine älteren Töchter in ein Theater oder Ballett in die Stadt mit. Einladungen in andere Häuser werden aber nicht organisiert oder ihnen nicht stattgegeben. Mit einer Ausnahme: die Schwester des Zaren, Großfürstin Olga, bemüht sich, die heranwachsenden Großfürstinnen regelmäßig in ihrem Petersburger Palais bei Tanztees gemeinsam mit anderen Gästen zu unterhalten und ihnen Abwechslung zu bieten und die Möglichkeit, neue Bekanntschaften zu schließen. Dankbar machen die Mädchen von diesen Einladungen Gebrauch.

Am glücklichsten fühlen sich die Zarenkinder auf dem Sommersitz in Livadia auf der Krim, wo sie zumindest gelegentlich ins Leben des belebten Kurorts Jalta an der Schwarzmeerküste eintauchen können. Ebensosehr freuen sie sich auch auf die sommerlichen Reisen an Bord der Yacht, wobei die Fahrt oft nicht nur zu den näheren Inseln, sondern manchmal auch ins Ausland zu befreundeten oder verwandten Höfen führt. »Doch selbst da«, erinnert sich später Graf Grabbe, »bei aller entspannten Atmosphäre, waren die Folgen der Erziehung der dominanten Mutter mit ihrer übertriebenen Vorsicht und ihren viktorianischen Wertvorstellungen zu sehen: selbst als die Großfürstinnen älter wurden, waren sie nicht imstande, mit den Offizieren zu flirten; ihre Gespräche waren die kleiner Schulmädchen...«

Von der Isolation des Lebens am Hof in Zarskoje Sjelo, das eher dem einer biederen Mittelstandsfamilie denn dem einer Herrscherfamilie gleicht, ist Alexej auch betroffen. Doch die seiner Position entsprechende Erziehung sorgt dafür, daß sein Horizont über die kleine Welt von Zarskoje Sjelo hinausreicht und er in direkten Kontakt mit Angehörigen »seines« Volkes – auch wenn es sich meist um Armeeangehörige handelt – gebracht wird.

Zu den Erwachsenen, die Alexej ab dem sechsten Lebensjahr umgeben, gehören bald auch seine Lehrer. Vorbei ist die Zeit der Kindermädchen – der despotischen englischen »Miss Orchie«, von Alexandra aus England geholt, der russischen, die dem Alkohol zusprach und mehr als angemessen für Kosaken übrighatte, und der »Miss Eager«, die sich so sehr für Politik interessierte, daß sie in einer hitzigen Diskussion mit einer Kammerzofe über die Dreyfußaffäre die Kinder in der Badewanne vergaß.

Der Unterricht des Thronfolgers setzt nicht gleich in vollem Umfang ein, da Alexej wegen seiner häufigen Erkrankungen geschont wird. Dafür tragen diejenigen, die ihn umgeben und betreuen, auch ein wenig zu seiner Erziehung und Bildung bei.

Das beginnt schon beim Personal. Die Kammerdiener sind zum Unterschied von Bediensteten unterer Ränge ausgebildete Militärs. Sie müssen genau über Protokoll, Uniformen, Adjustierung und Belange der Armee Bescheid wissen und nötigenfalls ihren Herrn aufklären.

Die Gouvernanten unterweisen die Kinder durch Vorlesen in den Bereichen Literatur, Geschichte und in orthodoxer Religion und bereiten sie so auf den systematischen Unterricht vor. Eine von ihnen ist »Mademoiselle« Katharina Schneider, ursprünglich Russischlehrerin der Zarin, später Kindermädchen und Gouvernante der Zarentöchter, dann auch Alexejs Hauslehrerin. Schließlich wird ihre Position mit dem Titel »Hoflektorin« offiziell festgelegt. Über diese Hoflektorin gehen die Ansichten weit auseinander: die einen preisen ihre Tüchtigkeit, da sie der Zarin auch als persönliche Sekretärin zur Seite steht und darüber hinaus für die Garderobe der Zarenkinder zuständig ist; andere, wie etwa der Hofarzt Doktor Botkin, beklagen, daß »diese halbgebildete und überhebliche Person für das Niveau der Kinder katastrophal« sei, was dazu führe, daß vor allem die Großfürstinnen sich »in adäquater Gesellschaft verlegen und ungeschickt« benähmen und »zu keiner ihrem Alter entsprechenden Konversation imstande« seien.

Alexejs Matrosen wiederum sind nicht nur für seine Sicherheit da, sondern erweitern auch seine Kenntnisse im Bereich der Marine. Sie alle behandelt Alexej eher als Freunde denn als Untergebene.

Aus dem Alter des Spiels mit Miniaturkanonen, -trommeln, der Spielzeugarmeen und -flotte wächst der Zarjewitsch allmählich heraus. Er beginnt, auf der Balalajka zu spielen. Dabei zeigt er so großes Talent, daß er bald alle mit seiner Musik begeistert.

Seinen Ärzten bringt Alexej Respekt entgegen. Der Zar ermahnt seinen übermütigen Sohn immer wieder, jedem mit Höflichkeit zu begegnen, um wen auch immer es sich handelt, und erinnert ihn daran, daß die Ehrenbezeugungen, die Alexej zuteil werden, nicht ihm als Person gelten, sondern seiner Position. Und dieser müsse er sich immer würdig erweisen. Im Hinblick auf Alexejs Verhältnis zu seinen Ärzten erweist sich die väterliche Mahnung als überflüssig. Der Thronfolger zeigt ihnen seine Dankbarkeit, zu Doktor Botkin fühlt sich Alexej am stärksten hingezogen – nicht nur wegen dessen Kindern Gleb und Tatjana, die mit den Zarenkindern befreundet sind. Der Zarjewitsch findet in diesem der Zarenfamilie besonders ergebenen Mann immer einen verständigen und humorvollen Gesprächspartner. Mit Doktor Botkin fühlt sich Alexej auch beinahe so vertraut wie mit einem Familienmitglied. Seine anderen Ärzte wie die Kinderärzte Rauchfuß und Ostrowskij oder der Chirurg Fjodorow müssen, wenn sie gebraucht werden, aus Petersburg anreisen. Dagegen lebt Botkin seit seiner Ernennung zum Hofarzt mit seiner Familie im »Zarendorf« Zarskoje Sjelo und sucht die Zarenfamilie täglich im Palast auf. Eines Tages erklärt Alexej Botkin völlig unvermittelt: »Sie liebe ich von ganzem Herzen!« – Botkin scheint diese Zuneigung durchaus zu erwidern. Jedenfalls versäumt er keine Gelegenheit, Alexej vor andern für die »heroische Tapferkeit, mit welcher er die Anfälle seiner Krankheit erträgt«, zu loben.

Der erste Lehrer, der Alexej systematisch Unterricht erteilt, ist Geheimrat Pjotr Wasiljewitsch Petrow, Direktor der Militärschulen von Petersburg. Alexej muß sich erst daran gewöhnen, Disziplin zu üben und außer dem Zaren noch jemand an-

Ива, Ивушка, ивушка,

Колесо, Кафтанъ, Колесо К.

Л, М, Н, Н, Н, О, П, Р, С.

Т, У, У, У, Ф, Х, Ц, Ч, Ч, Э.

Ю, Я, Ѳ, Ѵ.

1-е списываніе съ доски.

У насъ теперь Великій Постъ. Я говѣлъ на первой недѣлѣ, исповѣдывался и пріобщался Святыхъ Христовыхъ Тайнъ.

2-е списываніе

Вторично я буду говѣть на Страстной недѣлѣ.

3-е списываніе

Великій Постъ продолжается семь недѣль. За Великимъ

Aus dem Schreibheft des siebenjährigen Thronfolgers Alexej

derem zu gehorchen. Doch er empfindet Sympathie für den freundlichen und dennoch bestimmt auftretenden älteren Herrn mit dem weißen Schnurrbart und der dünnen Brille, der stets in Uniform erscheint. Daher akzeptiert der Thronfolger ihn bald als Autorität und gewöhnt sich so sehr an ihn, daß er ihm auf Reisen regelmäßig Briefe schreibt. Petrow unterrichtet den Zarjewitsch in russischer Sprache, russischer Literatur, Geschichte und Arithmetik.

Im Jahre 1913 kommt der Französischlehrer von Alexejs Geschwistern, Pierre Gilliard, hinzu. Aufgrund seiner Kompetenz, seiner pädagogischen Fähigkeiten und seines Einfühlungsvermögens ist der Schweizer in kurzer Zeit imstande, sich das Vertrauen des anfangs widerspenstigen Thronfolgers zu erwerben. Schließlich wird Gilliard zu Alexejs ständigem Hauslehrer und Erzieher bestimmt.

Gilliard äußert sich über den neunjährigen Alexej so: »Er war ein sehr lebendiger, fröhlicher Junge und konnte, wenn es ihm möglich war, das Leben sehr genießen. Wenn er gesund war, schien das Leben im Palast durch seine Fröhlichkeit in neues Licht getaucht wie von einer Sonne durchschienen.

Seine Position war ihm nicht zu Kopf gestiegen, und er selbst dachte am wenigsten darüber nach. Am liebsten spielte er mit den Söhnen seines Matrosen Djerewjenjko. Seinen Vater vergötterte er und versuchte ihm so sehr wie möglich nachzueifern. Bei seinen außergewöhnlichen Begabungen hätte er sich völlig normal entwickeln können, wenn ihn seine Erkrankung nicht daran gehindert hätte. Man konnte jedoch immer nur die Phasen zwischen den Erkrankungen zum Unterricht nützen, was die Aufgabe der Heranbildung ungeachtet seiner natürlichen Fähigkeiten sehr erschwerte.«

Alexej weigerte sich zunächst, Englisch zu lernen, und der für die Zarentöchter engagierte Engländer Charles Sidney Gibbes hat vorerst keine Chance, ihm etwas beizubringen.

Orthodoxe Religion, als Lernfach im Russischen »Das Gottesgesetz« genannt, wird Alexej nun regelmäßig vom Hofgeistlichen, Otjez Alexander Wasiljewitsch, vermittelt.

Alexej erhält seinen Unterricht immer allein, während die beiden jüngeren und die zwei älteren Zarentöchter je zu zweit unterrichtet werden. Der Schultag beginnt für den Thronfolger um neun Uhr früh. Anfangs dauern die Schulstunden nur vierzig, später fünfzig Minuten. Zwischen elf und zwölf darf Alexej im Freien spielen; dann wird bis dreizehn Uhr weitergelernt; Mittagessen. Danach kann sich Alexej wieder im Park aufhalten, bevor er bis sechs, später bis sieben und acht Uhr, weiterlernt. Diese Zeit ist nur vom obligaten Fünfuhrtee unterbrochen. Um acht Uhr essen alle Kinder gemeinsam mit den Eltern zu Abend (Alexej in den ersten Jahren allein um sieben). Alexej lernt früh, daß selbst die Eßgewohnheiten reglementiert sind. Das Abendessen besteht aus fünf Gängen, die Mittagstafel selbst bei offiziellen Anlässen nur aus drei. Es gibt drei Kategorien von offiziellen Tafeln.

Üblicherweise werden die Vorspeisen (Zakuski) im Salon vor dem Speisesaal stehend eingenommen. Dieser Gang dauert grundsätzlich nur fünfzehn bis zwanzig Minuten. Dabei wird nur Kaltes serviert: Kaviar, geräucherter Stör und Canapés – nur in der kalten Jahreszeit auch Warmes wie zum Beispiel Würstchen in Tomatensauce. Der Zar selbst ißt im übrigen keinen Kaviar, seit er in jungen Jahren nach dem Genuß von verdorbenem Kaviar erkrankt ist. Statt dessen nimmt er ein oder zwei Gläschen Wodka zu sich, die er sich selbst einschenkt, während den anderen Madeira oder andere Getränke angeboten werden. Die Kinder erhalten ausschließlich St. Raphael-Wasser.

Bei Tisch servieren Lakaien allen die Speisen auf die Teller. Nur der Zar bedient sich selbst und trinkt zu Tisch gewöhnlich ein Glas Wein. Die Kellereien befinden sich neben dem Palast und erstrecken sich über drei Kilometer Länge. Sie sind hauptsächlich mit Weinen der Güter des Zaren auf der Krim bestückt.

An der Tafel sitzt Alexej zur Linken des Zaren, diesem gegenüber die Zarin, rechts von ihr sitzen die Großfürstinnen. Bei allen routinemäßig ablaufenden Formalitäten ist die Dauer der Mittagstafel mit nicht mehr als fünfzig Minuten festgelegt. Das wird unverrückbar seit Zar Alexander II. beibehalten. Eingeführt wurde es damals unter anderem wohl deshalb, weil die Gerichte wegen des langen Weges von der Küche in lauwarmem Zustand auf den Tisch kamen. Und dabei bleibt es, auch wenn die Speisen nun auf ihrem Weg zur Tafel von silbernen Hauben vor dem Auskühlen geschützt werden.

Zu Alexejs Lieblingsspeisen gehören Blinis – die kleinen dicken russischen Omelettes aus Buchweizenmehl. Sie werden am Zarenhof in Servietten eingeschlagen serviert.

Das größte Spektakel für Alexej in bezug auf Tafelfreuden bietet die jedes Frühjahr zelebrierte »Kosakengabe«. Diese Tradition geht auf den Brauch zurück, wonach der erste Fischfang im Jahr aus dem Gebiet des sibirischen Ural dem Zaren gebracht wird. Ursprünglich eine Geste der Reverenz der Uralkosaken für den Zaren, wurde der Brauch zur Dankesbezeugung für die per Erlaß festgeschriebenen Fischereilizenzen.

Im Laufe der Zeit wandelte sich der Brauch zum Ritual und wird mit Spannung erwartet – nicht nur von der Zarenfamilie, sondern von allen Angehörigen des Hofes, die ebenfalls mit ansehnlichen Gaben bedacht werden.

Es beginnt in Sibirien. Dort begibt sich eine feierliche Abordnung einiger Ausgewählter an die noch vereisten Fischereigründe. Nachdem der Ortspope sie gesegnet hat, wird nach dem einleitenden traditionellen Gebet die Eisdecke aufgeschlagen; Kosaken, die sich verdient gemacht haben, Dorfälteste oder Träger des Andreasordens dürfen die ersten Fische – die oft über einen Meter lang sind – fangen und zusammen mit einigen Fässern Kaviar nach Petersburg bringen.

Zu den »Kosakengabe«-Tafeln werden, außer den aus Sibirien angereisten stämmigen, bärtigen Kosaken, die Alexej besonders imponieren, auch Gäste eingeladen und anschließend noch Kostproben des großkörnigen hellgrauen Kaviars mit dem bernsteinfarbenen Glanz an befreundete Angehörige anderer Höfe ins Ausland gesandt.

Auf Reisen

Während Alexejs Ausbildung nicht nur wegen krankheitsbedingter Pausen, sondern auch wegen der häufigen Ortswechsel der Familie zwischen Zarskoje Sjelo, Peterhof und dem Sommersitz in Livadia auf der Krim langsam fortschreitet, erweitert sich sein Horizont durch Auslandsreisen und Staatsbesuche, an denen er schon seit seinem vierten Lebensjahr (1908) teilnimmt.

Erst nachträglich wird er verstehen können, welche Bedeutung den Kontakten mit gekrönten Häuptern oder Staatsoberhäuptern der jeweiligen Länder gerade in jenen Jahren zukommt. Denn es ist die Zeit, da die Ausgangslage für die folgenden Ereignisse im Europa dieses Jahrhunderts Form annimmt. Daher kommt der Gestaltung der Beziehungen zwischen den europäischen Mächten und dem russischen Reich, dessen Regierung Alexej einmal führen soll, nun große Bedeutung zu. Wie und wo die Begegnungen, deren Zeuge der Thronfolger wird, mit Staatschefs des Auslandes ablaufen, spiegelt auch die außen- und innenpolitische Lage Rußlands zu dieser Zeit wider.

Aus innenpolitischen Erwägungen beispielsweise werden in den Jahren 1908-10 Staatsoberhäupter aus dem Ausland nicht in Petersburg empfangen. Die Unruhen, die 1905 eingesetzt hatten, dauerten trotz der Gewährung der Verfassung und der Einführung eines Parlaments noch Jahre an. Sie waren von Attentaten auf Gouverneure, Innenminister und andere die

Staatsordnung repräsentierende Persönlichkeiten begleitet. Deshalb war der Zar angehalten, offizielle Auftritte und Reisen im eigenen Land weitgehend zu vermeiden. So empfängt er Staatsbesuche in dieser Zeit nicht in der russischen Hauptstadt, sondern in der Hafenstadt Reval am baltischen Meer. Von dort aus bricht er auch mit seiner Yacht »Standarte« zu Gegenbesuchen auf.

Dabei registriert Alexej nicht ohne Stolz, daß seinem Vater als Oberhaupt Rußlands größter Respekt entgegengebracht wird. Der kleine Zarjewitsch kann die Hintergründe noch nicht erfassen. Sie liegen nicht zuletzt in den sichtbaren Erfolgen Rußlands im gegenwärtigen Stadium wirtschaftlicher und allmählich auch innenpolitischer Konsolidierung. Ein Blick auf die innenpolitische Szene diese Zeit gibt über das Rußlandbild im Ausland Aufschluß. Sie ist mit zwei Namen verbunden: Witte und Stolypin.

Die russische Wirtschaft, seit der Jahrhundertwende unter günstigen Vorzeichen, hat sich in den vergangenen Jahren endgültig in Richtung eines ungehemmten Erfolgskurses stabilisiert. Premier Witte, der schon vor 1900 diese positive Entwicklung mit der Einführung des Goldrubels eingeleitet hatte, erfolgreicher Chefunterhändler der russisch-japanischen Friedensverhandlungen und schließlich Autor der Verfassung von 1905, ist seit 1906 nicht mehr im Amt. Doch die Weichen für die prosperierendste Periode Rußlands hat er gestellt und damit die Richtung für eine weitere Entwicklung vorgegeben, auch wenn er selbst (wegen Divergenzen mit dem Sicherheitschef Trjepow) ausgeschieden ist.

Einen kurzen Eindruck von diesem Minister vermittelt der persönliche Kammerdiener des Zaren, Alexej Andrejewitsch Wolkow, der Witte in jenen Tage besonders oft zu sehen bekam, als um die endgültige Form der Verfassung gerungen wurde:

»Er beeindruckte durch die ihm angeborene solide Persönlichkeit. Er war von sehr hohem Wuchs und bestach durch

116

seine langsamen Bewegungen und seine ruhige Ausstrahlung...« Alexej ist noch zu klein, um die tiefgreifende Veränderung in der russischen Regierungsform durch das Parlament zu verstehen. Ihm fällt lediglich auf, daß zu den Audienzen in Zarskoje Sjelo neben den Besuchern in prunkvollen Uniformen »jetzt auch so viele Leute in schäbigen Fracks und anderer ziviler Kleidung im Palast aus- und eingehen«, wie er Djerewjenjko gegenüber verwundert feststellt. Damit sind Abgeordnete der Duma und der Parlamentspräsident gemeint.

Durch Witte ist zwar die wirtschaftliche und politische Grundlage für eine erfolgreiche Zukunft Rußlands vorgegeben, aber es gilt nun auch, die innere Ruhe und Ordnung aufrechtzuerhalten, damit die Reformphase ungestört fortgesetzt werden kann.

Der Zar hat auch dafür den entsprechenden Mann gefunden. Pjotr Stolypin, ein kräftiger, bärtiger Vierzigjähriger mit entschlossenem Äußeren, betritt kurz nach Wittes Abgang die politische Szene. In diesen Jahren bedarf es einer starken Persönlichkeit mit Weitblick zur dauerhaften Lösung der explosionsartig zum Ausbruch gekommenen sozialen Konflikte.

Stolypin entspricht dem Gebot der Stunde. Er setzt in seinem Reformprogramm dort an, wo die Ungleichheit verschiedener Bevölkerungsschichten vor dem Gesetz und die soziale Kluft, die diese trennt, politischen Zündstoff birgt. Das betrifft auch die Diskriminierung der jüdischen Bevölkerung. Sie fühlt sich durch Restriktionen in Ghettos gedrängt und ist außerdem nie vor Pogromen nationalrussischer paramilitärischer Einheiten sicher. Ihre Ressentiments werden ebenso wie die Mutlosigkeit anderer Kreise über Mißstände von brillianten Wortführern zu regierungsfeindlicher Propaganda ausgeschöpft. Es sind meist beredte Intellektuelle, denen die Probleme weniger Anliegen sind als Mittel zum Zweck. Sie bedienen sich ihrer lediglich als Vorwand für Hetzkampagnen bis hin zur Organisation von Streiks, Unruhen und Attentaten.

Den Aktivitäten solcher Agitatoren Einhalt zu gebieten, ist Stolypins Ziel. In der Ahndung staatsfeindlicher, revolutionärer und anarchistischer Aktionen ist er kompromißlos. Parallel dazu startet er ein langfristiges Reformprogramm, das unter anderem bessere Verteilung von Grund und Boden und Erleichterungen für Grund- und Eigentumserwerb vorsieht. Dabei nimmt es der Minister bewußt auf sich, zur Zielscheibe sowohl links- als auch rechtsgerichteter Kreise zu werden – letzterer, weil er Privilegien schmälert, ersterer, weil er ihnen durch seine stabilisierenden Maßnahmen den Wind aus den Segeln nimmt und außerdem Unruhestifter drakonisch bestraft. »Wir brauchen ein starkes Rußland!« ruft er seinen Gegnern im Parlament entgegen. Und nicht einmal ein Attentat auf seine Petersburger Villa, das einige Todesopfer und viele Verletzte – darunter seine Kinder – fordert, kann Stolypin an der weiteren Verfolgung seiner Ziele hindern.

Stolypins Ruf dringt über die Grenzen Rußlands hinaus. Unabhängig voneinander kommen eine deutsche und eine französische Wirtschaftsdelegation nach einem Besuch in Rußland, bei dem sie sich vom rasanten Fortschritt der positiven Entwicklung dieses Landes überzeugen, zu dem Schluß: »Rußland wird Mitte des Jahrhunderts alle anderen Mächte überflügeln« oder – nach der deutschen Formulierung – »Rußland wird spätestens in einem Jahrzehnt unbesiegbar sein«. Und Lenin, der von seinem Züricher Exil aus die Entwicklung verfolgt, meint resignierend: »Wenn das so weitergeht, sind wir gezwungen, alle unsere Versprechungen für die Bauern aufzugeben...«

Der erwähnte Kammerdiener Wolkow wird Zeuge, als Stolypin einmal, nicht lange nach seiner Bestellung, an Bord der Yacht des Zaren zu einer Audienz kommt; bei dieser Gelegenheit findet auch eine Begegnung mit dem deutschen Kaiser statt:

»Ich hatte gerade Dienst auf der Yacht ›Standarte‹, als ich zum ersten Mal Stolypin sah, der nach seiner Bestellung den Zaren auf den finnischen Schären zur Berichterstattung aufsuchte. Nach dem Gespräch mit dem Kaiser betrat Stolypin den Speisesaal, an dessen anderem Ende die Offiziere der Suite um den Zakuski-Tisch versammelt waren und den Herrscher erwarteten. Auch der alte Graf Fredericks und der Marineminister befanden sich unter ihnen.

Als Stolypin den Raum betrat, zog er die Aufmerksamkeit aller auf sich. Groß und stattlich, gutaussehend, blieb er in der Mitte des Saales stehen und warf einen kurzen Blick auf die Gruppe der Hofbediensteten. Nach einer kurzen Verlegenheitspause trat Fredericks auf ihn zu und begann, ihm einen der Anwesenden nach dem anderen vorzustellen. Auf die Umgebung machte die starke Persönlichkeit Stolypins sofort einen tiefen Eindruck.

Kurz darauf erschienen der Herrscher und die Herrscherin im Saal und nahmen die Plätze an der Tafel ein. Stolypin saß dabei neben der Kaiserin und führte ein lebhaftes Gespräch mit ihr (...)

Bald nach dem erwähnten Mittagessen kam der deutsche Kaiser Wilhelm II., der Kaiser Nikolaus II. auf der Yacht besuchte. Ganz offensichtlich wollte er auch Stolypin näher kennenlernen. Später erzählte mir General Tatischtschew, der diesmal Dienst hatte, Wilhelm II. hätte sich in folgender charakterischer Weise über Stolypin geäußert: ›Wenn ich einen solchen Minister hätte, würde ich ganz Europa besiegen!‹«

Wenn der Zar von einer Unterredung mit dem deutschen Kaiser zurückkehrt, zeigt er sich nervös, jedenfalls sieht ihn Alexej nicht so heiter und gelassen wie sonst. Das theatralische Wesen des deutschen Kaisers rührt sichtlich an den Nerven des weit natürlicheren russischen Monarchen.

Der Zar muß seinen persönlichen Gefühlen zum Trotz und der üblichen Tradition folgend Wilhelm zum Ehrenkommandeur einer Marineeinheit machen. Dafür entschuldigt er sich anschließend bei seiner Mutter, die als gebürtige Dänin Nikolaus und Alexandra an Ressentiments gegen den deutschen Kaiser noch übertrifft:»Entschuldige, Mama, aber es *mußte* sein!«

Wie gerne sich Wilhelm den Russen gegenüber provozierend gibt, läßt er noch wissen, als er bereits von Bord gegangen ist und auf seiner»Hohenzollern« abfährt:»Der Admiral des Atlantischen Ozeans grüßt den Admiral des Stillen Ozeans«, funkt er zum Abschied.

Der Zar befindet sich gerade auf der Schiffsbrücke neben Admiral Nilow, als das Signal eintrifft.»Man kann ihn nur als Verrückten behandeln«, murmelt er halblaut, als er die Nachricht dechiffriert, und läßt Nilow lediglich»Gute Reise!« zurückkabeln.

Alexej versteht die merkwürdige Stimmung nach dem Abschied vom deutschen Kaiser freilich nicht. Er hat sich mit dem»lustigen Onkel Willy« immer gut amüsiert und hält noch den riesigen Luftballon in der Hand, den dieser ihm geschenkt hat.

Wie alljährlich war die Zarenfamilie auch diesmal, als es zum Empfang der Staatsbesuche nach Reval geht, zu Sommerbeginn aufgebrochen. Wie gewöhnlich ging sie von Peterhof aus, wohin sie im Sommer übersiedelte, an Bord der»Standarte«.

Für alle Mitglieder bedeuten die Reisen an Bord der Yacht einen besonderen Genuß und eine Zeit der Entspannung. Selten gibt es ein offizielles Programm. Und selbst wenn Staatsbesuche empfangen werden, gestaltet sich das Protokoll weniger aufwendig als in Petersburg. Außerdem sind die Zeremonien nach ein bis zwei Tagen vorbei.

Alexej genießt die Abwechslung und den Alltag dieser Ausfahrten besonders. Er liebt die Gesellschaft der Matrosen, mit denen er in seiner weißen Matrosenuniform mit Kappe schon am frühen Morgen exerziert.

Gewöhnlich geht die Familie an einer der kaum besiedelten

Föreninseln an Land. Meist wird vor der allseits bevorzugten Insel Pitkopas der Anker geworfen. Diese Insel verfügt über einen schmalen Sandstreifen, der geradezu einlädt, an Land zu gehen und zu baden. Im Inneren jedoch breiten sich grüne Wiesen aus. Für Alexej gibt es viel zu entdecken. Auf den Spaziergängen werden Beeren und Pilze gesammelt, und Eltern und Kinder picknicken, wo es gerade gefällt.

Am Ufer ist, solange die »Standarte« vor Anker liegt, für den Aufenthalt der Zarenfamilie tagsüber ein Zeltpavillon mit Teetischen errichtet. Dorthin kommen ebenso Gäste und Besucher der Zarenfamilie. Eigens für den Zaren, der sich auch während dieser Zeit täglich sportlich betätigen will, wird unweit des Zeltes ein Tennisplatz aufgebaut. Beim Spiel darf ihm Alexej zu seinem Leidwesen nur zusehen. Auch wenn der Vater in einem Kajakboot paddelt, ist der Thronfolger ausgeschlossen, da eine heftige oder kraftvolle Bewegung innere Blutungen hervorrufen könnte, die besonders schwer zum Stillstand zu bringen sind. Dafür bereitet es dem Zarjewitsch besonderen Spaß zu beobachten, welche Mühe die Sicherheitsoffiziere haben, seinem sportlich trainierten Vater in ihren Kajaks zu folgen. Später wird Alexej von seinem Vater in einem Ruderboot spazierengefahren, und manchmal darf er selbst das Ruder übernehmen. Bis zum Abend wird Alexej nicht müde zu schwimmen, zu fischen und mit Freunden – Söhnen von Matrosen an Bord der Yacht – alles mögliche zu unternehmen. Manchmal kommen auch andere Spielkameraden, wenn großfürstliche Verwandte des Zaren die Familie besuchen. Alexej freut sich auch, wenn seine Großmutter, Zarinmutter Maria Fjodorowna, mit ihrer Yacht »Polarstern« kommt, denn mit ihr verbindet den Thronfolger ein herzliches Verhältnis.

Die langen frühsommerlichen Tage im Norden scheinen kaum je zu enden. Am Ende eines Tages ist Alexej schwer dazu zu bewegen, die Schaluppe zu besteigen, die ihn zurück an Bord der »Standarte« bringt. Mit der Entfernung vom Ufer erscheint das Zelt am Strand immer kleiner, wo viele Hände dem Thronfolger zum Abschied winken. Doch die Gesänge der Abendgebete, die die Matrosen anstimmen, klingen noch lange nach, als der Zarjewitsch bereits in seiner Kajüte ist. Und wenn er bereits schläft und Lichtkegel jener Boote die kaiserliche Yacht umkreisen, die als Begleitschutz für die Sicherheit der Zarenfamilie sorgen, läßt der Palastkommandant, der auch hier mit an Bord ist, einige Matrosen der Besatzung aus an Land gesammeltem Stroh »Schneebälle« für den Zarjewitsch formen. Um Alexej am nächsten Tag wieder lachen zu sehen.

Die stolze »Standarte« gilt in ihrer Art als weltweit größte und eleganteste Yacht. Sie kann sich bei den offiziellen Besuchen, zu denen der Zar in den Jahren zwischen 1908 und 1910 aufbricht, oder bei den Staatsempfängen an Bord durchaus sehen lassen. Bei ihrer Größe von 5557 Tonnen (BRT) stellt sie ein Mittelding zwischen Yacht und Kreuzfahrtschiff dar und verfügt über ausgezeichnete Hochseetüchtigkeit, wie die häufigen Reisen durch die Nordsee nach England zeigen. Zar Nikolaus hatte das Schiff nach seinen eigenen Wünschen in Dänemark bauen lassen. Stapellauf war um 1896 – im Jahr der Krönung des Zaren. Die Daten: Länge 124 m, Breite 15,4 m, Tiefgang 6,6 m, Leistung 11 500 PS, 2 Schrauben, Geschwindigkeit 22,5 kn. Den schwarzen Schiffskörper umrahmt auf ganzer Länge eine goldene Linie; am Bug prangt stolz der kaiserliche Doppeladler in Gold mit rotem Wappen auf weißem Grund.

Die kaiserliche Yacht bietet nicht nur der Zarenfamilie geräumige Unterkünfte, sondern auch dem umfangreichen Hofstaat. Mit an Bord sind Adjutanten, Hofbeamte, der Konvoi (die Leibgarde) und Bedienstete. Die Besatzung ist von der Kaiserlichen Russischen Marine abkommandiert.

Alexej, der sich bereits als Vierjähriger zum ersten Mal auf der »Standarte« aufhielt, verfügt über eine eigene Suite. Außer den Empfangsräumen, dem Arbeitszimmer des Zaren und dem Speisesaal, einem Billardsalon am oberen Deck und anderen offiziellen und privaten Räumen befindet sich auch eine kleine Kirche auf dem schwimmenden Palast. Es fehlt an keinem Komfort, doch bei aller Eleganz wurde bei der Ausstattung auf jeden Prunk verzichtet und der Zweckmäßigkeit Priorität eingeräumt.

Die Räume der Zarenfamilie sowie die Gästezimmer verfügen über ebenso große Fenster wie die Salons. Der Speisesaal wird von einer Tafel für sechsunddreißig Personen dominiert, Empfänge können für achtzig Gäste gegeben werden. Nur dieser Raum und die angrenzenden Salons erinnern in ihrer Gestaltung mit Goldstukkatur und den schweren Samtvorhängen im romanowschen Purpurrot an Palastatmosphäre. Ansonsten herrscht Mahagoniholz vor. Das Arbeitszimmer des Zaren ist in dem von ihm bevorzugten Grün gehalten.

Eine entspannte Atmosphäre herrscht auch allgemein. Selten sieht man die Zarin so locker und gut gelaunt wie an Bord der »Standarte«. Alexandra hält sich meist auf dem oberen Deck auf, sie unterhält sich mit Hofdamen oder Offizieren, während sie an einer Näherei oder Stickerei arbeitet. Die Mädchen amüsieren sich ungezwungen mit den Offizieren und tanzen mit ihnen. Der Zar begibt sich jeden Morgen an Deck, um die Navigationsinstrumente zu prüfen. Die Yacht verfügt bereits über einen Radiofunk – damals eine Seltenheit; Nikolaus besucht auch die Besatzungen der Eskorte auf deren Torpedobooten oder Zerstörern. Manchmal darf Alexej den Vater begleiten und in der Offiziersmesse zu Mittag essen. Der Thronfolger genießt, daß er an Bord der »Standarte« mehr als sonst mit seinem Vater beisammen ist und dieser immer gute Laune zeigt. Manchmal kommt Nikolaus noch am Abend in Alexejs Zimmer und liest ihm aus Büchern vor.

Als die »Standarte« eines Sommertags sanft dahingleitet, werden alle plötzlich aufgeschreckt: ein knirschendes Geräusch, ein Ruck – die Yacht ist auf ein Riff aufgefahren!

Alarmglocken ertönen, Panik bricht aus. Der erste Gedanke: Wo ist Alexej? Der Zar verliert keine Sekunde, er selbst sucht eilig alle Räumlichkeiten ab. Endlich die Erleichterung: am oberen Deck, ganz vorne am Bug, hält Djerewjenjko den Thronfolger in seinen Armen. Gleich nach dem ersten Geräusch hat er den Thronfolger an diese sicherste Stelle gebracht, da er eine Explosion der Kessel befürchtete.

Hastig werden die Rettungsboote hinausbefördert. Mit Gelassenheit leitet der Zar selbst die Rettungsaktion, beruhigt die anderen und mißt regelmäßig Position und Neigung des Schiffes und den Wasserzulauf. Währenddessen gehen die Kinder und andere von Bord, erst nach einer Weile folgt die Zarin; sie hat noch rasch Ikonen und Wertgegenstände zusammengerafft und nimmt alles in ein Tuch eingeschlagen mit. Die Familie wird erst an Bord einer kleinen finnischen Yacht gebracht, von dort auf die größere »Asia«. Alexej zeigt keinerlei Anzeichen von Angst – im Gegenteil, er läßt sich die Instrumente des Schiffes erklären, das für ihn neu ist, und stellt unendlich viele Fragen.

Die »Standarte« hat Schlagseite, wird aber doch noch vor dem Sinken bewahrt und in den Dockhafen geschleppt. Bis zur Wiederherstellung ihrer Seetüchtigkeit wird das nachfolgende Besuchsprogramm mit anderen Verkehrsmitteln fortgesetzt.

Der Unfall hat ein kleines Nachspiel. Der Zar hatte sich, sobald die Rettungsaktion unter Kontrolle war, auf die Schiffsbrücke begeben, um der Ursache des Unfalls nachzugehen. Zum Zeitpunkt des Unfalls hat ein finnischer Lotse, der als »alter Seewolf« bekannt ist, die Yacht geführt. Verantwortlich für die Sicherheit an Bord war ab dem Zeitpunkt, da der Zar mit seiner Familie an Bord ging, Flaggenkapitän Admiral Nilow.

Als der Zar dessen Kajüte betrat, fand er Nilow über die Karte gebeugt – in seiner Rechten einen Revolver. Der Zar unternahm alle Anstrengungen, den Admiral zu beruhigen; allerdings räumte er ein, es werde von Gesetzes wegen unvermeidlich sein, daß Nilow vor dem einberufenen Marinegericht Rede und Antwort werde stehen müssen. Doch er werde vermutlich nicht verurteilt werden.

Bereits vor der Unterredung mit dem Admiral hatte der Zar mit dem Lotsen die Karten geprüft und festgestellt, daß der verhängnisvolle Felsen in keiner Karte verzeichnet war. Als Nikolaus schließlich Nilow verließ, nahm er für alle Fälle auch dessen Revolver mit. Aufgrund dieses lange Zeit nur den beiden Männern bekannten Vorfalls entwickelte sich zwischen ihnen ungeachtet des Rangunterschieds eine tiefe Freundschaft. Der Zar legte allen, die den Unfall an Bord der »Standarte« miterlebt hatten, strengstes Stillschweigen auf, dessen Mißachtung Sanktionen zur Folge haben konnte.

Zum Empfang von König Edward VII. in Reval am Golf von Finnland reist die Zarenfamilie mit dem kaiserlichen Zug an; die »Standarte« erwartet sie in der Hafenstadt. Dieser 9. Juni[1] 1908 ist ein strahlender Sommertag. Die gesamte Zarenfamilie war schon lange nicht mehr in der Öffentlichkeit erschienen. Sie sieht an diesem Tag besonders gut aus: der gerade vierzigjährige Zar, sportlich, mit blauen Augen und braunem Bart; die um vier Jahre jüngere, immer noch schöne und elegante Zarin, in Blau, passend zu ihren Augen, gekleidet; die vier Großfürstinnen in Weiß und der Zarjewitsch in seiner Matrosenuniform.

Alexej bietet sich ein prächtiges Bild: die Stadt mit ihren schlanken Türmen, der Katharinenpalast, den Peter der Große hier errichten ließ, in der Bucht die reich beflaggten Schiffe der englischen und der russischen Flotte. Im Vordergrund die englische Yacht »Victoria and Albert«, mit welcher der König angekommen war, und die russischen Yachten »Polarstern« der Zarinmutter und die bereits wiederhergestellte »Standarte«. Salutschüsse, die englische Hymne, die russi-

---

[1] nach westlichem Kalender

sche Zarenhymne; die Staatsflaggen beider Länder flattern links und rechts des Landestegs im Wind, als die beiden gekrönten Häupter aufeinander zugehen. Der Zar in der Uniform der Scots Greys, deren Ehrenkommandeur er durch Königin Victoria wurde, König Edward in der Uniform der Kiewer Dragoner.

Der kleine Alexej steht während der gesamten Empfangszeremonie, die ihm endlos zu dauern scheint, stramm und protokollgerecht hinter dem Zaren und begrüßt nach diesem die Gäste, seinem Rang entsprechend vor der Zarin und den Großfürstinnen. Der britische König überreicht Alexej das Geschenk: eine große geheimnisvolle Truhe. Sie enthält zwölf Karabiner verschiedener Modelle mit der gesamten Munition.

Mittags findet eine Tafel auf der »Polarstern« statt. König Edward ist mit Alexandra, der Schwester der Zarinmutter, verheiratet. Beide sind gebürtige dänische Prinzessinnen. Somit ist Edward Onkel des Zaren, als Sohn von Königin Victoria auch Onkel der Zarin und Großonkel Alexejs.

In den beiden Tagen dieses Staatsbesuchs finden wie üblich die Begegnungen alternierend auf der englischen und auf einer der russischen Yachten statt. Abends sind sie, wie die Schiffe um sie herum, festlich beleuchtet. Die Medien feiern den Besuch als »Friedensfest«. Den Höhepunkt bildet das nächtliche Abschiedsdiner an Bord der »Victoria and Albert«, bei welchem der Zar zum »Admiral of the Fleet« und King Edward zum Admiral der Russischen Flotte ernannt und eine weitere Abfolge höflicher Toasts »den freundschaftlichen Gefühlen zwischen den beiden großen Völkern gewidmet« wird.

Als sich die »Victoria and Albert« mit den gekrönten Häuptern an Bord im Baltischen Meer entfernt, wird sie von der »Polarstern« eskortiert.

Alexej, der von den feierlichen Zeremonien beeindruckt ist, ist noch nicht alt genug, um sich für den Hintergrund der Zusammenkunft zwischen dem russischen und dem britischen

Monarchen zu interessieren. Nach der Niederlage Rußlands im Krieg gegen Japan und der Zerstörung der Baltischen Flotte ist eine Stärkung nicht nur des russischen Selbstbewußtseins, sondern auch des Aufbaus der Flotte wichtig. Nicht minder von Bedeutung ist jedoch die Freundschaft mit Großbritannien selbst. Ein Jahr zuvor, 1907, war eine englisch-russische Entente in bezug auf die Asienfrage geschlossen worden. Es wurden die Abgrenzung und Respektierung der englischen und russischen Interessenssphären vereinbart. Rußland bemüht sich nun um eine Allianz, die die russisch-französische ergänzen soll. Der erste Schritt dazu ist nun mit dieser gelungenen Besuchsdiplomatie getan.

Nun kommt der Präsident Frankreichs, Fallières. Er wird bereits auf der »Standarte« empfangen. Als Alexej das Geschenk öffnet, das ihm Fallières mitgebracht hat, stößt er einen Begeisterungsschrei aus: ein riesiger Zug verbirgt sich in der Kiste. Djerewjenjko muß ihn sofort auf Deck aufbauen: fünfzehn Meter messen die Bahngleise des Zuges, der durch naturgetreu nachgebildete französische Landschaften führt und am Pariser Gare du Nord endet. Im Speisewagen sitzt eine Gesellschaft bei Tisch. Alexej ist begeistert, denn es ist der größte elektrische Zug, den er nun besitzt.

Den Besuchsreigen beschließt Kaiser Wilhelm II. Von »Onkel Willi« erhält Alexej einen Fesselballon, den er selbst steuern kann.

Im darauffolgenden Sommer geht die Reise auf der Yacht nach Dänemark und Stockholm; für Alexej sind es die ersten Aufenthalte im Ausland.

Bei den Besuchen in Deutschland, vorwiegend an den Kindheitsstätten seiner Mutter, Schloß Wolfsgarten und Friedberg, oder bei deren Schwester Irene und Prinz Heinrich von Preußen in Kiel, fühlt sich Alexej wohl und ungezwungen. Er fährt auf dem Rad aus dem Schloßpark hinaus aufs freie Land und wird selbst von den einfachen Bauern erkannt und freundlich gegrüßt. Mit seinen Schwestern geht er in die Stadt bummeln und kauft erstmals in seinem Leben Souvenirs. Wenn er ein Geschäft verläßt, wartet schon eine Menschentraube, um den Thronfolger und die Großfürstinnen zu sehen, von deren Besuch in ihrer Stadt sie in den Zeitungen gelesen haben. Trotz dieser Aufmerksamkeit, die Alexej genießt, fühlt er sich plötzlich wie ein »Normalbürger«; er kann Dinge tun, die ihm aufgrund seiner Position in Rußland nicht möglich wären, und das bereitet ihm Vergnügen.

In Stockholm absolviert der Zar einen offiziellen Staatsbesuch. Überschattet wird er durch ein Attentat auf einen schwedischen General. Das hat zur Folge, daß die Zarenfamilie aus Sicherheitsgründen eine Weile die Yacht nicht verlassen darf. Die Medien munkeln, der Anschlag hätte in Wirklichkeit dem russischen Zaren gegolten. Das schwedische Königshaus ist ebenfalls mit dem russischen Kaiserhaus verwandtschaftlich verbunden. Im Frühjahr desselben Jahres hatte in Zarskoje Sjelo die Hochzeit einer Cousine des Zaren, der Großfürstin Maria Pawlowna, mit dem schwedischen Kronprinzen Wilhelm stattgefunden.

Charakteristisch für die Handhabung der Hausgesetze der Romanows ist die Familiengeschichte der Braut. Maria und ihr Bruder Dmitrij Pawlowitsch waren Ziehkinder des Zaren geworden, nachdem ihr Vater, Großfürst Pawel Alexandrowitsch, aufgrund einer morganatischen Heirat ins Ausland verbannt wurde.

Wenn ein naher Verwandter des russischen Kaiserhauses durch unstandesgemäße Heirat die Hausgesetze verletzt oder nicht einmal um Genehmigung des Zaren ansucht oder ihn von einem solchen Schritt in Kenntnis setzt, muß er mit Sanktionen und dem Verlust seiner Privilegien rechnen.

Abgesehen davon mußte Großfürst Pawel Alexandrowitsch eine Irrfahrt durch Europa auf sich nehmen. Denn nirgends fand sich ein russisch-orthodoxer Geistlicher bereit, die »illegale« Trauung zu vollziehen. Schließlich gelang es dem Ehewilligen, in Verona einen griechisch-orthodoxen Priester zu bestechen. Mangels ebenbürtiger Angehöriger mußte Pawel Alexandrowitsch seinen Kammerdiener ersuchen, den Trauzeugen zu spielen (der darüber mit seinem Treueeid als Militär in Konflikt geriet).

Die Kinder Dmitrij und Maria aus erster (standesgemäßer) Ehe hatte der Großfürst in Rußland zurückgelassen. Da ihre Mutter gestorben war, gelangten sie zunächst in die Obhut eines anderen Onkels, Großfürst Sergej Alexandrowitsch, Statthalter von Moskau, der mit Zarin Alexandras Schwester Elisabeth verheiratet war. Doch dieser Onkel wurde 1906 ermordet, und Elisabeth nahm den Schleier, um sich nur mehr sozialen Aufgaben zu widmen. Ihre Besitzungen vermachte sie den ihr anvertrauten Kindern. Diese kamen in ihr Familienpalais nach Petersburg und hielten sich auch oft bei der Zarenfamilie in Zarskoje Sjelo auf. Dmitrij Pawlowitsch wurde Alexejs Lieblingsonkel.

Doch auch von der Seite der Zarin ist die russische Kaiserfamilie mit dem schwedischen Königshaus verwandt. Die schwedische Kronprinzessin, Margaret, ist eine Tochter des Herzogs von Connaught und somit Alexandras – übrigens bevorzugte – Cousine.

Danach lernt Alexej seine dänischen Verwandten kennen. Wie erwähnt, entstammt seine Großmutter, Zarinmutter Maria Fjodorowna, dem dänischen Königshof. Nun sind König Friedrich und Königin Luise von Dänemark die Gastgeber der Zarenfamilie. In der fröhlichen Atmosphäre, wie sie auch die Zarinmutter ausstrahlt, fühlt sich Alexej sichtlich wohl.

Ein Jahr später darf Alexej den Zaren auf den Gegenbesuchen nach Frankreich und England begleiten. An Bord der eindrucksvoll eskortierten Yacht »Standarte« geht es nach Cherbourg zu Präsident Fallières, und Alexej genießt das Schauspiel der Flottenparade.

Den größten Eindruck bereitet Alexej jedoch der Empfang in England. Als die zarische Yacht mit ihrer Eskorte majestätisch in die britischen Hoheitsgewässer vor Spithead einfährt, kommt ihr das Nordgeschwader der Britischen Flotte zum Empfang entgegen: zweihundert Schiffe, die die Kreuzer »Indomptable«, »Implacable« und »Invincible« begleiten.

Und der Stolz auf seinen »Papa« wird grenzenlos, als die »Standarte« die Ehrenformation der britischen Flotte passiert, deren gesamte Besatzung geschlossen dem Zaren unter Hurrarufen und den Fanfarenklängen der Zarenhymne salutiert. Der englische König hat die Flottenparade zu Ehren der russischen Gäste als Auftakt zur jährlichen Regatta von Cowes angesetzt. Sie bietet ein beeindruckendes Schauspiel.

Auf der Rückreise ist Alexej noch ganz in Erinnerung an den Empfang in England und jenen zuvor in Frankreich versunken. Doch auch die Paraden der französischen Infanterie und Kavallerie waren interessant gewesen. In Châlon-sur-Marne, wo sich das Exerzierfeld befindet, gab es außerdem einen amüsanten Zwischenfall. Hofminister Mosolow, der dem Zaren während der Parade in einem bestimmten Abstand zu folgen hatte, tänzelte mit seinem Pferd im Kreis hinter ihm her. Die Ursache bestand darin, daß er von den Franzosen ein prämiertes Rennpferd bekommen hatte. Doch den Zaren zu überholen wäre ein Fauxpas und eine tödliche Blamage gewesen. Die Parade war besonders eindrucksvoll, fünfzigtausend Mann nahmen daran teil. Aber hatte Alexej nicht in Krasnoje Sjelo schon einmal eine halbe Million exerzieren gesehen? Kein Wunder, daß bei einer solchen Gelegenheit der persische Schah, der als Ehrengast dem Schauspiel beiwohnte, einen Adjutanten des Zaren bat, ihn zum Ausgangspunkt der Parade zu bringen: er konnte sich nicht vorstellen, daß es immer andere und nicht dieselben Soldaten waren, die da an ihm vorbeizogen! Gerade nach diesen Staatsbesuchen und den russischen Gegenbesuchen ist der Zarjewitsch stolzer auf seinen Vater und sein Land als je zuvor.

In dieser Zeit bereitet die Lage am Balkan dem Zaren große Sorgen. Nachdem Österreich-Ungarn das Stillhalteabkommen mit Rußland durch die Annexion von Bosnien und der

Herzegowina verletzt hat, scheint es Nikolaus wichtig, Beziehungen mit befreundeten Staaten zu vertiefen. Das ist mit Frankreich und England gelungen. Doch auch für die Regierung dieser beiden Länder ist die Zusicherung, Rußland auf ihrer Seite zu wissen, beruhigend – falls es einmal zu Konflikten mit Deutschland kommt.

In Hinblick auf die Balkanpolitik, wo Rußland die einzige mögliche Bedrohung bei Österreich-Ungarn sieht, hofft der Zar auf Gleichgesinnte. Erstaunt zeigt sich Nikolaus über die deutsche Reaktion auf die österreichische Annexion am Balkan: Wilhelm scheint sich dabei auf die Seite Österreichs zu stellen. Warnung scheint diese Geste Nikolaus jedoch nicht zu sein. Insgeheim fürchtet der Zar, daß ein Konflikt mit Österreich-Ungarn eines Tages ausbrechen werde. Aber er meint, wie er einem Vertrauten gegenüber äußert, dies werde seinem Sohn vorbehalten bleiben und Rußland bis dahin konsolidiert sein. Kündigt sich hier nicht eine Verstärkung der Nord-Südachse an?

Die Unruhe des Zaren in dieser Zeit und sein damit verbundenes Sicherheitsbedürfnis kommt in seinen Briefen an die Mutter zum Ausdruck. Außer der Annexion am Balkan bereitet Nikolaus noch eine andere Tatsache Sorgen: in Bulgarien hat sich ein Angehöriger des deutschen Hauses Sachsen-Coburg zum Zaren ausgerufen. Das bedeutet eine Demütigung Rußlands, da damit die Vereinbarung zwischen Rußland und Deutschland über Aufteilung dieses Landes in zwei Interessenssphären verletzt wird.

Ein kurzer Briefwechsel zwischen dem Zaren und seiner Mutter, die sich häufig in England oder Dänemark bei ihren Verwandten aufhält, gibt über seine Stimmung und den chronischen Verlauf der Balkankrise Aufschluß. Zu Beginn der Briefe aber geht es um Alexej:
»Du fragtest nach dem kleinen Alexej«, beginnt Nikolaus seine Zeilen am 27. März 1908 – »Gott sei Dank haben die Blutergüsse und Narben keine Spuren hinterlassen. Es geht ihm

gut und er ist fröhlich wie seine Geschwister. Ich arbeite ständig mit ihnen im Garten, wir säubern die Wege von den letzten Schneeresten; es taut sehr rasch jetzt, ein wenig Schnee bleibt noch in den schattigen Plätzen des Waldes liegen. Es wird immer wärmer, die Vögel singen, die ersten blauen Blumen sprießen – alles ganz poetisch! (...) Gestern kam der Prinz von Montenegro [später König Nikita] an. Er ist viel älter und dicker geworden, und er kann kaum noch gehen. Wir geben ein großes Diner für ihn heute abend. Wie lange er bleiben wird, weiß ich nicht, aber er sagte, er hätte keinerlei Anliegen – dabei ist er gleich mit mehreren Ministern angereist...«

»Was für eine Unverschämtheit von Ferdinand!« empört sich Zarinmutter Maria in ihrem Kommentar zu dessen »Thronbesteigung« in Bulgarien. »So hat er, was er immer schon wollte. Werden ihm die großen Mächte seinen Herrschertitel anerkennen? Und was ist mit Österreich? Es scheint, man muß nur frech genug sein, um alles in dieser Welt zu erreichen!«

»Du hast recht, Mama«, pflichtet Nikolaus seiner Mutter bei, »Unverschämtheit setzt sich über alles hinweg. Ferdinand hat eine Dummheit zur Unzeit gemacht. Offenbar hat ihn Österreich dazu gedrängt – und der Hauptschuldige ist Ährenthal[1]. Er ist einfach ein Schurke[2]. Er hat Iswolskij[3] betrogen, als sie einander trafen, und stellt jetzt alles ganz anders dar als damals. Seine Telegramme und Briefe von damals bezeugen das. Aber da ist etwas anderes, was mich ziemlich beunruhigt und wovon ich bis vor kurzem keine Ahnung hatte. Vor Tagen hat mir Tscharikow[4] ein paar geheime Unterlagen vom Berliner Kongreß 1878 gesandt. Daraus scheint sich zu ergeben, daß

---

[1] österreichischer Außenminister
[2] Ährenthal hatte seinem russischen Amtskollegen Iswolskij die Respektierung des Status quo am Balkan zugesichert, der aber noch in seiner Amtszeit verletzt wurde.
[3] russischer Außenminister bis 1910
[4] der russische Botschafter in Konstantinopel

nach endlosen Kontroversen Rußland der Möglichkeit einer
künftigen Annexion von Bosnien/Herzegowina durch Österreich zugestimmt hat!

Jetzt habe ich einen Brief vom alten Kaiser[1] bekommen, der
mich auf dieses Einverständnis von Großvater[2] hinweist. Was
für peinliche Situation! Dieser Brief kam vor zwei Wochen,
und ich habe ihn noch nicht beantwortet. Du kannst Dir denken, was für eine unerfreuliche Überraschung das ist und in
welch peinlicher Lage wir uns befinden. Wie gesagt, ich
wußte nie von der Existenz eines solchen Geheimdokuments
und habe nie etwas davon gehört, weder von Giers[3] noch von
Lobanow[4], während deren Amtszeit das alles passiert ist...«

Im Schreiben des Zaren an seine Mutter vom 4. März 1909 –
also ein Jahr später – zeigt sich, daß die Balkankrise in ein gefährliches Stadium getreten ist:

»Österreich macht nach wie vor allen Sorgen, aber in den letzten zwei Tagen scheint eine leichte Verbesserung der Lage
eingetreten zu sein. Ich habe für Freitag abend den Ministerrat einberufen. Ich möchte einige Vorsichtsmaßnahmen be-
sprechen für den Fall, daß Krieg zwischen Österreich und Serbien ausbricht. So zum Beispiel dürfen Freiwillige nicht
einrücken[5], und die Presse muß an der Kandare gehalten werden, um Agitation[6] zu vermeiden. Wenn wir nicht angegriffen werden, gehen wir natürlich in keinen Krieg. Wie wider-
lich das alles ist. Das geht jetzt schon eine ganze Weile so...«

Zwei Wochen später muß der Zar in seinem Land gegen eine

---

[1] Franz Joseph von Österreich
[2] Zar Alexander II.
[3] russischer Gesandter in Bukarest 1902–1912, 1912–1914 Botschafter in Konstantinopel, danach in Rom
[4] Fürst Lobanow-Rostowskij: russischer Botschafter in England bis 1882, danach in Wien bis 1896
[5] gemeint sind diejenigen, die sich für Serbien melden
[6] der panslawische Enthusiasmus für Serbiens Verteidigung durch Rußland
soll nicht durch die Medien entflammt werden, um nicht in der öffentlichen
Meinung Kriegsstimmung anzuheizen

breite, mit Serbien sympathisierende öffentliche Meinung, die Rußlands Eingreifen auf seiten Serbiens fordert, ankämpfen, wie er seiner Mutter berichtet:

»Ich war sehr mit vielen eher unangenehmen Angelegenheiten beschäftigt. Zuerst einmal hatte ich den Kriegsminister zu entlassen, der nicht nur den Reden Gutschkows[1] nicht widersprach, sondern ihm sogar beipflichtete und die Ehre der Armee nicht verteidigte.

Ich habe Suchomlimow an seiner Stelle ernannt, den ich seit zwanzig Jahren kenne, und hoffe, diese Wahl wird sich als glücklich erweisen. Zugleich wurden die Generalstabschefs ausgewechselt – somit ist die gesamte Armeeführung erneuert.

Letzte Woche berief ich auch einen Ministerrat in Zusammenhang mit dieser elenden österreichisch-serbischen Frage ein. Diese Affäre, die nun schon viele Monate andauert, hat sich plötzlich durch Deutschlands Drängen verkompliziert. Wilhelm meint, daß wir die Schwierigkeit damit lösen könnten, daß wir uns mit der berühmten Annexion[2] einverstanden erklären, während im Falle unserer diesbezüglichen Weigerung die Konsequenzen sehr ernst und unabsehbar sein würden. Da die Sache nun schon so unmißverständlich klar wurde, blieb nichts anderes übrig, als den Stolz hinunterzuschlucken, nachzugeben und den Konsens zu erteilen. Die Minister waren einstimmig dafür.

Wenn dieses Entgegenkommen Serbien davor bewahrt, von Österreich zerschlagen zu werden, ist es die Sache wert, das ist meine Meinung. Unsere Entscheidung war umso unausweichlicher, als wir von allen Seiten Informationen erhielten, daß Deutschland vollkommen bereit war, zu mobilisieren. Gegen wen? Klarerweise doch nicht gegen Österreich! Aber unsere Öffentlichkeit begreift das nicht, und es ist

---

[1] Sprecher der Petersburger Duma
[2] von Bosnien/Herzegowina durch Österreich-Ungarn

schwer, ihr klarzumachen, wie bedrohlich die Dinge vor ein paar Tagen aussahen. Jetzt werden sie den armen Iswolskij[1] noch mehr als vorher beschimpfen!«

»Fortsetzung von gestern am 19. März. Niemand außer miesen Leuten will jetzt Krieg, und ich glaube, wir waren diesmal sehr nahe daran. Sobald die Gefahr vorbei ist, fangen die Leute sofort an zu schreien – Erniedrigung, Beleidigung usw... Für das Wort ›Annexion‹ waren unsere Patrioten bereit, uns für Serbien zu opfern, dem wir im Fall eines Angriffs von Österreich gar nicht helfen könnten.

Es ist wahr, daß die Form und Methode der Aktion Deutschlands – ich meine uns gegenüber – ganz einfach brutal war, und wir werden das nicht vergessen. Ich denke, es will uns wieder[2] von Frankreich und England trennen – aber einmal mehr ist ihm das zweifellos nicht gelungen. Solche Methoden haben eher den gegenteiligen Effekt zur Folge...«

Zarinmutter Maria Fjodorowna antwortet postwendend aus London, wo sie sich gerade aufhält:

»... Ich kann mir gut die schrecklichen Augenblicke vorstellen, die Du in den letzten paar Wochen durchmachen mußtest, als ein Krieg so furchtbar nahe schien. Gottseidank ist die Gefahr jetzt vorbei, und ich kann mir vorstellen, wie schwer Dir die Konzession gefallen ist. Natürlich war das das einzige, was man tun konnte. Aber die Rolle, die Deutschland in dieser Krise gespielt hat, war wahrhaft schändlich und abstoßend. Hier [in England] sind wir uns alle darüber einig (...) Ich bin so froh, daß Du Iswolskij behältst. Wenn er jetzt gehen müßte, wäre das eine weitere Genugtuung für unsere Feinde!«

---

[1] Zuvor war Außenminister Iswolskij bereits heftig kritisiert worden, weil er sich nach Ansicht der Medien in der Annexionsfrage vom österreichischen Außenminister Ährenthal hineinlegen und damit Rußland demütigen habe lassen.

[2] Einige Jahre zuvor hatte Kaiser Wilhelm in Björkö versucht, den Zaren zu einem Bündnis zu bewegen, das gegen einen russisch-französischen und russisch-englischen Beistandspakt gerichtet war.

Und vier Tage später fügt sie besorgt hinzu: »Die Zeitungen hier berichten, Iswolskij ist beurlaubt, ich hoffe, Du wirst ihn nicht wirklich gehen lassen, in diesem Moment wäre das mehr als gefährlich – alle hier sagen das. (...) Es wäre gut für Dich, die Meinung der anderen über diese große deutsche Intrige zu lesen, die die ganze Welt mit Empörung aufgenommen hat...« Anschließend begibt sich die Zarinmutter mit dem König von England, Eduard VII., und Königin Alexandra – ihrer Schwester – auf eine Kreuzfahrt ins Mittelmeer. So klingen diese turbulenten Jahre 1908 und 1909 harmonisch aus.

Das Paradies in Livadia

Die Zarenfamilie verbringt den Sommer 1909 in Livadia, und Alexej darf zum ersten Mal mitkommen.

Die Reise erfolgt mit dem Kaiserlichen Zug von Zarskoje Sjelo bis zur Hafenstadt und dem Flottenstützpunkt Sewastopol; manchmal fährt die Zarenfamilie auch bis zum Schiffswerftzentrum Feodosja weiter. Doch diesmal erwartet sie die Yacht »Standarte« in Sewastopol, um sie von dort in die Schwarzmeerbucht nach Jalta zu bringen, dem berühmtesten Kurort der Krim. Von dort geht es weiter mit Automobilen oder Kutschen hinauf zum Palast von Livadia, der majestätisch auf einer Anhöhe über Jalta und der Meeresbucht gelegen ist.

Als Alexej im Zug sitzt, hat er keine Ahnung, welche weitreichenden Maßnahmen für diese Reise der Kaiserlichen Familie getroffen werden müssen.

»Was für ein Papierkrieg!« – seufzt Mosolow, der Minister des Kaiserlichen Hofes, wenn eine solche Reise vorzubereiten ist. Mag sein, daß es unter früheren Zaren nicht so kompliziert war, deren Reisen zu organisieren. Aber spätestens seit dem durch einen Attentatsversuch verursachten Zugunglück von Borki will man kein Risiko eingehen. Dabei hat Nikolaus' Vater, Zar Alexander III., jene Verletzung erlitten, die später zu seinem vorzeitigen Tod führte.

Mosolow gibt der Palastpolizei Details des Programms der Reise bekannt. Es muß den Schutz der Zarenfamilie während der gesamten Reisedauer gewährleisten – seit den Revolutionsjahren 1905/1906 fällt das in die Kompetenz der Palastkommandatur.

Ferner wird selbstverständlich die oberste Eisenbahnbehörde in Kenntnis gesetzt, damit sie die Routen und eventuelle Alternativrouten und Fahrpläne erstellen kann. Außerdem ist sie für die Aufstellung der sogenannten Eisenbahnbataillone zuständig.

Dann die Anweisung an die Verwaltung des Kriegsministeriums: diese ist für die Posten bei allen Brücken und Tunnels verantwortlich, die auf der sechstägigen Zugfahrt passiert werden. Entlang der gesamten Strecke wird Bewachung postiert.

Und dann das Schreiben an das Innenministerium: diesem muß mitgeteilt werden, wer wo vom Zaren empfangen wird, durch welche Provinzen die Reise geht; deren Gouverneure müssen ebenfalls benachrichtigt werden.

Das Büro des Hofmarschalls schließlich muß sich um die Vorbereitung der Residenz kümmern.

Nicht zu vergessen die »Inspektion der Allerhöchsten Züge«: in ihrer Hand liegen Abfahrts- und Ankunftsdispositionen.

Dann ist da noch das Kabinett Seiner Majestät (des Zaren): alle Geschenke, die voraussichtlich, und andere, die bei unvorhergesehenen Gelegenheiten in Frage kommen, müssen vorbereitet werden. Da werden mehrere Truhen für Pokale, gravierte Schatullen, die berühmten Zigarrenetuis oder Zigarettendosen mit dem Kaiserlichen Monogramm und anderes herbeigeschleppt – und all das muß eingepackt werden. Nicht zu vergessen zahlreiche Orden und Militärauszeichnungen – wenn es auch weniger sind als in Kriegszeiten. Und das alles, ohne daß Mosolow vorher genau weiß, ob und wer etwas bekommen wird! Zweiunddreißig Kisten kommen diesmal zusammen – man hat für alle Fälle auch Bilder mit den kaiserlichen Porträts, Uhren und sogar Teppiche eingepackt.

Das Schwierigste an allem besteht nicht im Delegieren oder Zuweisen der Aufgaben an die zuständigen Personen, Behörden oder Institutionen, sondern in dem Umstand, daß dabei strengste Geheimhaltung über die Reise der Zarenfamilie zu üben ist.

Endlich ist es soweit. Die Zarenfamilie und ihr Gefolge besteigen den Kaiserlichen Zug, für den in Zarskoje Sjelo eine eigene Bahnlinie und -station errichtet wurde, seit das Alexander-Palais als ständige Residenz dient. Der Zug des Zaren ist kein Zug wie jeder andere. Das bezeugt schon sein Aussehen: die acht in elegantem Dunkelblau gehaltenen Waggons tragen an jeder Tür das kaiserliche russische Wappen und das Monogramm des Zaren, N II., in Goldlettern. Alexej nimmt interessiert den Zug in Augenschein. Jeder Waggon hat seine eigene Funktion. Der erste gleich hinter der Lokomotive steht den Kosaken der Garde zu. Bei jedem Halt springen sie heraus, und sofort beziehen vier von ihnen auf den Plattformen des Waggons des Zaren Stellung. Der zweite Wagen beherbergt die Küche und ihr Personal. Gleich danach folgt der Speisewagen der Zarenfamilie. Der in Rotholz ausgestattete Raum teilt sich in einen Salon mit weichen Fauteuils, schweren Samtvorhängen und einem Pianino und in den Raum mit der Tafel für sechzehn Gedecke.

Hier erlebt Alexej, was sonst selten – wenn überhaupt – vorkommt:»Papa«läßt fast täglich nach dem Essen den Koch rufen, um ihn für die»heute besonders gute Küche« zu loben. Das ist hauptsächlich darauf zurückzuführen, daß die Speisen auch wirklich heiß serviert werden – ein Genuß, der wegen der Entfernungen zwischen Küche und Speisezimmer im weitläufigen Alexander-Palast im wahrsten Sinne des Wortes auf der Strecke bleibt.

Der vierte Waggon ist ausschließlich dem Zaren und der Zarin vorbehalten. Darin befindet sich sein Arbeitszimmer, das wie üblich vorwiegend in Grün gehalten ist, mit dem Schreibtisch und zwei mit grünem Leder bezogenen Stühlen sowie einer kleinen Bibliothek in Mahagoni. Dahinter liegen das Badezimmer und das Schlafzimmer des Herrscherpaars. Daneben hat noch ein Salon der Zarin Platz, der in Grau und Lila gehalten ist. Er bleibt verschlossen, wenn sie nicht mitreist.

Der anschließende Waggon endlich gehört Alexej und seinen Geschwistern mit den begleitenden Kindermädchen und Hofdamen. Er besteht aus hellen Räumen in weißem Holz und cremefarbenen Stoffen, ähnlich den Kinderzimmern im Alexander-Palast.

Es folgt Waggon Nummer sechs: in neun geräumigen Coupés reist die Kaiserliche Suite; in einem Doppelcoupé in der Mitte des Wagens der Minister des Kaiserlichen Hofes, der soignierte Baron Wladimir Borisowitsch Fredericks; ein Coupé bleibt ständig frei für zusteigende Besucher des Zaren, denen die Möglichkeit der Übernachtung während der Weiterreise geboten wird.

Der Gepäckwagen ist der vorletzte. Er enthält auch die Accessoires der Hofkanzlei und Reisekanzlei. Im achten Waggon nehmen der »Inspektor der Allerhöchsten Züge«, der Zugkommandant, Bediente der Suite und der Arzt mit seiner Apotheke Platz.

Das Kurioseste an diesem kleinen Palast auf Schienen ist die Tatsache, daß er stets von einem leeren »Doppelgänger« begleitet wird: aus Sicherheitsgründen fährt eine völlig identische Ausführung des Zuges voraus oder hinterher, und niemand außer den Passagieren selbst weiß, in welchem der beiden Züge die Zarenfamilie und ihr Hofstaat tatsächlich reisen.

Auch im Zug wird ein Mindestmaß an Etikette eingehalten. Bei Tisch sitzt Alexej links vom Zaren, der den Platz in der Mitte gegenüber der Zarin einnimmt. Sie ist vom Hofminister und einem Adjutanten flankiert, in ihrer Abwesenheit sitzt ersterer dem Zaren gegenüber. Alexej unterhält sich angeregt mit jedem der Anwesenden, die jeweils zu Tisch eingeladen sind.

Am meisten amüsiert sich der Zarjewitsch mit dem betagten Doktor Girsch. Dieser Hofarzt dient mit seinen über achtzig Jahren schon seit Zar Alexander II. bei Hof, und seine medizinischen Kenntnisse dürften nicht mehr ganz taufrisch oder auf neuestem Stand der Erkenntnisse sein. Das gleicht er aber mit seiner Erfahrung sowie seinem Humor und seiner Vitalität aus, die ihn so beliebt machen, daß man ihm seine Schrullen gerne nachsieht. So kann Alexejs Mutter beispielsweise den Rauch von Girschs unvermeidlichen Zigarren nicht leiden. Einmal hört Alexej sie sagen:

»Rücken Sie doch ein wenig ab, sonst ersticke ich noch.«

Girsch: »Aber Majestät, heute rauche ich die erste und eine ganz kleine Zigarre...«

»Und was für eine kleine Zigarre – von ihr geht ein solcher Qualm aus, als stünde eine ganze Tabakplantage in Flammen! – Nikotin ist Gift!«

»Das stimmt«, pflichtet Girsch ruhig bei, »aber eines mit langsamer Wirkung. Ich nehme es nun schon fünfzig Jahre ohne Unterbrechung zu mir, und bis jetzt hat es mir nicht geschadet...«

Ansonsten nimmt alles während der sechstägigen Reise seinen routinemäßigen Lauf. Alexej sieht, daß sein Vater auch auf der Reise im Zug – wie an Bord der Yacht – seine Arbeit erledigt. Zum Tee nach Tisch werden dem Zaren neue Agenturdepeschen gebracht. Tagsüber zieht dieser sich in sein Arbeitszimmer zurück. Vor größeren Stationen kommt der Hofminister mit der Liste der Personen, die den Zaren am Bahnsteig erwarten werden. Üblicherweise steigt dieser dann – ohne die Familie – mit seiner Suite aus, um die örtlichen Verwalter zu treffen; Gouverneure werden gewöhnlich eingeladen, im Zug bis zur Grenze ihres Gouvernements mitzureisen, meist auch Militärs, die dem Zaren auf der Reise Berichte erstatten.

Auf diese Weise bekommt Alexej in den wenigen Tagen der Zugfahrt, auf engerem Raum als im Palast, viel mehr vom Alltag des Zaren mit und lernt auch viel mehr Leute kennen als im Alltag in Zarskoje Sjelo.

Abends wird Alexej vom Zaren in seinen Waggon gebracht. Viel lieber würde sich der Zarjewitsch mit den Adjutanten der Suite unterhalten, die immer geduldig und humorvoll seine vielen Fragen beantworten. Der Zar kommt dann, gewöhnlich ohne die Zarin, nochmals in den Speisewagen zurück. Dort trinkt er Tee und verweilt noch, um sich zu unterhalten oder mit Adjutanten Domino zu spielen. Wenn der Zar verliert, muß er seinen Lakaien um Geld schicken – denn er selbst trägt nie eines bei sich.

In der Hafenstadt Sewastopol, dem Stützpunkt der Schwarzmeerflotte, ist die knapp einwöchige Zugreise zu Ende. »Papa« ist weniger freudig gestimmt als Alexej: die Erinnerung an die Meuterei einiger Besatzungen der Flotte in den Jahren 1905/1906 ist noch wach. Doch als die Zarenfamilie dem Zug entsteigt, wird sie so begeistert und herzlich von der Bevölkerung empfangen, daß Nikolaus bald seine Zurückhaltung aufgibt.

Vom Bahnsteig an bis zum Meereskai ist ein roter Teppich gelegt. Die Leute drängen sich hinter den Absperrungen, um den Thronfolger zu erspähen. »Da ist er! Der Zarjewitsch, der Zarjewitsch!« rufen sie unentwegt. Alexej grüßt ein wenig verlegen zurück. Am Landesteg wartet ein kleines Schiff, das die Familie unter der Eskorte von achtzehn schwarzen Booten, alle Matrosen in Spalier an Bord, zur »Standarte« bringt, die auf See vor Anker liegt. Alexej bemüht sich, in vorbildlicher Haltung und mit stolzen Gesten die Salute nach links und rechts zu erwidern.

Sein Vater schreibt darüber an die Zarinmutter: »Anfangs – muß ich zugeben – versuchte ich, kühl zu bleiben

und Reserviertheit gegenüber den Matrosen der Schwarzmeerflotte zu demonstrieren, damit sie spüren, daß die ehrlo-
sen Ereignisse von 1905 nicht leicht zu vergessen sind. Aber
als ich deren Bemühungen sah, mit denen sie sich Vergebung
verdienten, und ihren Willen, bis an die Grenze ihrer Kraft zu
arbeiten mit den Ergebnissen, die sie tatsächlich aufzuweisen
haben, begann ich, meine Einstellung zu ändern, und wurde
allmählich freundlicher. Ich war gerührt von den Begeiste-
rungsrufen der Besatzung jedes einzelnen Schiffs bei jedem
Mal, wenn wir von oder zur Yacht fuhren – besonders wenn
sie Alexej sahen. (...) Alexejs Schaluppe fuhr immer als erste
vor der Besatzung, und er grüßte jedes Schiff noch lauter als
das vorhergehende...«
Zur Alexejs Begeisterung bleibt die Familie noch in Sewastopol, bevor man nach Livadia weiterfährt. So kann Alexej unter der kompetenten Führung des Kommandanten der
Schwarzmeerflotte selbst, Admiral Boström, eines der bedeu-
tendsten Schlachtschiffe inspizieren. In der Kommandanten-
kabine prüft der Thronfolger die Matratze, weil er weiß, daß
sie hart sein soll. Bei der weiteren Inspektion der Schwarzmeerflotte, zu den Schießübungen, den Manövern der Unterseeboote und den Besuchen der Garnisonen darf Alexej noch
nicht mitkommen.
Währenddessen wird er als Gast in der Villa des Admirals Boström verwöhnt, wie es sich für einen Thronerben geziemt:
feiner Sand ist von weither transportiert worden, um ihm und
seinen Geschwistern einen Strand zum Spielen zu bieten. Daneben hat man eigens für seinen Besuch einen künstlichen
Fischteich errichtet, in welchem außer Fischen auch Mu-
scheln, Krabben und andere Krustentiere ausgesetzt sind. Der
Thronfolger darf nach Lust und Laune fischen und sich damit
sein eigenes Menu zusammenstellen. Alexej fischt mit Begeisterung – um den Fang dann wieder zurückzuwerfen: »Nein,
man muß sie am Leben lassen!« beharrt er.
Endlich geht es mit der »Standarte« nach Yalta weiter. Als das

Schiff sich dem Hafen nähert, ist schon von weitem die Menschenmenge zu sehen, die sich an der Mole drängt. Auch diese Wartenden wollen den Thronfolger sehen, der zum ersten Mal auf die Krim kommt. Hatten sie nicht vor fünfzehn Jahren genauso neugierig und begeistert hier gewartet, als anläßlich des in Livadia erkrankten Zaren Alexander III. die Braut des jetzigen Zaren zum ersten Mal nach Rußland kam?

Als die Zarenfamilie den Landesteg betritt, stimmen alle Wartenden die Zarenhymne an. Fahnen werden geschwenkt, freudige Begrüßungsrufe sind zu hören. Die meisten gelten Alexej. Dieser nimmt im Automobil neben seinem Vater Platz – und nicht etwa bei seinen Schwestern. Es ist ein Delaunay-Belleville, die bevorzugte Marke des Zaren unter den mittlerweile etwa dreißig Modellen in seiner Garage. Seit dem Jahre 1902 hat der Zar Automobile gesammelt, aber für Livadia stellen sie eher noch eine Seltenheit dar. Der Zar erklärt in den Zeilen an seine Mutter dazu:

»... Wir haben einige unserer Automobile hierher bringen lassen, es ist bequem, damit auf den ausgezeichneten Straßen hier zu fahren, und das kürzt die Entfernungen beträchtlich ab. Die Pferde sind nicht mehr durch sie aufgescheucht...«

Die Entfernung vom Hafen zum Sommerpalast ist kurz; den drei Kilometer langen Weg, der sich auf die Anhöhe mit dem Sommerpalast hinaufwindet, säumen fröhlich grüßende Bewohner, die aus der Umgebung zusammengeströmt waren. Alexej grüßt nun schon selbstbewußter zurück – immer mit militärischer Haltung und der rechten Hand an der Kappe.

Die südliche Landschaft mit Pinien, Zypressen, Palmen, der Blumenpracht, den Ölbäumen und den unendlichen Weinhängen, die sich über der Küstenlandschaft des Schwarzen Meeres erstrecken und an manchen Stellen bis zur Steilküste abfallen, übt auf sämtliche Mitglieder der Zarenfamilie eine wohltuende Wirkung aus. »In Livadia ist Leben, in Zarskoje Sjelo Dienst«, umschreibt Alexejs älteste Schwester das Le-

Alexej gewidmete Hymne (Text: W. Iwanow, Musik: M. Lagunow): »Zarischer Stammhalter, schöner Sonnenschein, unsere Freude, unser aller Zarjewitsch, (...) überstrahlt wie eine Sonne unsere russische Erde...«

144

bensgefühl, von dem in der heiteren und entspannten Atmosphäre an diesem sonnigen Ort alle erfaßt werden.

Das Anwesen des Zaren erstreckt sich über eine Fläche von 320 Hektar und dehnt sich bis zur Küste des Schwarzen Meeres aus.

Für Alexej wurde ein eigener Spielplatz errichtet, wo er täglich mit Spielkameraden ein Zelt aufbaut. Seine Freunde hier sind junge Pfadfinder einer traditionellen Vereinigung, die auf Zar Peter den Großen zurückgeht. Ihre Vorgänger waren, wenn sie das nötige Alter erreicht hatten, in den Militärdienst übernommen worden. Der Zarjewitsch entzündet mit seinen neuen Spielkameraden beim Zelt, unter der wachsamen Obhut seines Matrosen Djerewjenjko, ein Lagerfeuer und brät Kartoffeln. Einmal ersuchen Abgesandte eines seiner Regimenter um eine Audienz beim Thronfolger. Sofort unterbricht dieser das Spiel und erklärt seinen Kameraden mit wichtiger Miene: »Ich muß gehen. Man ruft mich zu meinen Pflichten!« Und entfernt sich – sorgfältig darauf achtend, daß sein Adjutant ihm genau im vorgeschriebenen Abstand von drei Schritten folgt.

Besonders gerne ist Alexej mit seinem Vater unterwegs. Dabei bereitet ihm großen Spaß, wie dieser die überall auf den Routen, die für seine Spaziergänge oder Reitausflüge in Frage kommen, postierten Geheimpolizisten austrickst. Nikolaus nennt sie »Naturliebhaber«, weil sie immer konzentriert auf Wolken oder Baumkronen zu starren scheinen und so tun, als ob sie den Zaren nicht sähen. Dieser wiederum liebt es, überraschend einen Haken zu schlagen. Manchmal artet das Ganze in ein wahres Versteckspiel aus. Den morgendlichen Spaziergang unternimmt der Zar gewöhnlich allein (abgesehen von ein oder zwei Adjutanten), denn er legt ihn in raschem Tempo zurück und läßt sich von dieser Gewohnheit auch von stürmischem oder schlechtem Wetter nicht abhalten. Die Zarin ist fast nie mit von der Partie. Meist müde oder kränkelnd, bleibt sie auf ihrer die Bucht überblickenden Terrasse zurück und widmet sich einer Handarbeit. Der Zar spielt regelmäßig Tennis, manchmal auch mit seinen Töchtern. Alexej ist zu seinem Leidwesen dieser Sport nach wie vor verwehrt, weil eine heftige Armbewegung innere Blutungen auslösen könnte. Doch zum Schwimmen kann der Thronfolger mitkommen und zum Fischen – und auf all die interessanten Entdeckungsreisen und Spaziergänge, die immer neue Abwechslung bringen.

Auch hier, an seinem Urlaubsort, lebt der Zar nach einem vorgegebenen Zeitplan und arbeitet in seinem Büro, wo er auch bis mittag und am späten Nachmittag bis abends Minister oder andere Besucher zur Berichterstattung empfängt. Dabei hat er die Angewohnheit, die Berichte stehend anzuhören – vielleicht, um den Vortragenden zur Kürze zu zwingen. Bevor er jemanden anhört, überfliegt er den Beginn und den Schluß, das Resümee sozusagen, des jeweiligen Dossiers, um sich ein Bild zu machen. Manchmal lädt er den Berichterstatter anschließend ein, Platz zu nehmen, raucht und bietet dem Besucher ebenfalls an zu rauchen. Wie in Zarskoje Sjelo pflegt der Zar, wenn für ihn der Besuch abgeschlossen ist, zum Fenster zu gehen und – mit dem Rücken zum Besucher – das Gespräch auf Belanglosigkeiten oder Nebensächliches zu lenken: das unmißverständliche Signal, daß er die Audienz für beendet erklärt.

Insgesamt nimmt sich der Zar in Livadia viel mehr Zeit für seine Familie als sonst. Nur den erwähnten meist morgendlichen Spaziergang unternimmt er bevorzugt allein. Manchmal reitet er auch aus. Mitunter kommt es vor, daß er nach Tisch den Gästen erklärt, er gedenke auszureiten, und wer Lust habe, dasselbe zu tun, könne sich auch ein Pferd satteln lassen. In jedem Fall ist Alexej dabei, wenn der Zar vormittags die Kinder und den allseits beliebten jungen Großfürsten Dmitrij Pawlowitsch zum Schwimmen im Schwarzen Meer mitnimmt, das für nordrussische Verhältnisse mit achtzehn Grad als warm empfunden wird.

Der andere Lebensstil als jener in Zarskoje Sjelo macht sich für Alexej auch bei den gemeinsamen Mahlzeiten bemerkbar, da trotz Etikette die Atmosphäre weit weniger steif ist als im Alexander-Palast. Außerdem spielt zum besonderen Vergnügen Alexejs, der sich als wahrer Musikliebhaber zeigt, an Feiertagen meist eine Militärkapelle. Sowohl mittags als auch abends kommen hier immer andere Gäste. Es sind auch oft weniger wichtige oder hochgestellte Personen darunter als in Zarskoje Sjelo. Sie kommen aus Jalta oder der Umgebung. Die Stimmung mit ihnen ist locker, und der leutselige Thronfolger will sich am liebsten mit allen möglichst lange und ausführlich unterhalten.

An schillernden Persönlichkeiten, wie sie in der Petersburger und Moskauer Gesellschaft so zahlreich sind, fehlt es auch hier nicht, denn abgesehen von jenen Petersburger Familien und Verwandten der Zarenfamilie, die auf der Krim Sommersitze halten, haben sich im Laufe der Zeit verschiedene bemerkenswerte Menschen in Livadia seßhaft gemacht. Vor wenigen Jahren ist hier der große Schriftsteller und Dramatiker Anton P. Tschechow gestorben, dessen Haus in den Bergen oberhalb des Sommerpalastes steht. In Tschechows Kurzgeschichten ist der entlang des Strandboulevards von Jalta promenierenden Gesellschaft aus dem Norden ein Denkmal gesetzt.

Ein Original hat es Alexej – und auch dem Zaren selbst – besonders angetan. Es ist Fürst Lew Grigorowitsch Golizyn[1]. Der alte bärtige Herr ist ein Unikum. Er hat sich im nahegelegenen Nowyj Swjet eine Art mittelalterliche Festung errichtet. Seine Passion ist der Weinbau, und allein die in die Felsen des Riffs geschlagenen Kellereien seines Gutes, das nur vom Meer her erreichbar ist, erstrecken sich auf eine Länge von über drei Kilometern. Wo die endlosen Gänge mit jeweils verschiede-

---

[1] zum Unterschied von Galitzin oder Galitzyn – verschiedenen Zweigen einer der ältesten Adelsfamilien Rußlands

nen Sorten und Jahrgängen einander kreuzen, ist jeweils eine runde Verköstigungshalle errichtet. Gewöhnlich läßt Golizyn seine Gäste einige Sorten auswählen und bei einem opulenten Mahl degustieren.

Anläßlich des Fünfzigjahre-Jubiläums seiner Kellereien annonciert der Fürst in den Zeitungen der Umgebung, daß jeder, der wolle, in Nowyj Swjet zur Feier willkommen sei. Golizyns Kunst des Weinbaus und seine Sammlung seltener Tropfen konnten auf der Tätigkeit seines Vorgängers in dieser Region, Fürst Kotschubej, aufbauen. Dieser hatte zur Regierungszeit von Zar Alexander III. erstmals begonnen, die Reben der Krim zu veredeln. Nach dem eher international orientierten Zaren Alexander II., unter dessen Regentschaft das französische Champagnerhaus Röderer aus Reims offizieller Hoflieferant des Zaren wurde, wollte sein Nachfolger Alexander III., der in allem nationalrussisch eingestellt war, den russischen Qualitätsweinbau forcieren.

Zar Alexander III. machte den als internationalen Weinkenner geschätzten Fürsten Golizyn zum Verwalter seines Gutes in Massandra, was Golizyn nur unter Bedingungen annahm – etwa, keine Uniformen tragen zu müssen. Nun bietet der betagte Fürst Zar Nikolaus II. an, sein Gut dem Zaren bzw. dem Staat Rußland zu schenken. Doch er knüpft dies an Bedingungen: es soll eine »Weinakademie« gegründet werden und er, Golizyn, auf Lebenszeit ihr Präsident sein; die Weinindustrie muß staatlich gefördert werden und anderes mehr.

Nikolaus scheint die »Weinakademie« eine auf die Dauer zu kostspielige Verpflichtung zu sein, er lehnt schließlich ab. Doch er genießt die unerschöpfliche Erzählkunst seines Gastgebers, der jeden Tropfen der Degustation mit passenden wahren oder erfundenen Anekdoten zu begleiten weiß.

Alexej mag noch nicht imstande sein, die Qualitäten des geistreichen und kultivierten Fürsten zu würdigen, doch gibt es über eine andere originelle Person immer etwas zu lachen. Es ist die Frau des Hofdirigenten, Baronin Mejendorf. Sie steht mit Engagement dem Komitee für Tierschutz vor. Ihr Übereifer bereitet der örtlichen Administration oft Kopfzerbrechen. So fordert sie energisch eine gesetzliche Bestimmung, die verbietet, daß die Hühner nicht am Hals getragen werden, wenn man sie auf den Markt bringt, »da sie dadurch in Ohnmacht fallen könnten«.

Noch viel mehr Aufsehen und Gelächter erregt ein anderer Fall. Zufällig begegnet Baronin Mejendorf einem entlaufenen Pudel. Das Besondere daran: er ist rot gefärbt! Darüber gerät die tierliebende Dame so außer sich, daß sie ihn einzufangen versucht, um ihn dem Tierschutzverein zu übergeben.

Erst nach einer Jagd durch ganz Jalta bekommt sie ihn zu fassen. Sofort schleppt sie ihn zum Bürgermeisteramt, wo sie darauf besteht, sofort empfangen zu werden, was angesichts des Aufsehens auch geschieht.

Fazit: Baronin Mejendorf fordert, den Besitzer des gefärbten Hundes ausfindig zu machen, um ihn einer gerechten Strafe zu unterziehen. Auf den Einwand des Bürgermeisters, auch Frauen färbten ihre Haare und niemand stoße sich daran, beharrt Mejendorf: der Streß, dem der Pudel durch die Aufmerksamkeit seiner roten Farbe wegen ausgesetzt sei, könne dem Tier nicht zugemutet werden. Dafür müsse der Besitzer büßen.

Als der Zar von dem Vorfall erfährt, lacht er nicht weniger als Alexej, und er sorgt dafür, daß es über den indessen ausgeforschten »Missetäter« heißt, man habe ihn nicht finden können...

Verwandtschaft und Politik

In diesen Tagen des September 1909 bricht der Zar von Jalta aus mit seiner Kaiserlichen Yacht zu einem offiziellen Staatsbesuch des Königs von Italien auf. Die Reise, bei der er bewußt die Mühen eines Umwegs auf sich nimmt, um dem Territorium von Österreich-Ungarn auszuweichen, steht im Zeichen von Spannungen im Mittelmeerraum, die Beunruhigendes für die nächste Zukunft befürchten lassen. Die Gefährdung des monarchischen Prinzips bereitet Nikolaus sichtlich Sorgen: in Griechenland wurde der König abgesetzt. Auch wenn der Zar die Veränderungen nicht als Vorboten künftiger Ereignisse und Gefahren in seinem eigenen Land sehen mag, klingt sein Kommentar im folgenden Brief an seine Mutter, die sich auf der Rückreise von England nun in Dänemark aufhält, besorgt:

»... Ich habe beschlossen, nach Italien zu fahren, um diesen anstrengenden Besuch hinter mich zu bringen. Ich denke, am 6. Oktober mit der ›Standarte‹ nach Odessa zu fahren und dann per Bahn über Warschau, Frankfurt und auf französischer Seite nach Mont-Cenis und Racconigi bei Turin. (...) Die Reise gerät lang, aber anders ist es unmöglich zu arrangieren, denn um keinen Preis werde ich durch Österreich fahren. Ich kann ja im Zug lesen und fühle mich fast wie auf einem Schiff. Soeben ist Alexej nach seinem Bad zu mir gekommen und besteht darauf, daß ich Dir schreibe, daß er ›Granny‹[1] zärtliche Küsse sendet. Er ist sehr sonnengebräunt – wie übrigens auch seine Schwestern und ich es sind. (...) Siehst Du Georgie[2] und seine Frau öfters? Sie müssen von diesen erbärmlichen Geschehnissen in Athen niedergeschlagen sein. Es ist traurig, sich vorzustellen, daß alle seine Brüder ihre Ämter und Pflichten aufgeben und ins Ausland gehen mußten. Was wird er selbst tun? Man hat Mitleid mit dem armen Onkel Willy[3]. Was

---

[1] aus dem Englischen, offenbar von der Zarin übernommenes Kosewort für Großmutter

[2] Prinz Georg von Griechenland, Sohn des Bruders von Zarinmutter Maria Fjodorowna; mit diesem Cousin fühlt sich Nikolaus besonders verbunden, seit Georg ihm auf einer gemeinsamen Weltreise in jungen Jahren bei einem Attentat in Japan das Leben gerettet hat.

[3] König von Griechenland, Bruder der Zarinmutter aus dänischem Königshaus

für Belohnung für mehr als siebzig Jahre Regierung! Ich konnte die Griechen nie leiden; jetzt finde ich sie völlig abstoßend. Sind sie wirklich so dumm, daß sie nicht verstehen können, daß sie ohne ihre Dynastie verloren sind? Wer wird dann Griechenland zu helfen versuchen? Natürlich niemand! Wenn sie eine Republik haben, wird ein großes Chaos ausbrechen, und die Türken werden sie sicher bei der erstbesten Gelegenheit vernichten.

Ich muß jetzt schließen. Ich umarme Dich zärtlich, meine liebe Mama. Gott schütze Dich – Dein Dich liebender alter Niki.«

Bald darauf kommt der Zar, sehr zufrieden über den herzlichen Empfang, aus Italien zurück. Am meisten freut sich Alexej über die Rückkehr seines Vaters. Und erst über das Geschenk, das er ihm vom italienischen König mitbringt: es ist ein lebendiger Esel mit einem kalabresischen Wagen dazu! Und von den komischen Szenen, die sich durch die Weigerung des Esels ergaben, in den Zug und dann noch auf die Yacht gehievt zu werden, wo er gehörig ausschlug, kann Alexej nicht genug bekommen.

Doch der Zar hat noch etwas mitgebracht: den Plan für einen neuen Palast in Livadia. Der derzeitige aus Holz erbaute Palast soll einem neuen weichen, einem hellen, eleganten weißen Schloß nach dem Vorbild des Palastes in Piemont. Und kaum hat die Zarenfamilie die Krim verlassen, setzen die Bauarbeiten ein.

Das Jahr 1910 beginnt mit einer ganzen Reihe von Festlichkeiten, Grundsteinlegungen, Denkmalenthüllungen zu Gedenkjahren und Jubiläumsveranstaltungen. Alexej darf bei der Enthüllung eines Denkmals für Peter den Großen in Libau assistieren. Peter der Große hatte zweihundert Jahre zuvor die baltischen Territorien von König Karl XII. von Schweden erobert.

Es ist ein merkwürdiger Zufall, daß gleichzeitig mit diesem Jubiläum, ein Jahr nach den Ereignissen in Griechenland, die Nachricht über den weiteren Fall einer Monarchie in Europa eintrifft: betroffen muß der Zar zur Kenntnis nehmen, daß nun auch in Portugal der König[1] abgesetzt und die gesamte Familie der Braganzas des Landes verwiesen ist.

Die Zarinmutter, die sich auf der Rückreise von England in ihrem heimatlichen Dänemark aufhält, berichtet Nikolaus Näheres zum Fall des portugiesischen Königs:

»Wie schrecklich, was in Portugal alles passiert. Der unglückliche junge König, seine Mutter und Großmutter – es schmerzt selbst beim Gedanken an all das, was sie durchzumachen hatten – zu fliehen, wie sie waren, mitten in der Nacht, ohne auch nur das Allernötigste mitnehmen zu können. Es ist noch ein Glück, daß sie wohlbehalten in Gibraltar angekommen sind, wo die Königin Amelie Alix[2] telegraphiert hat.

Georgie hat ihnen die Yacht ›Victoria and Albert‹ nach Gibraltar gesandt, die sie nach England brachte. Tante Alix war sehr froh darüber, da sie sie sehr liebt und so bekümmert über alles ist, was in letzter Zeit passiert war. Was für trauriges Schicksal für die arme Familie, die ohnehin schon so geprüft war! Diese Portugiesen müssen wirklich abstoßend sein – nicht ein einziger hat sich gefunden, die Gruppe anzuführen, die dem König loyal geblieben ist. Es ist erschütternd zu sehen, wie leicht die Revolutionäre alles auf den Kopf stellen, die Königsfamilie vertreiben und sich selbst an ihre Stelle setzen konnten. Ich hoffe, die anderen Länder werden diese elende Republik nicht anerkennen...«

Waren dies die Vorboten des eigenen schrecklichen Schicksals?

Im gleichen Herbst begleitet Alexej seinen Vater bei einem offiziellen Besuch des deutschen Kaisers Wilhelm II. Während es für den Zaren eine der unangenehmsten »lästigen« Verpflichtungen ist, denen er zu folgen hat, bereitet der Aufent-

---

[1] Manuel von Braganza
[2] Königin Alexandra von England, Schwester der Zarinmutter
[3] Georg V., der neue König von England, Maria Fjodorownas Neffe, Cousin sowohl von Nikolaus als auch Alexandra (durch Königin Victoria)

halt in Potsdam Alexej großen Spaß – vor allem im Hinblick auf die vielen Geschenke, mit denen er von seinem »alten deutschen Onkel« überhäuft wird. Wie sehr der Zar die Begegnungen mit Wilhelm meidet, ist daraus zu ersehen, daß es der erste russische Staatsbesuch in Potsdam seit elf Jahren ist. Das Mißtrauen des Zaren gegenüber seinem deutschen Vetter wird auch durch die diesmal äußerst freundliche Behandlung kaum gemindert. Kaiser und Kaiserin erweisen sich als besonders liebenswürdig, machen die Zarenfamilie mit der Kronprinzessin und zu Alexejs Vergnügen mit deren Kindern bekannt. Sie vermeiden im Wissen darum, wie sehr steife Staatsbanketts und der Zwang, Reden zu halten, Nikolaus verhaßt sind, große Galadiners; statt dessen laden sie die russischen Gäste zur Jagd nach Oranienbaum ein.

Und doch werden auch zu dieser Manifestation der Festigung dynastischer Bande Signale der Zeit sichtbar, die einen Sturm auf das monarchische Herrschaftssystem anzukündigen scheinen: In Kopenhagen, der Hauptstadt des Dänischen Königreichs, findet, während der russische Zar und der deutsche Kaiser Einheit demonstrieren, ein internationaler Kongreß der Sozialisten statt. Und das ist noch nicht alles, worüber sich Nikolaus in seinen Zeilen vom 21. Oktober 1910 an seine Mutter empört – oder klingt schon eine Sorge über Alexejs Erbe an?

»... Wie konnte dieser Kongress nur in Kopenhagen abgehalten werden! Wenn es eine Republik wäre – schön und gut, aber in einem Königreich ist das doch fehl am Platz. Natürlich, es geht mich nichts an, ich äußere nur meine Meinung, aber ich bin sicher, Du teilst sie.

Die Zahl der Sozialisten hier in Deutschland ist sehr groß, und viele ernstzunehmende Leute sind über die Tatsache sehr besorgt. Die Unruhen in Berlin zeugen davon, wie tief der Teufel schon eingedrungen ist: das gilt auch für die Eisenbahnstreiks in Frankreich. In all dem steckt ein fauler Geruch von Revolution...«

Der Thronfolger ist nun sechs Jahre alt. Nach Zarskoje Sjelo zurückgekehrt, erhält er wieder Unterricht.

Der unbändige und verwöhnte Zarjewitsch ist nicht leicht einer Disziplin zu unterwerfen. Ein Blick in seine Schulhefte zeigt jedoch, daß Alexej bereits ganz ordentlich und in wohlgeformten Buchstaben mit schöner, kraftvoller Schrift zu schreiben imstande ist. Dabei mag auch eine Rolle spielen, daß Alexej dem alten Petrow, der ihn vorläufig in den meisten Fächern unterrichtet, eine Freude machen will, denn er mag ihn besonders gern. Der großzügige Charakter des Thronfolgers wiederum findet seinen Ausdruck darin, wie er selbst einen kurzen Text über mehrere Seiten zu verteilen pflegt. Als er die Zaren der Romanows und die Dauer ihrer Regentschaft zu Papier bringen soll, benötigt er für die achtzehn Herrscher vier große Seiten. Das Ergebnis liest sich so:

»Das Haus Romanow.
I.
Michail Fjodorowitsch.
32 Jahre
II.
Alexej Michajlowitsch.
31 Jahre
(...)«
Und am Ende der langen Liste heißt es bei Alexej:
»XVIII.
Papa
Nikolaj II. Alexandrowitsch.«

Während die Ausbildung des Zarjewitsch nun eine Weile ungestört voranschreiten kann, macht Rasputin, den die Zarin als seinen Lebensretter betrachtet, von sich reden.

Михаилъ Ѳеодоровичъ Романовъ
царствовалъ 32 года.
Ему помогалъ въ дѣлахъ упра=
вленія его отецъ Ѳеодоръ Ни=
китичъ.
Ѳеодоръ Никитичъ принялъ мо=
нашество и сдѣлался патріар=
хомъ подъ именемъ Филарета.
Мать Михаила Ѳеодоровича
была ...

XVII
Александръ III Александровичъ.
13 лѣтъ.
XVIII
Папа
Николай II Александровичъ.
21 Декабря

Aus Alexejs Schulheft: »Das Haus Romanow. I. Michail Fjodorowitsch.
32 Jahre. (...) XVII. Alexander Alexandrowitsch. 13 Jahre. Papa. Nikolaj Alexandrowitsch.«

Rasputin

Da Alexej eine Weile nicht krank und außerdem von Zarskoje Sjelo abwesend war, hat er Rasputin längere Zeit nicht gesehen. Außerdem betritt und verläßt dieser nun den Palast durch einen Seiteneingang, wenn er zu Gesprächen mit der Zarin eingeladen ist oder beim Zaren vorspricht, um ihm von der Lage in Sibirien und der Bauern zu berichten.

Das hat einen Grund, der Alexej verborgen bleibt. In letzter Zeit gerieten immer mehr Gerüchte über den skandalösen Lebenswandel des angeblich so tief religiösen »Starez« im Mönchsgewand in Umlauf; das hat die Personen im Umkreis des Zaren irritiert und sie bewogen, dem Zaren nahezulegen, Rasputin nicht mehr zu empfangen. Dem stämmigen Sibirier mit dem frommen Habitus wird ein ausschweifender Lebensstil nachgesagt; von Trinkgelagen und Prostituierten ist die Rede und davon, daß er sich auch sonst Mädchen und Frauen gegenüber schamlos benehme.

Rasputin führt ein Doppelleben. Abgesehen von seinem hemmungslosen Charakter, der mit dem zur Schau getragenen Mönchshabitus nicht zu vereinbaren ist, hat sich in diesem einfachen sibirischen Bauer eine Wandlung vollzogen.

Als er vor Jahren in die russische Hauptstadt kam, hatte er keine unlauteren Absichten. Er wollte – so heißt es – Geld für eine neue Kirche in seinem Heimatdorf Pokrowskoje sammeln.

Daß er schon zu diesem Zeitpunkt zu unverschämtem Benehmen gegenüber weiblichen Wesen neigte und sich immer mehr seiner starken Ausstrahlung bewußt wurde, wäre an sich noch nicht verhängnisvoll gewesen. Jedoch aufgrund seiner erwähnten Wirkung in Kombination mit seiner hypnotischen Begabung, seinem Wissen um die Wirkung natürlicher Heilkräuter und -methoden und dem reichen Wortschatz aus der Heiligen Schrift gelang es Rasputin, eine immer größere

Anhängerschaft um sich zu sammeln und schließlich sogar in Salons der höheren Gesellschaft Eingang zu finden. Das korrumpierte seinen Charakter.

Zunehmend *spielte* er die Rolle, die man von ihm erwartete. Die materiellen und sozialen Vorteile luden geradezu ein, anderen etwas zu geben, was sie offenbar von ihm erwarten konnten. Dank seiner Intuition und psychologischen Begabung neben den erwähnten Talenten war Rasputin tatsächlich imstande, Menschen von Krankheiten zu befreien. Allerdings handelt es sich bei näherer Betrachtung meist um solche psychosomatischer Art und eher um die Befreiung von Symptomen als von Ursachen.

Bei denjenigen, die bei Rasputin seelischen Rat suchten, handelte es sich meist um halbgebildete oder psychisch labile Frauen oder Mädchen aus verschiedenen Gesellschaftsschichten. Sie waren es oft auch, die seiner sexuellen Ausstrahlung so weit erlagen, daß Rasputin leichtes Spiel hatte, seine Gier auf diesem Gebiet zu stillen. Einfachere Gemüter pflegte er dabei von ihren Skrupeln zu befreien, indem er mit rhetorischem Talent eine Verbindung zwischen sexuellen Handlungen und religiösen Inhalten herstellte. Zum Beispiel, daß die Liebe etwas Göttliches sei oder daß die höchste Form des Gebetes die Reue sei – was voraussetze, daß man vorher ausgiebig sündige.

Rasputins Originalität wirkt auf die Petersburger Gesellschaft erfrischend. Bald gilt es als chic, Rasputin zu Gast zu haben; er ist ein Exotikum, dessen Verweigerung konventioneller Anpassung, die auch in seiner nach wie vor bäuerlichen Kleidung ihren Ausdruck findet, amüsiert. Und gern gibt man sich der zündenden Stimmung hin, die Zigeunermusiker und Balalajkaspieler in seiner Gegenwart entfachen. Ihre Anwesenheit ist Bedingung dafür, daß Rasputin bei einer Gesellschaft, die ihn sonst nicht interessiert, erscheint. Dafür kann man dann erleben, wie sich der behäbige Muschik, eben noch erbauliche Bibelzitate mit seinen eigenwilligen Interpretationen auf den Lippen, plötzlich mit der Leichtigkeit einer Feder im Wirbelwind zum Tanzen hinreißen läßt.

Doch der plötzliche soziale und materielle Milieuwechsel, dem nur die Widerstandskraft eines stabilen Charakters standgehalten hätte, ist dem Sibirier zu Kopf gestiegen. Er ist reich. Das Geld, über das er längst die Übersicht verloren hat, gibt er mit beiden Händen wieder aus und verschenkt davon auch immer etwas an Bedürftige. Rasputin meint jedoch, sich auch in anderer Hinsicht alles leisten zu können, weil sein Ruf und Ansehen, vor allem aber das Vertrauen der Zarin in ihn ihm keine Schranken setzen. So legt der Sibirier nun auch in der Öffentlichkeit Hemmungslosigkeit an den Tag: zum Beispiel entblößt er während eines ausgelassenen Gelages in einem Restaurant vor allen seinen Körper.

Dieses Benehmen kompromittiert das Herrscherpaar, solange es Rasputin als Retter seines Kindes oder als erbaulichen Gesprächspartner bei Hof empfängt. Allmählich betört jedoch auch der Geruch der Macht Rasputins Sinne und läßt ihn letzte Skrupel vergessen, die ihn daran hindern könnten, sich nun auch in den Dienst von Korruption und Machenschaften aller Art bis zum Verschachern von Posten zu stellen. Damit setzt er nicht nur das Ansehen der Herrscherfamilie aufs Spiel, sondern auch die innere Stabilität Rußlands.

Denn Rasputin nützt seine Autorität und das Wissen um seinen Einfluß am Zarenhof für Interventionen aller Art aus, für die er von den Betreffenden bezahlt wird. Wenn er sich für jemanden engagiert, der einen Posten will oder die Befreiung von einem Gerichtsverfahren sucht, setzt er seine Autorität am Zarenhof nötigenfalls als Drohmittel ein. Gewöhnlich sendet er diejenigen, die sich an ihn wenden, mit einem handgeschriebenen Zettel zur zuständigen Amtsperson. Darauf steht nur »Mein Lieber, Teurer, hilf ihm/ihr, Grigorij«. Mehr kann Rasputin gar nicht schreiben. In wichtigen Fällen ruft er auch den zuständigen Minister an oder findet sich sogar persönlich ein.

Rasputin hat nicht immer leichtes Spiel mit Beamten. Manche zeigen sich von seinen Interventionsversuchen samt Drohgebärden, im negativen Fall bei der leichtgläubigen Zarin zu intervenieren, unbeeindruckt.

Ein Beispiel illustriert Rasputins Vorgangsweise. Er erscheint bei Innenminister Makarow, um sich für die Beförderung eines diesem unterstellten Beamten einzusetzen. Makarow, von Rasputin unbeeindruckt, bestellt sich erst einmal den Akt. Schon während der Lektüre läßt er durchblicken, daß mangels Qualifikation der betreffenden Person wenig Anlaß zu Hoffnung bestehe – im Gegenteil. Weiter erinnert sich der Minister: »Als ich vom Studium der Unterlagen aufblickte, sah ich, was ich die ganze Zeit hindurch schon gespürt hatte: Rasputin hatte mich die ganze Zeit hindurch aus seinen großen, wäßrigen Augen angestarrt wie ein Hypnotiseur. Mir war geradezu schwindlig.

Außer mir vor Wut schlug ich auf den Tisch: ›Mit mir können Sie diese Späße nicht machen!‹ brüllte ich ihn an. ›Hinaus mit Ihnen!‹ Und ohne weiter auf die Sache einzugehen, warf ich Rasputin hinaus. Ich atmete auf.

Doch kurz darauf war ich meines Postens enthoben...«

Obwohl sich demnach viele Beamte in verantwortlichen Positionen nicht von Rasputin beeindrucken lassen, treibt er ein gefährliches Spiel, da er langsam die solide Basis des öffentlichen Lebens zu untergraben beginnt.

Während diese Entwicklung langsam und im Laufe von Jahren erst weitgehend unbemerkt um sich greift, steht für den Großteil der Öffentlichkeit Rasputins zweifelhafter Charakter längst außer Frage und wird in breiten Kreisen diskutiert.

Als der Zar von Angehörigen des Innenministeriums und unabhängig davon von der Geheimpolizei mit dem Doppelleben des frommen Bauern konfrontiert wird, fordert er Beweise. Intuitiv beginnt auch Nikolaus langsam an Rasputin zu zweifeln – aber die Zarin hält unerschütterlich an ihrem Bild des »Mannes Gottes« und »unseres Freundes«, wie sie ihn nennt, fest.

Im Gegenteil: alle negativen Aussagen verstärken nur die So-
lidarität der Zarin mit Rasputin – denn sie hält sie für bösar-
tige Gerüchte. Alexandra steigert sich so sehr in ihre religiösen Vorstellungen, daß sie Rasputin bald als einen »Märtyrer«
sieht, der ähnlichen Verleumdungen ausgesetzt ist, wie es – so
pflegt sie als Vergleich heranzuziehen – die alttestamentari-
schen Apostel waren. Von Rasputin hängt schließlich, meint
sie, das Leben des Zarjewitsch ab.
So erweist sich Alexej mit seinen Erbanlagen völlig unschuldig als der Grund für eine gefährliche Entwicklung, an der
seine Familie, die Dynastie und schließlich das öffentliche Leben Schaden nehmen, und bleibt Beweggrund für seine Mutter, die Zarin, diesen Schaden durch ihre Unterstützung Rasputins noch zu verschlimmern. Das liegt nicht nur an der über
den rationalen Rahmen hinausgehenden Religiosität der Zarin, sondern auch daran, daß Alexandra keine Vorstellung von
dem hat, was in der Hauptstadt vorgeht. Denn in ihrem ständigen Bestreben, durch Isolation ihrer Kinder die Geheimhaltung der Erbkrankheit des Thronfolgers sicherzustellen, hat
die Zarin auch jeden Kontakt mit anderen Mitgliedern der
Kaiserfamilie und Angehörigen der Petersburger Gesellschaft
bereits verloren.
Alexandras Überzeugung von Rasputins über alle Zweifel er-
habener Keuschheit geht so weit, daß sie eines der Kindermädchen, das protestiert hatte, weil Rasputin nach einem Besuch bei Alexej auch den Großfürstinnen in ihre Schlafzimmer
gefolgt war, entrüstet über die Unterstellung unsittlicher Motive entläßt. Der Zar, von beiden Seiten mit dem Vorfall konfrontiert, verfügt zumindest, daß Rasputin nicht mehr in den
Palast kommen darf und die Zarin ihn im nahegelegenen
Haus ihrer Hofdame und Freundin Anna Wyrubowa trifft,
wenn sie das wünscht. Wyrubowa fungiert in der Folge auch
als Vermittlerin zwischen Rasputin und der Zarin, wenn er –
meist um für jemanden zu intervenieren – ihren oder sie seinen Kontakt sucht.

Die Episode sagt jedoch auch soviel über die Persönlichkeit und Vorstellungswelt der Zarin aus, daß Vermutungen, wonach sie mit Rasputin körperliche Beziehung unterhält, unrealistisch sind. Eine solche kommt nicht nur angesichts ihrer erwähnten Vorstellungswelt, in der Rasputin als Verkörperung eines gottbegnadeten Menschen erscheint, nicht in Frage, sondern auch angesichts der Integrität ihres Charakters, der Prüderie ihres Wesens und nicht zuletzt der erfüllten Beziehung zu ihrem eigenen Mann.

Nicht zuletzt weil das gekündigte Kindermädchen einer angesehenen Moskauer Familie, Nachkommen des berühmten Dichters Tjutschew, entstammt, sprechen sich die Verhältnisse bei Hof herum. Der Hofminister, Fredericks, macht den Zaren auf die Folgen für das Ansehen der Dynastie aufmerksam. Doch der Zar, Herrscher über ein Sechstel der Erde, ist gegenüber diesem familiären Problem machtlos. Der Beharrlichkeit der Zarin, den »Retter« des Thronfolgers vor Anfechtungen zu schützen, vermag sich selbst der Zar nicht zu widersetzen.

Auch Personen, die dem Zaren persönlich nahestehen, bekommen die Folgen zu spüren, wenn sie ihre kritische Haltung gegenüber Rasputin erkennen lassen. So zum Beispiel Fürst Wladimir N. Orlow, Flügeladjutant und Chefquartiermeister des Kaiserlichen Hofes, der den Zaren seit 1902 in den neuesten Automobilen gefahren hatte und für ihn die Hofgarage mit den besten Modellen der Welt bestücken half. Es genügt, daß Orlow sich einmal über Rasputins Erscheinen bei Hof mokiert. Über diesen Leichtsinn wird prompt die Zarin von einer übereifrigen Hofangestellten in Kenntnis gesetzt. Alexandra wartet auf den Augenblick, als Orlow wie gewohnt mit der Zarenfamilie an Bord der »Standarte« gehen will. Durch Hofminister Fredericks läßt sie Orlow ausrichten, daß er nicht mitreise.

Und wie reagiert Nikolaus? Als der konsternierte Hofminister versucht, mit ihm die Angelegenheit zu regeln, wird er enttäuscht: der Zar will sich nicht der Entscheidung der Zarin entgegenstellen. Nur mit all seiner Überredungskunst kann Fredericks Orlow davon abbringen, seinen Rücktritt einzureichen. Doch, einmal in Alexandras Kategorie als Gegner Rasputins deklariert, sind seine Tage bei Hof gezählt.

Zugegeben: auch wer nicht wie die Zarin in Rasputin einen Lebensretter, Wunderheiler oder Mann Gottes sieht, kann sich schwer vorstellen, daß er so perfekt verschiedene Rollen zu spielen vermag. Tagsüber tritt er als einfacher sibirischer Muschik auf, im schlichten Bauernkittel mit groben Stiefeln oder einem Mönchshemd – in jedem Fall mit einem blinkenden Kreuz auf der Brust. Dazu das bäuerliche, scheinbar unbeholfene Benehmen, die volkstümliche Anrede des Herrscherpaares und die bruchstückhafte Redeweise, die in den Augen der Zarin seine Äußerungen spontan und ungekünstelt erscheinen lassen. »Die Gabe, Wunder zu wirken, wird nie Kindern der Zivilisation geschenkt«, lautet das Prinzip der Zarin, in welchem sie sich durch die Erscheinung Rasputins bestärkt fühlt. Gar nicht zu reden von der Frömmigkeit, die er ausstrahlt, wenn er bei jeder Gelegenheit ein religöses Zitat auf den Lippen hat.

Wer könnte diesem Mann ansehen, daß er Stunden später sein bescheidenes Äußeres ablegt, sich in Samt, Seide und verwegene Lackstiefel wirft und in fragwürdiger Gesellschaft ins Nachtleben stürzt? Und gegen Geld und andere Annehmlichkeiten bereit ist, ehrsame Menschen einzuschüchtern und zu erpressen, wenn sie seinen unverschämten Forderungen und Interventionen für seine »Freunde« nicht nachgeben wollen?

Als Rasputins Benehmen immer weitere Kreise zieht und eine Spur der Skandale von Petersburg bis Moskau hinterläßt, sprechen abwechselnd Minister, Berater und der Präsident der Duma, Rodsjanko, beim Zaren vor. Sie alle warnen ihn, daß das Prestige des Kaiserhauses auf dem Spiel steht, wenn der Zar sich nicht umgehend von Rasputin distanziert. Einmal sieht Alexej den behäbigen Parlamentspräsidenten, als dieser sich gerade zum Gehen anschickt. Ohne den Grund von Rodsjankos Besuch zu ahnen, der indirekt mit dem Thronfolger zu tun hat, fragt Alexej neugierig, wer der Mann sei. »Ich bin der größte und dickste Mann von ganz Rußland!« stellt sich Rodsjanko scherzhaft vor – er wird seines Äußeren wegen »Samowar« genannt. Alexej lacht und sieht ihm nach, bis ein Kosake ihn an die Hand nimmt und zurückbringt.

Der Zar beschließt, auf die öffentliche Meinung Rücksicht zu nehmen, und sendet Rasputin in seinen sibirischen Heimatort zurück, wo ihn seine Frau und seine Kinder auf ihrem bäuerlichen Anwesen erwarten. Der Zarin erklärt Nikolaus, er könne nicht den Ministern, die das für nötig befunden hatten, zuwiderhandeln. Doch Rasputin bleibt nicht lange fern. Die Zarin war so sehr außer sich geraten vor Aufregung und Sorge – Alexej sei ohne Rasputins Anwesenheit verloren –, daß ihre Gesundheit bedroht ist.

Der Zar gibt auf. Stolypin, dem energischen Minister, der sich ebenfalls besorgt über den Zutritt Rasputins zum Hof geäußert hatte, erklärt Nikolaus mit verblüffender Offenheit: »Besser zehn Rasputins – als ein hysterischer Anfall der Zarin...«

Als Rasputin seine Manipulationen in der Besetzung von Posten auch auf den Bereich der Kirche ausdehnt, die im russischen Leben eine große Rolle spielt und deren Klerus gewöhnlich hohes Ansehen genießt, ist die Geduld der Petersburger Geistlichkeit zu Ende. Lange schon hatte sie es als peinlich empfunden, daß Rasputin, den sie in seiner ersten Petersburger Zeit protegiert hatte, mit seinem Doppelleben die orthodoxe Kirche kompromittierte.

Als Rasputin nun alte Kumpanen aus seinen sibirischen Jugendjahren für kirchliche Posten protegiert, ist das Maß voll. Zuletzt hat er der Zarin einen Freund für die Bestellung zum Bischof von Tobolsk empfohlen, dessen Kompetenz hauptsächlich in der Pflege des Klostergartens besteht. Der Zar hat gewöhnlich in Kirchenämtern Entscheidungsgewalt, da er in das Hl. Synod, die oberste Kirchenbehörde, einen weltlichen Vertreter des Staates entsendet.

Der Metropolit von Petersburg sieht Rasputin als skrupellosen Betrüger. Er sieht aber auch, daß dieser dem Thronfolger seine Macht verdankt. Auf sein Ersuchen empfängt ihn der Zar.

»Der Zarjewitsch muß um jeden Preis den Klauen dieses Teufels entrissen werden, Majestät«, beginnt der Metropolit seinen Vortrag.

»Hier handelt es sich um eine Familienangelegenheit«, wehrt der Zar ab – schließlich weiß er um seine Machtlosigkeit.

»Nein, Majestät, es handelt sich nicht nur um eine Familienangelegenheit. Das betrifft ganz Rußland. Der Zarjewitsch ist nicht nur Ihr Sohn. Er ist unser zukünftiger Souverän. Er gehört *ganz* Rußland!«

Daraufhin verabschiedet ihn der Zar. Er kann dem Besucher nicht eingestehen, daß er in diesem Punkt ohnmächtig ist. Vor der Zarin wiegt auch die erdrückendste Beweislast nichts. Sie glaubt sich nur von noch mehr Feinden umgeben. Schließlich setzt sie durch, daß der ehrwürdige Metropolit in ein südliches Gouvernement versetzt – oder besser: verbannt – wird. So entledigt sich Rasputin eines Feindes nach dem anderen – oft, ohne auch nur einen Finger zu rühren.

Schließlich sind noch unter denjenigen Geistlichen, die vergeblich versuchen, der Zarin oder dem Zaren die Augen über Rasputins Treiben zu öffnen, der ehrwürdige Beichtvater des Hofes, weiter Bischof Hermogen und der Erzabt von Zarizyn, Iliodor, ein Freund Rasputins aus früheren Tagen. Dieser hatte sich, von Rasputins Lebensweise abgestoßen, zu einem seiner erbittertsten Feinde entwickelt. Als Rasputin mit einer Vergewaltigung in einer Kirche in Verbindung gebracht wird, läßt er ihn verprügeln und schwören, nie mehr den Palast zu betreten. Rasputin schwört – um am nächsten Tag zur Zarin zu eilen und ihr vom »Anschlag« auf sein Leben zu berichten.

Dem Mönch Iliodor, Erzabt von Zarizyn, gelingt es, ebenfalls von der Zarin angehört zu werden. Am Ende der Unterredung versucht er, Alexej für sich einzunehmen, der gerade aus dem Garten kommt.

»Wie geht es Ihrer Hoheit?«, fragt Iliodor. Alexej antwortet nicht. – »Ich habe viele kleine Freunde in Zarizyn – was soll ich ihnen von Ihnen sagen?« – Alexej schweigt mißtrauisch angesichts des offensichtlichen Versuchs, seine Sympathie zu gewinnen. Schließlich flüstert ihm seine ältere Schwester Olga etwas ins Ohr, und der Thronfolger antwortet mechanisch: »Grüßen Sie sie...« – streckt Iliodor die Hand entgegen und wiederholt: »Grüßen Sie sie!« – bevor er sich entfernt.

Auch Iliodors Schicksal ist besiegelt – wie das aller, die sich kritisch oder besorgt über Rasputin äußern. Die Zarin ruht nicht, bis Iliodor und Bischof Hermogen aus Petersburg verbannt sind.

Ein weiterer Triumph Rasputins. Und ein weiterer Schritt zum Untergang all dessen, was einmal Alexejs Erbe sein soll.

Feierlichkeiten und ein Attentat

In den Jahren 1911, 1912 und 1913 sind große Feiern angesetzt, die für Alexej interessante Erlebnisse mit sich bringen und bei denen es wichtig ist, daß sich der Thronfolger in der Öffentlichkeit zeigt. Doch alle werden von tragischen Ereignissen überschattet oder von widrigen Umständen getrübt – wie dies schon bei früher erwähnten ähnlichen Anlässen in den Jahren 1909 und 1910 der Fall war.

Der Sommer dieses Jahres 1911 hat dem Thronfolger viele Eindrücke beschert – wie Filmszenen sind die Erlebnisse vor seinen Augen abgelaufen. Offizielle Staatsbesuche wurden abgehalten, gekrönte Häupter sind gekommen, zwei Hochzeiten wurden gefeiert, in Zarskoje Sjelo hat man eine Ausstellung zur 200-Jahr-Feier der Gründung des »Zarendorfes« veranstaltet.

Der berühmte Sänger Fjodor Schaljapin verkörpert erstmals die Rolle, mit der er weltberühmt werden sollte: die des Zaren Boris in Mussorgskijs Oper »Boris Godunow«. Unmittelbar nach der Kinderszene eine eindrucksvolle Überraschung: plötzlich singt der Bühnenchor, zur Zarenloge gewandt, die Hymne »Gott erhalte den Zaren«.

Dann die Sommermanöver von Krasnoje Sjelo, die Alexej jedes Jahr mit so viel Ungeduld erwartet! Und am Ende des Sommers noch ein Höhepunkt für ihn, der die Marine so sehr liebt: in einer der Petersburger Werften wird die »Petropawlowsk« vom Stapel gelassen.

Nun bricht die Zarenfamilie zu einem Festakt nach Kiew auf. Am 27. August (10. September) treffen sie und hohe Mitglieder der Regierung neben Gästen aus dem Ausland in Kiew ein. Ein Denkmal für Zar Alexander II., der wegen seiner Reformtätigkeit und Aufhebung der Leibeigenschaft »Befreierzar« genannt wird, soll dreißig Jahre nach dessen Ermordung feierlich enthüllt werden.

Der Empfang ist begeistert und verläuft zunächst ohne Zwischenfälle. In Hinblick auf mögliche Attentate von seiten anarchistischer Kreise sind besondere Sicherheitsvorkehrungen getroffen worden.

Doch die Stimmung scheint unbeschwert. Die Fahrt der Zarenfamilie durch die Straßen von Kiew gleicht einem Triumphzug. In der begeisterten Menge am Straßenrand befindet sich Rasputin, der sich eigens nach Kiew aufgemacht hatte. Als er im Gefolge des Zaren auch des Ministers Stolypin ansichtig wird, ruft er plötzlich wie von Sinnen: »Der Tod! Ich sehe den Tod hinter ihm! Etwas Schreckliches wird passieren!« Viele schütteln den Kopf über den Verrückten ...

Zu Alexejs Freude darf er den auch hier abgehaltenen Manövern und einer großen Militärparade beiwohnen. Am Abend des 27.8. (9.9.) findet die Einweihung des Denkmals von Alexejs Urgroßvater statt; es war sogar Boris (der spätere König) von Bulgarien gekommen, um im Namen seines Vaters und seines Volkes einen Kranz an Alexanders Denkmal niederzulegen. Alexander II. hatte Bulgarien von der türkischen Herrschaft befreit.

Die Bedeutung dieses Zaren war jedoch vor allem für Rußland bahnbrechend gewesen: er war einer der großen Reformer Rußlands und setzte nach der Aufhebung der Leibeigenschaft noch viele andere Gesetze zur Gleichstellung und Stärkung des Bauern- und Mittelstandes durch. Es ist für die russischen Anarchisten charakteristisch, daß sie stets Reformer zum Ziel ihrer Anschläge machten. Denn offensichtlich strebten sie nach einer Zerstörung des herrschenden Systems und nicht nach seiner Verbesserung. Aus demselben Grund war auch Stolypin, der zwei Generationen nach Alexander II. dessen Werk fortsetzte und nun Ministerpräsident ist, Ziel eines Anschlags gewesen, dem er jedoch entkommen ist.

Alexej erkundet bei einem Besuch des Höhlenklosters die in Felsen gehauenen Katakomben. Die Zarin bleibt dabei zurück und wartet auf ihn. Sie hat schon zuvor Anzeichen der Ermüdung gezeigt, und viele Leute hatten beobachtet, wie Alexej ihr während der Messe in der Kirche geholfen hatte, sich nach dem Niederknien wieder zu erheben.

Auch außerhalb von Kiew birgt das Programm Abwechslung für Alexej: der alte Ort Owruch mit einer Kirche aus dem 12. Jahrhundert, das Museum für Militärgeschichte, die Fahrt mit dem Flußschiff zur malerisch gelegenen alten Stadt Tschernigow und dort die Truppenschau mit zweitausend Kadetten eines Infanterieregiments; schließlich nach dem Besuch des Adelsklubs die Abordnung der Bauern der Umgebung...

Der abendlichen Galavorstellung in der Kiewer Oper, die aus festlichem Anlaß in Anwesenheit des Zaren, der Ehrengäste, der Angehörigen der Regierung und des Hofes stattfindet, bleiben die Zarin, ihre beiden jüngeren Töchter und Alexej fern. Erst nachträglich erfährt er, was sich ereignet hat. Der Zar berichtet darüber in einem Brief an seine Mutter:

»... Plötzlich passierte es. Olga und Tatjana waren bei mir; während der zweiten Pause hatten wir soeben die Loge verlassen, da es so heiß war – als wir zweimal einen dumpfen Knall hörten – als hätte jemand etwas Schweres fallengelassen. Ich dachte, ein Opernglas sei jemandem auf den Kopf gefallen und eilte zurück zur Loge, um zu sehen, was geschehen war.

Rechts sah ich eine Gruppe von Offizieren und andere Leute. Sie schienen jemanden zu überwältigen. Frauen schrieen auf, und direkt vor mir sah ich Stolypin in seiner Loge stehen. Langsam wandte er sein Gesicht uns zu und machte mit seiner linken Hand ein Kreuzzeichen in unsere Richtung[1].

Erst jetzt bemerkte ich, daß er ganz bleich war und seine rechte Hand und die Uniform Blutflecken zeigten. Langsam sank er in seinen Sessel und begann, seinen Rock aufzuknöpfen. Fredericks und Professor Rein[2] halfen ihm. Olga und Tatjana kamen in die Loge und sahen, was geschehen war. Während man sich um Stolypin bemühte und ihn abtransportierte, erhob sich großer Lärm in den Gängen vor unserer Loge. Leute versuchten, den Attentäter zu lynchen[3]. Es tut mir leid zu sagen, daß die Polizei ihn vor den aufgebrachten Leuten rettete und in einen abgelegenen Raum zum ersten Verhör brachte. Aber er war schon malträtiert, und zwei Zähne hatte man ihm schon ausgeschlagen. Dann begann sich das Theater wieder zu füllen, die Staatshymne wurde gesungen (...) Du kannst Dir vorstellen, mit welchen Gefühlen wir die Oper verließen!

Alix[4] wußte von nichts, bis ich es ihr sagte. Sie nahm die Nachricht eher ruhig auf...«

---

[1] Was der Zar nicht hören konnte: im Augenblick dieser Geste flüsterte Stolypin: »Glücklich, für den Zaren zu sterben – Gott schütze den Zaren.«
[2] der Hofchirurg
[3] Sofort nach dem Schuß stürzten sich zwei Offiziere auf den Attentäter und wollten ihn an Ort und Stelle mit dem Säbel töten.
[4] die Zarin

Beim Verhör antwortet der Attentäter, Bogrow, auf die Frage, ob er nicht vorgehabt hätte, den Zaren zu töten: »Weshalb sollte ich den Zaren töten? Stolypin war mir im Weg!«

Es stellt sich heraus, daß es sich um einen Doppelagenten handelte. Er hatte zuvor im Wissen um die voraussichtlich strengen Sicherheitsvorkehrungen und nur auf Namen ausgestellten Theaterkarten der Polizei erklärt, er könne ihr einen Attentäter zeigen, der es auf das Leben des Zaren abgesehen habe. Daraufhin erhielt er eine Eintrittskarte. Die Anweisung des Sicherheitsdienstes, wonach der »Informant« nicht allein zu lassen und außerdem zur Pause aus dem Theater zu bringen sei, wurde nicht befolgt.

Am Tag darauf sind die Bahnhöfe überfüllt. Die Angehörigen der jüdischen Bevölkerung befürchten Pogrome – der Attentäter Bogrow ist Jude[1]. Aber der Zar hatte dem Generalgouverneur strengstens aufgetragen, dafür zu sorgen, daß es keine Pogrome oder andere Affekthandlungen gegen die jüdische Bevölkerung gibt. Ironie am Rande: Stolypin hatte sich mehrfach beim Zaren für eine Gleichbehandlung der jüdischen Minderheiten eingesetzt.

Tage später ist Stolypin tot. Und mit seinem Abgang verfügt das Reich, das Alexej einmal übernehmen soll, um eine Stütze weniger, die seine innere Stabilität gesichert hatte.

Bei der Weiterreise Richtung Livadia vergißt Alexej bald die Eindrücke, die das schreckliche Ereignis hervorgerufen hatte. Am Schwarzen Meer wird er von einer Inspektion der Schwarzmeerflotte und zwei brandneuen Schiffen in Bann gehalten. Sechs Kriegsschiffe, zwei Kreuzer, zwanzig lange Zerstörer und zwei Transportschiffe kann er zählen.

Und welche Überraschung, als er in Livadia ankommt! Statt

---

[1] Nachträglich kursieren Gerüchte, denen zufolge das Attentat auch ein Provokationsakt sein sollte, um Pogrome auszulösen und darauf wiederum mit verstärkter regierungsfeindlicher Propaganda und weiteren Aktionen reagieren zu können.

des alten Holzpalastes erhebt sich nun stolz hoch über der Küste ein weißes Marmorschloß. Große, helle Innenhöfe mit Säulen, die aus antiken Ausgrabungen der Umgebung stammen[1] mit Brunnen und Figuren – alles in Weiß[2].

Diesmal ist Alexej, nun sieben Jahre alt, auch in Livadia in die gesellschaftlichen Ereignisse einbezogen. Am alljährlichen Blumenkorso von Jalta mit dem Wohltätigkeitsbasar, an dem die Zarin und alle fünf Zarenkinder teilnehmen, ist der Thronfolger der Star. Im Verlauf der Veranstaltung, auf deren Basar es viele Stände mit Glücksspielen gibt, kauft sich Alexej – sonst hinter dem Basartisch – einmal selbst ein Los. Prompt gewinnt er eine Flasche Champagner – ohne zu wissen, daß sie ihm eilig in die Überraschungskiste geschmuggelt wurde. Stolz promeniert er mit seiner Trophäe und überlegt, mit wem er den Champagner trinken wird. Sein Betreuer Djerewjenjko hält ihn jedoch energisch davor zurück, sie zu öffnen, worüber ein ernsthaftes Zerwürfnis zwischen dem Thronfolger und seinem Betreuer entsteht.

Bald darauf findet ein Ball statt. Es ist der erste Ball, der für eine der Zarentöchter gegeben wird: die älteste, Olga, erreicht mit ihrem sechzehnten Lebensjahr die Großjährigkeit. Diner dansant. Alexej darf neben der Zarin bleiben, die das Geschehen überblickt. Auch wenn er noch nicht mitmachen darf, bereitet es dem Zarjewitsch doch großes Vergnügen, den Tanzenden zuzusehen; er genießt die fröhliche Stimmung. Ungern beugt sich Alexej dem energischen Befehl des Vaters, als es heißt, er möge sich zurückziehen.

Danach schreibt der Zar an seine Mutter:

»... Alexej bereitete das Ereignis großen Spaß. In seiner Offiziersuniform sah er aus wie eine Figur von Fabergé ...«

---

[1] Die Halbinsel Krim war zuvor die griechische Siedlung Chersones, von der Ausgrabungen, z. B. des Goldes der Skythen, im Archäologischen Museum von Odessa zu sehen sind.

[2] Die Fassade des Sommerpalastes von Livadia ist mit einer speziellen Imprägnierung überzogen, die das Weiß bis in die Gegenwart konserviert hat.

In Moskau zum großen Siegesjubiläum

Die Feierlichkeiten anläßlich des 100-Jahre-Jubiläums des Sieges über Napoleons Armee bei Borodino 1812 stellen für Alexej, in seiner Liebe zum Militär und seinem bereits ausgeprägten Patriotismus, das bisher großartigste Ereignis dar.

Zuerst findet der Gegenbesuch des neuen französischen Präsidenten Raymond Poincaré auf die vorhergehende Visite des Zaren in Frankreich statt. Es gilt für den Zaren angesichts des immer häufiger aufflackernden Krisenherdes am Balkan, die Allianz mit den Verbündeten zu stärken und zu demonstrieren. Die französische Staatsvisite fällt in die Zeit der traditionellen Sommermanöver am militärischen Exerzierfeld von Krasnoje Sjelo. Und Alexej ist dabei. Zapfenstreich und Parade von 50 000 Mann, die vor dem Zaren, ihm zur Seite der Thronfolger, und dem Ehrengast defilieren. Stolz verfolgt Alexej jeden Schritt »seiner« Infanterieregimenter. Er findet, wohl unter dem Einfluß seines Vaters, den kleingewachsenen, bärtigen Franzosen Poincaré äußerst sympathisch.

Ein paar Wochen später, im August des Jahres 1912, begibt sich die Zarenfamilie zum Festakt der 100-Jahr-Feier nach Moskau. Alexej erlebt zum ersten Mal bewußt die alte Hauptstadt Rußlands. Sie trägt mit ihren bunten Kirchen, deren Formen und Farben sich auch in profanen Gebäuden wiederholen, einen viel ausgeprägteren russischen Charakter als die elegante Haupt- und Residenzstadt Petersburg mit ihrer eher westlichen klassizistischen Prägung. Moskau fühlt sich als Hüterin des alten Rußland und betrachtet Petersburg als verwestlicht und verfremdet.

Die Moskauer gelten in der Wahrung von Traditionen im allgemeinen auch als konservativer als die Petersburger, sind aber politisch mindestens ebenso engagiert wie diese: revolutionäre Schriften und Zirkel, z. B. der von Maxim Gorkij, werden von Bankiers und Unternehmern finanziell unterstützt.

Hier, in Moskau, ist die Stärke des bürgerlichen Mittelstands zu sehen – die Häuser sind wohlhabend, das städtische Leben reich an Angebot und Luxus. Moskau rühmt sich auch, die weit größere Trabrennbahn als Petersburg zu besitzen, wo sich in der Saison die High Society bei den Pferderennen trifft. Gesellschaftlich herrschen wohlhabende Industrielle und der Kaufmannsstand vor und dank deren großzügigen Mäzenatentums haben sich sowohl im öffentlichen Bereich, etwa in Museen wie der Tretjakow-Galerie, als auch im privaten bedeutende Kunstsammlungen angehäuft; auch das kulturelle Leben pulsiert in den unzähligen Theatern und im Musikleben – in der Kunst herrscht wie in anderen Fragen Weltoffenheit, und wieder verhelfen private Sponsoren künstlerischen Experimenten zum Durchbruch.

Das kulturelle Leben ist dementsprechend vielfältig in seiner schillernden Bandbreite zwischen alten konservativen und den neuen Ideen und Ausdrucksformen des beginnenden 20. Jahrhunderts; der in Westeuropa regierende Jugendstil hat besonders in Moskau seine spezifischen, hier mit traditionellen russischen folkloristischen Elementen verschmolzenen Formen gefunden. Der italienische Futurist Marinetti präsentiert 1912 sein Manifest des Futurismus, und Picassos Werke stoßen auf größtes Interesse. Prokofjew verstört dagegen sein Publikum noch mit den kühnen Harmonien des 2. Klavierkonzertes; Rachmaninow weilt, nicht nur als Komponist, sondern auch als weltbester Pianist berühmt, auf Konzerttournee in Amerika.

Ausländische Autoren werden vielfach in der Originalsprache publiziert oder auf den Bühnen gespielt, denn für Angehörige der »Intelligenzia«, der gebildeten Mittel- und gehobenen Gesellschaftsschicht, sind Fremdsprachenkenntnisse selbstverständlich – studieren viele von ihnen doch im Ausland. Charakteristisch für das offene Interesse auch an nicht-russischem Kulturgut ist die Tatsache, daß in diesem Jahr 1912 anläßlich des fünfzigsten Geburtstags des in Rußland sehr populären Österreichers Arthur Schnitzler seine Tragikomödie »Das weite Land« zugleich an zwei Moskauer Theatern in zwei verschiedenen Inszenierungen und Übersetzungen zur Aufführung gelangt und die erste russische Gesamtausgabe seiner Werke in russischer Sprache erscheint.

Dem großzügigen Lebensstil entspricht der Charakter seiner Bewohner. Eine dafür typische Persönlichkeit mit entsprechendem materiellen Hintergrund – der jedoch in Rußland keineswegs eine Voraussetzung für Großzügigkeit darstellt – ist Graf Sergej Scheremetjew. Einer seiner Vorfahren hatte sich in der für Rußland siegreichen Schlacht Peters des Großen gegen den schwedischen König Karl XII. bei Poltawa ausgezeichnet, dessen Sattel als Trophäe heimgebracht und einen Landsitz in Kuskowo bei Moskau im Stil von Versailles angelegt. Darüber hinaus vererbte er seinen Nachkommen auch Palais in Moskau und Petersburg.

Überall sind Gäste auch ohne Anmeldung willkommen, und Grarf Scheremetjew hat die Übersicht darüber, wer sich auf Dauer bei ihm häuslich eingerichtet hat, längst verloren. In der Osternacht – dem größten Fest in der orthodoxen Kirche – erstreckt sich Scheremetjews Festtafel über mehrere Säle: in dieser Nacht werden die Tore seines Palastes offengehalten, sodaß jeder, der will, eintreten und am Ostermahl teilnehmen kann.

Seine Großzügigkeit paart sich in bemerkenswerter Weise mit seinem Kunstsinn. Als die Wagneroper »Parsival« wegen »heidnischer Inhalte« unter Zensur gestellt wird, läßt Scheremetjew das Werk kurzerhand in seinem Schloßtheater aufführen.

Zugleich ist das patriarchalische Familienoberhaupt streng im Einhalten von Traditionen. Wenn in seiner hauseigenen Kirche eine Messe zelebriert wird, achtet er darauf, daß die Liturgie nach den herrschenden Regeln abläuft; schon bei geringster Abweichung erinnert er mit dem Aufschlagen seines

Stocks den Priester daran, daß auf ihm ein wachsames Auge ruht.

Alexej mag mit seinen acht Jahren die Eigenheiten der Stadt Moskau noch nicht erfassen, aber die Feststimmung, die in der Stadt herrscht, bekommt er sofort zu spüren. Viele sind von weither gekommen, um das patriotische Jubiläum mitzufeiern. Sie ziehen unter den lauten Klängen von Militärfanfaren durch die Straßen und singen Lieder, die die Erinnerung an die Ereignisse vor hundert Jahren wachhalten, als Napoleon bereits vor den Toren Moskaus stand und einen Boten um den Schlüssel der Stadt sandte; aber weiter als Borodino ließen die russischen Verteidiger die Eindringlinge nicht kommen: bevor sie ihnen das »Herz Rußlands« überließen, steckten sie es lieber in Brand.

»Der Brand von Moskau« nennt sich auch eines der nun lautstark durch die Stadt getragenen Lieder, dessen Refrain das melancholische Resümee enthält »Das Schicksal, es spielt mit dem Menschen/ und läßt seine List an ihm aus,/ heute beherrscht er die Welt/ und morgen verschlingt ihn der Abgrund.« Doch trotz dieses eher resignativen Gedankens liegt die Atmosphäre eines großen Volksfestes in der Luft.

Die offiziellen Feiern beginnen. Zuerst wird ein Denkmal für Zar Alexander III. enthüllt, der die russisch-französische Allianz geschlossen und damit auch ein Symbol für die Überwindung früherer Feindseligkeiten gesetzt hatte. Alexej ist zum hundertjährigen Jubiläum eines der Regimenter, deren Kommandeur er ist, eine Kantate gewidmet.

Am 25. August geht es zum ehemaligen Schlachtfeld nach Borodino außerhalb von Moskau, wo bei der Entscheidungsschlacht gegen Napoleon 1812 auf russischer Seite innerhalb von zwei Tagen 58 000 Mann gefallen waren. Alexej ist auf das, was kommt, bestens vorbereitet. Dank einer Miniaturdarstellung, für ihn von einem Hofbeamten gebastelt, weiß er über den Verlauf der Entscheidungsschlachten zwischen General Kutusow und dem französischen Heerführer bestens Bescheid. Doch keine noch so eindrucksvolle Darstellung und Schilderung der Ereignisse könnte Alexej jenen Eindruck und jene Emotionen vermitteln, die er empfindet, als sich die nun folgende Szenerie auf diesem historischen Boden entfaltet.

Das Feld ist entsprechend dem damaligen Schauplatz abgesteckt und die Schlacht nachgestellt. Von einem erhöhten Pavillon aus kann Alexej an der Seite seines Vaters das Geschehen verfolgen. Während des Te Deums wird in einer feierlichen Prozession jene Marienikone entlang der von Truppen gesäumten Frontlinie getragen, die auch vor hundert Jahren in der Feldmesse Gegenstand der Verehrung und hoffnungsvoller Gebete war.

Danach werden dem Zaren Augenzeugen der Schlacht vorgestellt. Zuerst eine alte Frau. »Wie alt bist du?« – »Hundertzehn.« – »Woher weißt du das so genau?«, fragt Nikolaus ungläubig. – »Frag bei denen nach, dort steht es geschrieben!« beharrt die Alte und zeigt auf die Ortskirche, wo traditionell die Taufbücher der Gemeinde aufliegen. Doch interessanter für Alexej ist ein Kriegsveteran aus jenen Jahren. Generalmajor Wojtnjuk zählt einhundertundzweiundzwanzig Jahre! Es ist aufregend, ihm zuzuhören, als er zu erzählen beginnt, wie er die Franzosen kommen sah, und sich klar an jedes Detail der Entscheidungsschlacht erinnert, ja sogar die Stelle zeigen kann, wo er verwundet worden war.

Alexej kann kaum den Blick von ihm abwenden, und der Zar fordert den alten Generalmajor auf, während des Gottesdienstes neben ihm und dem Thronfolger zu stehen. Ohne Hilfe des Gehstocks kniet der Alte nieder.

Der nächste Tag ist für Alexej kaum weniger aufregend. An der feierlichen Truppenschau nehmen Abordnungen aller Traditionsregimenter sowie des Bataillons der Gardemarine teil, deren Vorgänger in der historischen Schlacht mitgekämpft hatten. Dazu wird jene Marschmusik intoniert, die 1814, zwei Jahre nach dem gescheiterten Versuch Napoleons,

Moskau zu nehmen, anläßlich des Einzugs der russischen Truppen in Paris komponiert worden war[1]. Am Ende der Parade werden Kränze an jenen Positionen niedergelegt, wo Vorfahren beider Seiten vor hundert Jahren Stellung hielten. Schließlich reitet der Zar langsam um das Schlachtfeld herum – begleitet von den Klängen der Zarenhymne aus dem Munde tausender Sänger.

Die Feierlichkeiten in Moskau selbst gestalten sich dagegen – nicht nur für Alexej – eher anstrengend denn interessant. In der Adelsversammlung erhält der Zar vom Adelsmarschall der Provinz Moskau, Samarin[2], im Rahmen eines Empfangs der Moskauer Aristokratie ein Banner von 1812. Fürstin Lydia Wasiltschikowa erinnert sich an diesen Abend und den Eindruck, den die Zarenfamlie hinterläßt:

»... Samarin verlas seine Ansprache mechanisch, wie es bei derartigen Gelegenheiten meist geschieht. Die Erwiderung des Zaren stand dazu in auffallendem Gegensatz, denn Nikolaus II. war ein ausgezeichneter Redner. Seine Stimme war angenehm und volltönend und, ohne besonders laut zu sein, im ganzen großen Ballsaal zu vernehmen; seine Betonungen und rhetorischen Pausen wirkten so natürlich, als spreche er aus dem Stegreif. Seine humorvollen Augen, die von einem zum anderen wanderten, erhöhten noch den Charme seiner Worte. Zarin Alexandra Fjodorowna und ihre fünf Kinder waren auch anwesend. Mit ihren damals etwa vierzig Jahren sah sie noch auffallend gut aus und war an diesem Tag sicherlich die schönste Frau im Saal. Der kleine Thronfolger war kurz zuvor wieder einmal hingefallen, was jedesmal zu einer Schwellung führte, die ihn am Gehen hinderte; er wurde deshalb von einem Kosaken hereingetragen. Sein hübsches Gesicht machte einen ganz fröhlichen Eindruck, und er sowie seine vier

---

[1] Aus dieser Zeit stammt das französische Wort »Bistro« vom russischen bystro (rasch).
[2] A. D. Samarin wird später Oberprokuror des Hl. Synods, der Kirchenverwaltung.

Schwestern zeigten jenes aufgeweckte Wesen, das bei jedem öffentlichen Auftritt der Kinder hervorstach.«

»Immer, wenn es etwas Interessantes gibt, kann ich nicht gehen!« jammert Alexej bei solchen Gelegenheiten. Er leidet darunter, wenn er in den Augen der Öffentlichkeit als Schwächling erscheint, der nicht einmal auf den eigenen Beinen stehen kann, doch die Ereignisse ziehen ihn schon im nächsten Augenblick wieder in ihren Bann.

Abendbankett für Offiziere im Rathaus; Gedenkgottesdienst für Zar Alexander I. – bekanntlich Rußlands Sieger über Napoleon – in der Moskauer Erlöserkirche, die hundert Jahre zuvor mit Hilfe einer öffentlichen Geldsammlung erbaut worden war; Diner für Nachkommen von Teilnehmern der Schlacht von 1812[1]; endlich eine große Truppenschau von vier Armeekorps – 75 000 Mann – auf dem Chodynkafeld bei Moskau. Nach dem Besuch des Historischen Museums schließlich erhält Alexej noch einen Gesamteindruck von der Borodino-Schlacht in einer Panoramadarstellung.

Beim Besuch der alten Stadt Smolensk, die sich wie viele alte russische Städte malerisch über einen Hügel erstreckt, darf Alexej am Empfang der örtlichen Adelsversammlung teilnehmen. Dabei gerät ein Glas Champagner in seine Hände; unbemerkt von Betreuern und Eltern leert er es genüßlich – und vermutlich sogar noch weitere, während er sich angeregt mit verschiedenen Damen der Gesellschaft unterhält und sich jedes Mal besonders erheitert, wenn sich aus seiner Magengegend glucksende Geräusche bemerkbar machen.

Seine Eltern erfahren davon erst auf der Rückfahrt von Smolensk nach Moskau; während der gesamten Reise sprudelt Alexej, immer noch blendender Laune, Erzählungen darüber hervor, wie er sich an diesem Abend amüsiert hat, und gibt ihnen dabei seine Partygespräche zum besten.

---

[1] Dieser Krieg wurde »Vaterländischer Krieg« genannt, eine Bezeichnung, die später von den Sowjets für den II. Weltkrieg aufgegriffen wurde.

Doch auch über diesem Jahr 1912 liegt der Schatten eines dramatischen Ereignisses. Es passiert nur wenige Wochen später in Spala, im russischen Teil Polens.

Die Zarenfamilie begibt sich alljährlich im Herbst nach Bjelowjesch und Spala zur Jagd – wobei der Zar meist Gäste einlädt, mit denen er auf nicht allzu förmliche Weise Beziehungen zu pflegen wünscht. Bjelowjesch, im Gouvernement Grodno gelegen, gilt als das einzige Jagdgebiet Europas, wo außer Hirschen, Elchen, Wildschweinen und anderem Wild noch achthundert Auerochsen vorkommen, wobei nur jene gejagt werden, die sich von ihrer Herde entfernt haben.

Kaiser Wilhelm hatte wiederholt den Wunsch geäußert, zur Jagd eingeladen zu werden, aber Nikolaus hatte sich immer taub gestellt. Jahrelang hatte er dessen jüngeren Bruder, Prinz Heinrich von Preußen, zu Gast, der mit einer Schwester von Zarin Alexandra, Irene, verheiratet ist. Nach Ansicht des Zaren war auch dieser nur gekommen, um ihn selbst und seine Umgebung im Auftrag des deutschen Kaisers auszuhorchen. Tatsächlich findet sich in einem Schreiben Heinrichs an den deutschen Kanzler eine Charakterisierung des Zaren: »Er ist wohlwollend, liebenswürdig im Wesen, aber nicht so weich, wie häufig angenommen wird; er weiß, was er will, und gibt niemandem nach. Er ist sehr human veranlagt, will aber das autokratische System aufrechterhalten. Er ist in religiösen Fragen liberal eingestellt, äußert sich aber nie öffentlich in Widerspruch zur orthodoxen Ansicht. Guter Militär…«

Nikolaus hatte übrigens seinem deutschen Gast einmal einen Denkzettel gegeben, als dieser sich nach einem von ihm gewünschten und auch organisierten Parforceritt ein wenig arrogant verhielt – was der Zar nicht leiden konnte. Mit der zunächst unternommenen Tour zeigte sich Prinz Heinrich unzufrieden – sie war in Rücksicht auf den Gast, der so weite Strecken zu reiten nicht gewohnt sein mochte, schonend ausgefallen. Daraufhin setzte Nikolaus eine so lange Route an, daß der preußische Prinz kaum mehr fähig war, den Rückweg anzutreten. Was den Zaren zum Kommentar veranlaßte: »Ich verstehe nicht, warum sich Marineangehörige immer einbilden, gute Reiter zu sein!«

Der Alltag: um sieben Uhr morgens beginnt gewöhnlich der Ausritt. Für den Zaren und seine Gäste sind im voraus Jägerstände vorbereitet, und jedem einzelnen ist ein Jäger zugeteilt. Zum Unterschied von Monarchen anderer Länder läßt Nikolaus jeden Teilnehmer – inklusive sich selbst – aus Losen die Standplätze ziehen.

Abends werden unter der Terrasse des Jagdschlosses die Trophäen, von Jägern mit Fackeln beleuchtet, zu Füßen der Jagdgesellschaft ausgebreitet. Dazu spielen Musiker auf, und am Ende erhält jeder Gast eine gedruckte Liste seiner Trophäen. Indessen beschäftigt sich der Thronfolger – das Reiten ist ihm nicht erlaubt – auf seine Weise. Der häufige Regen läßt manchmal keinen Aufenthalt im Freien zu. Die Zeit vertreibt sich Alexej unter anderem in seinem geräumigen Badezimmer, wo elegante Treppen zur schwimmbeckengroßen Majolika-Badewanne abfallen, und ahmt vor Djerewjenjko nach, wie sich die Matrosen der »Standarte« in die Meeresfluten stürzen. Bei Schönwetter läßt er sich auf dem nahegelegenen See ausfahren. Sein Beschützer Djerewjenjko hält Alexejs Zeitvertreib fest:

»1. September. Seine Majestät der Kaiser geruhte um 1 Uhr 10 nachmittags in Bjelowjesch anzukommen, um 2 h im Palast. Der Thronfolger Cäsarjewitsch fuhr um 3 h im Boot mit Seiner Majestät dem Kaiser und G[roß]f[ürst] Dmitrij Pawlowitsch auf dem See. Die Temperatur betrug 15 Grad, abends 10.

September. Morgens spielte der Thronfolger Cäsarjewitsch mit seinen Gewehren und seiner Trommel. Um 11 Uhr gab es einen Imbiß bei Ihrer Majestät der Kaiserin. Rückkehr um 12h15. Um 2 h fuhren wir in Automobilen in den Bjelowjescher Wald und sahen 20 Stück Wisente und ein Wildschwein. Die Räder drehten im Sumpf durch. Kehrten um 4 ½ Uhr zurück. Temperatur tagsüber 10 Grad.

3. September. Um 10 Uhr ging T[hronfolger] C[äsarjewitsch] Pilze suchen und sammelte 1 Korb voll für Ihre Majestät die Kaiserin. Es regnete. Wir wurden durchnäßt. Kehrten um 11 h 25 zurück. Um 12 h 30 aßen wir mit Ihrer Majestät zu Mittag. Um 2 Uhr gingen wir mit Ihrer Majestät bis 3 Uhr Pilze sammeln und fuhren danach bis 4 Uhr Boot. Tee, Zeichnen, Leuchtturmspiel u. a. Wegen der Manöver geriet der T. C.[1] auf eine Mine. Um 8 ½ Badewanne. Tagestemperatur 10 Grad.

4. September. Der T. C. ging morgens um 9 ½ Uhr mit einer Flagge statt Wanderfahne spazieren, danach schlugen wir ein Biwak auf, bereiteten ein Lagerfeuer vor und errichteten einen Ofen. (...) 12 Uhr Mittagessen mit Ihrer Majestät. Um 2 Uhr fuhr ich mit Ihrer Majestät bis 3 Uhr. Dann Bootfahren bis 4 ½ Uhr, die verbleibende Zeit im Zimmer Beschäftigung mit Orden. Abends um 9 Uhr Besichtigung des erlegten Wilds. Hirsche, Wildschweine. Temperatur morgens 5 Grad, tagsüber 9.

5. September. Morgens um 9 ½ Uhr Spaziergang im Garten und Lagerfeuer. Brieten Pilze. Um 11 ½ nach Hause. Mittags mit Ihrer Majestät. Nach 1 Uhr regnete es, gingen spazieren und Bootfahren von 2 bis 4 Uhr. Danach spielten wir im Zimmer und nähten Orden an. Temperatur 9 Grad, Regen. Es fand eine Jagd statt...«

Beim Verlassen des Bootes schlägt sich Alexej einmal das Knie auf. Es schwillt an, und Hausarzt Doktor Botkin verordnet Ruhe. Djerewjenjko notiert dazu:

»6. September. Blieben morgens zu Hause, das Bein (Alexejs) schmerzte. Er erhielt Kompressen, wir spielten Karten. Um 11 ¾ Uhr Frühstück mit Ihrer Majestät. Um 2 h 20 kehrten wir zurück, gingen Bootfahren bis 4 Uhr. Danach im Zimmer wieder Orden angenäht! Das Wetter: fast den ganzen Tag Regen.

---

[1] Thronfolger Cäsarjewitsch

Aufzeichnungen von Alexejs Betreuer Djerewjenjko über die beginnende lebensgefährliche Erkrankung des Zarjewitsch im Herbst 1912: »11. September 1912. Der Thronfolger Caesarjewitsch bleibt heute im Zimmer, kann nicht außer Haus gehen, (...) nicht gesund! Temperatur morgens 37,2, abends 38; spielten Karten, Dame, erzählte vom Jahr 1812 ...«

Temperatur 8–0 Grad. Jagd fand statt. Abend mit Zeremonie. September. T. C. nicht gesund. Konnten nicht spazierengehen, spielten Dame. Danach Zeichnen. Wetter regnerisch. Temperatur 9 Grad. Kaiserliche Jagd fand statt...«

Nach ein paar Tagen scheint der Bluterguß abgeklungen, und die Weiterreise zum zweiten Jagdsitz, nach Spala, kann wie geplant stattfinden.

Spala, in russisch Polen, war früher Jagdsitz der polnischen Könige. Das Jagdhaus ist ein dementsprechend altes, dunkles Holzgebäude, das so wenig Licht in die Räume läßt, daß man den ganzen Tag elektrische Beleuchtung benötigt.

Anläßlich dieser Reise steht noch eine Truppenschau im Warschauer Militärdistrikt auf dem Programm, an der 62 000 Mann teilnehmen.

Hier in Spala ist der Französischlehrer der Zarentöchter mit dabei. Die Zarin beschließt, nun auch Alexej Französisch lernen zu lassen. Am Nachmittag des 19. September/2. Oktober findet die erste Stunde statt. Pierre Gilliard erinnert sich daran:

»Der Junge war damals achteinhalb Jahre alt. Er sprach noch kein einziges Wort Französisch, und ich hatte große Schwierigkeiten mit ihm. Aber bald mußte der Unterricht unterbrochen werden – der Junge, der mir von Anfang an nicht gesund zu sein schien, wurde ins Bett gelegt. Sowohl meine Kollegen[1] als auch mich befremdete seine furchtbare Blässe und die Tatsache, daß man ihn auf dem Arm trug, als könne er nicht selbst gehen. Es war klar, daß sich die Krankheit, an der er offensichtlich litt, verschlechtert hatte.«

Tatsächlich klagt Alexej kurz nach der Ankunft in Spala über starke Beinschmerzen; die Zarin unternimmt mit ihm eine Ausfahrt in ihrer Equipage, um ihn abzulenken. Die Folgen dieses Ausflugs auf holprigen Wegen sind verheerend. Alexej wird plötzlich von heftigen Schmerzen im Bein, in der Ma-

---

[1] die anderen Lehrer

gengegend und im Rücken geplagt. Offensichtlich hatte sich das bei der vorhergegangenen Verletzung gebildete innere Hämatom, das bereits im Stadium der Rückbildung war, durch die Erschütterungen dramatisch verschlimmert. Alexejs Temperatur steigt an.

Begonnen hat das am 19. September (2. Oktober). Doktor Botkin ist hilflos – sein Patient will sich wegen der Schmerzen nicht einmal untersuchen lassen. Der Zar sendet nach den Spezialisten aus Petersburg.

Am 4. (17.) Oktober treffen der Chirug Dr. Sergej Fjodorow sowie die Kinderärzte Dr. Ostrogorskij und Rauchfuß ein. Sie können kaum etwas anderes tun als Eis auflegen und Kompressen, den weiteren Krankheitsverlauf können sie nicht aufhalten. Die Blutung geht weiter, breitet sich aus, das Fieber steigt weiter an. Der Bluterguß erhärtet sich, er drückt auf die Gelenke und verursacht starke Schmerzen.

Am 5. (18.) Oktober wird der Namenstag Alexejs nur mit einem Gottesdienst gefeiert. Da es keine Kirche in diesem polnischen Jagdhaus gibt, wird im Garten ein Zelt für eine Feldmesse errichtet.

Am Abend des 6. (19.) Oktober registriert der Thermometer 39 Grad. Alexej ist so schwach, daß er nicht mehr schreien kann, er stöhnt nur noch. Ein chirurgischer Eingriff scheint zu riskant.

Am 7. (20.) Oktober verschlechtert sich der Zustand weiter.

Am 8. (21.) Oktober erreicht die Temperatur 39,6 Grad. Durch die Blutung ist das Kniegelenk steif geworden. Alexejs Magen funktioniert nicht mehr, er kann nicht mehr essen. Schlaf findet er kaum noch. Der Puls ist flach. Jede Viertelstunde unerträgliche Krämpfe. Manchmal versucht Alexej, sich aufzurichten – um durch den jäh hervorgerufenen Schmerz wieder zurückzusinken.

»Mama, Mama, hilf mir! Warum hilfst du mir nicht?!« ruft Alexej immer wieder. Die Zarin weicht Tag und Nacht nicht von seiner Seite. Sie ist hilflos. Gerade jetzt ist auch noch ihre

Schwester Irene von Preußen zu Gast, deren Sohn an der gleichen Erbkrankheit gestorben war.

Der Zar legt weit weniger Stärke an den Tag als die Zarin. Von Zeit zu Zeit übernimmt er die Wache an Alexejs Krankenlager, aber das Leiden seines Sohnes machtlos mitzuerleben, ist für ihn absolut unerträglich. Er flüchtet sich in sein Arbeitszimmer und weint.

Immer öfter betet Alexej, wenn er meint, seine Schmerzen nicht länger ertragen zu können: »Herr, Gott, hilf mir! Laß mich sterben! Hab Erbarmen mit mir!« Und zu den Anwesenden gewandt, murmelt er: »Nicht wahr, wenn ich tot bin, habe ich keine Schmerzen mehr, dann tut mir nichts mehr weh – nicht wahr?« Und er bittet, nur bei schönem Wetter begraben zu werden, »mit blauem Himmel über mir«, und wünscht sich »ein kleines Denkmal im Park aus Stein«.

Allmählich reicht die Kraft nicht mehr zum Sprechen. Tag und Nacht dämmert er dahin, ohne Schlaf zu finden, kann nicht einmal mehr weinen, stöhnt nur hin und wieder und flüstert »Herr, hab Erbarmen mit mir.«

Der kleine Thronfolger ist völlig abgemagert und entkräftet, die Nase in seinem bleichen Gesicht spitz geworden, die Augen sind riesengroß und traurig. Dr. Fjodorow erklärt dem Hofminister, Baron Fredericks, daß Alexejs Zustand sehr ernst sei. Nur ein spontanes Anhalten der Blutung könne sein Leben retten, und das sei nicht wahrscheinlich. Dazu hat auch noch eine Magenblutung eingesetzt, und das bedeutet – daran läßt Fjodorow keinen Zweifel –, daß Alexej jeden Augenblick sterben kann.

Dem Baron obliegt es nun, dem Zaren klarzumachen, daß man den Zustand des Thronfolgers nicht mehr vor der Öffentlichkeit geheimhalten könne: auf dem Umweg über ausländische Zeitungen sei die Nachricht über Alexejs ernste Erkrankung auch nach Rußland gedrungen, und mangels konkreter Informationen kursieren bereits die verschiedensten Gerüchte. Eine Londoner Zeitung hatte gemeldet, der

Thronfolger sei einem Bombenattentat zum Opfer gefallen. Doch – dem eisernen Wunsch der Zarin nach Geheimhaltung, selbst vor den anwesenden Gästen, entsprechend – wird nach außen hin mit aller Kraft der Anschein der Harmlosigkeit gewahrt. Man behandelt den Charakter der Krankheit als Staatsgeheimnis. Während das Kind dahindämmert, folgt weiterhin eine Jagd der anderen. Noch grotesker – die Töchter des Zaren führen zur Unterhaltung der Jagdgesellschaft Komödien auf und spielen Szenen aus Molières »Der Bürger als Edelmann«. Ihr Französischlehrer Gilliard fungiert als Souffleur und kann so mit Blick auf das Publikum das Gesicht der Zarin sehen; ein Abend ist ihm besonders in der Erinnerung haftengeblieben:

»Sie schien sich angeregt mit ihren Nachbarn zu unterhalten und lächelte nach links und rechts (...). Als die Vorstellung zu Ende war, ging ich durch die Hintertür zum Korridor. Vom Zimmer Alexejs her konnte ich dessen Stöhnen hören. Plötzlich sah ich die Kaiserin vor mir, die vorbeihuschte. Ich blieb an die Wand gepreßt in der Nische der Tür stehen und wurde nicht bemerkt. Ihr Gesichtsausdruck war äußerst besorgt und beunruhigt. Ich kehrte in den Saal zurück. Dort herrschte lebendiges Treiben, Lakaien in Livrees servierten Speisen und Erfrischungen. Alle lachten und amüsierten sich, der Abend war ausgelassener Stimmung.

Einige Minuten später kehrte die Kaiserin zurück. Sie hatte wieder ihre Maske aufgesetzt und bemühte sich, jedem zuzulächeln, der ihr begegnete. Aber mir fiel auf, daß der Herrscher, ohne sein Gespräch zu unterbrechen, sich so hinsetzte, daß er die Tür im Auge behielt – und so fing ich den verzweifelten Blick auf, den ihm die Zarin an der Türschwelle zuwarf. Eine Stunde später kehrte ich in mein Zimmer zurück, noch aufgewühlt von der Szene, die mir mit einem Mal das Drama dieses Doppellebens eröffnete...«

Trotz ständiger Verschlechterung von Alexejs Zustand ändert sich äußerlich nichts am Tagesablauf – nur die Zarin zeigt sich immer seltener. Endlich wird das offizielle Bulletin über die Erkrankung des Thronfolgers veröffentlicht – ohne allerdings die Ursache zu nennen. Daraufhin ein Strom von Telegrammen mit Genesungswünschen, von Ikonen und Briefen.

Angesichts des stündlich erwarteten Endes werden Alexej die letzten Sakramente administriert. Seit Tagen wird morgens und abends ein Te Deum gelesen, in welchem alle um die Genesung des Thronfolgers beten. Bald betet man in allen Kirchen Rußlands um das Leben Alexejs.

Als es keine Hoffnung mehr gibt, sendet die Zarin ein Telegramm an Rasputin in seinen Heimatort nach Sibirien, wohin er geschickt worden war.

Als ihn das Telegramm erreicht, befindet sich gerade seine ältere Tochter Maria bei ihm. Sie erinnert sich an diesen Augenblick:

»Mein Vater stand vom Tisch auf, sagte, wir sollten ihn alleine lassen, und ging in den Nebenraum, wo er sich vor der Marienikone hinkniete und betete. Nach einer Weile hielt ich Nachschau und fand ihn schweißüberströmt am Boden liegen. Er schien das Bewußtsein verloren zu haben. Ich brachte ihm Tee, den er zu sich nahm, und langsam kehrte wieder Leben in sein Gesicht zurück. Anschließend sandte er meinen Bruder zum Postamt, um ein Telegramm aufzugeben.«

Am nächsten Tag, den 9./22. Oktober, kommt Rasputins Telegramm in Spala an: »Gott hat Deine Tränen gesehen und Deine Gebete erhört. Dein Sohn wird leben.«

Noch können die Ärzte keine merkliche Verbesserung in Alexejs Zustand registrieren – aber er scheint sich zumindest zu stabilisieren. Der Thermometer zeigt 39,1. Doch die Zarin erscheint mit gefestigter Miene im Salon, wo sich der neue Außenminister Sasonow mit seinem Sekretär zu einem Bericht für den Zaren eingefunden hat. Auf seine Frage nach dem Befinden des Patienten antwortet sie mit fester Stimme: »Die Ärzte haben noch keine Verbesserung festgestellt, aber ich persönlich bin nicht mehr beunruhigt. Ich habe ein Telegramm von Vater[1] Grigorij erhalten, das mich völlig beruhigt.«

Am 10. (23.) Oktober empfängt Alexej die Kommunion. Gegen Mittag gehen die Schmerzen soweit zurück, daß er sich einer Untersuchung unterziehen kann. Die Blutung scheint abzuklingen. Das Fieber beginnt zu fallen. Die Leiden verringern sich. Endlich fällt Alexej in erholsamen Schlaf.

Das »Wunder« hat Alexandras Glaube an Rasputin für immer besiegelt. Der Zar glaubt nicht wie die Zarin an ein »Wunder«, aber ein kleiner Rest von Unsicherheit bleibt haften. Als der Hofminister Mosolow den Chirurgen Fjodorow fragt, ob er eingegriffen habe, weicht dieser aus: »Wenn ich es getan hätte, würde ich es nicht zugeben. Sie können sich selbst Ihre Meinung bilden, was hier vorgegangen ist...«

Medizinisch ist das Phänomen möglich, daß die Kompression des Blutergusses selbst zu jener Kontraktion der Gefäße führt, welche die Blutung zum Stillstand bringt. Darüber hinaus hat sich vermutlich die plötzliche Ruhe der Zarin, die Tag und Nacht bei Alexej verbrachte, positiv auf sein Befinden ausgewirkt. Die Ärzte hatten ihn ohne Zweifel aufgegeben.

Als der Zar seiner von den Medienberichten alarmierten Mutter Bericht erstattet, vermeidet er sorgfältig, die Kontaktaufnahme der Zarin mit Rasputin zu erwähnen:

»... Ich schreibe Dir, mein Herz voll Dankbarkeit vor dem Herrn für seine Gnade und sein Erbarmen, denn er hat uns seinen Segen gesandt: Alexej beginnt zu genesen (...) Ich konnte es nervlich kaum an seinem Bett aushalten, aber ich mußte Alix manchmal ablösen, die ganz übermüdet war; sie hat die Prüfung viel besser ertragen als ich (...) Alle waren so rührend – die Bediensteten, die Kosaken, Matrosen und alle, die da waren, haben so herzlich mit uns mitgefühlt; sie baten Vater Alexander Wasiljew vom Uspenkij-Kloster, der auch Hausgeistlicher der Kinder ist, um Abhaltung von Gottesdiensten,

---

[1] In dieser Form wird gewöhnlich von einem Geistlichen gesprochen.

bis es Alexej besser ginge. Eine Masse von polnischen Bauern hat an unseren Gottesdiensten teilgenommen, und wenn die Predigt kam, haben alle geheult! Und wie viele Briefe und Telegramme wir erhalten haben! – Ich habe wie üblich zweimal wöchentlich meine Papiere bekommen (...)

Jetzt habe ich schon wieder zu mir selbst gefunden und fahre auch wieder ziemlich oft zur Jagd, was die Nerven stärkt, sonst verwandle ich mich noch in ein altes Weib...

Es wird noch lange dauern, bis Alexej gesund wird...«

Der Zar erläßt als sichtbares Zeichen seiner Dankbarkeit für Alexejs Überleben eine Amnestie und unterzeichnet einen Begnadigungsakt für einen aus disziplinären Gründen bestraften Militär mit den Worten »... in Dankbarkeit Gott dem Herrn für die Genesung des Thronerben. Wir lassen den Soldaten Bachurin (...) zur Fortsetzung seiner Laufbahn in das 58. Praschewskij-Infanterieregiment transferieren...«

Nun sind die festlichen Te Deum-Gesänge, die überall in Rußland angestimmt werden, nicht mehr Bitt-, sondern Dankesgottesdienste. Die Genesung des Thronfolgers, der in allen Kreisen Popularität und Sympathie genießt, wird in ehrlich empfundener Freude gefeiert.

Das ärztliche Bulletin vom 30. Oktober, 19 Uhr, lautet:

»In den vergangenen vierundzwanzig Stunden betrug die Temperatur Seiner Kaiserlichen Hoheit des Thronfolgers Cäsarjewitsch am Morgen 36,9° und 36,8°, am Abend 37,3° und 37,1°. Puls am Morgen: 112 und 104, am Abend: 120 und 112. Die Gesichtsfarbe hat sich ein wenig verbessert.

Unterzeichnet: Leibkinderarzt Rauchfuß,
Leibarzt Seiner Majestät Jewgenij Botkin,
Ehrenleibarzt S. Ostrogorskij.«

Am 12. Oktober (1. November) 1912 heißt es in einer ausführlicheren Zustandsbeschreibung, in der freilich sorgfältig jeder Hinweis auf Wesen und Ursache der Erkrankung vermieden wird:

»Seine kaiserliche Hoheit der Thronfolger Cäsarjewitsch hatte

am 31. Oktober eine Temperatur von morgens 36,9 und abends 37,4 Grad, Puls morgens und abends 108; am 1. November morgens 36,7° und abends 37,0°, Puls morgens 104, abends 108. In den letzten vier Tagen hat sich das Geschwulst weiter verkleinert: die Ausstrahlung in den Hüftbereich ist kaum mehr festzustellen; beim Abtasten ist der Rückenbereich frei, und die innere Grenze des Blutergusses reicht um eineinhalb Zentimeter nicht an die Mittellinie heran, hier kein Krankheitsbild. Angesichts des positiv verlaufenden Aufsaugevorganges der Blutung und des zufriedenstellenden Allgemeinzustandes Seiner Hoheit, werden künftig Bulletins nur bei markanteren Änderungen des Gesundheitszustandes des Allerhöchsten Patienten erstellt und herausgegeben werden.
Unterzeichnet Leibkinderarzt Rauchfuß.
Ehrenleibchirurg Fjodorow.
Leibarzt Seiner Majestät J. Botkin.
Ehrenleibarzt S. Ostrogorskij.«

Es ist bemerkenswert, daß im Frühjahr jenes Jahres, das auf so schmerzliche Weise die Folgen der Erbkrankheit des Thronfolgers deutlich macht, die Zarin zum ersten Mal gegenüber einem anderen Menschen als dem Zaren seiner Schwester Olga eingestanden hatte, daß es sich um Hämophilie handelt. Der Zar wird, kaum die traumatischen Tage hinter sich, von politischen Sorgen eingeholt, die er seiner Mutter anvertraut: »Wir haben soeben – inklusive die Suite, die Kosaken und die Bedienten – in der Feldmesse die Hl. Kommunion empfangen. Danach brachte der Priester das Heilige Sakrament zu Alexej. Was für wundervolles Gefühl der Erleichterung über mich gekommen ist, Gott sei Dank!
Gestern schneite es den ganzen Tag, aber nachts taute es auf. Es war kalt, in der Kirche zu stehen, aber all das ist nichts, wenn das Herz voll Freude ist. Alle Minister angefangen von [Außenminister] Sasonow waren der Reihe nach hier, um mich zu sehen.

Trotz Alexejs Krankheit verfolge ich den Krieg zwischen Christen und Türken sehr gespannt, und ich freue mich über deren (ersterer) glänzenden Erfolg gegen den gemeinsamen Feind. Das Hauptproblem wird erst am Ende des Krieges kommen, wenn es nötig sein wird, die legitimen Rechte der kleinen Länder mit den Interessen von dem, was von der Türkei in Europa geblieben ist, in Einklang zu bringen – in anderen Worten mit den egoistischen Schemen der Großmächte. Und in dieser Sache, so seltsam es leider ist, steht uns England mehr als jeder andere im Weg. Es benahm sich genauso wie in der Frage über Kreta, und ich fürchte, es beabsichtigt, den gleichen Kurs jetzt beizubehalten. Das bezieht sich besonders auf Griechenland und das Territorium, das es nach einem siegreichen Ende des Krieges erhalten wird. In Rußland will Gottseidank kein anständiger Mensch einen Krieg um der Slawen willen...«

Die Abreise der Zarenfamilie wird für die Woche darauf vorbereitet. Die Zarin läßt anordnen, daß die Straße zum Bahnhof bis zu diesem Zeitpunkt geebnet wird, damit die Fahrt für Alexej keinerlei Erschütterungen verursacht. Der Kaiserliche Zug darf nur mit zwanzig Stundenkilometern fahren, um die Stöße so gering wie möglich zu halten. Das linke Bein Alexejs wird auf Kissen gelagert; zur allmählichen Streckung entsprechend dem Heilungsprozeß konstruieren die Ärzte eine metallische Dreiecksvorrichtung, durch welche die Position des Beines allmählich normalisiert werden kann. Dazu verordnen sie Massagen, heiße Moorpackungen und -bäder.

Neue Ärzte kommen zu den bereits am Hof akkreditierten hinzu. Fjodorow hatte schon nach Spala seinen tüchtigsten Assistenten, Djerewjenko[1], nachkommen lassen. Im weiteren

---

[1] Es handelt sich um keinen Verwandten, sondern nur um Namensgleichheit mit Alexejs Betreuer, dessen Namen sich außerdem genau Djerewjenjko schreibt.

Infolge meiner langjährigen Erfahrungen ist es mir recht häufig geglückt, derartige Leiden, die meisten aller ärztlichen Kunst Widerstand leisteten, durch Darreichung eines internen, für diese Zwecke jedoch bisher unbekannten Medicamentes, völlig auszuheilen.

Ew. Hochwohlgeboren
ergebenster

Dr. med. Sandrowski

Aus dem Schreiben eines Berliner Arztes an den Hofarzt des Zaren, Botkin, anläßlich der 1912 bekanntgewordenen Krankheit Alexejs mit der Behauptung, den hämophilen Thronfolger heilen zu können.

ist es dieser junge und engagierte Mediziner, der ständig bei seinem Schützling bleibt. Ein anderer Arzt, eher der medizinischen Modeszene der Hauptstadt zuzuordnen, Dr. Wreden, versucht erfolggewohnt mit Charme und Überzeugungskunst, der Zarin einen orthopädischen Apparat einzureden, ohne den, wie er unumwunden versichert, Alexej sein Leben lang ein Krüppel bleiben würde. Doch obwohl Wreden sich schlauerweise zuerst mit Alexej angefreundet hat, schreckt die Zarin vor dem in Aussicht gestellten Experiment zurück. Der Zar verleiht Wreden den Titel eines »Ehrenhofarztes« und verabschiedet ihn höflich für immer.

Doch auch im Ausland versuchen Ärzte, aus dem Unglücksfall des Thronfolgers Rußlands Kapital zu schlagen. Aus Berlin, wo längst die wahre Ursache der lebensgefährlichen Erkrankung des russischen Thronfolgers bekannt ist, trifft ein Brief von einem gewissen Doktor Sandrowski ein:

»Baron von Stosch, dessen langjähriger Hausarzt ich bin, hatte mit mir infolge der Zeitungsnotizen über die Erkrankung des Thronfolgers gesprochen, wobei ich meiner Überzeugung dahingehend Ausdruck gab, daß es mir wohl gelingen würde, durch ein Spezialverfahren die Krankheit zu beseitigen. Infolge meiner langjährigen Erfahrungen ist es mir recht häufig geglückt, derartige Leiden, die meistens aller ärztlichen Kunst Widerstand leisteten, durch Darreichung eines internen, für diese Zwecke jedoch bisher unbekannten Medicamentes, völlig auszuheilen...«

Der Brief blieb unbeantwortet.

Nach den bangen Tagen, die ihn und seine Familie in Atem gehalten haben, wird der Zar noch auf der Zugsfahrt von Spala nach Zarskoje Sjelo von einer neuen Hiobsbotschaft schockiert: aus einem Brief, den er von seinem Bruder Michail Alexandrowitsch (bis zur Geburt Alexejs der offizielle Thronfolger) erhält, geht hervor, daß dieser entgegen den Hausgesetzen eine morganatische Ehe mit einer zweifach geschiedenen Frau eingegangen ist.

Ein Schlag gegen das Prestige der Dynastie! Die Romanow-schen Statuten gebieten vorbildliches und beispielhaftes Verhalten in Familienangelegenheiten. Angehörige der Herrscherfamilie erfreuen sich nicht nur besonderer Privilegien und Apanagen, es werden ihnen auch bestimmte Verpflichtungen auferlegt. Dazu gehört unter anderem, daß sie sich nicht ohne Genehmigung des Zaren – meist nur eine Formalität – ins Ausland begeben dürfen; und sie dürfen nur (ledige) Personen von tadellosem Ruf aus Adelsfamilien bestimmten Grades heiraten.

Während Zar Alexander III. nicht nur sein Reich, sondern auch seine weitverzweigte Familie eisern zusammenhielt und Disziplin zu wahren wußte, wobei er durch allsamstägliche Familienessen dafür sorgte, daß die familiären Beziehungen auch gepflegt wurden, ist Nikolaus auch in dieser Hinsicht weniger erfolgreich. Zunächst ist es ihm aufgrund der Reserviertheit der Zarin gegenüber der Petersburger Aristokratie nicht möglich, wie sein Vater große Familientafeln zu veranstalten, und er verfügt nicht über jene Autorität – und schwere Faust, mit der Alexander auf den Tisch zu schlagen pflegte, um Widerspruch im Keim zu ersticken. In den letzten Jahren hatten bereits zwei andere Mitglieder des Herrscherhauses mit hohem Rang in der Thronfolge die Romanowschen Familienstatute verletzt: Großfürst Pawel Alexandrowitsch, Onkel des Zaren, der ebenfalls eine morganatische Ehe mit einer geschiedenen Frau eingegangen war und daraufhin ins Ausland verbannt wurde, und sein Cousin Kyrill, Sohn von Nikolaus' Onkel Wladimir Alexandrowitsch. Kyrill heiratete – ebenfalls im Ausland – eine geschiedene Frau, allerdings von ebenbürtiger Herkunft: es handelte sich ausgerechnet um die vom Bruder der Zarin in Darmstadt, Großherzog Ernst Ludwig, geschiedene Victoria Melita von Sachsen-Coburg (auf welche die Zarin, schon seit sie Schwägerinnen wurden, nie gut zu sprechen war). Der Zar ließ Kyrill daraufhin nach seiner Rückkehr nach Petersburg des Landes verweisen.

Und nun Nikolaus' eigener Bruder, der in der Thronfolge an zweiter Stelle stand! Als sich die Anzeichen gemehrt hatten, daß Großfürst Michail der mehrfach geschiedenen bürgerlichen Frau nicht nur den Hof machte, sondern inkognito auch trotz Nikolaus' Warnungen mit ihr Auslandsreisen unternahm, versuchte der Zar ihm klarzumachen, daß es notwendig sei, sich von ihr zu trennen. Einmal mit Strenge, dann wieder mit gewinnender Freundlichkeit – schließlich versprach Michail Besserung. Nach einer gemeinsamen Reise mit seiner Mätresse fand Michail mit seiner Braut in Wien einen serbisch-orthodoxen Priester, der – im Unterschied zu den russisch-orthodoxen Priestern im Ausland – die beiden zu trauen bereit war.

Schwer trifft den Zaren jedoch das Argument, das Michail für sein Verhalten anführt: Alexejs Erkrankung. Hier ein Auszug aus Nikolaus' Brief an seine Mutter:

»... Ich wollte Dir gerade über die neue Katastrophe in unserer Familie schreiben, aber die Nachrichten haben Dich schon erreicht. Ich sende Dir seinen Brief, der mich im Zug erreicht hat. Lies ihn und sag mir, ob er (Michail) nach allem, was er sagt, im Dienst und Kommando Deines Garderegiments bleiben kann.

Zwischen ihm und mir ist jetzt leider alles zu Ende, denn er hat sein Ehrenwort mir gegenüber gebrochen. Wie oft hat er versprochen, aus freiem Willen – und nicht auf meinen Druck hin – sie nicht zu heiraten!

Was mich mehr als alles aufwühlt, ist seine Bezugnahme auf die Erkrankung des armen Alexej, die, wie er sagt, ihn die Angelegenheit beschleunigen ließ. Und der Schmerz, den er uns bereitet hat, und der Skandal vor aller Augen in Rußland ist ihm völlig egal! Und das zu einer Zeit, wo man überall Krieg erwartet und das Dreihundertjahre-Jubiläum der Romanows bevorsteht! Ich bin beschämt und tief betroffen.«

Offenbar ringt Nikolaus noch mit sich, ob er seinen Bruder mit ähnlichen Sanktionen belegen soll wie andere Verwandte, die gegen die Hausgesetze verstoßen hatten. Er schreibt weiter:

»Erst dachte ich, man könnte es geheimhalten, aber nach dreimaligem Lesen des Briefes ist mir klar, daß er (Michail) nicht
nach Rußland zurückkehren darf – denn früher oder später
wird jeder hier die Wahrheit wissen und sich fragen, warum
ihm nichts geschieht, während mit den anderen so streng umgegangen wurde.

Vor zwei Monaten hörte Fredericks von Wrangel, daß Mischa
eine größere Summe von seinem persönlichen Konto bestellt
und, wie Gerüchte sagen, ein Landhaus in Frankreich gekauft
hat. Jetzt wissen wir, warum!«

Großfürst Michail wird die Rückkehr nach Rußland verwehrt,
und er wird aller Privilegien für verlustig erklärt. Der Zar läßt
ihm einen Adjutanten mit einem Dokument senden. Es stellt
Michail vor die Alternative: Verzicht auf den Thronanspruch –
oder Scheidung von der soeben angetrauten Frau. Michail zögert; es kommt zu keiner Unterschrift. Die Ereignisse sollten in
dieser Hinsicht noch eine überraschende Wendung nehmen,
die wiederum unmittelbar mit Alexej in Verbindung steht.

Alexej wird sein Bein noch lange nicht bewegen können. Als
wäre das nicht für einen Jungen seines Alters schlimm genug,
kommt noch die Tatsache hinzu, daß aufgrund der strikten
Geheimhaltungspolitik der Zarin Alexej und seine Geschwister noch mehr von der Außenwelt abgeschirmt werden, als
dies ohnehin bereits der Fall war. Was Alexej am meisten zuwider ist: er muß seine Krankheit verbergen. Wenn er photographiert wird, muß er sich eigens in eine künstliche Pose begeben, bei der man nicht erkennen kann, daß sein linkes Bein
sich nicht strecken läßt und keine normale Bewegung ausführen kann.

Auch an die Fortsetzung des Unterrichts ist noch nicht zu denken, und die ohnehin verspätete Ausbildung des Thronfolgers erfährt weitere Verzögerung.

Mögen die persönlichen Folgen des überstandenen Unfalls
schon bedauerlich genug für Alexej und seine Entwicklung
sein – die politischen sind katastrophal. So paradox es klingen

mag: es ist Rasputin – von dem in den Augen der Zarin das Leben Alexejs und somit die Erhaltung der Krone abhängt – der nun in seinem ins Maßlose gesteigerten Machtrausch entscheidend zum Untergang der Dynastie beitragen wird.

Das Romanow-Jubiläum

Im Februar 1913 – auf den Monat genau dreihundert Jahre, nachdem der junge Michail Romanow Herrscher des Reiches wurde, übersiedelt die Zarenfamilie nach Petersburg in das Winterpalais – zum ersten Mal seit neun Jahren. Von hier sollen die Feierlichkeiten ihren Ausgang nehmen und sich dann monatelang auch in anderen Städten und Gebieten Rußlands fortsetzen. Alexej ist zwar noch nicht sehr beweglich, aber er freut sich auf die Festlichkeiten und ist fasziniert, den riesigen Winterpalast, den er noch nicht kennt, zu entdecken und erforschen.

Es ist das erste Mal, daß Alexej, aus der Isolation seiner Welt in Zarskoje Sjelo kommend, das pulsierende Leben der Hauptstadt Petersburg entdeckt, die sich in diesen Tagen belebter denn je von ihrer besten Seite präsentiert.

Zu dieser Jahreszeit des langen russischen Winters wird es selten völlig hell. Dennoch bietet sich eine Kulisse von märchenhaftem Zauber. Die Stadt ist in winterliches Weiß gehüllt. Glockenschellende Pferdeschlitten gleiten mit den von Pelzen vermummten Fahrgästen durch die Straßen. Die weiche Schneedecke dämpft das Aufschlagen der trabenden Pferdehufe zu sanftem Klopfen, in dessen Rhythmus die Glocken schwingen.

Am Ende des Njewskij-Prospekts, des zentralen Boulevards der Hauptstadt, zwischen der goldüberdachten Isaak-Kathedrale und dem Park des Palastplatzes, läßt sich der stolze Blick vom Winterpalais der Zaren aus über den finnischen Meerbusen ahnen.

Brief des knapp neunjährigen Alexej an seinen Vater: »Lieber Papa. Du möchtest, wahrscheinlich, gerne bald wiederkommen, kannst aber nicht. Ich erwarte Dich mit Ungeduld. Bleib gesund. Alexej.«

197

Auf den vielen zugefrorenen Kanälen dieses »Venedigs des Nordens« tummeln sich Eisläufer, und die breite Njewa wird zudem noch von Schlitten befahren und überquert. Dafür ist eigens eine Spur gelegt, die von Tannenbäumen gesäumt und von Laternen beleuchtet wird. Doch an manchen Uferstellen ist die Eisdecke der Njewa so glatt, daß sich die eleganten Paläste italienischer Klassizistik, die die Ufer säumen, in ihr spiegeln.

Der Prächtigste ist das von Rastrelli erbaute Winterpalais, das sich über mehrere Straßenblocks entlang des Njewa-Kais erstreckt und dessen zur Stadt gerichtete Fassade den Palastplatz überblickt.

Überirdisch leuchtet selbst im nordischen Dämmerlicht das golddurchwirkte Türkis, den Grün- und Blautönen des Meeres nachempfunden, dessen Nähe durch diese offizielle Farbe Petersburgs symbolisiert werden soll. Die goldenen Atlanten scheinen die schweren Stützsäulen zu tragen und dabei den Blick auf die Meeresöffnung im Nordwesten Petersburgs zu richten.

Noch geheimnisvoller als jene Augenblicke, da die Sonne hervorbricht und tausende Lichtfunken auf die von der weißen Schneedecke eingehüllte Stadt zaubert, ist jenes Streulicht, das die hellerleuchteten Fenster der Paläste und Palais aus dem trüben Stadtbild kontrastierend hervorhebt. Hier ist Licht im Überfluß. Zu dieser Zeit herrscht »Saison«, und in den festlichen Sälen feiert zwischen Neujahr und dem Anbruch der »großen« Fastenzeit (zum Unterschied von den vier kleineren im orthodoxen Kalender) die Petersburger Gesellschaft ihre größten Feste.

Seit sich die Zarin aus persönlichen und gesundheitlichen Gründen sowie zum »Schutz der Kinder vor den Einflüssen der verdorbenen Hauptstadt« weitgehend zurückgezogen hatte, vermißt die aristokratische Gesellschaft den glanzvollen Ball im Winterpalais, mit dem Zar und Zarin den Auftakt für die festlichen und fröhlichen Ereignisse zu geben pflegten, die für Monate die Hauptstadt in Bann hielten. Was waren das für Zeiten, da elegante Kutschen vor dem Winterpalais vorfuhren und die Gäste sich auf eine rauschende Ballnacht freuen konnten.

Noch Zar Alexander III. pflegte leutselig von Tisch zu Tisch zu gehen, um möglichst viele der Gäste persönlich zu begrüßen.

Zarin Maria Fjodorowna bezauberte mit ihrem Charme und ihrer natürlichen Liebenswürdigkeit, und nur ein Machtwort des energischen Zaren, mit dem er zu vorgerückter Stunde die Musiker nach Hause schickte und die Lichter dämpfen ließ, brachte sie von der Tanzfläche.

So sehr liebte diese Zarin jene Ballnächte, daß sie es nicht über sich brachte, jenen Ball, der wegen des Ablebens des österreichischen Kronprinzen Rudolf hätte abgesagt werden müssen, nicht stattfinden zu lassen. Sie sandte den bereits ausgeschickten Einladungen lediglich die Aufforderung nach, nur in Schwarz zu erscheinen. Und so fand der bisher ungewöhnlichste aller Bälle statt, der »Bal noir«.

Alexej ahnt nichts von dem Leben, das die Palasträume früher zu erfüllen pflegte. Die Gründe für die Veränderungen hatten auch mit seiner Person zu tun: mit den Sorgen der Zarin um seine Gesundheit, mit den Strapazen, des nächtelangen Wachens an seinem Krankenbett; mit der selbstauferlegten Isolation, um die verhängnisvolle Erbkrankheit des Thronfolgers geheimzuhalten und mit der immer lauter werdenden Kritik an Rasputin, die zu einer schier unüberbrückbaren Kluft zwischen der Zarin und der Petersburger Gesellschaft geführt hatte.

Zum ersten Mal besucht Alexej seine Großmutter Maria Fjodorowna in ihrem Anitschkow-Palais. Überall entdeckt er merkwürdige, naturgetreu in Edelsteinen nachgebildete kleine Figuren, Tiere und Blumenbuketts des Hofjuweliers Fabergé, der den Reichtum sibirischer Edel- und Halbedelsteine in seinen kunstvollen Schöpfungen einzufangen schien. Fasziniert inspiziert Alexej einen Miniaturzug, dessen Lokomotive in ihrem Schornstein einen Docht zum Entzünden von Kerzenlicht verbirgt – oder die silbernen Bären, die, als Briefbeschwerer fungierend, schwer und faul auf dem Bauch liegen.

Und erst die Eier, die alle Überraschungen enthalten! Alexej kennt bereits jenes in seinem Elternhaus, das eine Karte mit der Streckenführung der Transsibirischen Eisenbahn auf seiner metallischen Oberfläche eingraviert zeigt und aus dessen Innerem ein Zug mit Kapelle herauszuklappen ist, und das Ei, das die Kaiserliche »Standarte« birgt, oder jenes, das in der Schale den Krönungsmantel von »Papa« nachahmt und die Krönungskutsche enthält.

Anläßlich des Romanow-Jubiläums hat Fabergé einmal mehr ein außergewöhnliches Kunstwerk geschaffen: innerhalb eines Rahmens in der Form des russischen Doppeladlers enthält das Ei auf seiner Emailoberfläche den Stammbaum der Romanows mit Porträts sämtlicher Zaren – inklusive des Thronfolgers Alexej! Wenn man es öffnet, kommen zwei Miniaturgloben zum Vorschein: sie tragen, in Gold graviert, jeweils die Grenzen des russischen Reiches um 1613 und jene von 1913. Nikolaus schenkte das Kunstwerk Alexandra.

Wüßte Alexej, wie vielfältig das Leben in dieser Stadt in jenen Jahren ist, würde er in seiner Aufgeschlossenheit und Geselligkeit sicher bedauern, zu einem relativ monotonen Alltag in Zarskoje Sjelo verurteilt zu sein. Er ist noch zu klein für die aufregende Kunst- und Kulturszene oder um Maler wie Kandinskij, Regisseure wie Mejerhold oder die Musik Prokofjews zu verstehen.

Es ist noch gar nicht so lange her, daß hier, in Petersburg, der berühmte Baß Fjodor Schaljapin – ursprünglich ein Autodidakt – zum ersten Mal die Rolle des Zaren in »Boris Godunow« gesungen hat. Von diesem Ereignis gibt ein Cousin des Zaren einen Bericht:

»Fast die ganze Familie war in den beiden Logen des Marinskij-Theaters[1] versammelt, um Schaljapin in Mussorgskijs ›Boris Godunow‹ zu erleben. Der Herrscher war mit [seiner Tochter] Olga Nikolajewna und der Zarinmutter da. Ich hatte das Glück, neben dem Herrscher zu sitzen. Schaljapin galt als unvergleichlicher Darsteller.

Nach der Szene mit Boris und den Kindern öffnete sich plötzlich unerwartet der Vorhang: der gesamte Chor war auf der Bühne mit Schaljapin in der Mitte, alle knieten – und stimmten die Zarenhymne an.

Wir begriffen es nicht gleich. Als uns klar wurde, daß sie nun mit den Worten ›Gott schütze den Zaren‹ einstimmten, sprang ich auf – dann die Zarinmutter, danach meine Frau; die kleine Olga[2], Irina[3] und Xenia[4] standen auch auf – und dann der Herrscher selbst. Das Orchester nahm nun vom Chor die Hymne auf, und der ganze Saal war von Hochrufen und Applaus erfüllt. Die Hymne wurde dreimal wiederholt. Die Zarinmutter schob den Herrscher, der bisher im Eck der Loge und von einem Vorhang verdeckt dagestanden hatte, nach vorne, und er verbeugte sich vor den Schauspielern und dem Publikum. Ich hatte einen Augenblick von solcher Intensität noch nie erlebt und war nicht imstande, meine Tränen zurückzuhalten.«

Alexej ist auch zu jung, um an den Parties der originellen Persönlichkeiten, die dem Leben der russischen Hauptstadt Farbe verleihen, teilzunehmen: unter ihnen zum Beispiel der eigenwillige Graf, der sich mit Sondererlaubnis des Zaren eine Privatarmee hält, die im weitläufigen Gelände seines Schloßparks exerziert; Financiers experimenteller Theater oder prächtiger Kulturjournale mit handkolorierten Illustrationen; der exzentrische Fürst Jusupow, dessen Vermögen selbst das der Romanows übertrifft; seinen sagenhaften Palast

---

[1] später in Kirow-Theater umbenannt
[2] Tochter des Zaren
[3] Nichte des Zaren
[4] Schwester des Zaren

an der Mojka füllen nicht nur hunderte, wenn nicht tausende Möbel und Gemälde der italienischen Renaissance, sondern ebensoviele Gefäße, die statt Nippsachen reinste, ungefaßte Edelsteine enthalten.

Und die Stimmung, die bei solchen Soirees herrscht, kann sich Alexej kaum ausmalen. Es mangelte nicht an Persönlichkeiten wie Fjodor Schaljapin. Was wäre das gesellschaftliche Leben Petersburgs ohne berühmte Sänger, Zigeunermusik oder die berühmte Folkloresängerin Plewitzkaja? Ein russisches Bauernmädchen aus dem Süden des Landes, das durch seine schöne Stimme berühmt wurde. Dank ihrem natürlichen Talent und vor allem ihrer Ausdruckskraft fesselt ihr Gesang das Publikum so sehr, daß sie beim Vortrag trauriger Lieder selbst jene zum Weinen bringt, die kein Wort Russisch verstehen.

Die Jubiläumsfeierlichkeiten beginnen am Morgen des 6. März. Von der Peter-Pauls-Festung her ertönen einunddreißig Böllerschüsse. Nun kündigen die Glocken sämtlicher Petersburger Kirchen das Fest an.

Die ganze Stadt ist auf den Beinen. Geschäftsportale und Wohnhäuser sind mit den Wappen und Symbolen der Herrscherdynastie geschmückt, überall wehen die offiziellen schwarz-gelb-weißen und die nationalen blau-weiß-roten Fahnen im Wind, über den Hauptstraßen auch die mit dem Romanowschen Wappentier auf rotem Grund und jene mit dem Anker – Symbol der Stadt Petersburg. Lange war die Stadt nicht von einer so überschwenglich patriotischen Stimmung erfaßt worden; es ist, als sei der Stolz auf die Geschichte der letzten Jahrhunderte, in denen das russische Reich zu seiner nunmehrigen Größe und Stärke geführt worden ist, in diesen Tagen in aller Bewußtsein gerückt.

Ein festliches Te Deum soll den Auftakt bilden. Die Route des Festzuges vom Winterpalais zur Kasan-Kathedrale ist vom Spalier der Elitegarden und zahllosen Schaulustigen gesäumt, die sich trotz strömenden Regens versammelt haben, um wenigstens einen Blick auf die Zarenfamilie und den Zarjewitsch zu werfen, der sich zum ersten Mal in der Hauptstadt zeigt.

Vom Palastplatz her sind Kommandorufe zu vernehmen. Die Herolde – hoch zu Roß – mit hocherhobenen Trompeten führen den Zug an. Danach eine Kosakenhundertschaft in ihren roten Gardeuniformen – und dann läßt eine lautstarke Militärkapelle die Zarenhymne ertönen, die die Zarenfamilie ankündigt.

Hochrufe und Jubel werden laut. Noch einmal entfacht der Anblick der Zarenfamilie Begeisterungsstürme. Die offene Kutsche des Zaren mit dem Zarjewitsch wird von einer dichten Abordnung berittener Gardekosaken verstärkt. Alexej nimmt sich neben seinem Vater wie eine Miniaturausgabe aus: er trägt wie dieser die Uniform der Kaiserlichen Schützen. Die beiden Zarinnen (Zarin und Zarinmutter) folgen in einer weiteren Kutsche, dahinter die Töchter des Zaren und der Hofstaat. In der Kirche dann ein Zwischenfall. In den ersten Reihen, gleich hinter den Verwandten der Zarenfamilie und Würdenträgern ein bärtiger Mann in langem Seidenhemd, Bauernhosen und Stiefeln, der sich neben Abgeordnete der Duma setzen will: Rasputin. Bald spricht sich die Anwesenheit des skandalumwitterten »falschen Starez« herum, man dreht sich um, tuschelt, Hälse recken sich in seine Richtung. Plötzlich pflanzt sich der gewichtige Präsident der Duma, Rodsjanko, vor ihm auf, im Gesicht rot vor Zorn.: »Wenn du nicht sofort von hier verschwindest, lasse ich dich wegbringen!« Woraufhin sich Rasputin erhebt und mit den Worten entfernt »Herrgott, vergib ihm seine Sünde...«.

Alles wartet nun auf das Eintreffen der Zarenfamilie. Die Kerzen sind entzündet, werfen ihren Schein auf die blankgeputzten Silberrahmen der Ikonen und beleuchten die Goldtöne der Ikonostase. Der Patriarch, der das Hochamt zelebrieren wird, tritt in seiner von funkelnden Steinen übersäten Mitra und Festtoga vor die Versammelten.

Dann zieht die Zarenfamilie ein. Aller Augen sind auf Alexej gerichtet. Es ist sein erstes öffentliches Erscheinen seit dem Unfall in Spala, und er kann noch nicht gehen. Ein stämmiger Kosake trägt ihn auf seinen starken Armen. Der Zar weiß, daß die Zeremonie für seinen Sohn anstrengend ist, aber er ist sich zugleich bewußt, was die Anwesenheit des Thronfolgers, den die Bevölkerung bei diesen Gelegenheiten endlich mit eigenen Augen sehen kann, bedeutet.

Nicht nur Alexej hat an den Folgen der Erkrankung in Spala zu tragen. Auch die Zarin ist von den Anstrengungen und Aufregungen gezeichnet. Sie erscheint auch nur auf einem einzigen Ball, jenem, den die Adelsversammlung anläßlich des Jubiläums gibt. In ihrem Sarafan, der traditionellen Hoffestkleidung aus weißem silber- und goldbestickten Satin, mit dem blauen Band des Andreasordens über der Schulter und einem prachtvollen Tiaradiadem, von dem der Schleier herabfällt, sieht sie trotz ihrer Blässe und ihres angegriffenen Zustandes wunderbar aus. Dennoch sind die Gäste verstimmt, als sie, kurz nachdem sie an der Seite des Zaren die Hymne angehört und mit ihm die Eröffnungspolonaise getanzt hat, die Veranstaltung verläßt und sich beim Empfang des nächsten Tages im Winterpalais gar nicht erst zeigt.

Lediglich bei der Galavorstellung im Marien-(Marinskij-) Theater mit Glinkas »Ein Leben für den Zaren« und einem anderen Empfang im Winterpalais läßt sich die Zarin blicken. Die beiden älteren Großfürstinnen stehen, ganz in Weiß gekleidet (mit dem roten Band des Katharinenordens in Diamant über der Brust), neben der Zarin und lassen sich vom Zeremonienmeister der Reihe nach die Gäste vorstellen, mit denen sie dann ungezwungen eine kurze Unterhaltung führen. Alexej wird – was er als äußerst erniedrigend empfindet – durch die Säle getragen. Von Schmerzen und der Demütigung gepeinigt, läßt er sich bald in sein Zimmer bringen. Dabei liebt er gerade solche Veranstaltungen so sehr – und nun muß er nicht nur darauf verzichten, sondern sich auch noch der Schmach aussetzen, in seinem Alter – mit neun Jahren – nicht selbst gehen zu können.

Die Zarinmutter gibt in ihrem Anitschkow-Palais einen Ball für die Großfürstinnen. Denkwürdig ist die Aufführung von Wagners »Parsival« im Eremitage-Theater des Winterpalais, zu dem ein intimer Kreis von Gästen geladen ist, wodurch sie im Gegensatz zur Galavorstellung den Charakter einer familiären Veranstaltung im Beisein des Zaren erhält.

Es folgt eine Reise der Zarenfamilie mit ihrer Suite in jene alten russischen Städte, die in der Geschichte der Romanows eine Rolle gespielt haben. Das ehrwürdige Pskow mit seinem Kreml und Klosterbezirk – Heimat des nationalrussischen Komponisten Modest Mussorgskij, der die Nationalepen erzählenden Opern »Boris Godunow« und »Chowanschtschina« schuf. Dann die Stadt Wladimir und schließlich Nischnij-Nowgorod, eine der alten russischen Handelsstädte hoch über der Wolga.

Per Schiff geht es nun auf der Wolga nach Kostroma, einer historischen, von Katharina der Großen radial auf einer Anhöhe über der Wolga angelegten Handelsstadt – Ausgangspunkt für die Thronbesteigung des ersten Romanow. Im nahegelegenen Ipatjew-Kloster hatte sich der junge Romanow vor dem Ansturm der Polen verborgen gehalten, die vor dreihundert Jahren selbst nach der russischen Herrschaft strebten. Von dort holten ihn die Moskauer Bojaren, um den sechzehnjährigen Michail zum Zaren auszurufen.

Die Schwester des Zaren, Großfürstin Olga, beschreibt die Atmosphäre der Flußfahrt durch urrussisches, von Bauern besiedeltes Gebiet:

»Uns wurden sehr stürmische Gefühle entgegengebracht. Als unser Dampfer über die Wolga fuhr, sahen wir viele Bauern versammelt, die bis zum Gürtel ins Wasser wateten, um Niki [Zar Nikolaus] aus der Nähe zu sehen. Wenn wir in Ortschaften an Land gingen, sahen wir manchmal Handwerker und Arbeiter, die sich auf den Boden knieten, um Nikis Schatten zu küssen, wenn wir vorbeigingen. Die Begrüßungsrufe waren ohrenbetäubend...«

Bewohner anderer Dörfer entlang des Wolgaufers knien, von ihren Kirchenglocken gerufen, nieder, wo sie sich gerade befinden und bekreuzigen sich. Immer wieder sind am Ufer Priester zu sehen, die im Freien Gottesdienste zelebrieren und mit ihrem Kreuz das vorbeiziehende Schiff segnen. Alexej ist beeindruckt von so viel Devotion, wie er sie noch nie erlebt hat. In Kostroma erreichen die Festivitäten ihren Höhepunkt. In der Dreifaltigkeitskirche des erwähnten Ipatjew-Klosters wird ein Te Deum zelebriert, und die »Wundertätige Ikone der Hl. Jungfrau Fjodorowskaja« bei einer Prozession um die Kirche getragen. Alexej wird von dieser Zeremonie ausgeschlossen und muß, auf den Armen des Kosaken, mit seiner Mutter warten – statt mit den anderen die Räume zu betreten, wo der erste Romanow vor seiner Berufung zum Zaren gelebt hat. Über diese ihm unverständliche, vermutlich auf die Schonung seines Zustandes Bedacht nehmende Maßnahme ist Alexej untröstlich. Er beruhigt sich erst, als er, bereits zurück an Bord, von einer Abordnung eines seiner Regimenter besucht wird, die ihm eine altrussische Kappe, mit der Klinge eines gekrümmten Dolches geschmückt, als Geschenk überreicht.

Nach einer Truppenparade und einem Besuch im Epiphanie-Kloster, wo alle Nonnen zum Erstaunen Alexejs vor ihren Vornamen das Attribut »Sünderin ....« tragen, geht die Reise nach Jaroslawl, wo sie mit dem Kaiserlichen Zug nach Rostow fortgesetzt wird. Diese Stadt ist für ihre Kirchenglocken berühmt, die jede einen Namen tragen. Alexej kehrt begeistert von diesen Eindrücken zurück.

Trotz der historischen Bedeutung von Kostroma und des dementsprechend enthusiastischen Empfangs der Zarenfamilie durch die Bevölkerung bildet der Endpunkt der Reise, Moskau, zugleich den Höhepunkt. Am 24. Mai/6. Juni 1913 trifft der Festzug in der Hauptstadt ein.

Wieder haben sich viele Schaulustige erwartungsvoll entlang der Prozession versammelt. Der Zar reitet in Begleitung der Großfürsten durch die Hauptstraßen zum Kreml. Welch eine Erniedrigung für Alexej, der nach der Etikette hinter seinem Vater reiten müßte, dazu verdammt zu sein, in einer Kutsche an der Seite seiner Mutter das Gefolge der Damen anzuführen! Er nimmt alle Kraft zusammen, seine Verzweiflung nicht zu zeigen, und salutiert ordentlich, für die frenetischen Zurufe dankend, die ihm gelten.

Tagelang folgen Zeremonien und Empfänge. Einmal wird eine Prozession der Zarenfamilie und der nächsten Mitglieder des Kaiserhauses über den Krasnoje Kolzo (Roten Ring) veranstaltet. Noch immer kann der Thronfolger nicht gehen. Wieder muß ihn der große Kosake in den Armen tragen. Und nie zuvor war sich Alexej der Realität so deutlich bewußt geworden wie diesmal: erst der Enthusiasmus, der sich unter den Wartenden am Straßenrand erhebt, als sie die Zarenfamilie kommen sehen – und dann die Mitleidsbezeugungen: »Oh, der Arme, der Thronfolger kann nicht einmal gehen – welch Omen für die Zukunft unserer Dynastie!«. Wenigstens bleibt dem Zarjewitsch erspart zu hören, was da und dort gemunkelt wird: »Der Thron muß auf schwachen Beinen stehen, wenn der Thronfolger nicht einmal selbst gehen kann!« Manche geben der Zarin die Schuld, weil sie »schlechtes Blut« in die russische Dynastie gebracht habe.

Nach den anstrengenden Jubiläumsfeierlichkeiten reist die Zarenfamilie nach Livadia weiter, wo sie bis zum späten Herbst des Jahres 1913 bleiben wird.

Der Thronfolger in der Krise

Alexej ist noch nicht imstande, wie sonst den Aufenthalt in dieser herrlichen Umgebung zu genießen. Er muß sich zur Unterstützung seiner Genesung den verhaßten heißen Moorbädern unterziehen. Das Material wird mit Torpedobooten aus dem fast hundert Kilometer entfernten Ort Saki bei Ewpatoria herbeigeschafft. Die Behandlung ermüdet Alexej.

Aber nicht nur körperlich hat der Thronfolger die ihm eigene Vitalität verloren. Auch moralisch ist er gebrochen. Dieses Leben scheint ihm trist. Die Leiden der letzten Zeit mit den Folgen für eine so lange Dauer – der Unfall in Spala war immerhin vor einem dreiviertel Jahr passiert; dann die große Enttäuschung, die auf die sehnsüchtig erwarteten Jubiläumsfeierlichkeiten folgte, die Mitleidsbezeugungen, die sein Erscheinen auslöste: sie haben nicht nur seinen Ehrgeiz als Thronfolger, sondern auch seinen jungen männlichen Stolz tief verletzt. Das alles löst zum ersten Mal in Alexej anhaltende Niedergeschlagenheit aus.

Anders als seine Mutter, die sich zuversichtlich ihren Sohn, im Vertrauen darauf, daß er trotz der Erbkrankheit das regierungsfähige Alter erreichen wird, als künftigen glanzvollen Herrscher vorstellt, sieht Alexej seine Zukunft schwarz. Zum ersten Mal hat er im Bewußtsein seiner Position und der damit verbundenen Privilegien, aber auch Aufgaben, die Freude daran verloren und beginnt langsam, am Sinn seiner Existenz zu zweifeln.

Wie soll er den Aufgaben eines Zaren jemals gerecht werden, wenn er nicht einmal ein ganz gewöhnliches Leben zu führen imstande ist? Alexej ist deprimiert und – wie man ihn sonst nicht kennt – ernst und verschlossen.

In dieser Phase zweifelnder Nachdenklichkeit tritt Pierre Gilliard, ursprünglich sein Französischlehrer, in Alexejs Leben. Die Zarin hatte den Französischlehrer ihrer Töchter nach seinem alljährlichen Sommerurlaub nach Livadia kommen lassen. Noch vor seiner Abreise hatte sie ihm zu verstehen gegeben, daß sie gedenke, ihm nicht nur den Französischunterricht, sondern überhaupt die Erziehung des Thronfolgers anzuvertrauen.

Gilliard ist sich der Verantwortung dieser Aufgabe durchaus

20 Ein Uniformkoffer des Thronfolgers mit der Uniform des Ostsibirischen Schützenregiments Seiner Majestät des Thronfolgers Caesarjewitsch

21 Aufgestickte Regimentsbezeichnung

22 Leibgarde des Saperner Bataillons

23 Jerewaner Leibgarde-Grenadiere

27–30 Der Thronfolger
Alexej in Uniformen eini-
ger russischer Regimenter,
deren Inhaber er war

27 (links) Semjonowskij-
regiment

28 (oben links) 1. Schüt-
zenregiment Seiner Maje-
stät des Zaren

29 (oben rechts) Schüt-
zenregiment

30 (rechts) 13. Jerewaner
Grenadier-Leibgarderegi-
ment

31 Grigorij Rasputin mit
der Geste eines frommen
Starez

32 Eine seltene – wenn
nicht die einzige – Auf-
nahme Rasputins gemein-
sam mit der Zarin und
den Zarenkindern (1908)
unter Alexandra: Olga,
eine Schwester des Zaren
Alexej ist vier Jahre alt

Alexej im Alter von
nf Jahren

Alexej im Alter von
chs Jahren (1910) mit
inen Schwestern (von
ıks nach rechts) Maria
lf), Olga (fünfzehn),
nastasia (neun) und
tjana (dreizehn Jahre
t)

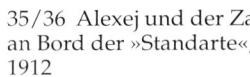

35/36 Alexej und der Za
an Bord der »Standarte«,
1912

37 (rechts) Offizielle Auf
nahme von Alexej im Al-
ter von neun Jahren (191?
mit seiner Mutter für ein
Postkarte

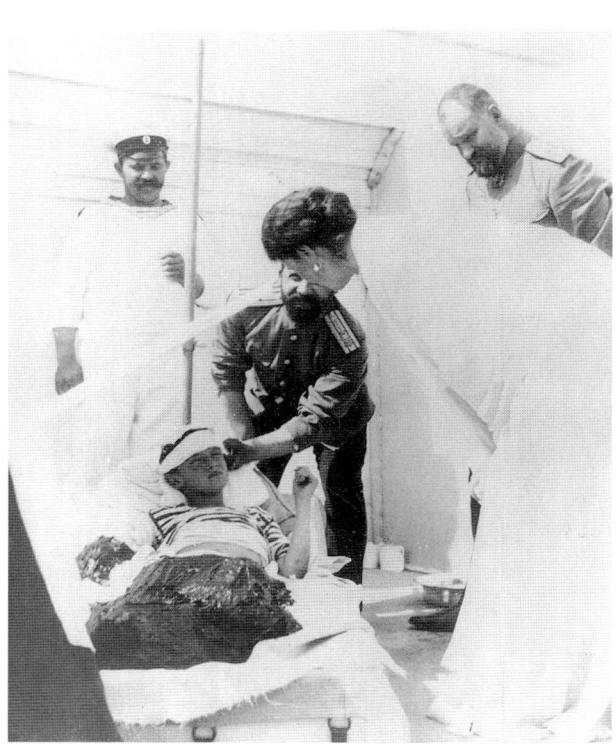

38 Der achtjährige Alex
wird nach einer Hämor-
rhagie in Livadia, 1912,
mit Moorpackungen be-
handelt. Links hinter
ihm sein Betreuer
Djerewjenjko, über ihn
gebeugt sein Arzt Dokto
Djerewjenko (nicht ver-
wandt mit ersterem),
rechts daneben Hofarzt
Doktor Botkin, davor Za
rin Alexandra

39 Pierre Gilliard, Fran-
zösischlehrer und Erzie-
her des Thronfolgers
Alexej

bewußt. Als er Anfang September in Livadia eintrifft, zeigt er sich jedoch zunächst einmal betroffen über das Aussehen des Thronfolgers, wie er später berichtet:

»Ich fand Alexej Nikolajewitsch blaß, abgemagert und tiefernst vor. Offenbar hatten die Folgen und die ermüdenden Behandlungen zur völligen Ausmerzung der Erkrankung ihre tiefen Spuren hinterlassen.«

Gilliard berät sich mit dem nun ständig als Leibarzt des Thronfolgers designierten Doktor Djerewjenko. Erst dieser eröffnet dem Hauslehrer erstmals den Grund der häufigen und so folgenschweren Erkrankungen Alexejs – die von der Zarin ererbte Hämophilie. Und jetzt erst begreift Gilliard, warum Alexej ständig von nunmehr zwei Matrosen, Djerewjenjko und Nagornyj, umgeben ist, die ihn keinen Moment aus den Augen lassen.

Es ist klar, daß in nächster Zeit noch nicht daran zu denken ist, den Unterricht aufzunehmen. Es gilt jetzt, das Vertrauen des neuen Schützlings zu erwerben. Das ist kein leichtes Unterfangen, denn Alexej betrachtet, abgesehen von seiner derzeitigen Verfassung, Gilliard als Eindringling in seinen persönlichen Freiraum.

»Ich muß zugeben, daß die Umstände äußerst widrig waren«, erinnert sich Gilliard. »Die schwere Erkrankung, von der Alexej Nikolajewitsch eben erst zu genesen begonnen hatte, hat ihn nicht nur geschwächt, sondern auch seine Nerven angegriffen.

Er war nun ein widerspenstiges Kind, das keine Versuche, ihn von etwas abzuhalten, ertrug. Da er nie einer Disziplin unterworfen war, sah er in mir jemanden, dessen Aufgabe es war, ihn zu langweiliger Arbeit und Aufmerksamkeit sowie zu Gehorsam zu zwingen und ihn einem anderen Willen zu unterwerfen. Konnte er bisher bei aller wachsamer Aufsicht wenigstens dem Nichtstun frönen, wenn es ihm beliebte, so war diese letzte Zufluchtsstätte seines persönlichen Freiraums nun gefährdet. Mochte er das auch nicht bewußt erfassen – intuitiv spürte er es. Ich hatte mit ganz offen zutage tretender Feindseligkeit zu tun, die gelegentlich zu unverhohlener Verweigerung und Widerstand führte.«

Es dauert eine Weile, bis es Gilliard gelingt, mit Geduld und Wohlwollen und dennoch hartnäckiger Bestimmtheit Alexejs Vertrauen zu erwerben. Solange noch kein regulärer Unterricht beginnen kann, spielt der Lehrer den Kameraden und Freund, der Alexej zum Unterschied von der rein physischen Aufsicht seiner Betreuer nun auch die persönliche Führung eines Menschen anbietet, der die Freuden und die Sorgen des ihm Anvertrauten teilt.

Einfühlungsvermögen und Verständnis Gilliards scheinen sich zu lohnen. Je mehr die Annäherung der beiden fortschreitet, desto differenzierter sieht auch Gilliard die Persönlichkeit Alexejs:

»Je mehr sich der Junge mir gegenüber zu öffnen begann, desto mehr wurde mir klar, welchen Reichtum sein Wesen verbarg, und ich gelangte zur Überzeugung, daß bei derartig glücklichen Begabungen große Hoffnungen bestanden.«

Der Thronfolger ist knapp neuneinhalb Jahre alt. Für sein Alter ist er – in gesundem Zustand – verhältnismäßig kräftig, sein ovales Gesicht weist feine Züge auf, und mit seinen großen blaugrauen Augen und dem dichten kastanienbraunen Haar gibt er einen gutaussenden und gewinnenden Jungen ab. Seine Lebenslust in Zeiten, da er frei von Verletzungen und ihren Folgen sein kann, ist überschäumend; seine Ansprüche und sein Geschmack sind bescheidener, als es angesichts seiner Position und der Umgebung, in der er lebt, zu erwarten wäre. Schon längst nicht mehr spielt er seine Überlegenheit anderern gegenüber aus; was geblieben ist, sind die Bedürfnisse, zu spielen und sich des Lebens zu erfreuen, wie bei jedem andern Kind seines Alters auch – und manchmal, so sein zu dürfen wie die anderen. Und wie die anderer Gleichaltriger sind Alexejs Hosentaschen voll von Stei-

17

Mercredi 8 octobre.

je suis. bon.	j'ai.
tu es	tu as.
il est.	il a.
nous sommes.	nous avons.
vous êtes.	vous avez.
ils sont.	ils ont.

Aus dem Französischheft des neunjährigen Thronfolgers: »Ich bin gut, du bist...«

211

nen, Briefmarken und Patronenhülsen, denn »man kann nie wissen, wozu man das einmal braucht.«

Sehr bald erkennt Gilliard die Qualitäten seines Schützlings: »Er verfügte über einen äußerst wachen Verstand und die Fähigkeit, blitzschnell zu erfassen. Zugleich konnte er nachdenklich sein und überraschte manchmal mit Fragen, die man eher einem erwachseneren Jungen zutrauen würde und die von seiner sensiblen Seele zeugten. Mir war völlig klar, daß alle anderen, die nicht die undankbare Aufgabe hatten, ihn zu disziplinieren, seinem Charme sofort erliegen mußten. In diesem kleinen launenhaften, kapriziösen Wesen, das ich anfangs in ihm sah, entdeckte ich nun ein Kind mit von Natur aus gutmütigem Charakter und viel Mitgefühl für andere, das sich in ihm offenbar durch die Leiden, denen er selbst bisher schon ausgesetzt war, entwickelt hat. Als ich mir über all das klar wurde, war ich zuversichtlich hinsichtlich der zukünftigen Entwicklung und der Arbeit, die bevorstand.«

Doch abgesehen von dem Mangel an ebenbürtigen gleichaltrigen Kameraden für Alexej und der Tatsache, daß der Zarjewitsch durch fehlenden Kontakt mit der Außenwelt nicht imstande ist, Lebenserfahrung und Realitätssinn zu entwickeln, sieht Gilliard für Alexejs normale persönliche Entfaltung noch ein Hindernis: die ständige Anwesenheit der Betreuer schränkt in seinen Augen den Thronfolger in seiner Freiheit ein und enthebt ihn von der Verantwortung für sich selbst. Er lernt nicht, die Folgen seiner Handlungen abzuschätzen und Disziplin zu entwickeln.

Gilliard berät sich erst mit Alexejs Arzt, Djerewjenko, der ihm bereits zum Verbündeten und Ratgeber geworden ist, und mit dem Leibarzt des Zaren, Botkin. Beide sind der Zarenfamilie und dem Zarjewitsch loyal ergeben und um Alexej besorgt. Dabei bleibt ihnen nach erfolgreicher Behandlung Alexejs meist die Frustration nicht erspart, daß die Zarin den Erfolg allein auf die Gebete und Wunderkraft Rasputins zurückführt, den alle vernünftigen Personen bei Hof seiner berechnenden Durchtriebenheit wegen zutiefst verabscheuen.

Das Ergebnis des Gesprächs mit dem Arzt ermutigt den Hauslehrer. Er wendet sich daraufhin mit dem Vorschlag an die Eltern Alexejs, aus pädagogischen Gründen die intensive Betreuung zu reduzieren, um die Entwicklung seiner Selbständigkeit zu ermöglichen. Zu Gilliards Erstaunen finden sich die kaiserlichen Eltern zu diesem durchaus riskanten Schritt bereit – immerhin ist die Gefahr nicht geringer geworden, daß Alexej eine unbedachte und für seine Gesundheit verhängnisvolle Unvorsichtigkeit begeht.

Der Erfolg dieser Entscheidung gibt Gilliard recht. Alexej ist begeistert über die neue Freiheit, die er genießt. Sie stärkt sein angeschlagenes Selbstbewußtsein beträchtlich, und er ist bereit, alle Schwüre zu leisten, sich des in ihn gesetzten Vertrauens würdig zu erweisen. Und Alexejs Sympathie für Gilliard wandelt sich in Zuneigung, die Gilliard endlich auch als Lehrer zugute kommt. Der Unterricht kann beginnen.

Alexej ist bald sogar so gut wiederhergestellt, daß er beim Ball, der noch im Nachklang für die Feiern des Jahres 1913 auch in Livadia gegeben wird, wenigstens bis zehn Uhr abends anwesend sein darf. Eine Hofdame, Baronin Sophie von Buxhoeveden, erinnert sich daran:

»Der kleine Cäsarjewitsch hätte gern um alles in der Welt getanzt, aber er hatte nicht den Mut, jemanden aufzufordern. Als er mich tanzen sah, lud er mich feierlich ein, seine Partnerin bei der Quadrille zu sein – was seine Mutter sehr amüsierte. Er war erst neun und nahm die Sache sehr ernst: ›Sie machen alles falsch. Sie müssen zwei chassez machen – jetzt!‹ Oder: ›Jetzt müssen Sie zwei Schritte zurück machen!‹ – flüsterte er ziemlich irritiert. Denn er folgte genau der Anleitung, die er gerade in der Tanzschule erhalten, während ich das längst vergessen hatte; ich brachte alle Figuren durcheinander, was den kleinen Jungen sehr nervös machte.«

Doch schon bald ereignet sich das Unvermeidliche. Alexej beschließt einmal spontan, auf die Bank in seinem Klassenzimmer zu klettern, er gleitet ab und fällt zu Boden. Am nächsten Tag kann er schon nicht mehr gehen, tags darauf ist die Haut des Unterschenkels blutunterlaufen und das ganze Bein in Mitleidenschaft gezogen. Die Haut wird extrem gedehnt und durch den Druck des Blutergusses steinhart, löst auf den eingepreßten Nerv Druck und folglich große Schmerzen aus, die stündlich anwachsen.

Gilliard ist niedergeschlagen. Das Risiko war bewußt in Kauf genommen worden – doch man hatte gehofft, das Befürchtete würde nicht passieren. Zum Erstaunen und zur großen Erleichterung fällt kein Wort des Vorwurfs von seiten der Eltern. »Die Kaiserin«, erinnert sich Gilliard an jene Tage, »saß von Anfang an am Kopfende ihres Sohnes und neigte sich zu ihm, streichelte ihn und umgab ihn mit all ihrer Liebe und tausenden kleinen Annehmlichkeiten, um seine Leiden lindern zu helfen. Der Kaiser kam ebenfalls, so oft er nur eine freie Minute erübrigen konnte. Er versuchte das Kind aufzumuntern, es zu zerstreuen – aber die Schmerzen waren stärker als die mütterliche Zärtlichkeit und die väterlichen Erzählungen, und sein eben erst abgebrochenes Stöhnen begann wieder von neuem.

Einmal sah ich den Cäsarjewitsch morgens nach einer sehr schlechten Nacht. Doktor Djerewjenko war sehr besorgt, denn immer noch dauerte die Blutung an, und die Temperatur stieg. Die Schwellung hatte sich wieder vergrößert, und die Schmerzen waren noch unerträglicher. Der Cäsarjewitsch lag da, seinen Kopf in die Hand der Mutter gedrückt, und sein zartes, blutleeres Gesicht war unkenntlich geworden. Nur mehr selten brachte er ein Stöhnen hervor, um nur ein Wort zu flüstern, ›Mama‹, in dem er sein ganzes Leiden und seine ganze Verzweiflung zum Ausdruck brachte. (...) Wie muß diese Mutter darunter gelitten haben, daß *sie die Ursache*[1] die-

---

[1] in Gilliards Aufzeichnungen gesperrt hervorgehoben

ser Leiden war und daß *sie* ihm diese schreckliche Krankheit vererbt hatte, gegen welche die menschliche Wissenschaft machtlos ist! Erst da begriff ich das verborgene Drama dieses Lebens ...« Nunmehr Augenzeuge einer der so zahlreichen Situationen, in welcher das Leben des Thronfolgers an einem Faden hängt, begreift Gilliard mit einem Mal auch die Bedeutung Rasputins für die Zarin, die dieser für seine Zwecke ausnützt. Dazu kommentiert Gilliard:

»Wenn die innigsten Gebete der Kaiserin nicht die erflehte Gnade Gottes bewirkten, ergriff Verzweiflung von ihr Besitz. Und es genügte, daß der sibirische Muschik auftauchte und sagte: ›Glaube an die Kraft Rasputins, glaube an die Kraft von meinem Schutz – und dein Sohn wird leben.‹ Und die Mutter klammerte sich an ihn und die Hoffnungen, die er ihr machte, wie ein Ertrinkender an einen Strohhalm. Wie sie seit jeher der Überzeugung war, daß die Rettung Rußlands vom einfachen Volk her kommen würde, glaubte sie an die Rettung ihres Sohnes durch Rasputin. Und durch das Zusammentreffen mehrerer banaler Umstände wurde dieser Glaube an ihn bestätigt. Rasputin wiederum war sich vollkommen über die Verfassung der verzweifelten Mutter im klaren. Doch er begriff auch die unermeßlichen Vorteile, die er mit diabolischer Schläue daraus für sein Leben gewinnen konnte, indem er es mit dem Leben des Thronfolgers verband.«

Auch diesmal wird Alexejs allmähliche Genesung von der Zarin allein den Gebeten Rasputins zugeschrieben, der per Telegramm kontaktiert worden war. Solange Alexej noch ans Bett gefesselt ist, werden alle nur erdenklichen Möglichkeiten ausgeschöpft, ihn zu zerstreuen. Er wird in den großen Saal des Palastes gebracht, damit der Zirkus, der gerade im Kurort Jalta gastiert, für ihn eine Privatvorstellung mitsamt der Robbendressur und vor allem Clownsketches geben kann. Und von der Ausstellung des Wohltätigkeitsbasars wandert das sensationelle Prunkstück, ein Leuchtturm, in den Salon zu Alexejs Ablenkung. Und wenn der Thronfolger schließlich auf sein Zimmer gebracht wird, kommt der Zar mit. Alexej bittet ihn, ihm von Staatsangelegenheiten zu erzählen, und Nikolaus kommt diesem Wunsch soweit wie möglich nach.

Freilich gibt es vieles, was den Zaren beschäftigt, Alexej jedoch noch nicht verstehen würde. Einiges gibt Anlaß zur Sorge. Wieder ist die Krise auf dem Balkan eskaliert. Seit Jahren bricht sie fast symbolhaft gleichzeitig mit Feierlichkeiten in Rußland aus oder während eindrucksvoller Staatsbesuche, bei denen feierlich »unzerreißliche Bande« zwischen russischen Verbündeten (oder potentiellen Gegnern) beschworen werden.

Jene europäischen Mächte, die sich noch ein Jahr zuvor gegen die Türkei vereint hatten, sind sich nun untereinander um die Siegesbeute in die Haare geraten. Dies bietet dem türkischen Kriegsminister Enver Pascha die günstige Gelegenheit, die Lage rasch auszunutzen und die Festung Adrianopel – eine strategische Schlüsselstellung – zu besetzen. In einem Brief an seine Mutter prophezeit der Zar, »so etwas wie eine europäische Einheit gibt es nicht«:

»Was für Abscheulichkeit ist dieser Krieg am Balkan! Bulgariens Gier hat ihm Gottes Strafe gebracht. Wir haben es oft genug im Laufe des Frühjahrs gewarnt und beschworen, Seite an Seite mit seinen Verbündeten zu bleiben und deren Rechte anzuerkennen an dem, was sie sich errungen haben. Aber die Bulgaren wollten nicht hören und haben sich selbst jetzt in eine fürchterliche Lage gebracht.

Ich hoffe, Tino[1] wird klug sein und nicht zu viel für Griechenland verlangen. Ansonsten könnten Österreich und Italien diesem Land und Serbien unter dem Vorwand, Bulgarien zu beschützen, einiges antun.

Europa ist um nichts besser, indem es sich von den Türken offen herausfordern ließ, als diese dessen Beschluß in der türkisch-bulgarischen Grenzfrage offen mißachteten! All das war

---

[1] König Konstantin von Griechenland

nur möglich, weil es so etwas wie eine europäische Einheit nicht gibt – statt dessen nur Mißtrauen unter den großen Mächten. Es ist traurig, aber wahr!«

Die Antwort der Zarinmutter kommt aus England:
»Ich weiß, wie sehr Du über diese Krise am Balkan beunruhigt bist. Die Bulgaren haben sich von der allerschlechtesten Seite gezeigt, ihre Gier war ihr größter Fehler. Ich erhielt ein Telegramm von Tante Olga[1], in welchem sie Dich beschwört, den Anspruch der Griechen auf Kavalla zu unterstützen.«

Rußland leistet Unterstützung gegen einen gemeinsamen Feind – nicht nur angesichts der Verwandtschaft des Zaren mit der griechischen Herrscherfamilie, sondern auch deshalb, weil es um einen historischen Feind Rußlands, die Türkei, geht. Die Türkei hatte lange versucht, ihren Einfluß in Rußland geltend zu machen. Sie hatte ihren ranghöchsten und ältesten Botschafter schon seit einer Ewigkeit in Rußland belassen, damit er als Doyen der Diplomaten bei offiziellen Tafeln des Herrscherpaares neben der Zarin zu sitzen hatte. Dies war zuletzt während der Feierlichkeiten von 1913 der Fall.

Der Schüler Alexej Nikolajewitsch

Als Alexej nach Zarskoje Sjelo zurückkehrt, ist dort bereits der Winter 1913 eingekehrt. Der Thronfolger ist wiederhergestellt und zeigt auch sichtlich Bemühen, sein Temperament in Zaum zu halten. Der Unterricht nicht nur mit Gilliard kann nun endlich voll einsetzen.

Alexej verfügt im Unterschied zu seinen Schwestern über ein eigenes Klassenzimmer. Von neun bis elf sitzt er in seiner Matrosenuniform vor einem großen Tisch, hinter welchem eine Tafel aufgestellt ist. Zwischen elf und zwölf darf er ins Freie, danach muß er nochmals arbeiten, und nach Tisch gibt es wie-

---

[1] Königin von Griechenland

День, число и мѣсяцъ.	СОДЕРЖАНІЕ УРОКА.	ЧТО ЗАДАНО.	Баллъ.	ЗАМѢЧАНІЯ.
Mittwoch, den 10. November.	Sprech- Lese- Schreib- } Übungen.	Allein und Rudel. § 1. 2. 3. Die Fragen beantworten und lesen.		
Freitag, den 12. Nov.	"	§ 4. § 5. bis x. Ich übte, ich übte auf, ich übte mich.	5.	
Sonnabend, den 13. November.	Lesen und zählt: § 5. 6. 7. Zahlwörter § 5.	§ 5, 6 u. 7.	Präp. 4. Stand 5.	
Mittwoch, den 17. November.	Lesen und zählt § 8. Geschichte § 6.	Abschreiben: § 6. Jeden Satz zwei mal.	Präp. 4.	
Freitag, den 19. November.	Lesen und zählt § 9. 10. Geschichte § 8.	§ 8. Abschreiben § 7. Jeden Satz zwei mal.	Stand 5.	
Sonnabend, den 20. November.	Lesen und zählt § 11. Geschichte § 9.	Abschreiben § 8. noch einmal.	5.	
Mittwoch, den 24. November.	Lesen und zählt § 12. 13. Diktat.	§ 11. Abschreiben § 9. ganz.	5.	
Freitag,	Der Plural geübt.	§ 12 u. 13. Lesen und üben. Die unterstrichenen Wörter im Singular und Plural nennen und in Sätze abwandeln.	5.	

Aus dem Stundenplan für den Deutschunterricht des neunjährigen Thronfolgers der Freizeit, nach der, unterbrochen vom Fünfuhrtee bis zum Abendessen um sieben Uhr abends (für den Rest der Familie um acht) weitergelernt wird. Der ständige Hauslehrer Gilliard liest Alexej danach noch aus dessen bevorzugten Büchern vor.

Gilliard versucht, nun ganz für die Erziehung des Thronfolgers verantwortlich, diesem auch einen Einblick in das Leben außerhalb der Palasttore zu vermitteln. Er fährt mit ihm regelmäßig im Automobil aufs Land, besichtigt mit ihm aber nicht nur Sehenswürdigkeiten, sondern auch technische Einrichtungen wie Bahnanlagen, oder zeigt ihm, wie die Feldarbeiten auf dem Land vor sich gehen.

Außer Gilliard arbeitet der bereits seit Jahren für Alexej (und seine Geschwister) engagierte Russischlehrer Petrow mit dem Thronfolger; in Arithmetik ein Herr mit dem klingenden Namen Ernst Platonowitsch Zetow und Alexander Petrowitsch Wasiljew in Religion.

Neu hinzukommt ein Lehrer für die englische Sprache – Sir Charles Sidney Gibbes. Er ist bereits seit 1908 bei Hof. Damals hatte König Edward VII. anläßlich einer Staatsvisite seine Nichte, Zarin Alexandra, auf die schlechten Englischkenntnisse ihrer Töchter aufmerksam gemacht; immerhin entstammt die Zarin dem englischen Königshaus, spricht selbst fast nur Englisch und korrespondiert auch mit dem Zaren nur in dieser Sprache.

Sir Charles hatte sich in Petersburg als Lehrer und Direktor eines Internationalen Fremdspracheninstituts einen Namen gemacht, ehe er – noch die Leitung seiner Institution beibehaltend – an den Zarenhof engagiert wurde. Bisher hatte sich Alexej strikt geweigert, Englisch zu sprechen, aber jetzt, in seinem zehnten Lebensjahr, gibt es keine Widerrede mehr.

Dementsprechend widerspenstig gebärdet sich der Thronfolger gegenüber dem neuen Lehrer, dem er nun gehorchen soll. Gilliard führt regelmäßig Tagebuch über seinen Schützling. In diesen Tagen vermerkt er:

»7. Januar. Der richtige Unterricht hat um 10:20 begonnen: Russische Geschichte, Religionslehre, Arithmetik, Französisch, Russisch und Englisch. Dazwischen geht A.[lexej] N.[ikolajewitsch] im Park spazieren, spielt und läuft umher. Januar. Fuhren durch den Park. Der Unterricht in Arithmetik war A. N. offenbar nach seinem Geschmack. Dasselbe kann man jedoch von der Englischstunde nicht sagen. Dennoch fröhlicher und kämpferischer Stimmung.«

Hatte sich Gilliard dank seinem ausgeprägten pädagogischen Gespür den rebellischen Thronfolger gefügig gemacht, steht Gibbes eine schwierigere Aufgabe bevor.

Gibbes werden anfangs lediglich dreißig Minuten zweimal pro Woche zugestanden.

Er versucht – nachdem er sich über Alexejs »mit mechanischem Spielzeug vollgerammeltes Klassenzimmer« gewundert hat – seinem Schüler den Einstieg in die neue Fremdsprache dadurch zu erleichtern, daß er ihn zunächst spielen läßt, um dann auf englisch über das Spiel oder einen Gegenstand zu sprechen, oder aber er liest ihm aus englischen Kinderbüchern vor. Das Ergebnis seiner ersten Bemühungen, die dem Briten offenbar viel Phantasie und Humor abverlangen, hält er in einem Tagebuch fest, das er »Lessons with Alexis Nicholaevitch« nennt.

»8. Januar [1914]. Im Klassenzimmer. Irrtümlich begann der Geistliche (den Religionsunterricht) zuerst, und ich hatte meinen [Unterricht] von 12.30 bis 12.50. Gab ihm [Alexej] ›Die drei Mäuse‹ aus dem ›Mutter Gans‹-Buch zu lesen, was er mit mir wiederholte. Gab sich freiwillig keine Mühe für Konversation. War hauptsächlich damit beschäftigt, *mich*[1] und meine Kleidung und meine Bewegungen zu betrachten...

22. Januar. Sahen gemeinsam das ›Golliwog's Circus Book‹ an. Er schrieb in farbigen Kohlestiften einen Brief an A. N. [seine

---

[1] in Gibbes Aufzeichnungen hervorgehoben

Schwester Anastasia Nikolajewna]. Danach formten wir ein Papierhütchen, und er zeigte mehr Interesse, sagte ein paar Worte.

25. Januar. Am Sofa. Beine hochgezogen. Sprachen über seinen Hund, und ich zeigte ihm dann ein neues Bilderbuch. Danach machte jeder von uns Papierhütchen, die mißlangen, begannen danach Papierschachteln. Ich zeigte ihm eine fertige. Er sprach mehr Englisch, während er die Schachtel bastelte, und stellte die betreffenden Fragen in englisch.

1. Februar. A. N. begann während des Unterrichts plötzlich auf- und abzugehen, legte dabei aber seine Schüchternheit ab und machte von sich aus Bemerkungen in englisch. Insgesamt etwas besser.

3. Februar. Wir zeichneten mit verbundenen Augen an der Tafel. Fügten Schweinen Schwänze an; sein Wesen legte die Zurückhaltung ab.

8. Februar. Während des Unterrichts spielten wir auf dem Boden, und ich verfertigte für ihn aus Papier Flaggen, die ich zeichnete und bemalte. Er bemalte die eine – ich die andere. Wir rollten sie auch ein und banden sie mit einem Draht zusammen.

10., 17., 24. Februar. Während dieser drei Stunden spielten wir auf dem Boden. Sehr wenig Fortschritt. Es gab zu viele Feiertage – Carneval und Erste Fastenwoche.

1. März. Wir wiederholten Kinderreime. Manche sagte er, aber mit viel Schüchternheit.

3. März. Er ging wieder eine Weile spazieren, aber dann setzte er sich doch an den Schreibtisch. Begannen die Geschichte vom ›Fischer von York‹. Er verstand sehr wenig. A. N. [Anastasia] kam von ihrer Musikstunde und erklärte ihm alles auf russisch.«

Am gleichen Unterrichtstag tritt die Zarin während der Englischstunde mit Großfürstin Maria ein und stürzt Gibbes in dieselbe Verlegenheit wie seinerzeit seinen Kollegen Gilliard; unsicher hinsichtlich der Etikette fährt er stehend fort. Anschließend erkundigt sich die Zarin über den Lernerfolg der Kinder. Gibbes berichtet:

»Dann kam die Rede auf den Unterricht mit A. N. und Ihre Majestät fragte mich, welchen Fortschritt er mache. Ich erwiderte, es sei eine langsame und schwierige Arbeit und manchmal sage er extrem wenig – anfangs überhaupt nichts, denn zu Beginn war er nur damit beschäftigt, mich und die Details meiner Kleidung zu betrachten – das schien Ihre Majestät zu amüsieren. Sie meinte, er sei sehr schüchtern und würde sich an mich gewöhnen, worauf ich entgegnete, es sei bedauerlich, daß ich nur so wenig Zeit bekäme (...) Ich zeigte ihr die Bücher, die ich benutzte, das schien sie zu interessieren...«

Gegen Ende derselben Woche verläuft die Englischstunde zunächst hoffnungsvoller für den Lehrer. Der Zarjewitsch hatte einen Draht mitgebracht. Gibbes und er schneiden ihn in zwei Teile, daraus basteln sie Telegraphen- und Telefondrähte, halten sie zwischen den Zähnen und »telegraphieren« einander. Alexej ist völlig überrascht, mit seinem Zahn »hören« zu können. Danach liest Gibbes die Fortsetzung einer Geschichte vor, und diesmal beantwortet Alexej ganz gut (auf englisch) die anschließend dazu gestellten Fragen. Aber die Euphorie ist von kurzer Dauer, wie Gibbes berichtet:

»In der Mitte der Stunde bat er um Erlaubnis, nach Djerewjenjko läuten zu dürfen, und als dieser kam, bat er ihn um Süßigkeiten. Der Matrose kehrte mit einer Schokolade in einem Glas zurück, die das Kind mit Genuß verzehrte. Diese Gewohnheit riß nun ein, und ihr mußte Einhalt geboten werden. Es ist unanständig, so in Gesellschaft zu essen«, entrüstet sich Gibbes abschließend, der solches Benehmen offenbar nicht gewöhnt ist. Aber wer beherrscht schon die Kunst, einen verwöhnten kleinen Schüler zu bändigen, der eine Kaiserliche Hoheit ist...

Montag, 10. März: lediglich fünfzehn Minuten Unterricht, wobei Alexej hauptsächlich Reitpeitschen bastelt. Gibbes hilft ihm dabei – wenigstens spricht Alexej dazu etwas Englisch.

Gibbes registriert eine »freundlichere Gesinnung mir gegenüber« als bisher und fügt in seinen Notizen hinzu: »Er hat ein hübsches kleines Gesicht und ein sehr gewinnendes Lächeln...« Tage später beendet die älteste Großfürstin, Olga, ihren Unterricht mit einem Diktat nach Oscar Wildes »Selfish Giant« und einem Aufsatz. Wie Gilliard zeigt sich Gibbes besonders mit dieser Schülerin zufrieden und beeindruckt von deren Begabung und Intelligenz, wie sie Tatjana und Maria vermissen lassen. Gibbes äußert sich zugleich ernsthaft betrübt beim Gedanken daran, daß der Unterricht mit Großfürstin Olga so gut wie beendet sei.

Am nächsten Tag wieder Stunde mit Alexej. Es geht ihm gesundheitlich nicht gut; er liegt auf dem Sofa und hört aufmerksam bis zum Ende zu, als Gibbes »Die Geschichte vom Fisch und dem Ring« vorliest. Als Gibbes fertig ist, verlangt Alexej lakonisch »noch eine«.

Die nächste Unterrichtsstunde – zugleich die letzte für längere Zeit – erweist sich als wenig geglückt; Gibbes Vorgänger hatte seine Zeit überzogen. Alexej ist sichtlich ermüdet. An einen direkten Einstieg in den Unterricht ist also nicht zu denken. Alexej hatte das auch gar nicht vor, wie Gibbes schreibt:

»Erst schnitt er mit seiner Schere Brot in kleine Stücke, dann mußte es Vögeln hingeworfen werden; also mußte man ihm die Fensterflügel öffnen, ihm helfen, hinauf- und hinunterzuklettern, danach alles wieder schließen – eine enervierende Arbeit. Danach wand er Draht um seinen Zahn und wollte das gleiche bei mir tun, aber ich hatte natürlich Angst davor. Noch schlimmer: er nahm wieder die Schere zur Hand und versuchte, alles zu zerschneiden – oder zumindest so zu tun, als ob. Je mehr ich ihn daran zu hindern versuchte, desto mehr schrie er vor Entzücken. Dabei sah er gar nicht mehr so sympathisch aus wie sonst – mit einem merkwürdigen Gesichtsausdruck.

Nun wollte er mein Haar schneiden und danach sein eigenes, und als ich versuchte, ihn daran zu hindern, begab er sich hinter den Vorhang und verhüllte sich damit. Als ich ihn aufzog, hatte er sich tatsächlich seine Haare abgeschnitten. Er war eher konsterniert, als ich ihm sagte, er hätte sich ein kahles Loch geschnitten.

Dann versuchte er, die Wand aufzuschnipsen und die Vorhänge zu zerschneiden. Danach machte er Anstalten, die Bleigewichter aus den Vorhängen herauszulösen. Als er damit fertig war, lud er mich ein, mit ihm in sein Spielzimmer zu gehen, aber ich wies darauf hin, daß es beinahe sechs Uhr sei. Er lief hinaus, die Treppe hinunter, und schrie laut in den Palast, daß und wie er das Blei aus den Vorhängen geholt hatte. Er versteht jetzt zweifellos besser Englisch, aber diese Stunde war eher nervenaufreibend als angenehm...«

Angesichts des bekannten Übermuts des jungen Thronfolgers muß es erstaunen, warum die Zarin nicht wenigstens bei den Lehrern, die Alexej umgeben, von ihrer Geheimhaltung abgeht und sie auf die Folgen von Verletzungen für Alexej aufmerksam macht.

Die Feiertage und anschließenden Reisen unterbrechen den begonnenen Englischunterricht. Dieser wird erst ein gutes halbes Jahr später im Herbst 1914 aufgenommen – zu einem Zeitpunkt, da die alte Welt überall in Europa ins Wanken geraten ist.

Da Gilliard nicht nur als Französischlehrer bei Hof akkreditiert ist, sondern als Erzieher für Alexej, wird ihm eine Wohnung in Zarskoje Sjelo zugewiesen. Dank diesem Umstand und der Tatsache, daß er nicht nur Hauslehrer des Thronfolgers, sondern längst Freund der Familie geworden ist, genießt Gilliard auch das Privileg, die Zarenfamilie auf Reisen, etwa an Bord der »Standarte« oder nach Livadia, zu begleiten.

Auf diese Weise läßt sich auch der durch die Osterfeiertage unterbrochene Unterricht fortsetzen. Gilliard weilt tagtäglich im Palast. Dort begegnet er in diesem Frühling zum ersten Mal Rasputin:

»Ich war gerade im Gehen begriffen, als ich ihm im Vorzimmer begegnete. Ich konnte ihn noch beobachten, während er seinen Pelz anzog. Er war ein Mann von hohem Wuchs, mit verlebtem Gesicht, sehr stechendem Blick aus graublauen Augen unter tiefen Augenbrauen. Er hatte langes Haar und einen großen Bart. An diesem Tag trug Rasputin ein blaues Seidenhemd, das von einem Gürtel gehalten wurde, weite Hosen und hohe Stiefel.

Diese Begegnung, die sich nie mehr wiederholte, hinterließ in mir einen unangenehmen Eindruck, den man nicht näher definieren kann. In jenen wenigen Augenblicken, da sich unsere Blicke trafen, wurde mir klar bewußt, daß ich mich in der Gegenwart eines bösartigen Wesens befand, das imstande war, von jeder verunsicherten Seele Besitz zu ergreifen.«

Eine dieser »verunsicherten Seelen« ist Anna Wyrubowa. Sie war durch ihren Vater, einen Beamten bei Hof, mit der Zarenfamilie in Kontakt gekommen, und die Zarin hatte sich mit ihr angefreundet. Ursprünglich durch gemeinsames Musizieren verbunden, entwickelt sich allmählich eine Annäherung und Freundschaft, die – speziell nach Wyrubowas gescheiterter Ehe, die unter der Patronanz der Zarin geschlossen worden war – zu ihrer Position als Hofdame der Zarin führte. In der Nähe des Alexander-Palais bewohnt sie ein eigenes Haus. Die Tatsache, daß diese naive, von Bildung unbehelligte Frau mit dem rundlichen Kindergesicht seit Jahren hindurch die engste – und nahezu einzige – Vertraute einer Zarin von Rußland ist, zeugt einmal mehr davon, daß Alexandra ihre Entourage weniger nach Kompetenz denn nach Loyalität – um nicht zu sagen nach bis zur Selbstaufgabe reichender Ergebenheit – auswählt.

Alexandra verfügt in Anna Wyrubowa, genannt »Anja«, über die zuverlässigste Stütze Rasputins. Mit zunehmender Skandalisierung seiner Person und weitgehender Fernhaltung vom Palast laufen telephonische, telegraphische und briefliche Kontakte mit ihm über »Anja«. Dabei geht es nicht um Alexej, sondern meist um andere Angelegenheiten, in denen sich Rasputin – von Alexandras Vertrauen ermuntert – Ratschläge anmaßt, verbunden mit einem schwungvollen und äußerst einträglichen Handel mit Interventionen. Die Wyrubowa ist längst zu einem willenlosen Werkzeug in den Händen derer geworden, die sich an dem Spiel an der Seite Rasputins beteiligen. Wenn es zu einer persönlichen Begegnung zwischen Rasputin und der Zarin (kaum mit den Kindern und nie mit dem Zaren) kommt, findet diese meist in Anjas »Cottage« statt.

Für Gilliard geht die Arbeit mit Alexej, der sich endlich völlig erholt hat, sehr gut voran.

Nach launischen Ausbrüchen bemüht sich der Zarjewitsch nun auch wieder um gutes Benehmen. Nach dem Vorbild seines Vaters, dem er in allen Details nachzueifern trachtet, benutzt er auch für Bedienstete die Anrede mit Vor- und Vatersnamen, wie es im höflichen Umgang zwischen Erwachsenen zum guten Ton gehört, gegenüber dem Personal jedoch allgemein nicht üblich ist. Gilliards republikanischer Geist hilft Alexej dort, wo dieser selbst devotes Verhalten für übertrieben hält, seinem natürlichen Empfinden nachzugeben: als Alexej eine Bauerndelegation empfängt, werfen sich die Männer vor ihm auf den Boden. Alexej wird verlegen, aber er sagt nichts. Erst als Gilliard ihn anschließend fragt, ob ihm das gefalle, erklärt er offen: »Nein!« Worauf ihn Gilliard dazu ermuntert, sich dieses Ritual in Zukunft zu verbieten.

Die pädagogische Initiative, die der Erzieher den Herbst zuvor mit der Gewährung von mehr Selbständigkeit – verbunden mit Eigenverantwortlichkeit – für den Zarjewitsch gesetzt hatte, macht sich bezahlt. Alexej bemüht sich in Anwesenheit Gilliards sichtlich, dessen Vertrauen zu rechtfertigen, und dank seiner Intelligenz und gestärkten Motivation können sich auch in Französisch seine Fortschritte sehen lassen. Sobald in Rußland bekannt ist, daß der Thronfolger Französisch lernt, werden seine Lehrbücher im ganzen Land mit seinem Bild auf der Innenseite als »Französischbuch Seiner Kaiserli-

chen Hoheit« nachgedruckt und dienen nun überall in Rußland als Vorbild für den Unterricht.

Seine Schrift zeigt sich, noch stärker freilich in seiner russischen Muttersprache, als unwiderlegbarer Spiegel seiner Persönlichkeit: die Züge sind klar und energisch, die Buchstaben
kräftig und annähernd der vorgeschriebenen Neigung entsprechend, und aus dem Umgang mit dem vorhandenen
Raum auf dem Papier läßt sich zutreffend auf Alexejs Großzügigkeit und Impulsivität schließen.

Sommer 1914

Die Unruhe des Zaren, von der er im vergangenen Jahr durch
den Ausbruch des Zweiten Balkankriegs erfaßt worden war,
hat sich im Frühjahr 1914 gelegt. Immerhin hatte Alexej damals hektisches Kommen und Gehen von Ministern und Militärs mit ernsten Mienen beobachtet. Den Militärs war es aber
nicht gelungen, den Zaren anläßlich der Balkankrise zu einer
Mobilisierung an den Südwestgrenzen des russischen Reiches
zu bewegen, um ein Zeichen gegen eine mögliche Eskalation
des Balkankonfliktes in Richtung Rußland zu setzen. Rußland
hielt sich aus der Verwicklung in einen Krieg heraus.

Und dann noch ein Zwischenfall, der die Berater um den Zaren in Atem hielt: im Herbst 1913 hatte Kaiser Wilhelm eine
preußische Militärmission in Konstantinopel installiert. Das
bedeutete ein sichtbares Zeichen für die Ambitionen des
deutschen Kaisers: Er unterstützt einerseits Österreich, das
das Stillhalteabkommen mit Rußland verletzt hat; andererseits nähert er sich offensichtlich an Rußlands Erzfeind, die
Türkei, an.

Note des Zaren an Kaiser Wilhelm: »Dieser Akt kommt einer
Übernahme der Kontrolle über die türkische Hauptstadt und
deren Meeresstraße durch Deutschland gleich.«

»Ist das ein Ultimatum oder der Ausdruck der persönlichen

Meinung?« reagiert Wilhelm kampflustig und erklärt persönlich dem russischen Überbringer der Note:
»Ich sehe einen drohenden Konflikt zwischen den beiden Rassen – der romanisch-slawischen und der deutschen Rasse – und er ist unvermeidlich, ich muß Sie warnen. Dabei ist, selbst wenn von Deutschland die ersten feindlichen Handlungen ausgehen, völlig unerheblich, wer beginnt.«
Die russischen Militärs sind außer sich und bestürmen den Zaren, grünes Licht zu geben für die Besetzung strategischer Punkte vor Trapezunt. Doch Nikolaus' Premierminister Kokowzow bringt mit donnernder Stimme die Frage des Augenblicks auf den Punkt:
»Wollen wir einen Krieg oder nicht?!« – und fügt hinzu: »Ein Krieg wäre zum gegenwärtigen Zeitpunkt die größte Katastrophe für unser Land.«
Die Wogen glätten sich wieder, und als Wilhelm im November desselben Jahres an Nikolaus die Anfrage richtet, ob man nicht die deutschen und russischen Eisenbahnlinien verbinden könnte, antwortet der Zar, er lasse dies von seinem Minister Kokowzow prüfen. In diesem Brief heißt es unter anderem: »Die Türken sind in meiner Achtung völlig gesunken. Gebe Gott, daß wir nicht alle am Ende in Schwierigkeiten geraten!«
Das war im Herbst 1913. Säbelrasseln, Provokation oder Vorgeplänkel einer größeren, ernsthafteren Auseinandersetzung? Der Zar macht sich darüber keine Gedanken mehr. Kann er wissen, daß Deutschland bereits die letzte Aufrüstungsphase abgeschlossen hat und bestens im Bilde ist, daß dies in Rußland nicht vor ein bis zwei Jahren der Fall sein wird? Und alle Bemühungen darauf verwenden wird, diesem Zustand (»der Unbesiegbarkeit«, wie Wilhelm einmal angesichts der Reformerfolge und der prosperierenden Wirtschaft in Rußland gemeint hatte) zuvorzukommen?
Offenbar steht Nikolaus solchen Vorstellungen ungläubig gegenüber: als ihm sein Innenminister nun, im Frühjahr 1914, In-

dizien über geheime Kriegsvorbereitungen Deutschlands vorlegt, schenkt er dem keinen Glauben und weist die Warnungen als Hirngespinste zurück. Selbst wenn der Zar Wilhelm nicht ganz traut, hält er dessen Verhalten für militärische Theatralik und ist davon überzeugt, daß allein der Gedanke an die Allianz Rußlands mit Frankreich und England Wilhelm davor zurückhalten würde, eine ernsthafte Auseinandersetzung zu suchen.

Indessen muß Zar Nikolaus ohne seinen klugen, besonnenen und loyalen Finanz- und Premierminister Kokowzow auskommen. Er hatte dem Zaren nahegelegt, Rasputin mit Rücksicht auf die öffentliche Meinung – unabhängig davon, was an den Gerüchten über ihn wahr ist – für immer vom Palast zu entfernen. Damals hatte der Zar die Notwendigkeit eingesehen, und Rasputin war – wie so oft davor und danach – für einige Zeit verschwunden. Auch jetzt hat sich Rasputin über den Sommer in seine sibirische Heimat begeben. Doch vorher hatte er noch so ausgiebig gegen Kokowzow, den er dank der Offenheit der Zarin entweder ihm selbst oder der Wyrubowa gegenüber als seinen Kritiker und somit Gegner erkannt hatte, intrigiert, daß sich der Zar nach unablässigen Diskussionen mit der Zarin von Kokowzow trennte.

Wie sich die Bilder gleichen: Kokowzow war aus demselben Grund wie Stolypin, trotz seiner Verdienste für Rußland und die Krone, von der Zarin schärfstens kritisiert worden. Selbst der Tod Stolypins mit der noch im Sterben erwiesenen Loyalitätsbezeugung konnte sie nicht mit dessen kritischer Haltung gegenüber dem »Starez« versöhnen und riß sie zur kühlen Bemerkung hin: »Wer gegen einen Mann Gottes vorgeht, kann keine Gnade von ihm erwarten...« – Und an Stolypins Nachfolger als Premierminister, Kokowzow, gewandt: »Wir brauchen diejenigen, die nicht mehr am Leben sind, nicht zu bedauern. Daß sie tot sind, bedeutet, daß sie ihre Aufgabe auf Erden erfüllt haben. Ich setze mein Vertrauen in Sie, daß Sie eigenständig denken und sich nicht in Ihrem Vorgänger ein Vorbild suchen werden.« Kokowzow bekennt in seinen Erinnerungen, daß ihm angesichts dieses Kommentars der Zarin wenige Tage nach dem qualvollen Tod Stolypins die Worte fehlten.

Nun ist auch Kokowzows Stimme völlig zum Verstummen gebracht. Und die Runde jener Berater, deren Kompetenz der Loyalität entspricht, beginnt sich zu lichten. Denn wer wagt noch, wegen seiner Kritik an Phänomenen, die dem politischen öffentlichen Leben und der Dynastie Rußlands abträglich sind, seinen Posten aufs Spiel zu setzen?

Im April begibt sich die Zarenfamilie nach Livadia. Die Halbinsel Krim steht in voller Blüte. In den ersten Tagen darf Gilliard mit Alexej und nur einem Adjutanten den Zaren in dessen Automobil auf einem Ausflug begleiten. Alexej ist vergnügt wie schon lange nicht, und auch den Zaren hat Gilliard selten so entspannt gesehen – für Stunden befreit von der Last seines Amtes. Alexej darf sich austoben, er rutscht auf den letzten Schneeresten hinunter, und es scheint, als wäre Alexej nun für immer in das Stadium einer ungetrübten und harmonischen Entwicklung zu einem Jungen eingetreten, der mit Zuversicht in seine Zukunft blicken darf.

Bald darauf läßt sich Nikolaus zu einer Reise nach Konstanzia überreden. Sein Außenminister Sasonow hat ihn davon überzeugt, daß eine verwandtschaftliche Beziehung zwischen dem russischen Kaiser- und dem rumänischen Königshaus vorteilhaft wäre, da dies die deutschstämmige rumänische Herrscherfamilie davon abhalten könnte, sich im Krisenfall auf die deutsche Seite zu schlagen und damit den bereits starken Nord-Süd-Block zu verstärken.

Nikolaus' älteste Tochter Olga, knapp neunzehn, mit der Alexej immer am liebsten wie mit einer verständigen Freundin über alle seine Fragen und Sorgen gesprochen hatte, scheint gar nicht glücklich über die Vorstellung, daß sie mit Prinz Carol von Rumänien verheiratet werden soll. Bevor Olga noch darüber entscheiden kann, ob sie überhaupt die nötige Sympathie für den zur Diskussion stehenden Bräutigam aufbringen wird, ist sie sich über eines im klaren: daß sie nirgendwo anders leben will als in Rußland. Und in dieser Beziehung findet sie bei ihrem kleinen Bruder Verständnis: auch er liebt seine Heimat über alles – selbst wenn sich ihm ein Problem wie das von Olga nie stellen wird. Aufschlußreich für die Konstellation in der Familie ist die Tatsache, daß der Zar, mit der Möglichkeit dieser Eheschließung konfrontiert, dem Hofminister bedeutet hat, mit der Zarin darüber zu sprechen, und das Ergebnis dieser Unterredung interessiert abwartete. Zu seiner Überraschung fällt es positiver aus, als er erwartet hatte. Alexandra hat gegen den Plan nichts einzuwenden. Als dann in Konstanzia die feierliche Tafel vorbei ist und die Zarenfamilie wieder die Rückreise auf die Krim antritt, wendet sich Olga bezeichnenderweise an ihren Vater und nicht an ihre Mutter mit der Beschwörung, sie nicht zu dieser Heirat zu zwingen. Und dabei bleibt es.

Auf der Rückreise wird die Garnison in Odessa inspiziert. Danach geht es per Bahn zurück nach Zarskoje Sjelo. Dort wird der König von Sachsen zu einem kurzen Staatsbesuch mit einigen Manövern empfangen[1]. Danach übersiedelt die Zarenfamilie wie jeden Sommer nach Peterhof.

Viele andere Mitglieder der Kaiserlichen Familie, vor allem die jüngere Generation der Großfürsten, befinden sich um diese Zeit an der französischen Riviera oder in Paris. Dort findet unweit der französischen Hauptstadt in Longchamp ein Pferderennen statt. Während Adelige und Snobs promenieren, schlägt wie ein Donner eine Nachricht ein: in Sarajewo wurde der Thronfolger von Österreich-Ungarn, Erzherzog Franz Ferdinand, mit seiner Gemahlin von einem Attentäter erschossen.

---

[1] Er und der Großherzog von Hessen sollten Wochen später die einzigen Fürsten in Deutschland sein, die sich Kaiser Wilhelms Konfrontationskurs mit Rußland anfangs widersetzten. Doch der König von Sachsen stimmte schon bald darauf in dessen flammende Kriegsreden ein.

Die Großfürsten, darunter Alexejs Onkel Dmitrij Pawlowitsch, beratschlagen, welche Konsequenzen das haben könnte. Die Meinungen sind geteilt. Vor allem die Angehörigen der älteren Generation zeigen besorgte Mienen und treten überstürzt die Heimreise an. Die jüngeren lassen sich nicht so leicht erschrecken. Die französischen Medien kommentieren kühl: »Kein Grund zur Sorge« beruhigt Le Figaro.

»Zutiefst erschüttert« läßt Kaiser Wilhelm seinen Kommentar an die Nachrichtenagenturen kabeln. »Räuberbande« pflegt er die Serben zu nennen und macht aus seiner Absicht, mit dieser aufzuräumen, kein Hehl.

In Rußland herrscht Zurückhaltung in den Medien. Warum sollte man auch Sympathien mit den Österreichern zeigen? Im Krimkrieg haben sie die russischen Freunde, die ihnen 1848/49 beim Ungarnaufstand zu Hilfe gekommen waren, verraten. Nun haben sie, bei anderslautenden Versprechen und Verträgen, das Gleichgewicht am Balkan durch die Annexion von Bosnien und der Herzegowina gestört. Die russischen Minister ziehen besorgt die Augenbrauen hoch. Aber der Zar winkt ab: Attentate sind bedauerliche Ingredienzien der Zeit; auf Rußland kann dies keinen Einfluß haben.

So sticht, wie geplant, die »Standarte« zu den finnischen Schären in See – nur kürzer wird die sommerliche Fahrt anberaumt als sonst, da fünf Tage später der Staatsbesuch von Präsident Poincaré aus dem befreundeten Frankreich stattfinden soll.

Gleich zu Beginn der Reise schlägt sich Alexej das Bein auf. Die Nacht ist qualvoll. Als sein Erzieher Gilliard am Morgen nach ihm sieht, fällt ihm auf, daß hinter vorgehaltener Hand getuschelt wird. Es stellt sich heraus, daß auch Rasputin in Sibirien Ziel eines Attentats geworden war. Was das nun in Zukunft für Alexej bedeute, fragen sich die einen, die ihn leiden sehen – während die anderen vorsichtig munkeln: »Das ist vielleicht eine einzigartige Gelegenheit, den Muschik für immer loszuwerden...«

Alexej legt in dieser Hinsicht am meisten Gelassenheit von allen an den Tag. Seinem nunmehrigen Leibarzt, Doktor Djerewjenko, erzählt er scherzend vom »komischen Onkel«, der ihn durch sein ganz anderes Benehmen als das der Hofangestellten amüsiere und ihm immer so interessante Geschichten aus Sibirien erzähle. Von einer magischen Wirkung oder dem Eindruck, einen Mann Gottes vor sich zu haben, ist bei Alexej nicht die Rede.

Die Zarin zeigt sich am meisten betroffen. Ein Chirurg wird aus Petersburg nach Pokrowskoje gesandt, der Rasputin sofort in der nächsten Gouvernementsstadt operiert – die Wunde war eine Stichverletzung im Bauch. Neugierigen Fragestellern eröffnet der Operationsarzt übrigens nachträglich nüchtern, er habe keine außergewöhnlichen Merkmale an Rasputin festgestellt: er sei ein Mann wie jeder andere seines Alters – nur verlebter.

Rasputin kommt bald wieder zu Kräften. Anläßlich der eingeleiteten polizeilichen Untersuchung stellt sich heraus, daß das Attentat mit jenem in Sarajewo abgestimmt war, das bestimmten Kreisen in Rußland offenbar vorher bekannt gewesen sein dürfte. Kriegsgegner wie Franz Ferdinand in Österreich und warnende Stimmen in Rußland wie die – zumindest auf die Zarin einwirkende – Rasputins, der mit dem gesunden Menschenverstand eines Bauern kein Hehl daraus machte, daß die Verwicklung Rußlands in einen Krieg eine Katastrophe bedeuten würde, sollten ausgeschaltet werden. Somit hatten Kräfte auf serbischer und russischer Seite, die an einer Eskalation interessiert waren, gemeinsame Interessen und vermutlich auch Pläne, die – auch um den Preis des Blutvergießens – auf eine Vereinigung aller orthodoxen Slawen hinzielten.

Viel sollte später gerätselt werden, welchen Lauf die nachfolgenden Ereignisse genommen hätten, wäre Franz Ferdinand am Leben geblieben und nicht Rasputin. Aber die Realität läßt keinen Spielraum für Spekulationen. Tatsache bleibt, daß Rasputin – wie es der russische Volksmund formuliert – »offenbar die Seele am Leib angenäht« ist und ihn anscheinend nichts und niemand umbringen kann. Diese Erkenntnis sollte sich später noch einmal auf unheimliche Weise bewahrheiten. Am 6. (19.) Juli kehrt die Zarenfamilie angesichts der für den nächsten Tag erwarteten Ankunft von Poincaré nach Peterhof zurück. Alexej muß von der Yacht getragen werden, aber er befindet sich auf dem Weg der Besserung.

Vor Kronstadt kreuzt eine Schwadron der englischen Royal Navy mit dem stolzen Kriegsschiff »First Battle Cruiser« unter dem Kommando von Admiral Sir David Beatty. Demonstration der Freundschaft oder der Abschreckung an die Adresse potentieller Feinde?

Am nächsten Nachmittag wird Poincaré vom Zaren in Kronstadt abgeholt. Reden mit Lob für die Allianz zwischen Frankreich und Rußland, Galadiners, Truppenparaden in Krasnoje Sjelo, die den Glanz der russischen Kaiserlichen Armee eindrucksvoll demonstrieren. Alexej leidet unsagbar – mehr daran, daß er an all dem nicht teilnehmen kann, als an den Schmerzen, die ihn noch plagen.

Doch Poincaré zeigt sich im intimen Kreis gegenüber dem Zaren besorgt. Er befürchtet den Ausbruch eines Krieges. Der Zar entgegnet darauf wie schon kurz zuvor dem französischen Botschafter Paléologue: »Der deutsche Kaiser ist zu vorsichtig, um sein Land in wilde Abenteuer zu stürzen, und was Kaiser Franz Joseph betrifft – der will nur in Ruhe sterben.« Poincaré verweist mit Nachdruck darauf, daß das einzige Mittel zur Erhaltung des allgemeinen Friedens in der Herbeiführung einer Aussprache aller Großmächte bestehe, wobei vermieden werden solle, die einzelnen Staaten in Gegensatz zueinander zu bringen. Dieses Vorgehen habe schon 1913 beste Dienste geleistet.

Während des diplomatischen Cercles im Winterpalais werden dem Präsidenten die Botschafter einzeln vorgestellt. Ranghöchster Doyen ist ausgerechnet der deutsche Botschafter

Graf von Pourtalès. Der Präsident konversiert mit ihm über den französischen Ursprung von dessen Namen. Kein Wort über Politik.

Mit dem japanischen Botschafter Motono, den Poincaré bereits kennt, wird in wenigen Worten der Beitritt Japans zu einer Tripelentente mit Frankreich, Rußland und England analog zur Entente der Mittelmächte besiegelt.

Dem englischen Botschafter, Sir George Buchanan, legt der französische Präsident nahe, wie wichtig es jetzt sei, die Tripelentente Rußland-Frankreich-England in eine Tripelallianz zu verwandeln und läßt durchblicken, daß der Zar dafür vermutlich bereit sei, gegenüber Englands Interessen in Persien Entgegenkommen zu zeigen.

Nach oberflächlichen Begrüßungsfloskeln mit den Botschaftern Italiens und Spaniens kommt Graf Szapáry, Botschafter von Österreich-Ungarn, an die Reihe. Seine kurzfristige Rückkehr in die russische Hauptstadt hat zu Gerüchten über die Verschärfung des österreichisch-serbischen Konflikts Anlaß gegeben. Poincaré richtet nach einleitenden Beileidsbezeugungen wegen der Ermordung von Erzherzog Franz Ferdinand sofort die Frage an Szapáry: »Haben Sie Nachrichten aus Serbien?« – »Die gerichtliche Untersuchung ist im Gang«, antwortet Szapáry knapp.

Poincaré widmet sich nun den Repräsentanten kleinerer Staaten, die im angrenzenden Saal begrüßt werden. Ausnahme macht Poincaré beim serbischen Gesandten Spalajkovic und schenkt ihm einige freundliche Worte.

Draußen demonstrieren Industriearbeiter mit regierungsfeindlichen Kundgebungen. Der französischen Delegation wird erklärt, daß diese von Agenten deutscher Spionageorganisationen angezettelt worden seien, die man bereits festgenommen habe.

Der Präsident ist im Großen Palast von Peterhof untergebracht. Im Laufe der vier Tage lädt der Zar ihn zur Vertiefung der persönlichen Beziehungen in die Villa »Klein Alexandria«

(zum Unterschied vom Alexander-Palais in Zarskoje Sjelo) zu einem privaten Mittagessen mit der Zarenfamilie ein. Endlich kann auch der Thronfolger an dieser Begegnung teilnehmen. Zum Erstaunen des französischen Gastes unterhält sich Alexej mit ihm völlig ungezwungen in fließendem Französisch. Danach kommt der Zarjewitsch zu Gilliard gelaufen: mit Stolz und Freude zeigt er ihm das Band des Ordens der Ehrenlegion, den er soeben vom französischen Präsidenten erhalten hatte. Gilliard unternimmt daraufhin mit Alexej einen kleinen Spaziergang im Park, dem sich überraschenderweise auch der Zar anschließt.

»Wissen Sie, daß Poincaré und ich soeben über Sie gesprochen haben?« beginnt Nikolaus. – »Er hat sich einige Zeit mit Alexej unterhalten und mich anschließend gefragt, wer ihm Unterricht in der französischen Sprache gibt....«

Und weiter äußert sich der Zar über Poincaré:

»Ein außerordentlich bemerkenswerter Mensch, sehr klug und geistreich und ein glänzender Gesprächspartner. Am meisten schätze ich an ihm, daß er keineswegs ein Diplomat ist. Er scheint nichts zu verbergen oder zu kaschieren. Alles ist klar und deutlich, und er versteht es, Vertrauen zu gewinnen. Wenn man nur ohne Diplomaten auskäme!«

Am 10. (23.) Juli wird an Bord des Panzerkreuzers »France« das Abschiedsdiner gegeben. Trotz der üppigen Festdekoration sind die schweren 30-cm-Geschütze nicht zu übersehen, die über den Köpfen der Gäste emporragen. Poincaré ersucht den Zaren um ein Gespräch unter vier Augen. Die beiden begeben sich zur Kommandobrücke. Indessen unterhält die Zarin den französischen Botschafter. Wie dieser anschließend erfährt, hatte Poincaré noch einmal seiner Sorge Ausdruck verliehen. Er befürchtet eine österreichisch-deutsche Militäraktion gegen Serbien, die man mit vereinten Kräften der Diplomatie beantworten müsse. Und je schwieriger die Lage würde, desto fester und einiger müßten die Alliierten sich in den Verhandlungen und nötigen Zugeständnissen zeigen.

Kurz darauf entfernt sich die »France« im Mondlicht Richtung Stockholm.

Am darauffolgenden Tag platzt die Nachricht über das von Österreich an Serbien gestellte Ultimatum herein. Es war von Deutschland eigens für den Tag nach der Abreise Poincarés aus Petersburg zurückgehalten worden.

Wiens Bedingungen an Serbien rufen in den russischen Medien große Aufregung hervor. Serbien wird als Expansionsopfer Österreichs dargestellt. Nicht weniger Empörung ruft die Unterstützung der österreichischen Haltung durch Deutschland hervor. »Wenn der österreichische Kaiser noch die Krone auf seinem Haupt trägt, hat er das uns zu verdanken«, heißt es: »1849, 1854, 1878, 1908 ... Rußland kann die Vernichtung des kleinen slawischen Volkes und die Vorherrschaft von Österreich-Ungarn auf dem Balkan nicht dulden!«

In der Hofkanzlei des Palastes geht es hektisch zu. Alexej versteht die Aufregung nicht. Was geht vor?

Der serbische Botschafter beschwört den Zaren, eine offizielle Geste der Unterstützung zu setzen. Nikolaus beruft den Staatsrat ein. Es wird beschlossen, »die friedliebende Politik fortzusetzen«. Nach Serbien wird telegraphiert, daß »die kaiserliche [russische] Regierung die Entwicklung des austroserbischen Streitfalls nicht gleichgültig lassen kann...«

Militärs bestürmen den Zaren wegen einer Teilmobilisierung. Der Minister des Kaiserlichen Hofes, Fredericks, gibt zu verstehen: »Unmöglich – diesen Allerhöchsten Befehl kann ich nicht verlangen. Der Herrscher ist überzeugt, daß es keinen Krieg geben wird.«

Außenminister Sasonow lädt den österreichischen Botschafter zu einem Gespräch ein. Punkt für Punkt geht er mit ihm das Ultimatum durch: »Die diesem Dokument zugrundeliegende Absicht ist berechtigt«, räumt der russische Minister ein, »aber die Form ist nicht zu rechtfertigen. Ändern Sie die Fassung, und ich stehe für den Erfolg ein!«

Doch Erfolg, wie ihn Sasonow meint, ist offenbar gar nicht erwünscht. Weder von österreichischer noch von serbischer Seite. Der serbische Botschafter kabelt in eher aufmunterndem Ton nach Belgrad:

»Die russische Unterstützung ist uns sicher (...). Der gegenwärtige Augenblick ist einzigartig (...) Nach meiner Ansicht ergibt sich für uns eine glänzende Gelegenheit, das Ereignis weise auszunützen und die völlige Vereinigung der Serben zu bewerkstelligen. Daher ist es wünschenswert, daß Österreich-Ungarn uns angreife. In diesem Fall vorwärts in Gottes Namen. Spalajkovic.«

Während man auf russischer Seite besorgt, aber nicht pessimistisch ist, was die Vermeidung eines Krieges betrifft, hegt der französische Botschafter Paléologue keine Illusionen und setzt dem russischen Außenminister, der die Hoffnung und Bemühungen nicht aufgegeben hat, seine nüchterne Perspektive auseinander: »Wenn man es nur mit Österreich zu tun hätte – vielleicht ließe sich der Krieg vermeiden. Aber Deutschland steht dazwischen und verspricht seinem Verbündeten die Stärkung des nationalen Selbstbewußtseins. Es geht davon aus, daß die Tripelallianz nicht durchhalten wird – wie bisher. Daher ist der Krieg unvermeidlich.«

Der Zar beschwört seinen Cousin, König Georg V. von England, auf Deutschland mäßigend einzuwirken. Aber die schwachen diplomatischen Erklärungen Englands erweisen sich nicht als wirkungsvoll, da sie dem deutschen Kaiser nicht den Eindruck vermitteln, daß England entschlossen zu seiner Allianz steht und Wilhelm es wirklich mit drei großen Gegnern zu tun hätte.

Auf Serbien läßt der Zar dahingehend einwirken, das Ultimatum weitgehend anzunehmen.

Nach Wien läßt Nikolaus kabeln, daß eine Verlängerung der Ultimatumsfrist für weitere Vermittlungsversuche wünschenswert sei. Dieses Ersuchen wird abgelehnt.

Schließlich wendet sich Nikolaus an seinen deutschen Vetter

Wilhelm, als dieser von seiner Sommerregatta zurückgekehrt ist, und schlägt ihm vor, den österreichisch-serbischen Streitfall vor den Haager Schiedshof zu bringen, den Nikolaus vor der Jahrhundertwende zur Schlichtung ebensolcher Streitigkeiten ins Leben gerufen hatte. Wilhelms Reaktion, an den Rand der Note des Zaren gekritzelt: »Schiedsgericht – was für ein Unsinn! Kommt nicht in Frage!«

Der Zar tritt in täglichen Telegrammwechsel mit Wilhelm ein, in welchem er ihn beschwört, »angesichts der langen freundschaftlichen Bande, die uns und unsere Völker verbinden, alles in Deiner Macht Stehende zu tun, Deinen österreichischen Verbündeten nicht zu weit gehen zu lassen...«

In Österreich-Ungarn werden acht Armeekorps mobilisiert. Rußland reagiert mit einer Teilmobilmachung nur in den südwestlichen Militärbezirken.

Daraufhin warnt Wilhelm Nikolaus in einem Telegramm, daß »diese Aktion meine Vermittlung in Wien, um die Du mich gebeten hast, unmöglich macht«.

Antwort von Nikolaus, eigenhändig handschriftlich verfaßt: »Die Kriegsvorbereitungen Rußlands sind unter dem Eindruck der Mobilisierung Österreichs erfolgt und tragen keinen feindlichen Charakter. Solange die Verhandlungen mit Österreich in der serbischen Frage fortgesetzt werden, lasse ich meine Truppen keine feindliche Handlung ausüben. Darauf gebe ich Dir mein Wort.«

Nikolaus läßt zum Entsetzen seiner Generäle die Mobilmachung anhalten. In den Augen der russischen Diplomaten handelt es sich bei den drohenden Telegrammen aus Deutschland um Täuschungsmanöver mit Druck auf den Zaren, die Mobilisierung einzustellen, um Zeit zu gewinnen, da bekannt ist, daß Rußland bei der Größe des Landes, Länge der Front und geringen Zugverbindungen drei Wochen benötigen würde, die Mobilisierung neuerlich durchzuführen.

Am 17./30. Juli bombardiert Österreich-Ungarn Belgrad. Am nächsten Tag erreichen die Berater des Zaren seinen Be-

fehl zur Generalmobilmachung. Sowohl Außenminister Sasonow als auch Generalstabschef Januschkjewitsch blockieren
daraufhin ihre Telefone, damit eine neuerliche Rücknahme
des Mobilisierungsbefehls sie nicht erreichen kann.

Zum Oberkommandierenden ernennt Nikolaus seinen Onkel, Großfürst Nikolaus Nikolajewitsch, der ursprünglich für
den Militärbezirk Petersburg und die Garnisonen zum Schutz
des Thronfolgers zuständig war.

Über die nächsten Stunden berichtet General Mosolow, Leiter
der Hofkanzlei, der die Ereignisse aus nächster Nähe miterlebt hat:

»Am nächsten Tag fuhr ich in einer dringenden Angelegenheit nach Petersburg. Bei meiner Rückkehr sah ich, daß Graf
Pourtalès, der deutsche Botschafter, mit seinem Sekretär in
den Hofwagen einstieg. Als der Zug losfuhr, besuchte ich ihn
in seinem Coupé. Pourtalès erhob sich rasch, faßte mich an
beiden Händen und rief aus:

›Man muß um jeden Preis anhalten, anhalten diese Mobilisierung! Sonst gibt es Krieg.‹

›Das ist unmöglich,‹ antwortete ich. ›Die Mobilisierung geht
planmäßig vor sich. Wie soll man ein Automobil anhalten, das
in vollem Tempo mit hundert Werst[1] unterwegs ist?‹

Darauf der Graf: ›Ich habe den Herrscher gebeten, mich zu
empfangen. Ich muß ihn bitten, die Mobilisierung einzustellen. Sie ist doch eben erst verlautbart worden.‹

Die Nervosität des Grafen überraschte mich. Ich versuchte,
ihn zu beruhigen, und empfahl, nach der Audienz den Hofminister aufzusuchen. Ich war überzeugt, daß Fredericks den
Herrscher überzeugen könne, Wilhelm ein Telegramm mit
der Klarstellung zu senden, daß die Mobilisierung keinen
Krieg bedeute und daß bei Aufnahme von Verhandlungen sofort demobilisiert würde. ›Bitten Sie den Herrscher nicht um
Unmögliches‹, schloß ich.

---

[1] 1 Werst = 1,067 km

›Nein, nein!‹, rief der Graf aus. ›Wenn er nicht sofort demobilisiert, ist der Krieg unvermeidlich!‹

Sein junger Sekretär versuchte seinen Blick zu erhaschen, um ihn zum Einhalten zu bringen. Pourtalès machte den Eindruck eines Mannes, der soeben den Verstand verloren hat.

Ich begab mich gleich zu Fredericks, um ihm mein Gespräch mitzuteilen. Graf Pourtalès kam eine halbe Stunde später zu uns, völlig niedergeschlagen. Er bat Fredericks, sich unverzüglich zum Herrscher zu begeben und ihm zu empfehlen, Wilhelm eine Depesche zu senden: etwas in der Art einer Erklärung der Mobilisierung. Und verschwand. Dem Außenminister hatte Pourtalès tags zuvor eine Note übergeben, die ein Ultimatum Wilhelms an Nikolaus enthalten hatte: Einstellung der Mobilisierung innerhalb von zwölf Stunden oder Kriegserklärung Deutschlands an Rußland. Ablauf der Frist: Samstag, 19. 7./1. 8. mittags.

Fredericks tat wirklich, worum er gebeten worden war, und berichtete nach seiner Rückkehr von der Audienz, daß der Herrscher eine sehr gute Depesche verfaßt hätte, die sofort nach Berlin abging. Fredericks fügte hinzu:

›Sie sehen – diese Depesche wird den Frieden sichern.‹

Er hatte diese Worte noch nicht ausgesprochen, als das Telefon läutete. Ich nahm den Hörer. Es war Sasonow. Ich gab den Hörer an Fredericks weiter.

Der Hofminister war bleich geworden:

›Gut... Gut... Ich werde das tun.‹ Und begab sich in das Kabinett des Zaren...«

An diesem Samstag kehrt die Zarenfamilie gegen acht Uhr abends von der Messe in der Alexanderkirche auf die Landvilla »Kleine Alexandria« zurück.

Die Zarin begibt sich ins Speisezimmer und wartet mit den Kindern – Alexej war nicht in die Kirche mitgekommen – bereits bei Tisch auf den Zaren, der gewöhnlich noch kurz in seinem Arbeitszimmer nach den neuesten Depeschen sieht. Als

Полушна после объявления войны.

ИМПЕРАТОРСКІЙ Телеграфъ въ *Петергофѣ Дв*

Телеграмма № *3055*

„ *113* “ словъ

Подана въ *Berlin* ¹⁄₇₈ 1914 г. *12.52*м. по пл

Получена въ *Peterhof* ²⁰⁄₇₈ 1914 г. *1.15* м. по пл

H I S   M A J E S T Y   T H E   C Z A R

THANKS FOR YOUR TELEGRAM I YESTERDAY POINTED OUT TO YOUR GOVERNMENT THE
WAY BY WHICH ALONE WAR MAY BE AVOIDED ALTHOUGH I REQUESTED AN ANSWER FOR
NOON TO DAY NO TELEGRAM FROM MY AMBASSADOR CONVEYING AN ANSWER FROM YOUR
GOVERNMENT HAS REACHED ME AS YET I THEREFORE HAVE BEEN OBLIGED TO
MOBILIZE MY ARMY IMMEDIATE AFFIRMATIVE CLEAR AND UNMISTAKABLE ANSWER
FROM YOUR GOVERNMENT IS THE ONLY WAY TO AVOID ENDLESS MISERY UNTIL HAVE
RECEIVED THIS ANSWER ALAS I AM UNABLE TO DISCUSS THE SUBJECT OF YOUR
TELEGRAM.AS A MATTER OF FACT I MUST REQUEST YOU TO IMMEDIATELY ORDER
YOUR TROOPS ON NO ACCOUNT TO COMMIT THE SLIGHTEST ACT OF TRESPASSING
OVER OUR FRONTIERS

WILLY

Letztes Telegramm von Kaiser Wilhelm II. an Zar Nikolaus vom 1.8.1914, das
dieser jedoch erst sieben Stunden nach der Kriegserklärung Deutschlands an
Rußland erhält: »...Keine Antwort von Dir auf mein Telegramm von gestern
(...) Mußte daher meine Armee mobilisieren – nur eine positive, klare und
unmißverständliche Antwort kann unendliches Leid verhüten.« Am Brief-
kopf die Handschrift des Zaren: »Erhalten nach der Kriegserklärung.«

242

er länger nicht kommt, will Alexandra gerade Tatjana nach ihm senden, als Nikolaus eintritt.

Als er seinen Vater erblickt, erschrickt Alexej. Das Gesicht des Zaren ist fahl. Noch nie hat er ihn so gesehen. Nikolaus bleibt kurz mit gesenktem Kopf stehen. Dann sagt er mit gebrochener Stimme nur ein paar Worte, ehe er wieder den Raum verläßt:

»Deutschland hat uns den Krieg erklärt.«

II.

Der Krieg beginnt

»»Das kann nicht wahr sein!‹ rief Alexandra aus«, erinnert sich
Anna Wyrubowa an die Reaktion der Zarin auf die überraschende Kriegserklärung Deutschlands an Rußland. »Und
weiter setzte sie fort: ›Gewiß, die Truppen waren mobilisiert,
aber nur an den Grenzen zu Österreich!‹ Sie lief aus dem Zimmer, und ich hörte, wie sie das Arbeitszimmer des Zaren betrat. Eine halbe Stunde konnte ich die aufgeregten Stimmen
der beiden hören. Dann kam sie zurück und ließ sich auf ihre
Couch fallen, überwältigt von der verzweifelten Erkenntnis.
›Krieg!‹ murmelte sie atemlos. ›Und ich hatte keine Ahnung
davon! Das ist das Ende von allem!‹ Ich konnte nichts sagen.
Ich verstand ebensowenig wie sie das unbegreifliche Schweigen des Herrschers in einer solchen Stunde, und wie immer
schmerzte auch mich, was sie schmerzte. Wir saßen schweigend bis elf Uhr abends da, als wie gewöhnlich der Kaiser zum
Tee hereinkam, aber er war abwesend und niedergeschlagen,
und die Teestunde verging fast in völligem Schweigen.«
Noch am selben Abend empfängt Nikolaus seinen Außenminister Sasonow, Ministerpräsident Gorjomkin, weitere Minister und die Botschafter der Verbündeten, Paléologue und
Buchanan. Buchanan überreicht dem Zaren ein Telegramm
von König George V., das er unverzüglich beantwortet und
das seine Gedanken nach Erhalt der Kriegserklärung wider-
spiegelt:
»Ich hätte gerne Deine Angebote angenommen, hätte nicht
der Deutsche Botschafter heute nachmittag meiner Regierung
eine Note überreicht, die den Krieg erklärt.
Seit der Übergabe des Ultimatums an Belgrad hat Rußland

unablässig alle seine Bemühungen aufgeboten, eine friedliche Lösung der Frage zu finden, die durch Österreichs Aktion ausgelöst wurde. Ziel dieser Aktion war es, Serbien zu zerschlagen und es zum Vasallen Österreichs zu machen. Als Folge wäre das Mächtegleichgewicht auf dem Balkan gestört, das von vitalem Interesse für mein Reich wie für alle Mächte ist, die ein Gleichgewicht in Europa wünschen. Doch jeder Vorschlag, inklusive Deiner, ist von Deutschland und Österreich zurückgewiesen worden, und erst in dem Augenblick, als der günstige Zeitpunkt für Druck auf Österreich vorüber war, zeigte sich Deutschland zur Vermittlung bereit. Doch selbst da hat es kein konkretes Angebot weitergegeben.

Österreichs Kriegserklärung an Serbien hat mich gezwungen, eine Teilmobilisierung anzuordnen, jedoch angesichts der bedrohlichen Lage haben meine Militärberater dringend eine Generalmobilisierung gefordert, und zwar in Hinblick auf die kurze Zeit, in der Deutschland im Gegensatz zu Rußland zu mobilisieren imstande ist. Allmählich war ich anläßlich der österreichischen Generalmobilmachung, Bombardierung Belgrads und Konzentration an den Grenzen Galiziens sowie geheimer Kriegsvorbereitungen in Deutschland gezwungen, diesen Weg zu gehen. Daß dieser sich als berechtigt und notwendig erwies, bezeugt nun die plötzliche Kriegserklärung Deutschlands, die für mich reichlich unerwartet kam, nachdem ich die allerkategorischesten Zusicherungen an Kaiser Wilhelm gegeben hatte, daß meine Truppen keine feindliche Handlung setzen, solange Vermittlungen fortgeführt werden. In dieser feierlichen Stunde möchte ich Dich einmal mehr versichern, daß ich alles in meiner Macht Stehende getan habe, um einen Krieg zu vermeiden. Jetzt, da er mir aufgezwungen worden ist, vertraue ich darauf, daß Dein Land seine Unterstützung für Frankreich und Rußland im Kampf zur Wahrung des Mächtegleichgewichts in Europa nicht verweigern wird. Gott segne und schütze Dich.

Nicky.«

»Ich sah den Herrscher erst am nächsten Tag«, erinnert sich Gilliard an den Morgen nach der Kriegserklärung Deutschlands an Rußland. »Er kam nach dem Frühstück, um den Thronfolger zu küssen, bevor er sich nach Petersburg begab, um im Winterpalais offiziell den Eintritt Rußlands in den Krieg mit Deutschland zu verkünden. Er war noch blasser als am Vorabend, aber seine Augen glühten. Er sagte mir, er hätte soeben die Nachricht erhalten, daß die Deutschen ohne Kriegserklärung in Luxemburg eingefallen seien und französische Grenzposten überfallen hätten...«

Somit befindet sich Rußland in zweifacher Hinsicht im Krieg mit Deutschland: aufgrund der deutschen Kriegserklärung an Rußland, und als Reaktion auf den deutschen Angriff auf Frankreich, Rußlands Bündnispartner.

Für Alexej bedeutet es eine große Enttäuschung, daß er seine Eltern nicht zur feierlichen Verlesung des Kriegsmanifestes nach Petersburg begleiten kann, aber er ist noch nicht gehfähig. Für den Zaren ist es umso schmerzlicher, daß er sich in diesem dramatischen Augenblick ohne den Thronfolger an seiner Seite der Bevölkerung zeigen muß, als es nun gilt, deren patriotische Gefühle zu gemeinsamen Anstrengungen zu mobilisieren.

Entsprechend der Tradition seiner Vorfahren verliest der Zar im Georgssaal des Winterpalais das Manifest über Rußlands Kriegseintritt. Er erklärt feierlich, daß er keinen Frieden schließen werde, »solange sich noch ein feindlicher Soldat auf Rußlands Boden befindet«, und fordert seine Armeen mit der bereits in früheren Zeiten von Zar Alexander I. anläßlich des Eindringens Napoleons ausgesprochenen Formel auf, »mit dem Schwert in der Hand und dem Kreuz im Herzen« zu kämpfen.

Als Nikolaus sich auf dem Balkon des Winterpalais zeigt, wird er von einer unüberschaubaren Menschenmenge bejubelt. Mit der Kriegserklärung an Rußland findet sich die Be-

247

völkerung, die soeben noch in verschiedene Lager von Regierungstreuen und Oppositionellen gespalten war, mit einem Mal in so starken patriotischen Gefühlen vereint, daß der Zar vom Enthusiasmus, der ihm entgegengebracht wird, überwältigt ist.

Vereinzelt melden sich besorgte Stimmen. Rasputin telegraphiert von seinem Krankenbett in Sibirien aus warnende Worte. Der Zar soll, Augenzeugenberichten zufolge, das Telegramm zerrissen und weggeworfen haben. Kurz darauf ein Brief aus Sibirien: »Ich werde es wieder sagen«, heißt es da. »Die Njewa wird rot von Blut sein und Rußland wird alles bis auf den letzten Mann verlieren...« Rasputin befindet sich in guter Gesellschaft, denn auch Witte zeigt sich alarmiert.

Der Ex-Premierminister, bei Kriegsausbruch aus dem Ausland nach Petersburg zurückgekehrt, faßt seine Befürchtungen für Rußland in eine rationalere Form als Rasputin, und seine Voraussicht ist noch bemerkenswerter:

»Dieser Krieg ist Wahnsinn! Kein denkender Mensch macht sich einen Deut aus diesem hitzigen und eitlen Balkanvolk, den Serben, die nicht einmal slawisches Blut haben, sondern nur umgetaufte Türken sind (...) Was können wir von diesem Krieg erhoffen? Eine Erweiterung des Territoriums? Ist nicht das Reich Seiner Majestät schon groß genug? Haben wir nicht in Sibirien, Turkestan, dem Kaukasus und in Rußland selbst endlos weite Gebiete, die nicht einmal erschlossen sind? Eroberungen? Ostpreußen? Hat der Herrscher nicht schon genug Deutsche unter seinen Untertanen? Galizien? Es ist voller Juden! Konstantinopel, das [christliche] Kreuz auf der Hagia Sophia errichten, der Bosporus, die Dardanellen? Was für Chimäre! – Und selbst wenn wir, was völlig unrealistisch wäre, von einem totalen Sieg ausgehen und die Hohenzollern und die Habsburger so klein sind, daß sie um Frieden betteln – das würde nicht nur das Ende der deutschen Dominanz bedeuten, sondern die Ausrufung der Republiken quer durch Europa. Es würde gleichzeitig auch das Ende des Zarismus sein. – Ich ziehe es vor, zu schweigen hinsichtlich dessen, was wir im Falle unserer Niederlage zu erwarten haben...«

Aber selbst Witte könnte, wäre er noch im Amt, nichts an der Tatsache ändern, daß Deutschland Rußland den Krieg erklärt hat. Die Kriegsmaschinerie ist in Gang gesetzt, und es gibt kein Zurück.

Nikolaus befördert seinen Onkel, Großfürst Nikolaus Nikolajewitsch, Kommandant des Distrikts der Hauptstadt und des Distrikts »zur Verteidigung des Thronfolgers«, zum Oberkommandierenden der Russischen Armee und Flotte. Als erste Handlung nach seiner Ernennung verbrennt der Großfürst unmittelbar nach dem Gottesdienst, bei dem sein Führungsbanner geweiht worden ist, alle deutschen Uniformen, die er als Ehrenkommandeur der nun feindlichen Regimenter besessen hat.

Noch im August 1914 wird die russische Hauptstadt St. Petersburg von der deutschen Namensgebung in die russische Form Petrograd umbenannt.

Für Alexej ändert sich der Alltag. Zunächst weicht sein sommerlich-verspielter Matrosenanzug einer Soldatenuniform mit einem seiner Körpergröße entsprechenden Gewehr – einer Attrappe freilich. So zeigt sich der Zarjewitsch an der Seite des seit Kriegsausbruch ebenfalls in Soldatenuniform (lediglich mit den Epauletten eines Oberst) gekleideten Zaren, wenn er einrückende Freiwillige verabschiedet und traditionell mit der Ikone segnet. Es sind erstaunlich viele junge Burschen, die sich begeistert an die Front melden. Die Tochter des Hofarztes Botkin, Tatjana, die ihre Brüder stolz in den Krieg ziehen sieht, beschreibt die Stimmung der Sommerabende jener ersten Kriegstage: »Die Luft war schwer vom Duft des Flieders, und bis in die Abendstunden drangen die Stimmen derer, die vor dem Abschied Gebete sangen, zu uns...«

Gilliard hat in Tagebuchnotizen Szenen und Gespräche innerhalb der Zarenfamilie in der Zeit unmittelbar nach Kriegsausbruch festgehalten:

»Montag, 3. August[1]. Der Herrscher kam heute morgen zu Alexej Nikolajewitsch. Er war völlig verändert. Die gestrige Zeremonie löste eine gigantische Manifestation aus. Als er sich am Balkon zeigte, kniete die riesige Menschenmenge, die sich auf dem Platz versammelt hatte, nieder und stimmte die Hymne an. Die Begeisterung der Bevölkerung machte dem Zaren bewußt, daß dies ein Krieg des ganzen Volkes war. (...) Indem er vor der Weltöffentlichkeit die Pflicht auf sich genommen hatte, keinen Separatfrieden zu schließen, ließ Nikolaus II. keinen Zweifel am Charakter dieses Krieges offen: es war ein Kampf bis zum Ende, ein Kampf um die Existenz ...«

Die Zarin spricht an diesem Tag mit Gilliard offen über ihre Gefühle in Bezug auf die Hohenzollern, die ihrer Meinung nach »Deutschlands Unglück (und das Rußlands)« seien. Es war soeben die Nachricht eingetroffen, daß sogar die Zarinmutter auf der Rückreise von Dänemark nach Rußland in Berlin festgehalten worden sei. Alexandra gibt ihrer Meinung Ausdruck, daß Wilhelm II. gegen seinen eigenen Willen von der Überhand gewinnenden Kriegspartei zur Entfesselung des Krieges gedrängt worden sei. »Die Hohenzollern haben mit ihrer Arroganz dem deutschen Volk Gefühle des Hasses und der Rache eingetrichtert, die ihm fremd waren«, meint die Zarin abschließend. »Es wird ein furchtbarer Krieg, und die Menschheit geht unvorstellbarem Leid entgegen ...«

Mit dem Ausbruch des Krieges besteht die Gefahr, daß Gilliard in die Schweiz zurückkehrt und der Zarjewitsch seinen wichtigsten Lehrer und Erzieher verliert. Diese Frage entscheidet sich in den kommenden Tagen.

Gilliard am Dienstag, dem 4. August:

»Deutschland erklärte Frankreich den Krieg. Erfahre auch, daß die Schweiz mobilisiert hat. Fahre in unsere Mission, um festzustellen, ob ich mich auf die Abreise vorbereiten soll.«

---

[1] Gilliard notiert stets nach westlichem Kalender.

Mittwoch, 5. August:
»Begegnete im Park dem Herrscher. Berichtete mir mit Genugtuung, daß England sich anläßlich der Verletzung der belgischen Neutralität[1] auf die Seite des Rechts gestellt habe. Außerdem bleibe die Neutralität Italiens gesichert. (...)
›Die Deutschen haben jetzt schon ganz Europa gegen sich außer Österreich. Offenbar haben selbst ihre Verbündeten diesen Despotismus über – sehen Sie sich nur die Italiener an!‹ ...«
Gilliard trägt sich nach wie vor mit dem Gedanken der Heimreise – was für Alexej äußerst bedauerlich wäre, da weit und breit kein Erzieher mit den intellektuellen und pädagogischen Qualitäten in Sicht ist, den der eigenwillige Thronfolger auch akzeptieren würde. Die Zarin scheint sich darüber im klaren zu sein und führt allerlei Argumente an, die eine Rückreise Gilliards hinfällig erscheinen lassen:
»Selbst wenn es Ihnen gelingt, sich bis nach Hause durchzuschlagen, ist die Chance gering, daß Sie vor Ende des Krieges zurückkommen. Da die Schweiz nicht in den Krieg involviert sein wird, werden Sie nur zu Hause sitzen und nichts tun können ...«
In diesem Augenblick bringt Alexejs Arzt Djerewjenko die neueste Tageszeitung, die meldet, daß Deutschland die Neutralität der Schweiz verletzt habe. Nun lenkt die Zarin ein. Sie meint, es sei auch Zeit, daß Gilliard seine Familie wiedersehe. »Auch ich weiß nichts von meinem Bruder«, fügt sie hinzu, »wer weiß, ob Wilhelm ihn zwingt, an einem Frontabschnitt gegen uns zu kämpfen.« Damit hat sie sich auch im persönlichen Zwiespalt zwischen der alten und neuen Heimat entgegen späteren Beschuldigungen klar zu Rußland bekannt.

---

[1] England hatte sich seinerzeit zum Garanten der belgischen Neutralität erklärt. Am 4. August trat England in den Krieg ein.

Gilliard am 6. August:
»War morgens in der Stadt. Verletzung der Schweizer Neutralität nicht bestätigt und auch unwahrscheinlich. Passage durch die Dardanellen nicht möglich. Unsere[1] Abreise aufgeschoben, Zeitpunkt ungewiß. Aussichten deprimierend ...«
Die Stimmung in der Stadt ist hektisch. Die Registrierung für die Einberufungen geht in großem Umfang vor sich. Die Hauptstadt und deren Bahnhöfe sind überfüllt – ganz Rußland scheint auf den Beinen zu sein. Tatsächlich will sich nahezu die gesamte Bevölkerung in den Dienst des Krieges stellen, der in den Augen aller Russen Dienst an der Heimat ist. Frauen melden sich zur Arbeit in Industrie- und Rüstungsbetrieben, um den Ausfall männlicher Arbeitskräfte kompensieren zu helfen. Andere Frauen organisieren Komitees zur Herstellung von allem, was in Lazaretten benötigt werden könnte, sammeln Decken und Verbandsutensilien und nähen Kissen für die Verwundeten.
Viele lassen sich rasch zu Krankenschwestern ausbilden, Aristokratinnen geben darin ein Vorbild und stellen Teile ihrer Palais für Hilfsorganisationen und Lazarette zur Verfügung. Die Zarin und ihre beiden älteren Töchter Olga und Tatjana stehen an der Spitze dieser Aktivitäten: alle drei werden rasch zu Schwestern ausgebildet und arbeiten täglich im Lazarett, das im Katharinen-Palast eingerichtet worden ist.
Das Gebäude der deutschen Botschaft ist eine Brandruine, nachdem es anläßlich der deutschen Kriegserklärung angezündet worden war. Einen merkwürdigen Eindruck bietet in den ersten Kriegstagen die österreichische Botschaft: obwohl der Anlaß zu diesem Krieg – die Eskalation des österreichisch-serbischen Konflikts – von Österreich-Ungarn ausgegangen war, beobachten Passanten in der russischen Hauptstadt kopfschüttelnd, daß noch Tage nach dem Ausbruch des Krieges die Angehörigen der österreichischen Botschaft am Bal-

---

[1] Gilliard und andere Schweizer Landsleute

kon des Palais gemütlich beim Kaffee sitzen. Erst am 6. August (westlichen Kalenders) übersendet der österreichische Gesandte, Graf Szapáry, bereits von Stockholm aus dem russischen Außenminister die Note mit der Kriegserklärung von Österreich-Ungarn an Rußland. Daraufhin reisen endlich die noch verbliebenen Botschaftsangehörigen ab.

Wie an den erwähnten Gesprächen Gilliards mit dem Zaren oder der Zarin zu sehen, hat das Verhältnis zwischen dem Erzieher des Thronfolgers und dem Kaiserpaar in diesen Tagen eine neue Dimension der Vertrautheit erfahren, die zu einer engeren Bindung Gilliards an die Zarenfamilie geführt hat. Bisher war bei allem Respekt und Vertrauen, das dem Schweizer vom Herrscherpaar entgegengebracht wurde, seine Beziehung mit der Zarenfamilie doch nicht über den Rahmen der Etikette hinausgegangen. Angesichts der einschneidenden Ereignisse war Gilliard allmählich Gesprächspartner des Zaren und der Zarin geworden; dabei geben diese auch ihren persönlichen Gefühlen und politischen Ansichten Ausdruck, was bisher undenkbar gewesen wäre.

Diese persönliche Annäherung führt schließlich auch dazu, daß Gilliard sich allmählich mit den Belangen der Zarenfamilie identifiziert – und bei all seiner demokratischen und pazifistischen Einstellung auch mit seinem Gastland. Die anfängliche Verzweiflung über die Ungewißheit seiner Heimkehr weicht allmählich gelassenem Gleichmut und schließlich der Überzeugung, daß hier, an der Seite des Thronfolgers, sein Platz, seine Bestimmung ist. Wie in den folgenden Tagebuchnotizen zu sehen, geht es ihm nun gar nicht mehr um die Hoffnung auf Heimkehr, sondern um die auf Verbleiben:

»Sonnabend, 15. August. Erfuhr heute abend, daß mir offiziell genehmigt ist, von einer Heimreise in die Schweiz abzusehen. Man ließ mich wissen, daß dies das Ergebnis einer Demarche von Außenminister Sasonow auf Wunsch Ihrer Majestät in Bern ist. Es ist im übrigen immer zweifelhafter, ob die Schweizer überhaupt ausreisen können ...«

Somit bleibt Gilliard in Rußland, in Zarskoje Sjelo und dem Zarjewitsch nicht nur als Französischlehrer, sondern – wichtiger noch – als Erzieher erhalten, obwohl Gilliard diesen Titel, der bei Hof einer bestimmten Position entspricht, nie offiziell erhalten hat.

Gewöhnlich wird einem russischen Thronfolger in seinem elften Lebensjahr ein »Erzieher« zugeteilt, der einer angesehenen Familie entstammen und sich in der Gesellschaft durch außerordentliche Leistungen verdient gemacht haben muß. Jedoch zu Kriegsbeginn sind beide Eltern des Thronfolgers zu sehr mit dringenden Angelegenheiten im Zusammenhang mit der aktuellen Situation beschäftigt, um nach einer geeigneten Persönlichkeit Ausschau halten zu können.

Gilliard hat sich bereits durch seine fachlichen und persönlichen Eigenschaften in seinem Umgang mit dem Thronfolger so gut bewährt, daß man sich kaum einen besseren Kandidaten wünschen kann. Er war nach seinen Studien in seiner Geburtsstadt Lausanne Französischlehrer beim Herzog von Leuchtenberg, bevor er 1905 zu Alexejs Schwestern an den Zarenhof kam. Im Jahre 1914 ist der schmale, elegante, dunkelhaarige Französischschweizer mit Bart fünfunddreißig Jahre alt und damit auch wesentlich jünger und flexibler als die ergrauten Lehrer Alexejs (mit Ausnahme von Gibbes).[1]

Am 12. August nach westlichem Kalender (dem 30. Juli nach dem russischen), also zehn Tage nach Ausbruch des Krieges, begeht der Thronfolger seinen zehnten Geburtstag. In der sorgenvollen Atmosphäre dieser Zeit entfaltet sich nicht jene Feierstimmung mit all den dazugehörenden Festlichkeiten und Paraden, wie dies in Friedenszeiten der Fall gewesen wäre. Eines der Geschenke ist zum reinen Vergnügen Alexejs da: der

---

[1] Gilliard sollte der Zarenfamilie auch nach der Abdankung des Zaren die Treue halten und die Familie in ihrer Gefangenschaft nicht verlassen. Er heiratete eines ihrer Kindermädchen, A. A. Tegljewa, und kehrte nach der Ermordung der Zarenfamilie über den Fernen Osten in die Schweiz zurück.

kleine Mercedes, den Alexej im Schloßpark selbst fahren darf – er stammt von Zarinmutter Maria Fjodorowna.

Alexej ist mit seinen zehn Jahren ein gutes Stück erwachsener geworden, als er das noch vor kurzer Zeit war. Nun tragen die Ereignisse der Gegenwart weiter dazu bei, daß er die Dinge des Lebens, den Ernst des Krieges und die Bürde eines Zaren besser erahnen, wenn noch nicht verstehen lernt. Rein äußerlich wirkt Alexej in seiner erwähnten grauen Soldatenuniform mit dem schweren gegürteten Mantel schon ein wenig männlicher als dies mit seiner bisherigen Matrosenkleidung der Fall sein konnte.

Doch zunächst hat Alexej nicht viel Zeit, sich mit Gedanken über seinen neuen Lebensabschnitt und seinen Geburtstagsgeschenken zu beschäftigen. Die Zarenfamilie begibt sich noch im August nach Moskau, wo der Zar der Tradition entsprechend den Bewohnern der alten Hauptstadt offiziell den Kriegseintritt Rußlands bekanntgibt und vor der Iwerskaja Ikone betet.

Am 4. (17.) August morgens kommt die Zarenfamilie in Moskau an. Der Empfang gestaltet sich in dieser Stadt, deren Bevölkerung sich ansonsten selten mit jener Petersburgs in Einklang befindet, überraschend positiv. Offenbar hat Rußlands unfreiwilliger Kriegseintritt über alle politischen, gesellschaftlichen und (hinsichtlich der Weite und Vielfalt des Landes) auch geographischen Grenzen hinweg eine einmütige Reaktion und innerhalb der Bevölkerung einigende Wirkung ausgelöst. Gilliard, der die Zarenfamilie in diesen Tagen in Moskau an der Seite Alexejs begleitet, steht in seinen Tagebuchnotizen sichtlich unter dem Eindruck des Erlebten – offenbar der letzten großen Manifestation von Patriotismus für Rußland, den Zaren und den Zarjewitsch, welcher der Zarenfamilie zuteil wird und den Alexej zu spüren bekommt:

»... Die Ankunft Ihrer Majestäten bescherte mir den berührendsten Eindruck, den ich bisher erlebt habe. Nach dem üblichen Empfang begaben wir uns in einem langen Prozessionszug zum Kreml. Die Straßen und Plätze waren von Menschenmassen überfüllt. Die Leute waren auf die Dächer geklettert, hingen auf Bäumen, klammerten sich an Fassaden über Schaufenstern von Geschäften. Während unentwegt sämtliche Kirchenglocken läuteten, strömte aus tausenden Kehlen in tiefempfundener Religiosität die würdevolle und eindringliche russische Hymne, in welcher der Glaube des ganzen Volkes ausgedrückt ist: ›Gott, schütze den Zaren! Starker, Mächtiger, herrsche zu unserm Ruhm, herrsche zur Furcht der Feinde, Zar, Rechtgläubiger! Gott, schütze den Zaren!‹

Durch die weit geöffneten Tore der Kirchen entlang des Weges waren die Flammen der Kerzen zu sehen, die vor den Ikonostasen angezündet waren, davor die Priester in vollem Ornat mit goldenen Kreuzen in der Hand, mit denen sie den Zaren segneten, als er vorbeizog. Die Klänge der Hymne verstummten da, um dort wieder anzuschwellen ...«

Durch die Woskrjesjenskaja Worota, das Auferstehungstor, zieht die Zarenfamilie mit dem Gefolge in den Bezirk des Kreml ein – wie alle Herrscher bei der Ankunft in dieser Stadt. In der Kapelle mit der »wundertätigen Ikone der Iwerskaja Gottesmutter« verweilt die Herrscherfamilie, um zu beten. Gilliard, sonst eher nüchtern analysierend, läßt sich in seiner Niederschrift der Eindrücke sichtlich von der erlebten Stimmung mitreißen:

»... Schweigend steht der Zar da, mit ernstem Gesicht. Er spürt die Augen seines Volkes auf sich gerichtet, und in der allgemein herrschenden Stille scheint er mit ihm förmlich eins zu sein. Zum letzten Mal fühlt er den Puls des großen Rußland ...«

Langsam kehrt der Zar mit seiner Familie zur Equipage zurück, die ihn zum Palast bringt. Alexej, bisher ruhig, klagt nun über Schmerzen im Bein. Es scheint fraglich, ob der Thronfolger am kommenden Tag gehen und in der Kirche stehen kann. Seine Eltern sind verzweifelt. Konnte der Zarjewitsch schon im Winterpalais nicht dabeisein, wird es nun wieder so kommen wie immer, wenn sein Erscheinen in der Öffentlichkeit wie auch für ihn selbst von Bedeutung ist? In dieser Hinsicht scheint Alexej vom Schicksal verfolgt: immer dann, wenn es darauf ankommt, passiert im letzten Augenblick etwas, das ihn daran hindert, seiner Rolle als Thronfolger gerecht zu werden.

Am nächsten Tag hält Gilliard fest:
»Dienstag, 18. August[1]. Als Alexej Nikolajewitsch heute feststellte, daß er nicht gehen kann, war er völlig verzweifelt. Ihre Majestäten beschlossen dennoch, daß er bei der großen Zeremonie heute dabeisein sollte. Einer der Kosaken des Herrschers sollte ihn tragen. Eine bittere Enttäuschung für die Eltern: sie müssen befürchten, daß in der Bevölkerung das Gerücht aufkommt, der Caesarjewitsch sei ein Krüppel ...«
Wieder erwarten unzählige Menschen das Erscheinen der Zarenfamilie, wieder Enthusiasmus. In der Uspenskij-Kathedrale wird das feierliche Hochamt in Anwesenheit der Metropoliten von Moskau, Petersburg, Kiew und des höchsten Klerus begangen.
Die Prachtentfaltung dieser Messe, die dem gemeinsamen Gebet um einen baldigen und für Rußland glücklichen Ausgang des Krieges gilt, reißt den französischen Botschafter zur Bemerkung hin: »Nur der Hof von Byzanz kannte eine solche Pracht und Herrlichkeit...« Und Hofmarschall Benckendorff fügt angesichts des patriotischen Enthusiasmus und der Loyalitätsbezeugungen der Moskauer Bevölkerung hinzu: »Das ist sie also, die Revolution, die uns Berlin prophezeit hat!« Er kann nicht wissen, daß unmittelbar vor Kriegsausbruch ein unvermuteter Verbündeter Deutschlands, der Revolutionär Lenin, in seinem Schweizer Exil gemeint hatte: »Für unsere Revolution wäre ein Krieg in Rußland das Beste

---

[1] Gilliard datiert gewöhnlich nach dem westlichen Kalender.

– aber ich glaube nicht, daß Franz Joseph und Wilhelm uns diesen Gefallen tun ...«

Am Ende des Hochamts, dem Alexej auf den Armen des Kosaken beigewohnt hatte, verneigen sich die Mitglieder der Zarenfamilie vor den Reliquien und beten am Sarkophag des Kirchengründers Alexej.

»Noch lange nach der Rückkehr Ihrer Majestäten«, hält Gilliard über diesen Tag fest, »war der Platz voll Menschen. Sie harrten weiter aus in der Hoffnung, die Zarenfamilie noch einmal zu sehen (...)«

Wladimir Bulgakow, der im Kremlpalast Wache steht, erinnert sich später:

»Die Zarenkinder benahmen sich sehr natürlich. Sie kamen öfter vorbei und aßen dabei Trauben und andere Früchte; der kleine Caesarjewitsch sammelte Ziegelsteine von irgendwo zusammen. Er erklärte mir, er wolle einen Ofen bauen, und ich dürfe niemandem etwas davon erzählen...«

Gilliard berichtet über den nächsten Tag, an dem er mit Alexej auch allein ausfahren kann:

»Donnerstag, 20. August. Mit jedem Tag wächst der Enthusiasmus noch an. Es scheint, als seien die Moskauer stolz darauf, daß der Zar sich unter ihnen aufhält, und versuchten, ihn mit ihren Sympathiekundgebungen dazu zu bewegen, länger zu bleiben. Immer klarer, spontaner und stürmischer kommt ihre Begeisterung zum Ausbruch.

Alexander Nikolajewitsch und ich fahren täglich mit dem Automobil aus. Heute waren wir auf den Worobjower Gory[1], wo Napoleon am 14. September 1812 auf die Stadt geblickt hat...«

Alexej bietet sich von hier aus ein majestätischer Anblick von Moskau. Im Vordergrund, am Fuße des Hügels, das weiße Neujungfrauen-Kloster mit seinen sechzehn Goldtürmen und der wehrhaften Einfriedung gleich einer weißen Festung, da-

---

[1] Sperlingsberge, Hügel im Westen von Moskau, heute Universitätsviertel

hinter ein ganzes Kirchenviertel mit Palästen, dazwischen Parks und Klöster, und noch weiter weg leuchten die bunten Türme der Kremlkirchen.

Die Spazierfahrten gestalten sich spontan und daher ohne Begleitschutz der Sicherheitsgarde. Gilliard:

»Auf unserem Rückweg mußte der Chauffeur beim Einbiegen in eine Seitengasse stehenbleiben, weil der Wagen von einer solchen Menschenmenge umringt war, daß er nicht weiterfahren konnte. Es waren vor allem einfache Leute, Bauern aus der Umgebung, die für ihre Geschäfte in die Stadt gekommen waren oder in der Hoffnung, den Zaren zu sehen. Plötzlich kamen von überallher die Rufe: ›Der Thronfolger! Der Thronfolger!‹ – Daraufhin drängten die Menschen noch stärker und näher zu uns, umringten uns, und wir waren in diesem Kreis von Bauern, Arbeitern und Händlern eingeschlossen, die einander unter lauten Rufen stießen und schoben, um den Caesarjewitsch besser zu sehen. Einige Frauen und Kinder wagten sich immer näher an den Wagen heran und stiegen auf die Trittbretter; sie streckten die Hände zum Wageninneren des offenen Automobils aus, und als es ihnen gelang, das Kind zu berühren, riefen sie stolz: ›Ich habe ihn berührt! Ich habe den Thronfolger berührt!‹

Von der stürmischen Demonstration solcher Gefühle eingeschüchtert, verkroch sich Alexej Nikolajewitsch am Boden des Automobils. Er war blaß und vom unerwarteten Ausbruch der Emotionen beunruhigt. Als er dann das gutmütige Lächeln auf den Gesichtern dieser einfachen, harmlosen Menschen sah, faßte er sich wieder. Aber er war über das Maß der Aufmerksamkeit, die er auslöste, verlegen und wußte nicht, was er sagen und tun sollte. Was mich betrifft – ich fragte mich beunruhigt, wie das ausgehen würde, da wir für unsere Ausfahrten keinen Polizeischutz in Anspruch nahmen. Da erschienen plötzlich zwei stämmige Polizisten, die herumbrüllten und die Menge zerstreuten; mit dem ihnen eigenen unterwürfigen Gehorsam der russischen Muschiks wichen diese nach anfänglichem Zögern allmählich zurück. Ich ließ nun den Bootsmann Djerewjenjko, der uns im nächsten Wagen folgte, vorausfahren, um uns den Weg zu bahnen...«

An nächsten Tag besucht die Zarenfamilie noch das Sergej-Dreifaltigkeitskloster, eine historische Stätte Rußlands und ein Zentrum der Orthodoxie; dieses Terrain war im 17. Jahrhundert von den Polen besetzt gewesen, konnte aber wieder befreit werden; es gilt als »heilige Stätte«, und in der Nähe leben in gemauerten unterirdischen Zellen Eremiten, die an dieser Stelle ihr Leben in Gebet und Fasten beenden.

Wieder in Zarskoje Sjelo widmet sich der Zar mit voller Energie den Angelegenheiten der Kriegsführung. Nie hat man ihn, berichten Augenzeugen, so energisch gesehen. Die Tatsache, daß nun das Doppelspiel des deutschen Kaisers zutagegetreten war, hat Nikolaus' Entschlossenheit gestärkt, sein Land zum Sieg zu führen. Und die patriotischen Manifestationen in Petersburg und nun auch in Moskau haben ihm das Gefühl vermittelt, daß sein Volk hinter ihm steht, und ihn optimistisch gestimmt.

Diesen neuen Elan und Optimismus büßt der Zar auch nicht ein, als er im September 1914 von der ersten russischen Niederlage in Ostpreußen erfährt. Dafür scheint er vom »Wunder an der Marne« entschädigt, wo seine französischen Verbündeten dank der russischen Hilfe den deutschen Angriff abwehren konnten. An der russischen Südwestfront kann die russische Armee den Vormarsch der Österreicher in Galizien zum Stillstand bringen und 100 000 Gefangene machen. Lemberg ist »wieder den Slawen zurückgegeben«. Der Zar begibt sich in den Generalstab, dessen Hauptquartier sich in Baranowitschi befindet, und bereist von dort Abschnitte der Front, um die Kampfmoral zu stärken.

Alexej wird nun wieder voll vom Unterricht in Anspruch genommen. Sein Englischlehrer Gibbes wird nach seinem Heimaturlaub von einem Telegramm der Zarin nach Zarskoje Sjelo zurückgeholt. Bei der abenteuerlichen Rückreise des Briten von England über Norwegen, Schweden und Finnland war zufällig auch Großfürst Michail Alexandrowitsch im gleichen Zug gereist. Der sechsunddreißigjährige Bruder des Zaren, nach Alexej an nächster Stelle in der Thronfolge, war zwei Jahre zuvor wegen seiner morganatischen Heirat aus Rußland verbannt und nun anläßlich des Krieges nach Hause zurückgerufen worden. Er wird nun vom Zaren zum Anführen einer Kosakenbrigade an die Front beordert.

Gibbes schreibt über seine Eindrücke von Alexej, den er seit fast einem halben Jahr nicht gesehen hat:

»9. September[1] [1914]. Ich kann sagen, daß er sich sehr gebessert hat. Er hat sich in jeder Hinsicht weiterentwickelt; intelligenter und rascher bei der Arbeit. Wir sprachen die meiste Zeit über. Ich erzählte ihm von meiner Reise und ließ ihn Bilder (...) beschreiben.«

Gegen Ende dieser ersten Woche zeigt Gibbes Alexej – durchaus im Rahmen seines pädagogischen Programms – wieder, wie man Papierhüte macht. Allerdings hat Gibbes danach wieder umso größere Schwierigkeiten, Alexej zur eigentlichen Unterrichtsarbeit zurückzugewinnen.

Im Russischunterricht schreibt Alexej seine ersten freien Aufsätze. Einer von ihnen behandelt Episoden im Leben eines russischen Offiziers. In der ersten stirbt seine Freundin, und unmittelbar darauf heiratet er eine andere. Die Fortsetzung liest sich wie folgt:

»A. P. Andrejew. Die Tür öffnet sich, und der Offizier tritt ein. Er setzt sich auf einen Stuhl und läutet. Sein Lakai erscheint. (...)

Zum Geleit wurde ein Bittgottesdienst gelesen. Das Regiment war marschfertig, eine große Menschenmenge begleitete es. Alle Regimentsdamen versammelten sich auf dem Bahnhof. Sie verabschiedeten sich kurz. Der Zug fuhr leise ab. Auf dem Bahnsteig schrien alle ›Hurra!‹. Die Frau von A. P. kehrte in

---

[1] Gibbes notiert nach westlichem Kalender.

Tränen nach Hause zurück. Nachdem sie kurz gerastet hatte, ging sie in die Kirche, entzündete vor der Ikone der Gottesmutter eine kleine Kerze und betete innig.

Ein Monat verging. Das Regiment, in welchem A. diente, kam gegen die Deutschen zum Einsatz. In einer Schlacht erlitt das Regiment unbedeutende Verluste. Es wurden ein paar Offiziere verletzt. Unter ihnen befand sich auch A. P. Er wurde verwundet im Kopf und in der Brust. Vom Schlachtfeld trug ihn der junge Gefreite Archip Koryto und brachte ihn zur Verbandstelle. Während der Versorgung kam eine Krankenschwester ins Zimmer. Sie sah den Verwundeten und erkannte in ihm ihren Mann. Die Wunden erwiesen sich als ernst. Den Verwundeten sandte man zur Genesung in seine Heimatstadt Kischinjow. Ihn begleitete seine Frau. Aufgrund seiner schweren Wunde verlegte man ihn in ein eigenes Krankenzimmer.

Nach einer Woche wurde A. P. schließlich gesund. Er begab sich in sein Regiment zurück und nahm Schuhwerk und warme Wäsche für die niedrigeren Ränge mit. Seine Frau fuhr in sein Lazarett. Sie sind bei guter Gesundheit und werden bis zum Ende im Krieg bleiben.

Ende   A. R.[1]«

Alexej lebt also in Gedanken mit den Kriegsereignissen mit, auch wenn er sich von deren Realität keine Vorstellung macht. Ein Offizier bringt ihm eine Pfeilspitze, wie sie von den feindlichen Fliegern abgeworfen werden. Alexej zeigt sie stolz seiner Mutter.

Bald beginnt auch der Thronfolger, Lazarette zu besuchen. Doktor Botkin nimmt ihn zum ersten Mal in einen Krankensaal des Lazaretts, das die Zarin im großen Palast eingerichtet hat, mit. Erst verhält sich der Zarjewitsch schüchtern und zurückhaltend. Protokollgemäß erklingt bei seinem Erschei-

---

[1] Alexej Romanow

nen die Zarenhymne – hier allerdings aus dem Grammophon. Diejenigen, die aufstehen können, versuchen bis zum Ende der Musik zu stehen. Doch schon ab dem zweiten Mal überwindet Alexej seine Scheu, und sobald die Hymne ausgeklungen ist, geht er zu jedem einzelnen hin und fragt ihn über seine Erlebnisse aus. Vor seinen Besuchen bitten die Großfürstinnen diejenigen, denen es schon besser geht, dem Zarewitsch etwas zu erzählen. Alexej hört gefesselt zu, wenn sie von ihrer Militärlaufbahn berichten, und schließt mit einigen Verwundeten Freundschaft. Wenn ihn seine Schwestern holen kommen, protestiert er: »Wenn es einmal für mich interessant ist, muß ich gehen!«

Tatjana betreut im Lazarett von Zarskoje Sjelo einen Kapitän der Ulanen, der gleich zu Beginn des Krieges am Bein schwer verletzt wurde. Der hübschen Großfürstin ist er offenbar besonders ans Herz gewachsen. Alexej ist das auch schon aufgefallen, nachdem er die beiden mehrmals ins Gespräch vertieft vorgefunden hat, und er neckt seine Schwester deswegen eifrig. Nachdem der Militär Tatjana von seinem Lieblingspferd und seinen Hunden erzählt hat, schenkt er ihr schließlich einen Welpen von einem Wurf seines Hundes; er wird sie bis an ihr Lebensende begleiten.

Alexej besucht aber auch andere Lazarette und ein großes Krankenhaus, das nach ihm benannt ist. Außerdem findet er sich immer wieder am Bahnhof ein, um die Konvois des nach ihm benannten Sanitätszuges mit den Verwundeten zu empfangen, die direkt von der Front kommen. Der junge Thronfolger zeigt überraschend viel Mitgefühl für die Leiden anderer, und nur wenige wissen, daß er selbst schon viele Schmerzen zu ertragen hatte.

Neben dem Unterricht versucht Gilliard, dem Thronfolger bei Fahrten mit dem Automobil das Leben und den Alltag außerhalb des Palastes näherzubringen. Wenn der Zarewitsch in Zarskoje Sjelo spielt, ist er mit einem neuen Freund zusammen: Gilliard hat dafür gesorgt, daß Alexej nicht mehr ausschließlich mit den Kindern seiner Matrosen, die in Alter und Milieu dem Thronfolger nicht ebenbürtig sind, sondern mit dem um ein Jahr jüngeren Sohn seines Arztes Djerewjenko zusammensein kann. Schließlich erreicht er sogar, daß auch der Zarjewitsch – bisher für einen Zarensohn undenkbar – zu seinem neuen Freund nach Hause kommen kann. Da die Zarin die Kinder von Großfürstin Xenia, der Schwester des Zaren, wegen ihrer Distanz zur Familie kaum einlädt, ist der Arztsohn Kolja nunmehr Alexejs einziger Freund unter den Gleichaltrigen.

Die Zarin kümmert sich auch um Lazarette außerhalb des Petersburger Bezirks und arbeitet mit dem Roten Kreuz zusammen. Wenn sie zu diesem Zweck reisen muß, hält sie den Kontakt mit ihrer Familie durch regelmäßigen Briefwechsel aufrecht. So entsteht in den ersten Kriegsmonaten des Herbsts 1914 ein Briefwechsel zwischen Alexej und seiner Mutter und andererseits mit seinem Vater, wenn dieser sich im Generalstab oder an der Front aufhält.

Alexej bemüht sich ganz besonders in den Briefen an seinen Vater, gestochen schön zu schreiben. Ihr Inhalt ist eine lakonische Zusammenfassung dessen, was Alexej gerade erlebt:

»Lieber Papa. Zarskoje Sjelo, 23. Oktober 1914.

Heute habe ich gut gelernt. Wir haben ein Lagerfeuer entzündet. Schott[1] ist in ein Eisloch gefallen. Grüße an Onkel Nikolascha[2]. Gott schütze Dich. Dein Dich liebender

Alexej.«

»Lieber Schatz, Papa. Zarskoje Sjelo, 25. Oktober 1914.

Ich habe mich sehr gefreut, als ich erfuhr, daß wir gesiegt haben. Mir geht es gut. Wie geht es Dir? Schreib! Gott schütze Dich! Küsse Dich. Alexej.«

---

[1] sein Kater
[2] Großfürst Nikolaus Nikolajewitsch, Onkel des Zaren, Großonkel Alexejs, als Oberkommandierender der Armee ständig im Generalstab.

»Lieber, teurer Papa. Zarskoje Sjelo, 26. Oktober 1914.
Heute werden wir wieder ein Feuer machen. Um sechs Uhr fahre ich mit Mama und den Schwestern ins Palastspital. Schott und Ortipo[1] tollen herum. Das Wetter ist gut, aber es gibt wenig Schnee. Habe heute begonnen, die Erzählungen des Kosaken Luganskij zu lesen. Warte schon sehr auf Dich. Gott schütze Dich. Küsse Dich. Alexej.«

»An den lieben Papa.
Teurer Papa. Zarskoje Sjelo, 29. Oktober 1914.
Heute bin ich lange im Auto gefahren und habe auch selbst gelenkt. Ich möchte Dich sehr gerne wiedersehen... Gott schütze Dich! Dein Dich liebender Alexej«

Brief der Zarin an ihren Sohn:
»Mein lieber Sonnenschein, im Zug, 31. Oktober 1914.
Ich bin traurig ohne Dich, ich habe große Sehnsucht: ich fahre gar nicht gern weg von meinem kleinen Jungen. Jetzt bist Du schon schlafen gegangen – wer betet mit Dir? In Gedanken tut das die Mama!
Morgen sehe ich, mit Gottes Hilfe, Papa, und ich werde ihm viel von Dir erzählen. Ich liege die ganze Zeit, weil das Herz wehtut; ich habe aufgehört zu essen. Die Schwestern haben die Verbände angelegt, Ortipo hat auf Olgas Knien geschlafen und dann gespielt. Anja[2] hat uns Lektionen der Fürstin Gedrojtz[3] vorgelesen. Ich werde früh schlafengehen, denn die letzten Nächte habe ich schlecht geschlafen, und ich muß für morgen Kräfte sammeln.
Du willst nicht ohne mich Verwundete besuchen, aber weißt Du, bei M(aria) und A(nastasia) wirst Du es lustig haben, denke ich. (...)

---

[1] Tatjanas kleiner Hund
[2] Freundin und Hofdame der Zarin Anna Wyrubowa
[3] Ärztin und Leiterin des Palastlazaretts in Zarskoje Sjelo

Es tut uns leid, daß wir unsere Verwundeten morgen früh nicht sehen werden – sie sind so lieb, so fröhlich. Was macht Dein Hund? Er folgt besser, wenn Du ihn Joy rufst, das heißt auf Englisch Freude.

Nun, mein lieber Alexej, leb wohl, schlaf gut, mein Glück, ich umarme Dich fest und mach Dir ein Kreuz auf die Stirn.

Ganz Deine Dich sehr liebende   Mama.

Sag den Schwestern, daß ich sie zärtlich küsse und ihnen für ihre lieben Briefe danke. Grüße an Wl. Nikolajewitsch[1], M. Gilliard, Djerewjenjko und Nagornyj.«

Weiter Alexej an seinen Vater:

»Lieber Papa. Zarskoje Sjelo, 24. November 1914.

Gestern haben wir Krieg gespielt. In einem Augenblick habe ich die feindliche Tranche genommen und bin im nächsten Moment zurückgeworfen worden und in Gefangenschaft geraten. Aber in der nächsten Sekunde habe ich mich losgerissen und bin entwischt! Die Verstärkung ist hinter mir geblieben. Mir geht es gut. Wie geht es Deiner Gesundheit? Schreib! Küsse Dich fest. Möge Gott Dich schützen. Dein Dich liebender   Alexej.«

»Mein teurer Papa! Zarskoje Sjelo, 28. November 1914

Ich habe einen Soldatenmantel bekommen, und ich bin damit Wache gestanden (...) Schon den dritten Tag regnet es und verhindert Spielen im Freien. Ich lerne so halbwegs. Ich küsse Dich.   Alexej.«

»Lieber, teurer Papa. Zarskoje Sjelo, 29. November 1914.

Morgen werde ich Rentierstiefel haben. Djerewjenjko gibt mir seine Schuhe. Ich mache sie ganz schwarz. (...) Diese ganze Woche habe ich ordentlich gelernt. Heute wird der Wachtposten

---

[1] Hofarzt Djerewjenko

eine Laterne bekommen. Du fehlst mir immer. Ich hoffe, wir sehen uns bald. Gott schütze Dich! Küsse Dich innig.

Alexej.«

An die Mutter:
»Meine teure Mama. Zarskoje Sjelo, 14. Dezember 1914.
Ich hoffe, daß Du mir schreiben wirst. Schlaft alle gut!
Gott schütze Euch! Küsse Dich fest, den Husaren und den Ulanen[1].

Alexej.«

»Lieber Schatz, Papa! Zarskoje Sjelo, 24. Januar 1915.
Ich liege noch im Bett, aber bald stehe ich auf. Pjotr Wasilje-witsch[2] und Mr.[3] Gilliard lesen mir abwechselnd vor. Bleib gesund. Gott möge Dich schützen!

Alexej.«

Der nächste Brief ist in französischer Sprache geschrieben.

»Tsarskoe Selo, 3 Mars 1915
Cher Papa,
Je suis allé hier a Pavlosvsk voir le train. Schott s'est sauvé dans le parc parce qu'il a vu un chien noir; Derevenko a couru après lui dans la neige. Hier la tout fondait, mais aujourd'hui il fait froid et il neige. Nagorni fait la voute sur l'escalier, comme tu as dit.
Je t'embrasse.   Alexis.«

»Zarskoje Sjelo, 3. März 1915.
Lieber Papa,
Ich bin gestern nach Pawlowsk gefahren, um den Zug zu sehen. Schott hat sich in den Park gerettet, denn er hat einen schwarzen Hund gesehen. Djerewjenjko ist ihm in in den Schnee nachgelaufen. Gestern ist hier alles geschmolzen, aber heute ist es kalt und es schneit. Nagornyj macht die Rundung auf der Stiege, wie Du gesagt hast.
Ich küsse Dich.   Alexej.«

---

[1] Mit Husaren und Ulanen sind Alexejs Schwestern Olga und Tatjana gemeint, die Chefs der Husaren- und Ulanenregimenter sind. Die jüngeren Schwestern zählen daher offenbar nicht.
[2] Petrow, Lehrer für Russisch
[3] Abkürzung für Monsieur

»Mein teurer Papa. 7. März 1915.

Heute ist starker Frost. Es gibt viel Schnee, der Turm ist gefroren. Gestern war ich in Pawlowsk; dort hat mir die Lokomotive eine Kopeke plattgefahren. Den dritten Tag habe ich auf einem Bauernhof zugeschaut, wie man Milch und Rahm herstellt und Butter macht. Das ist sehr appetitlich. Mir geht es gut. Ich lerne zufriedenstellend.

Bleib gesund. Möge Gott Dich schützen! Küsse Dich fest.

Alexej.«

Doch Alexej reagiert auch auf das, was ihm sein Vater berichtet:

»Mein teurer Papa!

Zarskoje Sjelo, 9. März 1915.

Ich danke Dir sehr für die Karte. Wir haben uns schrecklich gefreut, als wir Dein Telegramm über die Einnahme von Przemysl[1] bekommen haben (...) Küsse Dich fest. Alexej.«

Und wieder Französisch:

»Tsarskoe-Selo 14 Avril 1915	Zarskoje Sjelo, 14. April 1915.
Cher Papa.	Lieber Papa.
Je suis allé Dimanche dans ma petite automobile à Babolova. J'ai vu en passsant une batterie, deux grands canons et deux petits pour tirer contre les aéroplanes. J'ai vu aussi une vieille grand'mère assise dans une brouette. En revenant, j'ai vu la brouette renversée, je	Ich bin am Sonntag mit meinem kleinen Automobil nach Babolowa gefahren. Ich habe unterwegs eine Batterie gesehen, zwei große Kanonen und zwei kleine, um gegen Flugzeuge zu schießen. Ich habe auch eine alte Frau gesehen, die in einem Karren saß. Als ich wiederkam, habe ich gesehen, daß der Karren umge-

---

[1] Festung in Galizien, wo die Österreicher zurückgedrängt wurden

pense que la grand'mère était tombée. | stürzt war, ich glaube, die Großmutter ist hingefallen.

J'ai été aujourd'hui voir un éléphant. | Heute habe ich einen Elefanten gesehen.

Je t'embrasse.   Alexis. | Ich küsse Dich.   Alexej.«

»Mein teurer Papa.   Zarskoje Sjelo, 16. April 1915.
Wir haben schmutziges Wetter. Es ist so kalt, daß das Wasser überall friert. Es schneit selten. (...) Gestern habe ich ein interessantes Geschenk bekommen: ein aktiver Offizer hat mir ein Stahlgeschoß gebracht.
Ich lese ein interessantes Buch über Peter den Großen, das mir Mama geschenkt hat.
Alle sind Gott sei Dank gesund.
Gott schütze Dich! Dein Dich liebender   Alexej.«

»Mein Schatz, Papa.   Zarskoje Sjelo, 16. Juni 1915.
Sonntag sind ich, W. N. (Petrow), die Jungen und Djerewjenjko nach Peterhof gefahren. Es war ein starker Wind. Am Rückweg war das Auto offen, am Hinweg geschlossen. Sind mit 52 km/h gefahren. Plötzlich hat es geknallt, und das hintere Dach ist in die Luft geflogen. Es hat beim Flug auf die Scheibe aufgeschlagen, die zersprungen ist. Waren auf unserer Datscha. Haben Radieschen und Gurken ausgerissen und sind zurückgefahren.
Allen geht es gut. Grüße an Onkel Nikolascha. Gott schütze Dich! Küsse Dich fest. Dein Dich liebender   Alexej.«

»Teurer Papa.   Zarskoje Sjelo, 22. Juni 1915.
Sind gestern nach Ropscha gefahren. Unterwegs, bei Krasnoje Sjelo, hat uns der Wachtposten aufgehalten. Nach kurzer Wartezeit ist auf einem Fahrrad ein Offizier gekommen und hat uns durchgelassen.
Vor dem Palast im Teich haben wir gefischt. Ich habe fünf Forellen gefangen. Dann sind wir in die Orangerie gegangen, wo

Брief des knapp elfjährigen Zarjewitsch an seinen Vater in den Generalstab: »Mein lieber Papa. Danke Dir sehr für die Karte. Wir haben uns schrecklich gefreut, als wir Dein Telegramm über die Einnahme von Przemysl bekommen haben«.

270

wir Weintrauben gepflückt haben. Grüße an Onkel Nikolascha. Gott schütze Dich! Küsse Dich fest. Dein Dich liebender
Ataman[1].«

Im Herbst 1914 hatten in einer bisher nie dagewesenen Demonstration der Einheit städtische Organisationen gemeinsame Initiativen für eine koordinierte Versorgung der Front
gesetzt. Der Erfolg lohnte den Einsatz. Doch er hält nicht an.
Die deutsche Artillerie ist der russischen Ausrüstung überle-
gen. Außerdem zieht der deutsche Feind Einheiten von seiner
Westfront ab, um sie konzentriert an der Ostfront gegen Rußland einzusetzen. Neue Reservisten werden an die Front geschickt. Aber der Umfang der Ausrüstung entspricht nicht
dem Ausmaß der neu Einberufenen.
Im Mai 1915 ändern die Deutschen ihre Strategie. Es erfolgt
ein massiver Angriff an der Ostfront, bevor Italien, das soeben
aus dem Verband ausgetreten ist und sich auf die russische
Seite geschlagen hat, seinerseits Österreich angreift. Deutschland hat 161 Divisionen und die gesamte Artillerie an seiner
Ostfront gegen Rußland konzentriert. Die Folge:
Am 3.6. geht Przemysl den Russen wieder verloren, und die
nun hier die Österreicher verstärkenden deutschen Einheiten
können den ganzen Sommer lang weiter nach Osten vordrin-
gen; am 4.8. fällt Warschau; am 18.9. fällt Vilnius.
Ende des Sommers 1915 ist nahezu die Hälfte der aktiven russischen Armee vernichtet. 1,4 Millionen Mann sind gefallen
oder vermißt, 976 000 gefangen.
Als der Zar die Nachricht vom Fall Warschaus erhält, bedeckt
er sein Gesicht mit beiden Händen. »Das kann nicht so weitergehen, es muß ein Ende haben...« sagt er. Und er faßt einen
folgenschweren Entschluß.
Nikolaus war schon seit einiger Zeit von seiner Frau beschworen worden, anstelle des Großfürsten Nikolaus Nikola-

---

[1] Kosakenhauptmann – Alexej ist Chef des Atamanenregiments.

jewitsch das Höchstkommando zu übernehmen. Ihr Motiv: auf die Popularität des Großfürsten eifersüchtig, hat sich die Zarin in die Vorstellung hineingesteigert, er arbeite auf einen Sturz des Zaren und seine eigene Machtübernahme hin. Nichts war der Realität ferner als diese Unterstellung, aber sie erhielt für die Zarin Gewicht durch die Tatsache, daß sie von »unserem Freund«, wie Alexandra Rasputin in den Briefen an den Zaren nannte, genährt wurde. Nachdem der intrigante Sibirier im Großfürsten einen persönlichen Feind sah, unternahm er alles, um ihn wie schon seine Vorgänger in den Augen der Zarin als Feind des Zaren und der Dynastie darzustellen. Der Grund: der Oberbefehlshaber verachtete Rasputin. Als dieser einmal den Generalstab besuchen wollte und dies telegraphisch ankündigte, kabelte Nikolaus Nikolajewitsch postwendend zurück:

»Kann kommen. Wird gehängt.«

Als nun der Großfürst im Verlauf des ersten Kriegsjahres militärische Mißerfolge hinnehmen muß, weiß die Zarin, wie ihr Schreiben an den Zaren zeigt, sofort eine Erklärung: »Wer gegen den Mann Gottes [Rasputin] ist, kann auch nicht auf den Segen Gottes hoffen...«

Warum der Zar die umstrittene Entscheidung trifft, selbst an die Spitze des Armeekommandos zu treten, scheint rätselhaft. Nikolaus hatte bisher Großfürst Nikolaus Nikolajewitsch, seinem Onkel, großen Respekt entgegengebracht. Nach den russischen Niederlagen im Frühjahr 1915 gelangt er jedoch zur Überzeugung, daß seine Anwesenheit im Hauptquartier und Nähe zum Geschehen an der Front zur Kontrolle und Verbesserung der Lage beitragen würde. Außerdem hat Nikolaus, wie er Gilliard gegenüber äußert, das persönliche Bedürfnis, in dieser schweren Zeit seiner Armee nahe zu sein. Daher ist nicht anzunehmen, daß seine Entscheidung, selbst das Höchstkommando zu übernehmen, auf den Einfluß der Zarin zurückzuführen ist, auch wenn diese ihn darin bestärkt oder den Ausschlag gegeben haben dürfte.

Somit entscheidet Nikolaus im Sommer 1915, am Höhepunkt der militärischen Katastrophen bei einer zurückweichenden russischen Armee, seinen Onkel abzulösen. Er wolle, erklärt er, seiner Armee nahe sein und eng mit ihr zusammenarbeiten. Der Großfürst wird zum Oberkommandierenden in den Kaukasus befördert.

Acht Minister unterzeichnen einen warnenden Appell an den Zaren, nicht das Höchstkommando zu übernehmen. Bei Mißerfolgen, lautet der Tenor, würde man den Zaren persönlich mit den militärischen Niederlagen identifizieren. Und die Folgen seiner ständigen Abwesenheit von der Hauptstadt seien nicht abzusehen. Im Ministerrat ergreift einer nach dem anderen das Wort. Der Zar hört alle Redner ruhig an, bevor er antwortet: »Ich danke Ihnen, meine Herren. Ich reise übermorgen in den Generalstab ab.«

Das Hauptquartier ist anläßlich der Richtung Osten zurückweichenden Front von Baranowitschi nach Mogiljew, einer Provinzhauptstadt im Westen Rußlands, verlegt worden.

Am 22. August (4. September) 1915 reist Nikolaus in die Stawka, das Hauptquartier des Generalstabs, ab. Damit ändert sich bald auch für Alexej der Alltag.

Alexej im Generalstab

Alexej ist stolz darauf, daß sein Vater nun auch Generalissimus der Armeen ist. Noch im September schreibt die Zarin an den Zaren einen Brief:

»Unser lieber Kleiner bittet immer öfter, daß Du ihn in das Hauptquartier nimmst, auch wenn es ihm schwer fällt, sich von mir zu trennen. Aber Du wirst Dich nicht so einsam fühlen; und wenn Du auf Reisen gehst oder zu den Truppen fährst, könnte ich kommen und ihn holen. Du hast ja Doktor Fjodorow bei Dir, er bräuchte also nur Gilliard. Am Vormittag könnte er Französisch-Unterricht nehmen und tagsüber mit

Dir im Automobil mitfahren, wenn er nicht zu Fuß gehen kann. Hast Du neben Dir ein freies Zimmer? Er könnte doch auch in Deinem Schlafzimmer schlafen. Aber Du mußt alles ruhig überdenken...«

Einen Monat nach Ankunft des Zaren im Hauptquartier hat sich die Front stabilisiert, beiderseits der neuen Linie werden Schützengräben ausgehoben. Nikolaus fährt nach Zarskoje Sjelo. Bei dieser Gelegenheit bespricht er mit Alexandra den Plan, Alexej in den Generalstab mitzunehmen. Nach Nikolaus spricht alles dafür: es kann sich nur positiv auf die Kampfmoral der Truppen auswirken, wenn sie den Thronfolger sehen, und für den Zarjewitsch selbst kann es nur wertvoll sein, seinen Horizont zu erweitern und begreifen zu lernen, welche Opfer dieser Krieg Rußland kostet. Deshalb erklärt sich die Zarin auch bereit, sich erstmals für einige Zeit von ihrem Sohn zu trennen, auch wenn es ihr schwerfällt.

Noch im Oktober des Jahres 1915 fährt Alexej, überglücklich, mit seinem Vater nach Mogiljew ab. Die Provinzstadt liegt ungefähr 800 km südwestlich von Petrograd entfernt. Mit im Zug reisen außer der üblichen Suite Alexejs Hauslehrer Gilliard, seine Matrosen Djerewjenjko und Nagornyj, und sein Hund Joy, den Alexej bei jedem Halt des Zuges spazierenführt.

Am zweiten Reisetag wird die Fahrt kurz unterbrochen. Der Zar läßt in Rechnitz anhalten, um jene Truppenteile zu besichtigen, die nach Einsätzen in Galizien und den Karpaten zum Fronturlaub einquartiert sind. Alle, die da vor ihm und Alexej stehen, hatten vor kurzem an schweren Kämpfen teilgenommen, und ihre Einheit war stark dezimiert worden. Nach der Truppenschau geht der Zar – gefolgt von Alexej – zu einzelnen Soldaten hin und fragt sie über Details der Kampfhandlungen aus. Alexej, der laut Protokoll hinter dem Zaren bleiben muß, hört mit angespanntem Gesichtsausdruck zu, um kein Wort der Berichte derer zu versäumen, die dem Tod so nahe gewesen sind.

Als sich der Thronfolger mit seinem Vater entfernt, flüstern die Soldaten miteinander und tauschen ihre Eindrücke vom Zarjewitsch aus: wie er aussehe, wie groß er sei, wie alt er nun wohl sein möge; allen imponiert es, daß der Thronfolger in die schlichte Uniform des gemeinen Soldaten gekleidet ist.

Am 13. (16.) Oktober 1915 trifft Alexej mit seinem Vater in Mogiljew ein. Es ist eine kleine Provinzstadt in Weißrußland. Alexej lebt hier zum ersten Mal nicht seinem Rang, sondern den Umständen entsprechend in einem relativ schlichten Ambiente. Das Haus des Gouverneurs, das dem Zaren als Unterkunft zu Verfügung steht, ist auf einer Anhöhe über dem linken Dnjepr-Ufer gelegen, welche die weite Flußlandschaft überragt.

Alexej bewohnt mit seinem Vater lediglich die zwei großen Zimmer der oberen der beiden Etagen des Hauses. Er teilt mit ihm das Schlafzimmer, wo für ihn ein spartanisches Feldbett bereitgestellt ist. Tagsüber hält sich der Zarjewitsch im Arbeitszimmer des Zaren auf. Die Unterrichtsstunden sind so geplant, daß sie hauptsächlich in den Vormittagsstunden abgehalten werden, wenn sich der Zar im Generalstab aufhält. Doch der Blick von Alexejs neuer Wohnstätte auf die Landschaft, die sich ihm zu Füßen ausbreitet, ist so verlockend, daß der Thronfolger anfangs oft lange am Fenster steht und auf den breiten Fluß mit den Sandbänken blickt oder auf die Föhrenwälder jenseits des Ufers. Wie gerne würde er dort mit seinem Hund herumlaufen, statt sich hier einem Arbeitsplan zu unterwerfen! Aber wie die kommenden Tage zeigen, kann der Zarjewitsch mit seinem neuen Alltag durchaus zufrieden sein.

Alexej wacht immer schon früher auf als der Zar, der meist bis spät in die Nacht arbeitet. Wenn er um sieben Uhr früh seinen Vater weckt, weil ihm spontan etwas einfällt, was er ihm sagen will, murmelt Nikolaus im Halbschlaf etwas in der Art, sein Sohn möge ihn noch in Ruhe lassen. Dabei kommt es vor, daß er Alexej mit Georgij anspricht, weil er sich unbewußt an seine jungen Jahre erinnert fühlt, in denen er das Zimmer mit seinem jüngeren Bruder geteilt hatte. Das erheitert Alexej derart, daß er laut auflacht und seinem Vater erst recht den Morgenschlaf raubt.

Nach dem morgendlichen Tee begibt sich der Zar um halb neun Uhr in das Stabsquartier. Er nimmt die Berichte der Feldkommandanten entgegen und bespricht mit Generalstabschef Alexejew die nächsten Militäroperationen. Um ein Uhr kehrt Nikolaus ins Gouverneurhaus zum Mittagessen zurück. Bis dahin erhält Alexej im Kabinett des Zaren seine Stunden.

Das Mittagessen wird im großen Saal des Gouverneurshauses eingenommen. Für Alexej ein völlig neues Milieu: während er in Zarskoje Sjelo meist mit seiner Mutter oder den vier Schwestern zu Mittag ißt, befindet er sich mit einem Mal ausschließlich in männlicher Gesellschaft – noch dazu unter Militärs. Gewöhnlich nehmen an die dreißig Personen an der Mittagstafel teil, darunter Generalstabschef Alexejew, seine wichtigsten Adjutanten, die Chefs sämtlicher Militärmissionen der Verbündeten: der französische General Janin, der britische General Sir John Hanbury-Williams, der belgische General Baron B. de Riquel (von Alexej in der Folge »Papa Riquel« genannt), der italienische Oberst Marsengo, ein japanischer und ein siamesischer Militär; dazu die Suite und einige Offiziere.

Alexej legt bei der Tischgesellschaft, die ihm bald vertraut wird, schon nach wenigen Tagen seine Scheu ab und fängt an, die verschiedenen Generäle zu necken. So prüft er mit ernster Miene, ob der britische General auch alle Uniformknöpfe richtig geschlossen hat. Als er zwei davon geöffnet vorfindet, knöpft er sie mit strengem Gesichtsausdruck zu. Dann kommt der belgische General an die Reihe. Auch bei ihm ist nicht alles in Ordnung! Endlich wird Alexej klar, daß er selbst das Objekt des Spiels ist. Aber dem Belgier bereitet es weiterhin Vergnügen, Alexej mit irgendwelchen »Mängeln« zu provozieren. Der Zarjewitsch sieht bald in ihm einen Freund, der zu allen Scherzen bereit ist, und eignet sich am liebsten dessen Uniformkappe an – auch wenn sie ihm viel zu groß ist. Wenn der Zar nicht anwesend ist, überschreitet Alexejs Übermut allerdings manchmal die Grenzen des Maßvollen: so bringt er einmal eine halbierte Melone herein, geht zielbewußt auf einen der Militärs zu und setzt sie ihm auf.

Nach Tisch zieht sich der Zar von zwei bis drei Uhr in sein Arbeitszimmer zurück. Etwa um drei Uhr nimmt er Alexej und Gilliard mit seinem Automobil mit auf eine Ausfahrt. Solange Nikolaus allein hier war, hat er sich in dieser Zeit in irgendeiner Form sportlich betätigt oder war am liebsten allein zu einem zügigen Marsch aufgebrochen. Wenn ihn dabei jemand begleitet hat, war es oberstes Gebot, kein Wort zu sprechen. In der warmen Jahreszeit war er auf dem Fluß rudern. Mit Alexej unternimmt er von irgendeinem Ausgangspunkt in der Umgebung von Mogiljew, wo sich ein einladender Weg bietet, einen einstündigen Spaziergang in die Wälder.

Ein Ziel hat es Alexejs besonders angetan: es ist das kleine, von einem Wald umgebene Dorf Saltanowka, wo im Juli 1812 Napoleon bei seinem Vormarsch auf Moskau von den Rajewskij-Truppen aufgehalten wurde. Hier steht noch ein Glockenturm, der an jene Stelle erinnert, wo damals die russische Verteidigung konzentriert war. Ganz besonders fasziniert ist der Zarjewitsch beim Gedanken daran, daß der französische Marschall bei der Einahme von Mogiljew einige Tage lang in eben jenem Gouverneurshaus gewohnt hatte, wo jetzt er untergebracht ist!

Nach der Rückkehr arbeitet der Zar in seinem Kabinett weiter. Hier bereitet auch Alexej bis zum Abendessen seine Aufgaben für den nächsten Tag vor – manchmal mit der Unterstützung seines Hauslehrers. Einmal, als ihn Gilliard dabei unterweist, dreht sich Nikolaus plötzlich mit der Feder in der Hand um und unterbricht den Lehrer mit den Worten:

»Wenn mir irgend jemand gesagt hätte, es kommt der Tag, an dem ich die Kriegserklärung an Bulgarien unterzeichnen werde, hätte ich den Betreffenden für verrückt erklärt – und da, dieser Tag ist wirklich gekommen. Aber ich tue das schweren Herzens, denn ich bin sicher, das bulgarische Volk ist von seinem König irregeleitet worden und hat sich in Wirklichkeit seine Verbundenheit mit Rußland bewahrt; eines Tages wird ihm das bewußt werden, aber es wird zu spät sein...«

Gewöhnlich schreibt Alexej nachmittags oder gegen Abend Briefe; die Zarin hat ihm aufgetragen, regelmäßig zu schreiben, und Gilliard hält seinen Schützling dazu an, das auch zu tun. Meist muß sich die Zarin allerdings mit Gilliards eigenem Bericht an sie begnügen, den er auftragsgemäß täglich an sie übermittelt. Vor allem, wenn »der Cinematograph« angekündigt ist und es um sechs Uhr abends Filmvorführungen gibt, geht das für Alexej vor allen anderen Dingen vor.

Dabei werden meist Dokumentaraufnahmen von verschiedenen Frontabschnitten oder vom Geschehen im Hinterland gezeigt, manchmal auch private Szenen mit der Zarenfamilie, mitunter sogar die ersten (stummen) Spielfilme. In einem kurzen Bericht kommt auch der Thronfolger vor, als er im Garten des Gouverneurshauses in Mogiljew mit seinem Hund spielt. Dabei dreht er sich im Kreis. Als Alexej das sieht, erklärt er anschließend, es komme nicht in Frage, daß diese Filmaufnahme der breiten Öffentlichkeit gezeigt werde: »Das gefällt mir überhaupt nicht! Ich drehe hier Pirouetten und wirke dümmer als der Hund!«

Das Abendessen nimmt Alexej meist ohne seinen Vater und früher als er ein. Doch wenn er schlafen geht, kommt der Zar zu ihm, um mit ihm das Abendgebet zu sprechen. Zuvor erhält Alexej die Briefe, die für ihn aus Zarskoje Sjelo oder Petersburg gekommen sind und liest sie gemeinsam mit seinem Vater. Jedesmal, wenn ihm seine Mutter geschrieben hat, küßt Alexej ihre Unterschrift. Über die anschließenden Szenen des gemeinsamen Abendgebets berichtet Nikolaus an Alexandra: »Er betet brav, aber viel zu schnell – oder er leiert das Gebet einfach herunter, obwohl ich ihn ermahne...« Und meist bleibt der Zar bei seinem Sohn, bis er eingeschlafen ist. Dann erhebt er sich von dessen Bett und begibt sich in sein Arbeitszimmer, wo er die letzten Meldungen von der Front und Berichte aus der Hauptstadt studiert. Gegen ein Uhr dreißig löscht der Zar das Licht.

Am 5. (18.) Oktober wird Alexejs Namenstag gefeiert. Er erhält viele Geschenke – darunter von seiner Mutter unter anderem einen Dolch. Der Zarjewitsch ist davon so sehr begeistert, daß er ihn nachts mit ins Bett nimmt und unter sein Kopfkissen legt. Doch eines hat er nicht erhalten: das Telegramm, das ihm Rasputin zu diesem Anlaß geschrieben hat. Das Postamt in Petersburg hatte sich geweigert, es anzunehmen und weiterzugeben! Daraufhin eilt Rasputin damit erbost zur Zarin. Diese nimmt es und steckt es in einen ihrer Briefe, den sie Alexej nachträglich sendet. »Du sollst es erhalten, weil es so schön geschrieben ist«, meint sie dazu.

Alexej schreibt folgsam an seine Mutter, meist spontaner seinem Temperament nachgebend als in den Zeilen an seinen Vater, vor dem er sich offenbar in allem mehr Mühe gibt. Die Kreuze zu Beginn und am Ende der Zeilen an seine Mutter ahmt der Zarjewitsch seiner Mutter nach, die damit ihren Segen oder ihren Wunsch für den Segen Gottes für den Empfänger des Briefes zum Ausdruck bringen will.

»Liebe Mama. + Küsse.

Stawka, 7. Oktober 1915.

Gestern habe ich wieder einen Brief von Dir bekommen. Papa liest mir immer Deine Briefe vor. Mein finnischer (...)[1] ist immer bei mir. Gestern waren wir am Dnjepr. Papa und die andern und ich haben einen Kanal gegraben und Wasser hineingelassen. Es war sehr lustig. Dmitrij[2] hat Kieselsteine in den Dnjepr geworfen. Sind viel mit dem Automobil herum-

---

[1] unleserlich
[2] Großfürst Dmitrij Pawlowitsch

gefahren. Mir tut die Hand ein bißchen weh und ich werde nicht arbeiten. Richte allen, die meinen Brief lesen, Grüße von mir aus. (...) Ich beende den Brief, denn ich habe keine Zeit mehr. Küsse und umarme alle. Gott schütze Euch. Dein Dich liebender   Alexej«

»Teure Mama.   Stawka, 10. Oktober.
Gestern sind Papa und ich eine ganze Stunde ohne Unterbrechung gegangen. Wir waren ganz staubig und ich war vollkommen schmutzig. Ich habe mit allen mittaggegessen. (...) Necke den Belgier oft und fange an, mit dem Franzosen zu sprechen. Küsse Euch alle. Dein Dich liebender [Einfügung] Möge Euch Gott schützen!   Alexej.«

»Meine liebe Mama.   Stawka, 2. November 1915.
Am dritten Tag waren wir in drei Unterseebooten. Es war sehr interessant. Ein englischer Offizier gab mir seine Karte. Waren auch auf zwei russischen Booten. Ich habe mit allen gesprochen und alles besichtigt. Gestern war ich den ganzen Tag zuhause. Es war sehr langweilig. Um vier Uhr wird der Cinematograph kommen. Man sagt, es wird sehr interessant sein. Wahrscheinlich ist Ihre Hoheit Großfürstin Olga Nikolajewna[1] schon aufgeregt darüber, was sie für Geschenke bekommen wird. (...) Küsse alle. Beglückwünsche Olga zum bevorstehenden[2]. Gott schütze Euch! Vom ergebenen Diener   Alexej.«

»Liebe Mama! Stawka,   4. November 1915
(...) Djerewjenjko war dieser Tage souffrant[3], meine teure Alix[4].

---

[1] Alexej spricht hier scherzhaft offiziell von seiner Schwester
[2] zum bevorstehenden Geburtstag
[3] leidend, krank
[4] Alexej eignet sich hier die Anrede des Zaren an, wie er sie seit seiner Verlobung mit Alexandra in Briefen an die Zarin verwendet

Heute wird, meine teure Alix, der Cinematograph kommen. Ich habe heute Unterricht in Russisch und Arithmetik, meine liebe... abends in Französisch. Gestern haben wir im Wald gespielt, Lagerfeuer gemacht und Soldaten gespielt, teure ... (...) Euer Euch und Dich, meine teure Alix, liebender Bursuk[1].«

»Liebe Mama.   Stawka, 28. November 1915
Ich bin in der Früh um halbzehn aufgestanden, habe gelernt und mit allen mittaggegessen. Danach habe ich mich ausgeruht und bin spielen gegangen. Und jetzt schreibe ich Dir. Papa liest Berichte, und M. Gillik[2] schreibt Dir. Bald wird Papa Tee trinken. Ich weiß nicht, was ich schreiben soll. Gestern haben Papa und ich 9 Soldaten empfangen, die zum Georgstag zu spät gekommen sind, und der erste von ihnen war Kusma Krjutschkow. Es war sehr interessant. Grüße an alle. Küsse Euch alle. Gott schütze Euch! Der Euch liebende
                    Alexej, Ataman, Schott, Joy, Euer Bojka[3].«

Schon nach kurzer Zeit bricht der Zar zu einer dreitägigen Truppenbesichtigung auf, bei der er den Zarjewitsch mit Gilliard mitnimmt. Erst fahren sie mit dem Zug nach Rowno im südlichen Teil von russisch Polen, wo sich in der Nähe auch General Brusilows Stabsquartier befindet. Von dort geht es per Automobil weiter zu Schützengräben, die entlang der Frontlinie ausgehoben sind. Alexej zeigt sich ganz besonders beeindruckt davon, daß alle zwanzig Kilometer Flugzeuge patrouillieren, bis der Zar und der Zarjewitsch die Front erreicht haben.
Das letzte Stück wird zu Fuß zurückgelegt. Alexej folgt seinem Vater, der die Reihen der Soldaten an der Front abschreitet und einige von ihnen vortreten läßt, um ihnen persönlich

---

[1] Einer jener unübersetzbaren scherzhaften Namen, wie sie Alexej sich selbst gerne in Briefunterschriften gibt
[2] Damit meint Alexej Monsieur Gilliard.
[3] deutsch: Wildfang

das Georgskreuz – die höchste Tapferkeitsmedaille – zu überreichen.

Am Ende der Frontinspektion ist es dunkel geworden. Auf dem Rückweg durch den Wald erwähnt der begleitende General Iwanow, daß sich hier ein kleines Lazarett befinde. Daraufhin beschließt der Zar spontan, es mit Alexej zu besuchen.

Diese Verbandstelle ist in einer Waldhütte untergebracht, die nur von spärlichem Fackellicht beleuchtet ist. Das Erscheinen des Zaren mit dem Zarjewitsch zu so später Stunde in diesem Gebiet so nahe an der Front löst Erstaunen aus. Ein Verwundeter streckt seine Hand – er hat nur mehr diese eine – aus, um den Mantel des Zaren zu berühren: erst dann ist er sicher, daß es sich um keine Vision handelt. Als Alexej das Stöhnen der leidenden Männer hört, ist er betroffen. Auf der Fahrt zurück zum Ausgangspunkt spricht er fast kein Wort mehr.

Der Zug bringt den Zaren und Zarjewitsch weiter nach Süden – nach Galizien. Erstmals wird jene Stelle überfahren, wo noch vor kurzem die Grenze zwischen Österreich und Rußland verlief und die sich nun, da die Österreicher zurückgeworfen sind, auf erobertem Gebiet befindet. Wieder begibt sich der Zarjewitsch mit seinem Vater in ein Gebiet, das von der feindlichen Artillerie erreichbar ist. Der Zar zeichnet Einheiten aus, die sich trotz mangelnder Ausrüstung tapfer geschlagen hatten.

Die Tatsache, daß sich der Höchstkommandierende mit dem Thronfolger bewußt und den Einwänden der Begleitung zum Trotz in Gefahr begeben hat, um verdienten Regimentern seine Anerkennung zu demonstrieren, ruft allgemein Respekt hervor. Für seinen Mut und zum Dank für den Besuch des Lazaretts in Klewan wird anschließend Alexej selbst von einer der besuchten Einheiten mit dem Georgskreuz vierter Klasse ausgezeichnet. Es ist die erste militärische Auszeichnung, die Alexej nicht allein aufgrund seiner Geburt und Position erhält. Er erfährt davon in einem Telegramm:

282

»An Seine Majestät vom Oberkommandierenden der Armeen an der Südwestfront, 25. Oktober 1915.

Melde gehorsamst und untertänigst die Auszeichnung Seiner Kaiserlichen Hoheit des Thronfolgers Caesarjewitsch und Großfürsten Alexej Nikolajewitsch mit der Silbermedaille 4. Grades auf dem Georgsband zur Erinnerung an den Besuch Seiner Kaiserlichen Hoheit am Abend des 12. Oktober d. J. (1915) bei den Verwundeten im Gebiet der Station Klewan im Feuerbereich der feindlichen Artillerie, sowie an den Aufenthalt am 13. Oktober im Gebiet der Stationierung der Reservecorps der 11. und 9. Armee. Dabei erlaube ich mir untertänigst Ihrer Kaiserlichen Hoheit zu melden, daß Sie mit dieser Auszeichnung wieder die Armeen der Südwestfront zu beglücken geruhen, deren aller Herzen bereits für immer von den freudigen Gefühlen grenzenloser Ergebenheit ihrem Obersten Heerführer gegenüber erfüllt sind und von der Bereitschaft, ihr Leben dem Zaren und der Heimat zu Füßen zu legen, wie sie es bei Ihrem Besuch der Armeen empfunden haben.   Unterzeichnet Generaladjutant Iwanow.«

Bei Alexejs Rückkehr nach Mogiljew trifft seine Mutter mit den vier Schwestern ein. Sie alle bleiben drei Tage im Hauptquartier und logieren in ihrem Zug. Alexej weiß, daß er mit ihnen und seinem Vater nach Zarskoje Sjelo fahren wird und ist darüber nicht sehr erfreut: »Ich hasse es, in Zarskoje Sjelo zu sein, wo ich der einzige Mann unter lauter Frauen bin!«

Aber der Aufenthalt zu Hause dauert nur ein paar Tage.

Danach reist der Zar wieder ab. Obwohl ohnehin vorgesehen ist, daß Alexej mitkommt, ist dieser so sehr besorgt, daß er womöglich in Zarskoje Sjelo zurückgelassen wird, daß er sich bereits eine Stunde vor der geplanten Abreise mit seinem Betreuer Nagornyj und dem Hund Joy in den wartenden Zug setzt und Balalajka spielt.

Diesmal geht es nicht sofort nach Mogiljew, sondern nach Reval und zu anderen Städten im Baltikum. Reval bildet den Ausgangspunkt für eine große Frontinspektionsreise bis hinunter ans Schwarze Meer.

Hier erlebt Alexej zum ersten Mal die Marine in Kriegszeiten. Die Bedeutung dieser Hafenstadt am Baltischen Meer liegt zu diesem Zeitpunkt darin, daß von hier aus das Eindringen der feindlichen Boote zum Abschneiden des Nachschubs verhindert werden soll. In Reval wird daher vor allem die Unterseeflotte inspiziert, aber auch die Marinearsenale werden besichtigt. Einige russische und englische Unterseeboote sind soeben von einem Einsatz zurückgekehrt. Es war ihnen unter schwierigen Umständen gelungen, im Baltischen Meer vorzudringen und ein paar deutsche Unterseeboote zu versenken. Der Zar dekoriert die erfolgreichen Kommandanten mit dem Georgskreuz.

Beim anschließenden Besuch im Spital sieht Alexej viele Schwerverwundete. Am nächsten Tag nimmt der Thronfolger in Riga, der gegen Nordwesten exponiertesten Stadt – allerdings noch nicht allein, sondern hinter dem Zaren – eine Parade von zwei »seiner« sibirischen Schützenregimenter ab; sie gehören zu den Eliteregimentern der russischen Armee und sind sichtlich erfreut, daß ihr Ehrenkommandant, der Zarjewitsch, gekommen ist, sie zu inspizieren. Auf den Gruß des Zaren hin skandieren sie die traditionelle Antwort im Chor mit der Präzision einer einzigen Männerstimme: »Glücklich, Ihrer Majestät zu dienen!«

Alexejs ständig folgender Hauslehrer, der ja nun auch als Erzieher sein wachsames Auge auf ihn richtet, hält die Zarin regelmäßig über das Erlebte auf dem laufenden. Man ist indessen mit dem Zug in Odessa angekommen:

»...`Alexej Nikolajewitsch ist früh aufgestanden und hat mit allen gemeinsam den Tee genommen. Dann hat er Aufgaben gemacht und ein arithmetisches Problem gelöst. Wir sind um elf Uhr morgens an einem schönen, herbstlich kühlen, aber sonnigen Tag in Odessa angekommen. Alexej Nikolajewitsch hat sich mit Seiner Majestät [dem Zaren] in die Kathedrale zu einem Te Deum begeben. Die Menschenmenge in den Straßen konnte von den Soldaten kaum in Zaum gehalten werden, der Enthusiasmus war beträchtlich.

Von der Kirche haben wir uns in den Automobilen direkt zum Militärfort begeben, wo sich einige Kriegsschiffe und mehrere Transportkreuzer (russische, englische, französische und italienische) befanden. Alexej Nikolajewitsch hat mit Seiner Majestät den alten türkischen Kreuzer ›Hamid‹ besucht, ein Marinespital, einen Transporter und eine Marineschule für Kinder, die Alexej Nikolajewitsch ganz besonders interessiert hat.

Nach dem Mittagessen im Zug ist er um zwei Uhr dreißig mit Seiner Majestät zur Revue einer Division in der Umgebung der Stadt aufgebrochen. Seine Majestät ist die Front zu Pferd abgeritten, Alexej Nikolajewitsch folgte mit Graf Fredericks im Automobil. Dann ist das Regiment defiliert. Die Spitze wurde von der Gardeequipage formiert, wo Alexej Nikolajewitsch zu seiner großen Freude Offiziere und Soldaten wiedererkannte. Dann kamen vier Frontregimenter, schwere Artillerie und Kosaken. Die ganze Zeremonie hat zwei Stunden gedauert. Nach der Rückkehr in den Zug hat Alexej Nikolajewitsch laut russisch gelesen. Er ist früh zu Bett gegangen, begeistert von seinem Tag.

In Tiraspol nahe Odessa am Schwarzen Meer möchte der Zar wissen, wieviel Mann in diesen verlustreichen Kämpfen gegen die Türken von Anfang an dabei waren und die Einsätze bis zum gegenwärtigen Zeitpunkt überlebt haben. Auf seine Frage hin heben die Betreffenden ihre Hände. Gilliard berichtet darüber:

»Der Befehl wurde gegeben, und aus dieser Menge von tausenden Soldaten erhoben sich nur ganz wenige Hände; es gab ganze Kompanien, in denen sich überhaupt nichts rührte... Dieses Erlebnis machte einen sehr tiefen Eindruck auf Alexej Nikolajewitsch; zum ersten Mal hat ihm das Leben den ganzen Schrecken des Krieges so unmittelbar vor Augen geführt.«

Über den kleinen Ort Reni an der Donau nahe der rumänischen Grenze, der seit dem Ausscheren Bulgariens aus dem Verband mit Rußland als Schiffsbasis für den Nachschub von Lebensmitteln, Waffen und anderer Versorgung für Serbien dient, reist Alexej mit nach Podolien.

Hier erlebt Alexej bei den Truppenbesichtigungen wieder andere Eindrücke. Vor seinen Augen – die Divisionen der berühmten kaukasischen Kavallerie, deren Regimenter ihrem Namen auch in diesem Krieg bereits wieder Ruhm eingebracht haben. Wieder faßt Gilliard das Schauspiel, das sich Alexej bei dieser Truppenschau bietet, in Worte:

»Unter ihnen befanden sich auch Kuban- und Terek-Kosaken auf ihren hohen Satteln und mit langen dünnen Lanzen, in zottigen Pelzmützen, die ihnen ein grimmiges Aussehen verliehen. Und als wir uns auf dem Rückweg der Truppenbesichtigung befanden, kam plötzlich Bewegung in dieses riesige, bisher ruhige Meer der Kavallerie. Sie teilte sich nach links und rechts und verfiel in einen Galopp, steile Anhöhen hinauf und über Schluchten hinunter, über Hindernisse springend – und so begleitete sie uns gleich einer Lawine, in der Reiter und Pferde zu Fall kamen und förmlich von ihr überrollt wurden. Die Luft war erfüllt von den wilden Ausrufen dieser kaukasischen Bergvölker. Der Anblick war gleichzeitig majestätisch und furchterregend; hier manifestierten sich alle wilden Instinkte dieser Urstämme.«

Alexej kehrt voll der Eindrücke ins Hauptquartier zurück. Doch auch im Alltag, in welchem der Unterricht wieder intensiver betrieben wird, bezieht der Zar den Zarjewitsch in nahezu alle Ereignisse mit ein.

Gilliard berichtet darüber an die Zarin am 26. November, als Alexej, offenbar leicht am Bein verletzt, sich jedoch angesichts einer Parade unerwartet rasch als einsatzfähig erweist:

»Heute morgens ging es ihm glücklicherweise besser und um

10 Uhr hat er Seine Majestät zur Parade begleitet. Es war wirklich ein bemerkenswerter Anblick, als alle diese mit Kreuzen und Medaillen dekorierten Soldaten eine von weither sichtbare einzige, ununterbrochene Linie bildeten. Es waren sogar Soldaten mit 4 Kreuzen und vier Medaillen darunter! Ein interessantes Schauspiel bot sich auch, als ein Offizier und ein *englischer*[1] Marineangehöriger im Rang mit allen anderen Rittern des Heiligen Georgsordens defilierten. Nach der Parade hat Alexej Nikolajewitsch laut Russisch gelesen. Zu Mittag hat er seine Majestät in das Gerichtsgebäude begleitet und ist die lange Tafel abgegangen, an der die Unteroffiziere, Soldaten und die St. Georgsritter versammelt waren...«

Der Zarjewitsch war bei seiner Rückkehr ins Hauptquartier von denjenigen, die ihn von der Mittagstafel im Gouverneurshaus her kennen, äußerst freundlich willkommengeheißen worden. Kaum angekommen, war er von Admiral Nilow zu einer Partie »Räuber und Bürger« mit weißen und roten Streichhölzern eingeladen worden. Aber auch anders hat sich die Freude der Militärs manifestiert, den Thronfolger wiederzusehen, wie Gilliard in seinem Brief an die Zarin vom 27. November 1915 berichtet, nachdem er sie einleitend des Lerneifers ihres Sohnes versichert:

»Alexej Nikolajewitsch hat heute morgen Aufgaben in Russisch und Arithmetik gemacht. Ich sende seine Arbeiten an Herrn Petrow mit dem Kurier heute abend. (...) Alexej Nikolajewitsch hat beim Mittagessen seine beiden Freunde, den belgischen und den japanischen General, wiedergesehen, die ihm eine wahre Ovation bereitet haben. Es war sehr amüsant, den Gesichtsausdruck von Alexej Nikolajewitsch zu sehen, der gleichzeitig erfreut und verlegen war. Das hat sich im kleinen Zimmer neben dem Speisesaal abgespielt. Hier pflegt Alexej Nikolajewitsch Hof zu halten, auf einem Canapé sitzend, umgeben von seinen Freunden und fast allen ausländi-

---

[1] in Gilliards Brief unterstrichen

schen Offizieren, während die anderen vom Hors d'oeuvre essen...«

Alexejs Eindruck auf die verschiedenen Angehörigen des Generalstabs scheint sehr unterschiedlich und widersprüchlich zu sein. Bei Tisch tut der Zarjewitsch in Gesellschaft derjeniger, die er bereits gut kennt und mit denen er sich vertraut fühlt wie mit gleichaltrigen Freunden, wie bereits erwähnt, seinem Übermut keinen Zwang an – sofern der Zar abwesend oder abgelenkt ist. Wenn man sich vor Augen hält, daß Alexej beispielsweise seinem Tischnachbarn zur Linken (zu seiner Rechten sitzt der Zar), Großfürst Georgij Michajlowitsch, die Butter auf den Hals schmiert, die er zuvor mit dem Finger der Butterdose entnommen hat, mit Brotkrumen Ball spielt, oder ein anderes Mal seinem Onkel Wein in die Suppe und Salz aufs Dessert schüttet, ist es erstaunlich, daß er überhaupt noch auf jemanden in der Tischgesellschaft einen guten Eindruck machen kann.

Doch das ist dennoch der Fall. Anläßlich neuer Missetaten kommt nach Alexejs Abgang vom Tisch eine Diskussion in Gang. Sie wird vom gestrengen Geistlichen Pater Schawelskij entfacht, der Alexejs Streiche verurteilt und besorgt die Frage stellt, was aus einem derart undisziplinierten Kind einmal für ein Herrscher werden könne. Als er aber während einer Unterhaltung mit General Wojejkow durch eine halbgeöffnete Tür nur knapp einem vorbeifliegenden Messer, gefolgt von einer Gabel, entgeht, kann man von ihm kein Verständnis mehr erwarten: für ihn ist der Thronfolger ein Flegel.

Dagegen findet erstaunlicherweise der englische General, Sir John Hanbury-Williams, daß Alexej – obgleich sehr lebhaft und verspielt wie alle Kinder seines Alters – sich »ausgezeichnet« zu benehmen wisse. Tatsächlich könne Alexej, so Hanbury-Williams, wenn er es mit einem fremden Menschen zu tun habe, sein Temperament zügeln, sich liebenswürdig verhalten und verstünde es auch, Konversation zu führen und dabei seinen ganzen Charme zu entfalten. Man solle, schließt der Brite seine überraschenden Ausführungen, nicht vergessen, daß das Hauptquartier kein Kinderzimmer und im Grunde nicht der richtige Platz für ein Kind von elf Jahren sei, das außerdem bei der kleinsten Gelegenheit von einer Hämophilie-Krise bedroht sei. (Offenbar ist Alexejs Erbkrankheit längst ein offenes Geheimnis.)

Beinahe poetisch sieht der italienische Militärattaché im Hauptquartier, Oberst Marsengo, das umstrittene Benehmen des Thronfolgers. Er vergleicht Alexej wörtlich mit einer »Glashauspflanze – so blaß und fragil ist er«. Er habe bei Tisch, so Marsengo weiter über Alexej, dessen »kleine Hände« beobachtet, »die nach der kleinsten Verletzung weißer sind als das Tischtuch, auf dem sie ruhen«. Dennoch sei dieses kränkliche Kind »so schön und so liebenswürdig«, daß es durch seinen kindlichen Charme nicht nur die Sympathie und Zuneigung der ausländischen Militärs gewonnen habe, sondern »insgesamt die einzige heitere Note in der Stawka ist«.

Über Alexejs Heiterkeit besteht tatsächlich kein Zweifel. Als es einmal im Lichtspieltheater einen komischen Film gibt, lacht er so laut, daß sich ungeachtet der Dunkelheit alle nach ihm umdrehen, um ihn zu sehen. Und daß er charmant sein kann, läßt sich auch nach den Berichten Gilliards an die Zarin ahnen:

»Alexej Nikolajewitsch beauftragt mich, Ihrer Majestät zu sagen, daß er heute aus dem gleichen Grund wie vorgestern nicht schreiben kann, und daß dies meine Schuld sei, da *ich*[1] ihn heute vormittag arbeiten ließ, und daß er alle sehr, sehr küßt (ich gebe wörtlich seinen Satz wieder).

(...) Seine Gesundheit ist weiter gut, und Farbe ist in sein Gesicht zurückgekehrt. Leider wird er immer unvorsichtiger bei den Spaziergängen und hört nicht genug auf Djerewjenjko. Er hat versprochen, heute vorsichtiger zu sein...«

Doch Alexej kann sein Versprechen zur Disziplin nicht halten.

---

[1] in Gilliards Brief unterstrichen

Schon einen Tag später, am 3. Dezember 1915, muß Gilliard der Zarin berichten:

»Bei der Rückkehr vom Cinematographen klagte Alexej Nikolajewitsch über Kopfschmerzen. Abends hatte er 37 Grad Temperatur und einen starken Stirnhöhlenkatarrh, die Mandeln waren leicht entzündet. Heute früh hat er ein wenig aus der Nase geblutet, doch der Schnupfen ist immer noch sehr stark; Temperatur wie gestern abend 37 Grad.

Die Erkältung ist, glaube ich, das Ergebnis einer Unvorsichtigkeit. Vorgestern hat er [Alexej] ungeachtet der Ermahnungen von Djerewjenjko einen Moment benutzt, da dieser das Badezimmer verlassen hatte, um aus seiner Badewanne zu steigen und in das Zimmer nebenan zu gehen, das viel kühler war. Wie ich bereits Ihrer Majestät geschrieben habe, beklagt sich Djerewjenjko, daß Alexej Nikolajewitsch ihm in den letzten Tagen nicht mehr gehorcht.

Alexej Nikolajewitsch, der mir gegenüber spielt, während ich diese Zeilen schreibe, sagte mir, es würde ihm eine gute Lehre sein; hoffen wir es. Er beauftragt mich zu sagen, daß er Ihre Majestät und die Großfürstinnen vielmals küßt...«

Am nächsten Tag bricht der Zar neuerlich zu einer Frontinspektion auf. Er will angesichts einer bevorstehenden Offensive nochmals zu den an der galizischen Front stationierten Truppen fahren, um sie zu motivieren. Es ist ein umfangreiches Programm mit feierlichen Paraden und Messen vorgesehen. Alexej kommt ungeachtet des immer noch anhaltenden Schnupfens, der von Bluten aus der Nase begleitet ist, mit. Doch schon in der Nacht im Zug wird die Blutung so stark und die Körpertemperatur steigt so beunruhigend an, daß der begleitende Arzt, Fjodorow, um drei Uhr morgens den Zaren wecken muß.

Fjodorow erklärt, die sofortige Rückkehr nach Mogiljew sei unvermeidlich. Doch auch nach der Ankunft ist es nicht möglich, die Blutungen durch Tamponieren zum Stillstand zu bringen. Der Arzt hält es nun für notwendig, daß der Thronfolger unverzüglich nach Zarskoje Sjelo gebracht wird. Auf der Reise muß der Zug mehrmals angehalten werden, da Alexej das Bewußtsein verliert und zur Erneuerung des Verbandes ruhig gestellt werden muß. Nagornyj hält Alexej die ganze Nacht über in seinen Armen, da Alexej nur halb aufrecht, nicht aber flach liegen darf.

In Zarskoje Sjelo angekommen, wird der Zarjewitsch, dessen Gesicht bleich wie Wachs aussieht, sofort in die Obhut mehrerer Ärzte gegeben. Es gelingt ihnen, die Blutungen in wenigen Tagen unter Kontrolle zu bringen und Schlimmeres abzuwenden. Rasputin, der von der Zarin ans Krankenbett des Zarjewitsch gerufen wird, streicht über Alexejs Gesicht und murmelt einige Worte. Anschließend erklärt er der Zarin: »Danke Gott, er hat diesmal Deinem Sohn wieder das Leben gerettet.« Doch obwohl sich der Thronfolger zu diesem Zeitpunkt bereits auf dem Weg der Besserung befindet, schreibt die Zarin die Wende im Gesundheitszustand und die darauffolgende Genesung des Zarjewitsch wie immer allein Rasputin zu.

Der Zar, der Alexej noch nach Zarskoje Sjelo begleitet hatte, war bereits wieder aufgebrochen, um das geplante Programm zumindest teilweise nachzuholen. Als er in Mogiljew ankommt, wird er von den Militärs der ausländischen Missionen mit Fragen nach dem Gesundheitszustand des Thronfolgers bestürmt und wann er wieder ins Hauptquartier kommen werde. General Sir John Hanbury-Williams: »Er ist unser aller Liebling, ein Junge voll Kontaktfreude und Lebenslust!«

Für Alexej ist eine größere Strafe für seinen Leichtsinn, als dem Hauptquartier fernbleiben und von seinem Vater getrennt sein zu müssen, gar nicht denkbar. Diesem schreibt er fast täglich Briefe:

»Lieber Papa!   Zarskoje Sjelo, 16. Dezember 1915.
Es geht mir schon viel besser. (...) Gestern war ich erstmals auf.
Ich trage einen Schal aus bunter Wolle. Doktor Petrow war da
und hat in der Nase herumgebohrt – aber nicht in seiner, son-
dern in meiner! (...) Ich muß jetzt eine bestimmte Diät halten.
Es tut mir wahnsinnig leid, daß ich nicht bei Dir bin !!!!!!!!
                                    Dein Dich liebender Alexej.«

»Lieber Papa!   Zarskoje Sjelo, 18. Dezember 1915.
Heute habe ich mich zum ersten Mal angezogen. Habe nur
1 Pfund verloren während der ganzen Zeit. In einer Viertelstunde kommen wieder die Ärzte und werden wahrscheinlich wieder herumstochern. Es ist traurig ohne Dich. Kommst
du auch zum Weihnachtsbaum? Ich weiß nicht, was ich
schreiben soll. Es ist alles beim alten. Grüße an alle, die an
mich denken. Gott schütze Dich. Küsse Dich fest. Der Ataman
Alexej, Bojka, Schott, Joy[1], Alexej Wildfang.«

Einen Tag später schreibt Alexej seinem Vater stolz auf Französisch:
»Tsarskoie Selo, 19 décembre 1915. Cher Papa, Hier j'ai
déjeuné en bas, j'étais très content. Hier Maman avait mal aux
dents, mais maintenant elle n'a plus mal. J'ai commencé avec
Gillik deux grandes forteresses, j'espère que dans quelques
jours, nous ferons la bataille. Ce matin dehors il y a trois de-
grés de froid, je sortirai demain, je suis très content, hourra!!!!!
Salue grassouillet (belge) et tout-nu !!! et tout le monde.
Je t'embrasse ton   Alexej«

Zu Deutsch: »Zarskoje Sjelo, den 19. Dezember 1915
Lieber Papa, Gestern habe ich unten zu Mittag gegessen, ich
war sehr froh. Gestern hatte Mama Zahnweh, aber jetzt tut es

---

[1] Schott und Joy = Namen von Alexejs Kater und Hund

Tsarskoï-Sélo, 19 décembre 1915.

Cher Papa,

Hier j'ai dé-
jeuné en bas, j'étais
très content. Hier
Maman avait mal
aux dents, mais main-
tenant elle n'a plus

content, ура!!!!!
Salue grassouilletcb(lge)
et tout nu!!! et tout
le monde.
Je t'embrasse
ton
Alexis

Brief in französischer Sprache von Alexej – nach einer Erkrankung – an seinen Vater, Ende 1915: »Lieber Papa, gestern habe ich unten gegessen, ich war
sehr glücklich. Gestern hatte Mama Zahnschmerzen (...) Grüße den Rundlichen (Belgier) (...) Alexej.«

ihr nicht mehr weh. Ich habe mit Gillik zwei große Festungen begonnen, ich hoffe, daß wir in einigen Tagen eine Schlacht machen. Heute hat es draußen drei Grad, morgen gehe ich hinaus, ich freue mich so sehr, hurrah!!!!! Grüße den Rundlichen (Belgier[1]) und den ganz Nackten[2]!!!
Und alle anderen. Ich küsse Dich, Dein   Alexej«

Der Zar kommt zum Weihnachtsfest nach Hause. Aber schon wenige Tage danach, noch vor Neujahr, reist er wieder in den Generalstab ab. Doch Alexej ist noch nicht ausreichend wiederhergestellt, als daß seine Rückkehr ins Hauptquartier schon sinnvoll wäre. Er muß in Zarskoje Sjelo bleiben. Zum Jahresende wird der darüber betrübte Thronfolger jedoch durch eine Überraschung erfreut: Alexej erhält ein Telegramm aus der Stawka, in welchem ihn alle Generäle, die er kennt, darunter die Chefs der befreundeten Militärmissionen, zum Neuen Jahr beglückwünschen!
Der Zarjewitsch beendet das ereignisreiche Jahre 1915 damit, daß er seinem Vater folgende Zeilen schreibt:
»Mein lieber Papa! Zarskoje Sjelo, 31. Dezember 1915.
Ich beglückwünsche Dich zum Neuen Jahr, 1916, und wünsche Dir Gesundheit und Kraft. Wir haben 15 Grad Frost. Grüße alle. Gott schütze Dich! Küsse Dich innig. Dein Alexej.«

Zu Weihnachten hat der Thronfolger von seiner Mutter ein Tagebuch bekommen. Auf das Titelblatt hat sie ihm geschrieben:
»Erstes Tagebuch meines kleinen Alexej. Mama.«
Die erste Eintragung lautet:
»1. Januar (1916). Stand heute spät auf. Trank um 10 Uhr Tee, ging dann zu Mama. Mama fühlt sich nicht wohl, daher lag sie den ganzen Tag über. Saß zu Hause, da ich Schnupfen habe. Aß zu Mittag mit Olga, Tatjana, Maria und Anastasia.

---

[1] General Riquel
[2] Damit meint Alexej General Wojejkow wegen dessen Glatze.

Erste Seite des Tagebuchs des zwölfjährigen Alexej mit der Eintragung der Zarin: »Erstes Tagebuch meines kleinen Alexej. Mama. Zarskoje Sjelo.«

Ѳ: 5 м.

℞. 7 м.

— 45 — *Казакевичъ.*

ФЕВРАЛЬ.

10.
——
23.

Среда. Свящ.-муч. Харалампія.

Всталъ рано. Учился и потомъ гулялъ въ Екатерининскомъ паркѣ. Завтракалъ съ Папа Мама и мы 5. Днемъ гулялъ у Бѣлой Башни и у сн... ній Башня. Въ половинѣ 5 былъ у мама за часъ. Потомъ проводили Папа на вокзалъ Папа уѣхалъ въ ставку. Въ 8 ½. былъ у мама за ~~......~~ обѣдомъ. Лёгъ поздно.

Aus Alexejs Tagebuch, 10. (23.) Februar 1916: »Stand früh auf. Lernte und spielte dann im Katharinenpark. Aß mit Papa und Mama mittag – und wir 5. Tagsüber beim Weißen Turm gespielt (...) Dann Papa zum Bahnhof begleitet. Papa fuhr in die Stawka (Generalstab) ab. Um 8 Uhr bei Mama beim Abendtisch. Spät schlafengegangen.«

296

War tagsüber bei Kolja und spielte dort. Es war sehr lustig. Aß um 6 Uhr zu Abend, spielte dann. Um 8 Uhr war ich bei Mama an deren Tisch. Ging um 10 Uhr ins Bett.

2. Januar. Stand spät auf. Spielte nicht. Las englisch. Aß mit OTMA[1] zu Mittag. Mama liegt im Bett. Spazierte tagsüber nicht. Spielte mit Alexej und Sergej[2]. Aß um 6 Uhr zu Abend. Um 8 Uhr war ich bei Mamas Abendtisch. Ging spät schlafen. (...) 4. Januar. Stand spät auf. Spielte von 11 bis 12, lernte dann Russisch und Französisch. Aß mit OTMA. Mama lag den ganzen Tag im Bett. Ging nicht spazieren und spielte daher mit M. Gilliard Soldaten. Um 6 Uhr mit Gillik abendgegessen. War um 8 Uhr bei Mama bei Tisch. Von 5 bis 6 bei Mama. Um 10 Uhr schlafen gegangen. Papa seit 30. Dezember in der Stawka.

5. Januar. War in der Fjodorowkirche zur Wasserweihe (...) Anastasia krank. Mama lag im Bett. Erhielt Karte von Papa. Spielte beim Weißen Turm [Schneeberg]. Vor dem Mittagessen englisch gelesen. Dann bei Mama (...)

6. Januar. Stand spät auf. Um 11 Uhr morgens im Palastlazarett. (...) Mama und Anastasia lagen den ganzen Tag. Anastasia hat Bronchitis. (...)

7. Januar. Stand um 9 Uhr auf. Es war Russischunterricht, ging nicht spazieren. Spielte mit M. Gibbes anstelle des Spaziergangs. Mit Mühe die Englischstunde überstanden. Hatte Kopfweh. Ich habe Angina. Aß unten mit O. T. und M. Mama und A[nastasia] lagen den ganzen Tag im Bett. Mama ging auf den Balkon hinaus. Tagsüber auf dem Diwan. Temperatur 37.4, 38.4. Aß um 6 Uhr. Abends saßen die Schwestern bei mir. Legte mich schlafen um 10 Uhr.

8. Januar. Stand um 9 Uhr $^1/_4$ auf. Lag den ganzen Tag am Bett. Aß mit Gillik zu Mittag...«

Die orthodoxe Fastenzeit bricht an. Das bedeutet nicht nur Enthaltsamkeit in lukullischen Genüssen und im Festefeiern, sondern auch Besuch der zahlreichen Gottesdienste.

---

[1] Abkürzung für die vier Schwestern
[2] Söhne des Matrosen A. E. Djerewjenjko

»26. Februar. Stand früh auf. Lernte und ging spazieren. Dann, wie immer, beichten (...)«

28. Februar. Alles beim alten, nur Cinematograph, der um $1/_2$ 6 da war, über französische Soldaten. Alles wie üblich.

29. Februar. Dmitrij[1] zum Mittagessen da. Wie immer.

1. März. (...) Mama hat Wangenschmerzen. Wie immer.

2. März. Mit den Meinen mittaggegessen. Wie immer.«

Das Tagebuch mag eintönig klingen. In Zarskoje Sjelo ist der Tagesablauf Alexejs auch tatsächlich nicht abwechslungsreich. Dessen ist er sich auch selbst bewußt, wenn er oft nur lakonisch in sein Tagebuch schreibt:

»Dasselbe wie gestern.«

Doch zu dieser Zeit ist es üblich, Tagebuch zu führen, das allerdings eher die Form eines Protokolls hat als eines persönlichen Erlebnisberichtes. Und Alexej nimmt diese Pflicht ernst, auch nur formal dem Genüge zu tun, was man von ihm erwartet. Seine Mutter schreibt am 4. Januar an seinen Vater:

»Baby hat sich mit vollem Ernst an sein Tagebuch herangemacht. Es ist nur sehr amüsant, daß er, da er abends wenig Zeit hat, tagsüber das Essen und Schlafengehen beschreibt.«

Das Jahr 1916 gibt in den ersten Monaten Anlaß zu Optimismus, was die Ereignisse an der Front betrifft. Im Februar werden die Türken besiegt, ihre Festung von Erzurum wird eingenommen. Im Frühjahr erweist sich die Brusilow-Offensive an der galizischen Front als erfolgreich. In der Hauptstadt hat der Zar Regierungsumbildungen vorgenommen; bei der Auswahl der Kandidaten hat für den Zaren deren entschlossene Haltung in Hinblick auf die erfolgreichen Fortsetzung des Krieges Priorität vor allen anderen Faktoren.

---

[1] Großfürst Dmitrij Pawlowitsch, den Alexej besonders gern mag und mit dem er im Generalstab viel Zeit verbracht hatte, war gemeinsam mit dem japanischen General im Hauptquartier nach Japan aufgebrochen und nun nach Zarskoje Sjelo zurückgekehrt.

Doch all das hat auch seinen Preis. Zur Zweitstellung sind 15 Millionen Soldaten eingezogen worden. Es ist technisch unmöglich, sie alle auch ausreichend auszurüsten, zu bewaffnen und zu versorgen. Viele der Zweitgestellten sind im Hinterland stationiert und belasten den Staatshaushalt.

Kuriosum am Rande: von dieser Einberufungswelle ist auch Rasputins Sohn betroffen, der bei der Erststellung als einziger Sohn auch nach dem russischen Gesetz befreit war[1]. Er bewirtschaftet als einziger Mann im Haus mit Rasputins Ehefrau und einigen Hausangestellten dessen Bauernhof in seinem sibirischen Heimatort Pokrowskoje. Nun versucht Rasputin, die Zarin zu einer Intervention für eine Freistellung seines Sohnes auch von der Zweiteinberufung zu bewegen. Er begleitet sein Anliegen mit biblischen Vergleichen, für welche die Zarin erwartungsgemäß empfänglich ist:

»Abraham hat seinen Sohn opfern müssen, träumte mir...« Doch diese und andere von Alexandra prompt dem Zaren übermittelten Visionen des Starez fallen hier auf keinen fruchtbaren Boden. Nikolaus haßt Ungerechtigkeiten und Protégés. So ignoriert er Rasputins Versuche, für seinen Sohn eine Ausnahmeregelung zu bekommen: »Vielen Dank für Deinen lieben Brief«, heißt es in der Antwort des Zaren auf die wiederholt vorgetragene Bitte der Zarin. »Es ist furchtbar heiß hier...«

Anläßlich der umfangreichen neuen Einberufungswelle fehlen nun auch die männlichen Arbeitskräfte im Hinterland. Das führt trotz zusätzlichem Einsatz weiblicher Arbeitskräfte zu Produktionsausfällen in Betrieben und vor allem in der Landwirtschaft. Die Nahrungsmittel werden teuer und knapp. Das nährt den Boden für revolutionäre Propaganda gegen die Regierung, die der schwierigen Lage immer weniger gewachsen scheint. Der Krieg, länger andauernd als erwartet, hat außer den bisher beträchtlichen Verlusten auch der

---

[1] Diese Regelung war speziell für Bauernfamilien geschaffen worden

Zivilbevölkerung große Opfer abverlangt. Nur wenn die erfolgversprechende augenblickliche Lage an der Front zu einem durchschlagenden Ergebnis und einem baldigen siegreichen Ende des Krieges führt, kann die Zuspitzung der Krise abgewendet werden.

Die Dumaparteien – selbst die Zentrumspartei neben dem Progressiven Block – fordern eine kompetente Regierung, die mehr, als bisher von der Verfassung zugestanden, ihr verantwortlich ist. Doch der Zar will von einer tiefgreifenden innenpolitischen Veränderung der Regierungsform nichts wissen, solange der Krieg andauert.

Auch die Alliierten Rußlands sind besorgt. Sie sind am Verbleib Rußlands im Krieg interessiert, solange Deutschland nicht besiegt ist, und betrachten die Stabilität der inneren Lage als notwendige Voraussetzung dafür. So spricht auch der britische Botschafter beim Zaren mit der vorsichtigen Anregung vor, auf liberalen Kurs einzuschwenken, um dem Anwachsen einer Protestbewegung vorzubeugen. Doch der Zar ist zu keiner Verfassungsänderung – der Stärkung des Parlaments auf Kosten der Regierung – während des Krieges bereit.

Während Alexej ein wenig lustlos seine Zeit zwischen dem Unterricht, Spielen – um diese Zeit noch selten im Freien – und Besuchen in Lazaretten verbringt, trifft endlich die Nachricht ein, die seine Lebensgeister wieder weckt: er darf wieder in die Stawka fahren. In seinem Tagebuch findet sich zwar kein äußeres Zeichen seines Gefühlsumschwungs, aber der stereotype Ausdruck seiner Resignation »Alles wie sonst« entfällt, und gehobene Stimmung angesichts der Abreise klingt an: »3. Mai. In Mamas Lazarett, um mich zu verabschieden. Von dort zum Bahnhof um 11 Uhr. Mit allen mittaggegessen, bei allen Stationen ausgestiegen. ›Naine Jaune‹ gespielt. M. Gilliard las [mir vor], ich spielte Balalajka.« Die Reise geht erst zu Truppenbesichtigungen in den Süden. Im Bezirk Odessa nimmt Alexej an der Seite des Zaren und der Zarin am Programm teil.

»10. Mai. Um 10 Uhr $^1/_4$ zur Truppenschau gefahren. Wir sahen russische Soldaten und drei Regimenter mit serbischen. Als wir von der Parade zurückkamen, haben Papa und ich ein kleines Museum besichtigt. Mittagessen mit Mama. Um 2 Uhr 45 sind wir weggefahren, um eine Fabrik zur Herstellung von Jod zu besichtigen. Dann besuchten wir ein Kurhaus mit Moorbädern in der Nähe der Küste des Schwarzen Meers. Aß mit Mama im Zug abend.«

Den Entschluß, Alexej wieder in die Stawka zu entlassen, erläutert die Zarin dem Erzieher des Thronfolgers, bevor sie den Zug verläßt, der ihren Sohn weiter nach Mogiljew bringt: »Die männliche Atmosphäre und alles, was er dort sieht und erlebt, tut ihm gut und ist seiner persönlichen Entwicklung förderlich.« Und weiter gesteht Alexandra Gilliard, der über die Übersiedlung nach Mogiljew in Hinblick auf Alexejs dort vernachlässigte Weiterbildung nicht glücklich ist, mit überraschender Offenheit: »Der Zar hat immer unter seiner Schüchternheit und mangelnden Erfahrung gelitten, die darauf zurückzuführen war, daß er als Zarjewitsch nie in Staatsgeschäfte oder die Umgebung des Zaren eingebunden worden war. Und so hat er sich geschworen, diesen Mangel an persönlicher Entfaltung und Erfahrung seinem Sohn und Thronerben zu ersparen...«

Am 18. Mai 1916 kommt Alexej mit seinem Vater im Generalstab in Mogiljew an. Ihn erwartet eine freudige Überraschung.

Alexej wird zum Gefreiten befördert.

Der Zarjewitsch freut sich auch über den niedrigen Rang angesichts der Tatsache, daß er somit überhaupt als Soldat betrachtet wird. Es spornt ihn im Alltag dazu an, sich seiner Rolle würdig zu erweisen. Wenn er den Zaren bei Inspektionen begleitet, bemüht er sich, perfekte Haltung anzunehmen und das Protokoll einzuhalten. Nie wird er dieser Besichtigungen müde, und auch an den religiösen Zeremonien für einrückende Soldaten nimmt er gerne teil:

»29. Mai. War in der Kirche. Begleitete Papa in den Stab. (...) Besichtigte am Bahnhof: 1 Transportzug, dann den Lazarettzug von Purischkjewitsch mit Bibliothek und Apotheke. 30. Mai. War in der Kirche. Danach brachte man die Ikone der Wladimirskaja Gottesmutter vor unser Haus. Dort fand ein Bittgottesdienst statt. Dann haben sich Papa, ich, die Offiziere und Soldaten und das Publikum vor der Ikone verneigt. Dann haben sie sie zur aktiven Armee gebracht. Nach Tisch Cinematograph.«

Im Stabsquartier gibt es ein neues Gesicht. Der französische Militärattaché ist durch einen anderen Vertreter des verbündeten Frankreich, General Janin, ersetzt worden. Dieser knüpft gleich freundschaftliche Kontakte mit dem Zarjewitsch. Zum einen hat er selbst einen Sohn ungefähr im gleichen Alter wie Alexej, zum andern ist ihm wie vermutlich den meisten anderen im Generalstab Anwesenden bewußt, daß gute Beziehungen zum künftigen Zaren nicht schaden können.

Das schöne Wetter des beginnenden Sommers trägt weiter zum Wohlbefinden des Thronfogers bei. Seine Unterrichtsstunden finden auf der Veranda des Hauses statt. Seine Freizeit verbringt der Zarjewitsch größtenteils im Freien. Sein Vater rudert, wenn er Zeit hat, mit seinem Sohn am Dnjepr oder badet mit ihm am sandigen Flußufer. Alexej hat einen bevorzugten Platz gefunden, den er Eupatorija nennt, weil er ihn an die gleichnamige Stelle auf der Krim erinnert. Regelmäßig unternimmt der Zar nach wie vor ausgedehnte Spaziergänge in die Umgebung. Manchmal begleitet ihn auch eine der Großfürstinnen dabei, wenn sich die Zarentöchter mit der Zarin zu Besuch im Hauptquartier aufhalten.

Die Besuche der Zarin und ihrer Töchter sind vom Generalstabschef und seinen Adjutanten gefürchtet. Nicht nur aus organisatorischen Gründen – sie bringen die sorgfältig eingehaltene Routine des Alltags durcheinander – sondern auch aus einem anderen: der wachsende, ja scheinbar grenzenlose

Einfluß Rasputins auf die Zarin während der dauernden Abwesenheit des Zaren von Zarskoje Sjelo führt dazu, daß Alexandra immer mehr Angelegenheiten mit dem »Mann Gottes« bespricht. Auch militärische, sofern sie in diese eingeweiht ist. Die Zarin glaubt, für alles Rasputins Rat und Segen einholen zu müssen. Je mehr sie nun vom Zaren direkt im Hauptquartier erfährt, desto gefährdeter ist die Geheimhaltung militärischer Pläne. Auch der Einfluß der Zarin auf den Zaren im Hinblick auf politische Besetzungen wird ungern gesehen.

Denn auch hier läßt sie sich von Rasputin leiten. Und der Zar ist in Mogiljew nicht imstande, sich ein umfassendes Bild über die Lage in der Hauptstadt zu machen.

Einmal fragt die Zarin den Generalstabschef Alexejew, ob er etwas gegen einen Besuch Rasputins im Generalstab, ein Jahr zuvor vom Oberbefehlshaber Nikolaus Nikolajewitsch energisch abgelehnt, einzuwenden hätte – immerhin habe dieser Alexej schon mehrmals durch seine Gebete das Leben gerettet. Darauf der General: »Majestät, vox populi, vox Dei. Ich bin ein treuer Diener des Herrschers, aber es ist mir nicht möglich, hier die Anwesenheit eines Mannes zuzulassen, den die Bevölkerung und die Armee als schädlich betrachtet.« Die Zarin schweigt entwaffnet.

Bei allem, was der Zarjewitsch hier erlebt und dazu beiträgt, daß er ernster und erwachsener wird, bewahrt er seine kindliche Verspieltheit und seinen Übermut. Das kommt in den Briefen an seine Mutter zum Ausdruck, in denen er oft sein Taschengeld, sein »salaire«, einmahnt oder um zusätzliches Budget bittet:

»Liebe Mama! Ich habe kein Geld mehr. Bitte sende mir mein Gehalt. Dein Dich liebender Alexej.«

Darunter zeichnet Alexej sich selbst, kniend.

Oft deutet das Schreiben dringende Geldnöte an, in die der Zarjewitsch gerät, wenn er beim Kartenspiel verliert:

»Meine teure Seele, liebe, teure Mama. Es ist warm. Gehalt! Flehe Dich an!!!!!! Nichts zu essen!! Bei Nain Jaune auch kein

Glück! Werde bald mein Gewand verkaufen, die Bücher, und am Ende vor Hunger sterben. Küsse Dir die Hand!!! Küsse Dich vielmals, Gott schütze Dich! Alexej.«

Illustriert ist der Brief mit einem Sarg.

Danach die Dankesworte:

»Sehr, sehr dankbar für den Brief und die zehn Rubel. Bin reich!!...«

Den Zaren mahnt die Zarin zu Härte und Unnachgiebigkeit denjenigen gegenüber, die Nikolaus zu Zugeständnissen an das Parlament drängen: »Du mußt stark bleiben, wir müssen Baby ein starkes Reich übergeben, Du siehst, daß er einen starken Willen hat, und er soll es nicht schwer haben, wenn es soweit ist...«

Manchmal zeigt sich Alexej auch dann zärtlich gegenüber seiner Mutter, wenn er gerade nichts von ihr benötigt: so sendet er ihr spontan Blumen, wenn es ihm gerade einfällt. Dann wieder heißt es in einem Schreiben: »Ich schreibe Dir nur kurz, denn ich muß mich erholen.«

Gilliard berichtet über seinen Schützling an die Zarin:

»... Habe nach vierzehn Tagen den Unterricht mit Alexej Nikolajewitsch wieder aufgenommen, und das Ergebnis war ziemlich betrüblich. Er hat sich dann aber bemüht...«

»Heute hat Alexej Nikolajewitsch die Kappe des belgischen Generals aufgesetzt, die ihm bis zum Kinn ging. Der Baron von Riquel hat daraufhin die Mütze von Alexej Nikolajewitsch genommen, die ihm nur bis zum Scheitel reichte! Das war eine sehr amüsante Szene...«

»Es regnet und Alexej Nikolajewitsch blickt melancholisch beim Fenster hinaus...«

»Alexej Nikolajewitsch spielt in seinem Zimmer mit einem Spiel aus Bausteinen, das ihm ein englischer Offizier aus England mitgebracht hat; er baut Brücken und Drahtseilbahnen für seine Soldaten, wenn er nach Zarskoje Sjelo zurückkehrt...«

»Gestern hat sich Alexej Nikolajewitsch so vorbildlich betragen, daß ihm alle ein Kompliment gemacht haben. Beim Verlassen des Speisesaals begab er sich neben die Tür und wollte nach Seiner Majestät dem ältesten persischen Prinzen den Vortritt lassen. Dieser war davon gerührt, und da er nur Persisch sprach, gab er mit einer Geste zu verstehen, daß er Alexej Nikolajewitsch vorgehen lassen wollte. Dieser weigerte sich. Neuerlicher Verbeugung des Prinzen. Neuerliche Weigerung von Alexej Nikolajewitsch. Schließlich nahm der Prinz ihn am Arm, und sie gingen gemeinsam in den Weißen Salon. Das war wirklich sehr amüsant zu sehen.«

Dazu findet sich im Tagebuch des Zarjewitsch lediglich die Feststellung: »Der persische Prinz war hier.«

Wieder Gilliard: »Heute war ein heißer und besonders geglückter Tag. Alexej Nikolajewitsch ist mit Seiner Majestät im Badeanzug im Fluß geschwommen. Er ist im Wasser gelaufen, am Sand gerollt, gesprungen, gehüpft und hat alle angespritzt. Es war wirklich ein Vergnügen, das anzusehen. Als Seine Majestät dazukam, hat General Wojejkow[1] wieder Laufspiele für die Jungen organisiert, die den gewohnten Erfolg hatten. General von Riquel behauptet, durch die Hitze abzunehmen. Alexej Nikolajewitsch, der das nicht glauben kann, mißt seitdem jeden Tag die Taille des Generals! Aber sosehr er sich auch bemüht, gelingt es Alexej Nikolajewitsch nicht, die Taille des Generals zu umfassen, die dieser so sehr zusammenzieht wie möglich. Es fehlt noch ein gutes Stück, an die zwanzig Zentimeter, daß die Hände zusammenstoßen, was Alexej hinsichtlich des Gesundheitszustandes seines Freundes beruhigt.«

Der Zarjewitsch betrachtet »seine« Generäle jedoch nicht nur als große Spielkameraden, sondern als Freunde. Als er erfährt, daß Sir John Hanbury Williams an der englischen Front seinen Sohn verloren hat, klopft er am Abend an dessen Tür und tritt ein. Ohne Aufforderung setzt er sich neben ihn mit den

---

[1] von Alexej seiner Glatze wegen »der Nackte« genannt

Worten: »Papa meint, daß es besser ist, wenn Sie heute nicht ganz allein sind...«

Alexej hat auch einige gleichaltrige Kameraden gefunden. Er traf sie beim Weg in die Kirche und ließ sie sich vorstellen. Mit zwei Jungen seines Alters ist er seitdem unzertrennlich, es haben sich aber auch eine Reihe von deren Freunden hinzugesellt, und oft sieht man sie alle zusammen exerzieren.

Zu seinem zwölften Geburtstag, am 30. Juli des Jahres 1916, erhält Alexej so viele Briefe wie noch nie: sie kommen unter anderem von Soldaten seiner Regimenter, die an der Front sind oder solchen, die ihn bei den Truppeninspektionen gesehen haben, oder von indessen genesenen Verwundeten, die er in den Lazaretten besucht hat. So berichtet er mehrere Tage lang in seinem Tagebuch, wieviele Telegramme er erhalten und beantwortet hat:

»Masse Telegramme bekommen. Kadetten gaben mir Brezeln. Schenkte ihnen dafür Stiefel und Balalajkas.«

»Unterschrieb 13 Telegramme, schrieb 3 Briefe (gestern 19 Telegramme)...«

Die Briefe der Soldaten, die den Zarjewitsch nicht nur zu seinem Geburtstag im Juli, sondern auch zum Namenstag im Oktober und natürlich zu Weihnachten und zu Ostern erreichen, stehen oft für ein ganzes Regiment:

»Kaiserliche Hoheit!

Die Unterzeichneten, die wir uns an der Kriegsfront befinden, übermitteln Ihrer Kaiserlichen Hoheit von ganzem Herzen unsere Glückwünsche ...«

Ein Generalmajor telegraphiert:

»An seine Kaiserliche Hoheit den Thronfolger Caesarjewitsch.

Die allerergebensten Reitergrenadiere übermitteln Ihrer Kaiserlichen Hoheit herzliche Glückwünsche zum hellen Tag der Auferstehung und beten inbrünstig für die allerhöchste und teuerste Gesundheit ihres obersten Chefs und seiner vergötterten Eltern. Generalmajor Dabitsch.«

Ein anderer Brief enthält die Glückwünsche für Gedeihen und Kraft in Gedichtform. Das alles spiegelt die Popularität wieder, die Alexej sich bei seinen Frontbesuchen und jenen in Lazaretten erworben hat.

Nach und nach wird das Tagebuch des Thronfolgers ernsthafter und reicher an Inhalt, wenn es auch lakonisch bleibt. Er vermerkt zum Beispiel auch, was er liest: »Aufzeichnungen eines Schülers« und »Taras Bulba«. Die verspielte Seite findet allmählich ihr ernstes Gegengewicht.

Indessen hat sich Alexej neuerlich verletzt. Nun muß er wieder regelmäßig Moorbäder und Massagen über sich ergehen lassen. Das ermüdet ihn sehr, und Gilliard hält es nun nicht mehr für sinnvoll, den Unterricht fortzusetzen, sondern empfiehlt der Zarin in einem Schreiben eine Unterbrechung und begibt sich auf einen seit langem wohlverdienten Urlaub.

Alexej scheint das nicht allzusehr zu stören, er vermerkt jedoch in seinen Aufzeichnungen, wenn er einen Brief von Gilliard erhält. Wie sich aus dem ersten der folgenden Briefe Alexejs an seine Mutter ersehen läßt, schießt dieser im Ton an die Zarin mitunter über das Ziel hinaus. Die Zarin war offenbar kurz zuvor zu Besuch gewesen:

»Meine teure Mama!   5. September 1916.
Ohne Euch ist es einsam und traurig. Heute ist der Himmel blau und 15 Grad in der Sonne. [Katze] Kuwaka lag am Diwan, und [der Hund] Joy suchte bei ihr Flöhe, wobei er sie schrecklich gekitzelt hat. Wenn Du Joy brauchst, daß er auch bei Dir Flöhe sucht, sende ich ihn Dir, aber das kostet 1 Rubel. Ich werde jetzt 2 oder 3 Unterrichtsstunden haben. Werde für Dich und die Schwestern beten. Gott schütze Euch! Euer
A[lexej] Romanow.«

»Meine liebe, teure Mama,   8. September 1916.
War in der Kirche. Papa ist wie immer im Stab. Gestern sind
wir auf der Bychower Straße zum Glockenturm gefahren[1]. Soeben Mittagessen beendet und die japanische Hymne gespielt[2]. Der Kater liegt auf dem Diwan und spielt mit sich
selbst. Es ist Zeit, aufzuhören, denn ich muß mich erholen.
Gott schütze Dich!
                                                Euer Alexej.«

                                                10. September 1916.
»Mein liebes Seelchen, Mama,
Schon den vierten Tag fahren wir zum Glockenturm. Wir gra-
ben dort eine Grube, um noch Verschiedenes aus dem Jahre
1812 zu finden. Es graben: Papa, Gillik, Grabbe[3], Naryschkin[4],
Swetlitschnyj[5], Nagornyj, Djerewjenjko und ich. Igor[6], Petro-
witsch[7] und Sig[8] stehen da und schauen zu. Haben schon das
Stück von einem Gewehr gefunden. Am dritten Tag war Igor
so überwältigt, daß er S. Petrowitsch auf die Wange küßte.
Gott schütze Dich!   Euer Alexej.«

»Herzchen Mamaschka.   15. September 1916.
Heute ist ein wunderschöner Tag, wenn auch kalt. Gestern
sind wir am Dnjepr Bootgefahren. Spielten mit Papa ›blinde
Kuh‹. Abends Cinematograph. Sehr interessanter Film, in
welchem die Versorgung der Verwundeten gezeigt wurde,
wie sie vom Feld weggebracht und in die Lazarette aufgeteilt

---

[1] Denkmal zur Erinnerung an Napoleons hier im Jahre 1812 zurückgeschla-
gene Armee
[2] Der japanische Prinz Katohito Kanin, Cousin des Mikado, war zu Besuch
[3] Graf A. N. Grabbe, Generalmajor der Suite
[4] Flügeladjutant K. A. Naryschkin, Militärkanzleichef
[5] Unteroffizier des Konvois Seiner Majestät
[6] Fürst Igor Konstantinowitsch, Stabsrotmeister der Leibgarde des Husa-
renregiments, Suite-Flügeladjutant
[7] Sergej Petrowitsch Fjodorow, Arzt, Hofchirurg
[8] Gibbes: Sig gebildet von Sidney Iwanowitsch Gibbes

werden. Dann gab es noch 2 komische Filme. Schrieb Batjuschka[1]. Habe jetzt Geographiestunde mit P. W. P.[2]
Gott schütze Dich! Küsse an alle.   Euer A. Romanow.«

                        30. September 1916.

»Mein Täubchen, meine goldene, liebe Mama.
(...) Gestern waren wir wieder im Kino. Großartige Aufnahmen von der englischen Front, besonders die Attacke! (...) Es gab auch einen guten Film über den Martinschen Hochofen, in welchem Stahl gegossen wird. Das ist etwas Schreckliches!! (...) Das Quintett[3] läßt Dich grüßen. Küsse Dich und die Schwestern. Gott schütze Euch! Dein Dich liebender Alexej.«
Über den zwölfjährigen Thronfolger haben sich die Generäle und Adjutanten in der Stawka im Laufe des Jahres, das er mit Unterbrechungen hier verbracht hat, ihre Meinung gebildet, und sie fällt vorwiegend positiv aus.
Wenn der an früherer Stelle erwähnte Hofgeistliche Schawelskij kritische Töne über den Zarjewitsch anschlägt, so mischt sich nun in seine nachträgliche Erinnerung an ihn wohlwollendes Verständnis für die besondere Situation, in der sich Alexej befindet – die Kritik gilt dabei seiner Umgebung:
»Bekanntlich litt der Thronfolger an der Hämophilie (...). Das wirkte sich auch auf seine Erziehung und Ausbildung aus, denn man sollte ihn nicht allzusehr verwöhnen, und andererseits war ihm auch vieles verboten, was einem gesunden Kind erlaubt ist. Die Folgen waren Rückstand im Wissen einerseits, und Überschreiten der Grenzen des Erlaubten andererseits. Als 13jähriger im Alter eines Gymnasiasten der dritten Klasse und eines Kadetten beherrschte er noch nicht die Brüche in der Arithmetik. Das hing auch mit der Auswahl seiner Lehrer zusammen. Der alte Geheimrat Petrow und zwei Ausländer

---

[1] Pater Wasiljew, Hofgeistlicher der Zarenfamilie
[2] Pjotr Petrow, Alexejs Lehrer nicht nur für Russisch
[3] die vier Lehrer und der Arzt, die Alexej ständig umgeben

unterrichteten ihn in allem außer Arithmetik, und in letzterer gab General Wojejkow den Unterricht!

Was konnte das für ein Pädagoge sein?

Er hat sich sein Leben lang mit Pferden, Soldaten und so weiter beschäftigt, aber nicht mit Wissenschaften.

Fjodorow sagte mir einmal, das hätte damit zu tun, daß die Hofmarschälle dem Herrscher eingeredet hätten, daß es so billiger käme. Ich fiel beinahe in Ohnmacht. Bei der Auswahl der Lehrer für den Erben des Russischen Throns regiert die Sparsamkeit, und man nimmt den, der billiger kommt. Dasselbe gilt auch für seinen persönlichen Betreuer. Djerewjenjko mag ein guter Kerl gewesen sein, aber einem Thronfolger nicht adäquat, und das wirkte sich entsprechend auf dessen Manieren aus.«

Es folgt in Schawelskijs Bericht eine Auflistung der indessen berühmtesten Missetaten, die sich Alexej bei Tisch im Laufe der Zeit geleistet hat. Und weiter erzählt der Augenzeuge:

»Im Sommer 1916 führte Alexej Nikolajewitsch fast täglich im Stadtgarten neben dem Palast Militärübungen mit seiner ›Kompanie‹ durch, die aus Gymnasiasten des Ortes in seinem Alter bestand. Insgesamt nahmen daran nur 25 Kinder teil, darunter zwei Juden. Zu bestimmter Stunde nahmen sie im Garten Aufstellung, und sobald der Thronfolger erschien, begrüßten sie ihn militärisch und marschierten anschließend vor ihm her.

Er tat auch noch etwas anderes sehr gern, was nicht nur seine Liebe zu militärischen Angelegenheiten, sondern auch die Anhänglichkeit gegenüber seinem Vater demonstriert. Am Morgen stand Alexej Nikolajewitsch, bevor der Herrscher zum Tee herauskam, mit seinem Gewehr beim Eingang zum Salon Wache, ging beim Erscheinen des Herrschers in Habachtstellung und verharrte so, bis dieser seinen Tee getrunken hatte.

Der Herr hat den unglücklichen Jungen mit wunderbaren natürlichen Begabungen gesegnet: rascher Auffassungsgabe,

Umgänglichkeit, einem guten und mitfühlenden Herzen und der an Zaren besonders bezaubernden Einfachheit; die innere Schönheit fand in der äußeren ihre Entsprechung. Alexej Nikolajewitsch erfaßte rasch den Kern auch des ernstesten Gesprächs – und war in den entsprechenden Situationen auch schlagfertig.«

Flügeladjutant Mordwinow sieht Alexej so:

»Die betrübliche Krankheit des Thronfolgers ist hinlänglich bekannt – ich sage nur soviel, daß die inneren Blutungen, die durch Verletzungen ausgelöst wurden, immer seltener vorkamen, sodaß A[lexej] N[ikolajewitsch] nach Ausheilen seines steifen Beins genauso gesund wirkte wie andere Kinder. Ich erinnere mich an die Leichtigkeit seiner Bewegungen, wenn er mit anderen Kindern des Ortes spielte. Es war ein ausnehmend schöner Junge, schlank, mit feinen Zügen, nachdenklich und erfinderisch. Man mußte sich in ihn verlieben, wenn er zum Spaß Wache stand vor dem Zimmer des Herrschers, bis dieser kam, oder wenn er die Gewehrgriffe mit seinem Spielzeuggewehr demonstrierte – der beste Unteroffizier des exemplarischen Regiments von Nikolaus I. hätte das nicht besser und schöner machen können.

Er verfügte jedoch auch über ein einnehmendes Inneres, ein ›goldenes Herz‹, schloß leicht Kontakt, bemühte sich immer, anderen zu helfen – vor allem solchen, die ungerecht behandelt wurden. Wie seine Eltern hatte er viel Mitgefühl und Mitleid. Der Zarjewitsch war zwar ein fauler, aber sehr begabter Junge – ich glaube, er war eben faul, weil er begabt war, faßte rasch auf und war in seiner Kreativität seinem Alter voraus.

(...) Ungeachtet seiner Gutmütigkeit und seines Übermuts versprach er ganz unbestritten, einmal über einen festen, eigenständigen Charakter zu verfügen. Schon von früher Kindheit an wollte er sich nicht unterordnen und gab – wie sein Vater – nur in jenen Fällen nach, wenn es ihm persönlich auch begründet schien. Wie sein Vater und seine Schwestern liebte er über die Maßen die russische Landschaft und alles Russische. ›Mit ihm werden Sie es schwerer haben als mit mir‹, pflegte der Herrscher über ihn zu sagen.

Und wirklich, Alexej Nikolajewitsch versprach, nicht nur ein guter, sondern sogar hervorragender russischer Monarch zu werden.«

Auf außenstehende Beobachter scheint der Zarjewitsch in dieser Zeit einen guten Eindruck zu machen. Manchmal besuchen Korrespondenten russischer Zeitungen, aber auch solcher des Auslandes – vor allem verbündeter Länder – das Hauptquartier. So erscheint am 1. Oktober 1916 in der Pariser Wochenzeitschrift »L'Illustration« ein Bericht über den Alltag im Generalstab, der Stawka, und den Eindruck, den der Korrespondent, Serge de Chessin, speziell vom russischen Thronfolger gewonnen hat. In dem ganzseitigen, mit Photographien illustrierten Artikel heißt es unter anderem:

»Stundenlang ist er [Alexej Nikolajewitsch] konzentriert in das Studium der Militärkarten vertieft, über die kleine Steckfahnen verteilt sind. Zwischen den Bleisoldaten, mit denen er früher so gern spielte, und jenen Soldaten, die im Krieg fallen, verwundet werden oder mit Kreuzen dekoriert zurückkehren, liegen bereits Welten. Der Großfürst hat keine anderen Gedanken und keine anderen Gespräche als den Krieg. General Brusilow ist nun sein großer Held und sein großes Vorbild; als der General nach den großen Erfolgen seiner Offensive in Galizien zum Großen Generalstab zurückkehrte, sah man den jungen Zarjewitsch ihm spontan entgegenlaufen, um ihn zu beglückwünschen.

Seine Sympathie gilt jedoch dem einfachen Soldaten (...) Die Vormittage des Thronfolgers sind unter der Führung der drei Lehrer der Arbeit gewidmet, die als Pädagogen die Tripelentente[1] symbolisieren: Petrow Gilliard und Gibbes. Nach dem Mittagessen gibt es eine Stunde für unbeschwerten Zeitver-

---

[1] Rußland-Frankreich-England

treib, Rudern und lange Spaziergänge, bei denen der Zar von seinem Sohn begleitet wird.

In letzter Zeit hat sich der Thronerbe mit zwei Kameraden, Kadetten, umgeben, die er zufällig getroffen hat, as sie in einem Garten spielten. Seitdem sind die drei Jungen unzertrennlich, und unsere Photographie zeigt besser als jede Beschreibung, wie der künftige Herrscher Rußlands mit seinen Freunden spielt, die er sich selbst ohne Rücksicht auf Herkunft und Rang und nur nach persönlicher Sympathie ausgesucht hat. Natürlich spielt der Krieg auch in ihre Aktivitäten hinein. Der Zarjewitsch beherrscht den militärtechnischen Wortschatz wie ein Berufsmilitär. Am meisten Vergnügen bereitet es ihm, seine Kameraden exerzieren zu lassen, oder ihnen die Lage an der Front zu erklären...«

Die Lage an der Front ist in dieser Zeit, Mitte 1916, für Rußland in der Tat interessant und hoffnungsvoll. Am 4. Juli hat der erwähnte General Brusilow an einer Frontlänge von 250 km im Südwesten Rußlands eine Offensive gegen die Österreicher begonnen. Sie ist von durchschlagendem Erfolg gekrönt. Er kann in Galizien und Wolynien Geländegewinne verzeichnen und viele Gefangene nehmen. Der englische König gratuliert dem Zaren in einem Telegramm zum Erfolg und den »300 000 Gefangenen«.

Einen Monat später, am 8. August, stößt Brusilow in der Bukowina vor. Mitte August kann Rußland Rumänien, bis zu diesem Zeitpunkt unentschlossen und neutral, die Bukowina versprechen. Daraufhin tritt Rumänien, obwohl unter der Führung eines Monarchen aus deutscher Dynastie, am 27. August auf seiten Rußlands in den Krieg ein. Einen Tag später folgt Italien seinem Beispiel: erst auf österreichischer Seite, scheint dessen Regierung im Hinblick auf die Niederlage seines Verbündeten in Galizien rasch den Seitenwechsel zugunsten des augenblicklich stärkeren Rußlands erwogen zu haben. Doch lange hält die Euphorie im russischen Lager nicht an. Die katastrophale Niederlage der Österreicher hat ihren deutschen Verbündeten alarmiert und auf den Plan gerufen. Conrad von Hötzendorf bittet den deutschen Generalstab um Hilfe. Dort übernimmt Paul von Hindenburg den Oberbefehl an der deutschen Ostfront. Als Brusilow im September zu einer weiteren Offensive ansetzt, stößt er durch deutsche Verstärkung des Gegners bereits auf größeren Widerstand.

Darüber hinaus erweist sich die russische Armee als mangelhaft ausgerüstet und von den Generälen ihrer Frontabschnitte schlecht geführt. Es heißt, viele Soldaten seien sinnlos in die rumänischen Sümpfe geschickt worden. Eine Niederlage folgt der anderen. Die Deutschen können in Rumänien eine Stadt nach der anderen zurückerobern. Dieser Beginn einer militärischen Wende ist von politischer Taktik begleitet: der deutsche Kaiser verspricht Seite an Seite mit dem österreichischen Kaiser – kurz vor dessen Tod im November 1916 – Polen die Selbständigkeit, um dessen Kampfmotivation für den russischen Zaren in Frage zu stellen.

Als Brusilow im Oktober 1916 zur dritten Offensive ansetzt, die auf zwei Monate anberaumt ist, hat sein Vorstoß keine Schlagkraft mehr. Die Demoralisierung, die sich unter den Truppen breitgemacht hat, bringt den Kampfgeist zum Erliegen. Davon wird auch die Stimmung im Hinterland erfaßt.

Die pazifistische Agitation, von Handlangern deutscher Agenten in russischen Städten, aber auch in Kampfgebieten betrieben, kommt gerade rechtzeitig in dem Augenblick, da alle kriegsmüde sind und keinen Sinn für die Opfer vor Augen sehen. Zu diesem Zeitpunkt muß auch regierungsfeindliche Propaganda auf fruchtbaren Boden fallen – umsomehr, als die Regierung nun schon zum überwiegenden Teil aus unkompetenten, korrupten Günstlingen Rasputins besteht.

Provokateure haben leichtes Spiel, den Unmut in Unruhen ausbrechen zu lassen. Dazu kommt das gezielt ausgestreute Gerücht, die Zarin sei in Wirklichkeit eine deutsche Spionin, die mit Kaiser Wilhelm gemeinsame Sache mache und damit die russischen Niederlagen verschulde. Nun schlägt die Verzweiflung in Haß gegen alles Deutsche um. Deutsche Geschäfte werden zerstört, Fensterscheiben eingeschlagen, sogar deutsche Namen aus dem Programm kultureller Veranstaltungen gestrichen.

An diesen Unruhen, die fast bürgerkriegsähnliche Ausmaße annehmen und vom legitimen Ruf der Duma nach einer ihr verantwortlichen, kompetenten Ministerriege begleitet werden, kann auch Innenminister Stürmer nichts ändern. Ein Protégé Rasputins, ist er zu allem Unglück auch noch deutschstämmig.

Der Zar ersetzt ihn – diesmal allen gegenteiligen (von Rasputin der Zarin eingegebenen) Bedenken und Beschwörungen seiner Frau zum Trotz: Trepow ist kompetent, entschlossen, loyal – und somit von Rasputin unbeeindruckt und unbestechlich. Dafür erkennt er klar die Gefahr, die dieser für die innere Lage des Landes durch seine Protektionswirtschaft und seinen Einfluß bei der Zarin bedeutet. Daher entschließt sich Trepow, Rasputin einen hohen Betrag auf Lebenszeit anzubieten, wenn er sich ein für allemal aus der Politik und von der Zarin fernhalte und Petersburg verlasse. Worauf Rasputin lachend abwinken kann. Denn längst ist ihm Macht eine Droge geworden, die mit Geld unbezahlbar ist, und seine zerstörerische Kraft ist – dank des Glaubens der Zarin an ihn – stärker als jeder Versuch integrer Personen, dem katastrophalen Mechanismus entgegenzusteuern.

Alexej ist fern von diesen Ereignissen, und ihm bleibt das Wissen um die Vorgänge im Hinterland, in der Hauptstadt und in anderen Teilen des Landes und vor allem um den Verdacht gegen seine Mutter erspart. Wohl kaum wird ihm jemand den bitteren Scherz erzählen, der in der Bevölkerung kursiert: »Der russische Thronfolger ist verzweifelt. Er weiß nicht, was er tun soll: ›Wenn die Russen verlieren, weint Papa. Wenn die Deutschen verlieren, weint Mama. Wann soll ich weinen?‹« Wie lange noch wird der Thronfolger von der Entwicklung, die sich abzeichnet, unberührt bleiben?

Am Ende des Sommers kommen alle drei Lehrer Alexejs, Petrow, Gilliard und Gibbes, in die Stawka. Als Gilliard zurückkehrt, begrüßt Alexej ihn mit so herzlicher Freude, daß der Lehrer sich nachträglich in der Ansicht bestätigt findet, eine Pause und kurze Trennung würde auch dem Zarjewitsch guttun. Für Alexej ist Gilliard längst zum Freund geworden, und er ist froh, daß er wieder da ist. Als Außenminister Sasonow zu einer Audienz beim Zaren in den Generalstab kommt, fragt Alexej ihn, ob er auch wüßte, daß Gilliard an diesem Tag Namenstag hätte, und ihn auch dazu beglückwünschte.

Auch Alexejs Englischlehrer, Charles Sidney Gibbes, ist von der Zarin ins Hauptquartier gesandt worden, damit er den Unterricht in Englisch fortsetzt. Er findet, seinen eigenen Äußerungen zufolge, den Zarjewitsch in weit besserer psychologischer Verfassung vor als nahezu ein halbes Jahr zuvor, seit er ihn zum letzten Mal gesehen hat, »freundlicher, umgänglicher, glücklicher«.

Den Briten stört nur, daß Alexejs Unterrichtszimmer einem »Empfangssalon« gleicht, in welchen ständig Leute kommen, um dem Thronfolger einen Besuch abzustatten oder ihre Aufwartung zu machen. Auch Gibbes hält seine Stunden wie Gilliard mitunter in Anwesenheit des Zaren ab, der im gleichen Zimmer an Nachmittagen über seinen Papieren sitzt. So hört dieser einmal Alexej während der Englischstunde spontan ausrufen: »Wenn wir nach Zarskoje Sjelo zurückkehren, nehme ich das mit!«, wobei er auf die geschliffene Glaskugel zeigt, die vom Luster herabhängt. Prompt kommt vom Zaren in ungewohnt scharfem Ton die Zurechtweisung: »Alexej! Das gehört nicht uns!!«

So wenig Illusionen man sich, nach Gibbes Beobachtungen im Hauptquartier, hier über die militärtaktischen Fähigkeiten des Zaren macht, so sehr registriert er die Rolle, die Nikolaus' Anwesenheit im Hauptquartier durch seine Autorität und sein Prestige spielt, nicht zu reden von der Bedeutung, die der persönliche Kontakt des Zaren gemeinsam mit dem kleinen Thronfolger für die Motivation der Einsatztruppen einnimmt.

Gibbes beobachtet, daß der Zar selbst durch seine gewinnenden Eigenschaften in der Popularität dem Zarjewitsch auf seine Weise nicht nachsteht. Das ist unter anderem auf seine Behandlung auch der niedrigsten Ränge zurückzuführen. »Dabei zeigte sich sein wahrhaft königliches Gedächtnis, das keines seiner Kinder annähernd erreichte«, erinnert sich Gibbes. »Oft ergab es sich, daß ein Offizier, der zwischen dem Hauptquartier und dem Gouverneurshaus Bericht erstattete, spontan zum Mittagessen eingeladen wurde. Der stand dann scheu und unsicher da und wußte nicht, was er sagen sollte. Der Zar trat ein und ging wie immer die Reihe seiner Gäste ab. Wenn er dann beim Neuling ankam, nannte er diesen beim vollen Namen einschließlich Vor- und Vatersnamen und fragte ihn über sein Regiment aus, wobei er Details dazu einwarf, als hätten sich diese am Vortag und nicht vor Monaten oder Jahren zugetragen.«

Gibbes beginnt den Unterricht wie in den Anfängen auf spielerische Weise, durch Sprechen im Alltag, bei Ausflügen und beim gemeinsamen Spiel. Der Thronfolger reagiert darauf positiv. Bald schreibt er seiner Mutter den ersten englischen Brief:

»My dear Mama, This is my first English letter to you. Today I took my cat into the garden but she was very timid and ran on to the balcony. She is now asleep on the sofa and Joy is under the table. With much love to you and my sisters, From Alexis.«

(»Meine liebe Mama, das ist mein erster englischer Brief an Dich. Heute brachte ich meine Katze in den Garten, aber sie war sehr ängstlich und lief auf den Balkon. Liebe Grüße an Dich und meine Schwestern, Alexej.«)

Einmal darf Alexej im Generalstab mit seiner Mutter in Zarskoje Sjelo telefonieren. Danach schreibt er ihr:

»Meine liebe Mama. Stawka, 3. November 1916
Ich war sehr glücklich, mit Dir und meinen Schwestern zu telephonieren. Es war schwer zu hören, weil die Leitung aus Stahl und nicht aus Kupfer war!
Wie geht es Olgas Katze?!
Es ist Zeit für mein Gehalt.
Bitte !!!!!!!!!! = 10!
Gott schütze Dich. Dein Korporal Alexej Romanow«
Gibbes führt ab Oktober 1916 Tagebuch – und zwar aus der Perspektive des Zarjewitsch. Die erste Person ist somit stellvertretend für die Alexejs:
»Donnerstag, 13. (26.) Oktober. Morgens Unterricht und Ausfahrt mit dem Automobil. Schrieb an die Kaiserin. Nachmittag in die alte Stawka[1] gefahren und im Wald ›Räuber‹ gespielt. Kam nach Hause und fühlte mich nicht sehr wohl; aufgrund der Anordnung der Ärzte um 6.30 ins Bett. Den ganzen Abend miserabel gefühlt, schlecht im Magen. C. S. G.[2] las, ich konnte aber nur schwer aufpassen.
Sonnabend, 15. (28.) Oktober. Blieb bis Mittag im Bett. Schrieb an die Kaiserin. Aß im Speisesaal mit allen mittag. Nachmittag im Garten mit Dr. Djerewjenko und C. S. G. gespielt, dann mit Soldaten gespielt, und P. V. P[etrow] las bis zum Abendessen vor. Früh zu Bett.
Dienstag, 18. (31.) Oktober. Kein Unterricht, da der Zug um halbeins abfuhr[3]. [Alexej fährt mit dem Zaren nach Zarskoje Sjelo.] Gab ihm [dem Arzt] eine Golduhr mit Kette als Geschenk. Im Zug mit dem Kaiser[4] ›Nain jaune‹ gespielt und mit Gen. Wojejkow, P. G(illiard) und C. S. G. Nach Tisch geometrisches Puzzle zusammengebaut, C. S. G. las vor.
Donnerstag, 3. (16.) November. Blieb den ganzen Tag im Bett wegen Schwellung am rechten Bein. Hatte Russischstun-

---

[1] jene von 1812, wegen der Ausgrabungen interessant
[2] Sir Charles Sidney Gibbes selbst
[3] Ein Arzt kam, um die Nase zu versorgen.
[4] gemeint ist der Zar

Кіевъ понед. 28 Октября 1916 г. 57

Душка моя Мама.
Очень, очень благодарю Тебя за письма.
Сегодня я былъ въ горо=
родъ (всё время) или въ водворцѣ, и
поэтяну я не могъ Тебѣ написать,
но зато теперь пишу
цѣлую грамоту!!!

Brief des zwölfjährigen Thronfolgers an seine Mutter, Kiew, Oktober 1916:
»Mein liebes Seelchen Mama. Danke Dir sehr, sehr herzlich für die Briefe.
War heute die ganze Zeit in der Stadt oder im Palast und konnte Dir daher
nicht schreiben, dafür schreibe ich Dir jetzt gleich ein ganzes Dokument!!!«

de vor dem Abendessen. Spielte mit dem geometrischen Puzzle.«

Alexej erklärt seinen Zustand an diesem Tag in seinem eigenen Tagebuch:

»Blieb im Bett, weil ich den Muskel am rechten Bein leicht überdehnt habe. Hörte Gillik und Sig[1] beim Vorlesen zu. 4. November. Der Schmerz im Bein klingt ab, dann kommt er wieder. Schlief in der Nacht schlecht, erwachte spät. Bis Mittag Schmerzen. Nachmittag abgeklungen. Spielte Karten und Marine. 5. November. Seit gestern keine Schmerzen. Bleibe vorläufig noch im Bett. Kartenspiel, Französisch, Englisch. 6. November. Seit gestern kann ich schwer einschlafen. Keine Schmerzen mehr. Obwohl mir das Liegen im Bett reicht, will ich auch wieder nicht zu früh aufstehen und mich bewegen. Besser sich noch zurückhalten. Tag verging wie gestern. Herrliches Wetter draußen. Schade, daß ich es nicht ausnutzen kann. Sehe die Sonne nur auf dem gegenüberliegenden Dach. 7. November. (...) Gab dem Gouverneur 100 Rubel für Tabak für Soldaten (...) 8. November. Schlief gut. Wachte früh auf. Fühlte mich wohl. Beginne zu arbeiten. Schrieb Mama einen längeren Brief als früher. Doktor S. P. versprach, mich morgen aufstehen zu lassen. Tagsüber las P. W. P[etrow] mir die Erzählung von Pisemskij ›Piterez‹ vor. Auch Sig [Gibbes] las vor. Abends mit Gilliard gearbeitet. Spielte ›Naine Jaune‹. Das Wetter wird schlecht. Es taut leicht, aber es gibt noch viel Schnee. Erhielt Brief von Wasja Agajew.«

Zum Vergleich derselbe Tag, der 8. November, in Gibbes Aufzeichnungen, die wie erwähnt in Alexejs Namen geführt sind:

»Dienstag, 8. (21.) November. Fühlte mich viel besser. Schlief gut und war guter Laune, darf aber bis morgen noch nicht aufstehen... Nach dem Essen ins Arbeitszimmer des Kaisers ge-

---

[1] Sir Charles S. Gibbes

320

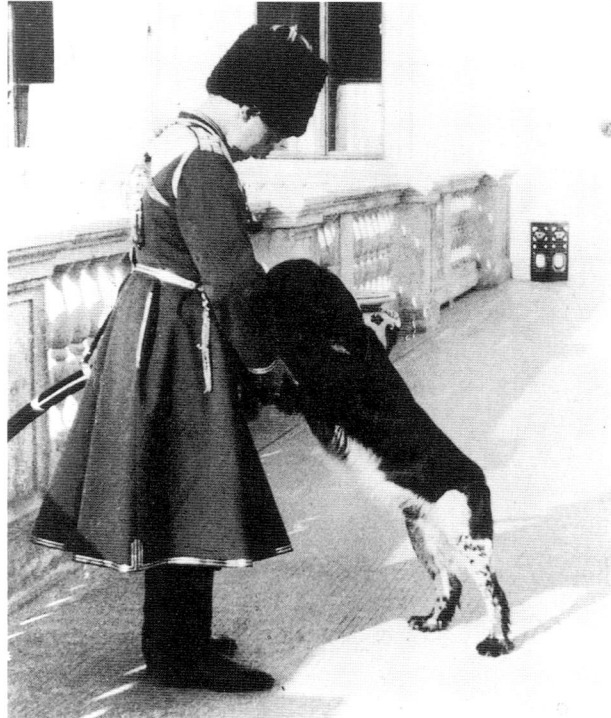

Zarjewitsch Alexej zu
Pferd in der Uniform der
Kosaken-Leibgarde

Der Thronfolger mit
einem Spaniel Joy

42 Zarjskoje Sjelo, Alexander Palais, 1913. Der neunjährige Zarjewitsch neben seinem Vater in der Paradeuniform des Kosaken-Atamanenregiments, dessen Chef er wa

43 Alexej im Klassenzimmer mit seinem Lehre Pjotr Wasiljewitsch Petrow

44 Alexej legt den Grund stein für eine Kirche in Reval

45 Alexej, achtjährig, erhält in Borodino 1912 die Arbeit einer Schülerin neben ihm seine Eltern

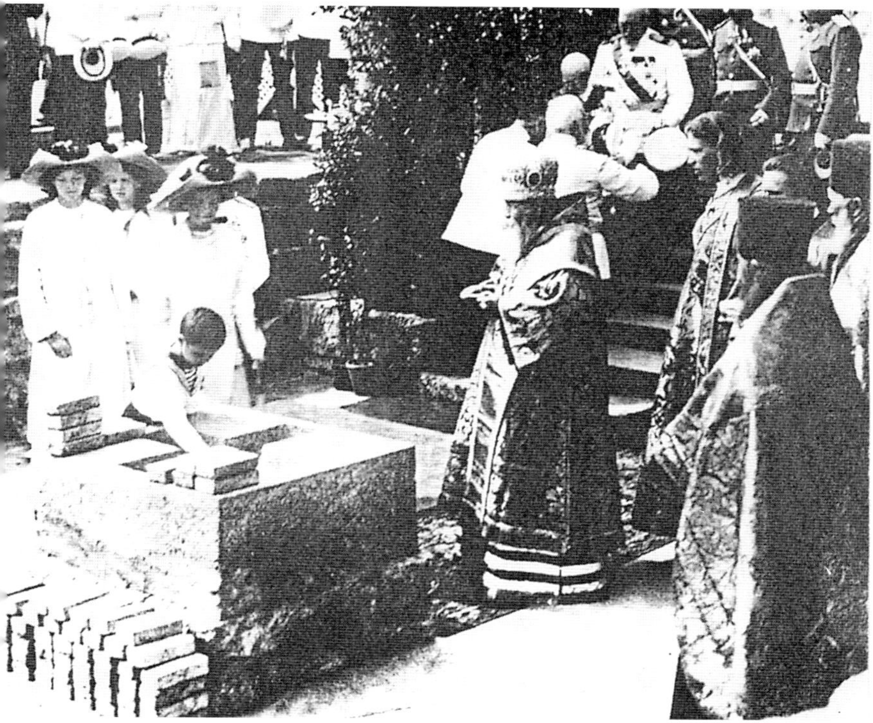

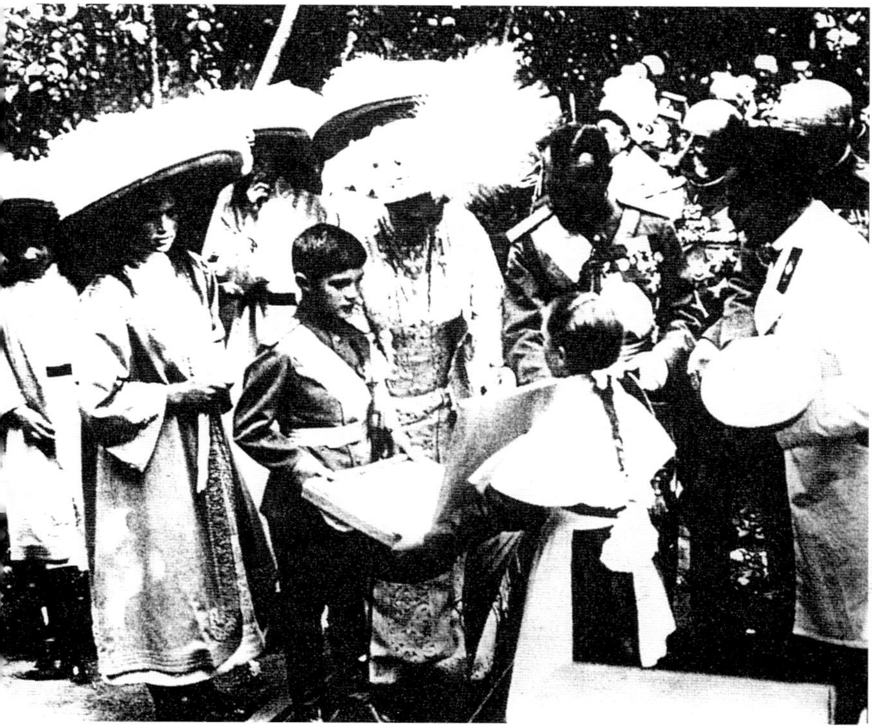

46 Petersburg, Njewskij-Prospekt – die
Hauptstraße im Zentrum der Stadt – um
die Jahrhundertwende

47 Alexej neben Zar Nikolaus in der Kut
sche beim Verlassen der Kasaner Kathedrale in Petersburg anläßlich der Feiern
zum 300-Jahre-Jubiläum der Romanow-
Dynastie. Auf den Bannern teilweise zu
sehen: »Gott erhalte den Zaren!«

48 Moskau, 1913. Prozession anläßlich des
300-Jahre-Jubiläums der Romanow-Dynastie. Alexej kann nach einer schweren Erkrankung noch nicht gehen und wird von
einem Kosaken getragen

49 Alexej in der Uniform des Jägerregi-
ments der Kaiserlichen Familie mit
Andreasorden neben Zar Nikolaus II.

Zar Nikolaus II. und Zarjewitsch Alexej
Uniform der Kosaken-Leibgarde Seiner
ajestät

51 Alexej, zehnjährig, in einfacher Soldatenuniform mit seinem Spaniel Joy nach
Kriegsbeginn 1914

Alexej mit elf Jahren neben dem Zaren bei einer Feldmesse für Soldaten vor deren
nsatz an der Front um 1915

53 Alexej im Kaiserlichen Zug neben Zar Nikolaus; zur Rechten des Zaren Alexejs Onke Großfürst Dmitrij Pawlowitsch (später beteiligt an der Ermordung Rasputins); dem Zaren gegenüber Hofminister Baron Fredericks.

54 Alexej mit zwölf Jahren im Hauptquartier, Mogiljew, Herbst 1916; dahinter seine vie Lehrer (von links) Pierre Gilliard, General W.N.Wojejkow, Sir Charles Sidney (»Iwano-witsch«) Gibbes, Pjotr W. Petrow

Alexej mit seinem Vater bei einem Schützenloch nahe der Westfront, 1916

Der Zarjewitsch mit elf Jahren in Uni-
i eines einfachen Soldaten, Mogiljew,
5

57 Rasputin in seinen späten Jahren nach
einem Porträt von J. N. Klokatschew

58 Alexej mit seinem Vater in der Gefangenschaft in Tobolsk, Sibirien, Winter 1917/18

59 Der Kellerraum des Hauses in Jekaterinburg nach der Ermordung der Zarenfamilie im Juli 1918

bracht mitsamt dem Bett und allem, während das Zimmer gelüftet wurde. Dabei von Großfürst Nikolaus [Nikolajewitsch] und Pjotr [Nikolajewitsch] besucht...«

Alexej am nächsten Tag:

»9. (22.) November. Endlich darf ich aufstehen. Früh aufgestanden und mit allen (Gersten-)Kaffee getrunken. (...) Mit allen mittaggegessen. Erfuhr, daß Kaiser Franz Joseph gestorben ist. (...) Borschtsch nach Rezept von jemandem aus dem Konvoi gegessen. Schon um halbacht im Bett, Sig hat vorgelesen. Papa befahl, einer armen Lehrerin Geld zu geben (300 Rubel).« Weiter berichtet Gibbes:

»Donnerstag, 17. (30.) November. Nachmittag Autofahrt zu Flugzeug-Ausstellung mit sieben Flugzeugen. Danach im Wald ›Räuber‹ gespielt mit P. G[illiard] und C. S. G[ibbes]. Englischunterricht 5–6, die Kaiserin[1] kam kurz herein (...) Sehr aufgekratzt, guter Laune.

Dienstag, 22. November (5. Dezember). Kino um sechs. Sah zwei neue Folgen von ›Die geheimnisvolle Hand.‹...«

Hier läßt Gibbes eine Episode am 26. November aus, die auf den Zarjewitsch Eindruck gemacht hat, wie er in seinem eigenen Tagebuch festhält:

»Nach dem Tee mit Papa und Mama nach Petrograd gefahren. Waren im Haus des Volkes zum Feiertag der Georgsritter. Es waren 20 000!«

Weiter Gibbes:

»Dienstag, 29. November (12. Dezember). Unterricht am Vormittag wie üblich: Arithmetik 9–10, Geschichte 11–12, Englisch 12–1, Ausfahrt im Park 10–11. Kalt, niemand unterwegs. Nach Tisch Ausruhen, dann Spielen im Park von 3–5. 5–6 Englisch-Lesestunde. Abendessen um 6, danach, da ziemlich kalt, mit Ziegeln gespielt statt draußen. Unten[2] 8–9, Bett um 9.

Samstag, 3. (16.) Dezember. Russisch 9–10, danach in den

---

[1] zu Besuch in Mogiljew
[2] Alexej befindet sich kurz in Zarskoje Sjelo, wo seine Zimmer im oberen, die der Zarin im unteren Geschoß liegen

Katharinenpark gefahren bis 11. Begleitete Kaiserin zu zwei Operationen ins Hospital. Englisch 5–6. Nach dem Abendessen Dr. Djerewjenko besucht und mit Kolja gespielt bis 8 Uhr.«

Rückkehr nach Mogiljew.

»Dienstag, 6. (19.) Dezember. Zu Mittag mit allen. 75 Personen. (...)

Donnerstag, 8. (21.) Dezember. Französische Soldatenmedaille durch General erhalten. (...)

Sonnabend, 17. (30.) Dezember. In die Stadt Geschenke einkaufen gegangen, Hotel de France besichtigt...«

An diesem Tag wird in Petrograd Rasputin ermordet. Alexej, dem letztlich Rasputin seinen Aufstieg zu verdanken hatte, weiß nichts und notiert harmlos zum bereits bei Gibbes beschriebenen Tag:

»17. Dezember. Der Tag verging ganz gewöhnlich. Fuhren nach dem Spaziergang mit dem Nackten[1] und Gillik zu einem Geschäft und kauften: Rechner, ein Salzfaß und ein Feuerzeug. Nach dem Essen versteckengespielt, gelernt, zu den Sakuskis gegangen. Früh zu Bett.«

Der Zar, von der Zarin per Telegramm von Rasputins Ermordung alarmiert, soll fast erleichtert reagiert haben. Wie dem auch sei – in jedem Fall ist er von einem Dilemma befreit: dem Druck, Rasputin aus seiner Umgebung zu verbannen, und der Beharrlichkeit der Zarin, auf seinem Verbleib zu bestehen. Gilliard berichtet, der Zar – der sich ihm manchmal anvertraute – habe Rasputin hauptsächlich geduldet, weil er die Hoffnungen der Zarin nicht zerstören wollte. Und ihr Glaube an Rasputin und seine »von Gott gegebene« Macht, Alexejs Leben zu retten, sei eben unerschütterlich gewesen.

Doch Nikolaus folgt Alexandras dringender Bitte, sofort zu kommen, und ist sich bewußt, daß sie vom Verlust des »Freundes« gebrochen ist.

---

[1] General Wojejkow wegen seiner Glatze

Alexej hingegen hat keine Ahnung, warum am nächsten Tag so plötzlich die Abreise nach Zarskoje Sjelo stattfindet. Er schreibt in sein Tagebuch:

»18. Dezember. Um zehn Uhr $^1/_4$ mit Papa in die Kirche gegangen. Dann im Garten gespielt. Mit allen mittaggegessen. Um 3 Uhr 40 mit Papa zum Bahnhof gefahren. Spaziert, dann ist um 4 Uhr 30 der Zug nach Zarskoje Sjelo abgefahren. Spielten ›Nain Jaune‹ und lasen die Geschichte der Kreuzritter.«

In seiner Ahnungslosigkeit bleibt Alexej nicht nur das Wissen um die Ermordung Rasputins erspart, sondern auch darum, daß er Mogiljew und das geliebte Hauptquartier nie mehr sehen wird.

Der Anfang vom Ende

Rasputin ist tot. Das erfährt Alexej bei seiner Ankunft in Zarskoje Sjelo. Seine Mutter ist in Schwarz.

Alexej scheint von dieser Nachricht weniger betroffen als die anderen Familienmitglieder. Kein Wort in seinem Tagebuch; keine Äußerung gegenüber Gilliard ist festgehalten, die auf seine Reaktion Aufschluß geben könnte. Er hat keine Ahnung von der Bedeutung, die er, der Zarjewitsch selbst, für den Aufstieg Rasputins und dessen verhängnisvolle Folgen hatte. Und weiß auch nichts von dem, was sich in letzter Zeit in Petrograd abgespielt hat.

Der Ermordung Rasputins war eine hitzige Debatte in der Duma vorausgegangen, die im November zusammengetreten war. Dabei wurde von den Vertretern verschiedener politischer Lager – einschließlich der Partei der Konstitutionellen Demokraten – unverhohlen Kritik an der Regierung geäußert. Gemeinsamer Tenor: Forderung nach einer verantwortlichen Regierung. Daneben rief eine Fraktion im Falle der Nichterfüllung zur Organisation von Demonstrationen auf, um der Forderung Nachdruck zu verleihen: »Dann bringen wir eben Leute auf die Straße!«

Ebenso wenig verschlüsselt[1] beschuldigte man die Zarin, durch ihre Einmischung in politische Angelegenheiten für das herrschende Chaos mitverantwortlich zu sein. Und wessen Ratschlägen sei sie bei ihrer Besetzungspolitik gefolgt? »Finsteren Kräften« – das ist die vorsichtige Umschreibung für einen Namen: Rasputin.

Der konservative Dumaabgeordnete Purischkjewitsch hatte schon lange vor, das Übel, das seiner Meinung nach die gesunde Struktur des Staates, die Dynastie und somit den Fortbestand der Monarchie bedrohte, an der Wurzel zu entfernen. Er wartete das Ergebnis des Besuchs von Alexandras Schwester Elisabeth ab, die gekommen war, der Zarin die Augen zu öffnen und damit der skrupellosen Manipulation durch Rasputin ein Ende zu bereiten. Aber Alexandra hielt unerschütterlich an dem Bild von Rasputin fest. Unter Verwandten des Zaren werden Komplotte geschmiedet, die Zarin zu entführen und den Zaren zur Abdankung zugunsten des Zarjewitsch mit Michail als Regenten (bis zu Alexejs Volljährigkeit) zu zwingen. Aber dazu sollte es nicht kommen.

Damit war klar: es gab kein Mittel, um die Zarin und Rußland von der Herrschaft des Muschiks zu befreien. Nach der Dumasitzung, in der auch noch ein Telegramm Rasputins an die Zarin kursierte, in dem er sich mit salbungsvollen Worten für einen neuen Justizminister engagierte (»Gott war mir im Traum erschienen und hat mir den Namen ... eingegeben«), war das Maß voll. Purischkjewitsch, Fürst Jusupow und Großfürst Dmitrij Pawlowitsch (Alexejs Lieblingsonkel) schlossen sich zu einem Mordkomplott zusammen. Rasputin wurde in Jusupows Palast eingeladen und mit zyankaliversetzten Süßigkeiten und Madeira vergiftet, und als er daran nicht starb, erschossen; und schließlich versenkte man ihn in einem Seitenarm der Njewa. Wie sich bei der Autopsie der Lei-

---

[1] Es war verboten, öffentlich ein Mitglied der Zarenfamilie zu kritisieren

che, die drei Tage später gefunden wurde, herausstellte, starb Rasputin letzlich erst durch Ertrinken.

Die Zarin läßt Rasputin am Rande des Parks von Zarskoje Sjelo bestatten. Alexej und seine älteste Schwester Olga bleiben dem Begräbnis fern. Alexandra legt ihm Blumen und eine Ikone auf die Brust, ehe sein Sarg in der winterlichen Nacht in die Erde gesenkt wird. Zugleich zünden die Bewohner der Hauptstadt Kerzen vor der Ikone des hl. Dmitrij an, des Namenspatrons von Dmitrij Pawlowitsch; sie beten für dessen Schonung vor den Folgen seiner Tat. Die Haltung der Bevölkerung ist einmütig: Rußland ist von einem Übel befreit. Die Menschen tanzen auf der Straße und singen die Hymne.

Der Zar weiß um die Motive der Mörder, aber er muß sie zumindest symbolisch bestrafen. Jusupow wird auf eines seiner Güter in Südrußland verbannt, Dmitrij Pawlowitsch an die russische Front gegen Persien versetzt; Purischkjewitsch genießt als Dumaabgeordneter Immunität – und ist außerdem längst wieder mit seinem Lazarettzug unterwegs zur Front.

Nun geht es darum, die Zarin von weiterer Einflußnahme auf den Zaren fernzuhalten und ihm endlich die Zustimmung für eine gesetzlich verankerte Erweiterung der Entscheidungskompetenz des Parlaments abzuringen.

Zunächst spricht der Parlamentspräsident bei Nikolaus vor. Er warnt den Zaren vor der revolutionären Stimmung, die sich durch die Versorgungsengpässe gefährlich verstärkt hat. Die schlechte militärische Lage und die Tatsache, daß der Krieg immer noch andauert, hat die Geduld der Bevölkerung übermäßig beansprucht. Wegen des verhaßten Muschiks könne das Herrscherhaus auch nicht mehr mit der Loyalität rechnen, die ihm früher entgegengebracht wurde. Einziger Ausweg sei, endlich der Forderung der Duma nach einer ihr verantwortlichen Regierung nachzugeben.

Nach dem Parlamentspräsidenten spricht auch der britische Botschafter, Sir George Buchanan, beim Zaren vor. »Wenn der

Zar seine jetzigen Berater behält«, äußert er anschließend, »ist eine Revolution, fürchte ich, unvermeidlich.«

Auch der französische Botschafter, Paléologue, versucht, den Zaren in diesem Sinne zu überzeugen. Über die Verfassung des Zaren notiert er in seinen Aufzeichnungen: »Der Zar scheint unter nervösen Krankheitssymptomen zu leiden; (...) die Zarin konsultierte den Quacksalber Badmajew, ein erfindungsreicher Schüler der mongolischen Hexenköche. Dieser Scharlatan fand bald für den allerhöchsten Patienten das passende Gemisch: es ist ein Elixier aus tibetischen Pflanzen: (...) Jedes Mal, wenn der Zar dieses Medikament benutzt hat, sind seine Symptome verschwunden und einem Zustand allgemeinen Wohlbefindens und sogar der Euphorie gewichen. Nach seiner Wirkung zu urteilen, muß es sich um eine Mischung aus Henban und Haschisch handeln...«

Der letzte wohlmeinende Besucher beim Zaren ist dessen Onkel, Schwager und Freund aus Jugendjahren, »Sandro« – Großfürst Alexander Michajlowitsch. Er bittet um ein persönliches Gespräch mit der Zarin. Schließlich empfängt sie ihn, kühl, auf ihrem Canapé liegend. Trotz Sandros gegenteiligem Wunsch ist der Zar dabei anwesend. Sandro setzt Alexandra ruhig, aber mit leidenschaftlichem Engagement auseinander, warum es jetzt dringend nötig sei, den Zaren in seinen Entscheidungen unbeeinflußt zu lassen und sich von politischen Angelegenheiten fernzuhalten: die Zeit für eine Kurskorrektur sei gekommen, den Forderungen des Parlaments müsse nachgegeben werden.

Alexandra protestiert: ein Zar sei nur Gott verantwortlich – trotz der Verfassung von 1905. Auch von einer revolutionären Stimmung will Alexandra nichts wissen: das Volk stehe hinter der Krone, beharrt sie. Nikolaus bleibt, zu Sandros Unbehagen, schweigend stehen, streicht ständig die Falten seiner Uniform glatt und raucht eine Zigarette nach der anderen. Erst als die Unterredung emotionell und lautstark wird, geleitet Nikolaus seinen Freund hinaus. Sandro verläßt den Palast niedergeschlagen von dem Eindruck, daß Nikolaus resigniert zu haben scheint.

Alexej ist in dieser Zeit (Ende des Jahres 1916) kränklich. Mit Magenverstimmung hat es begonnen, dann kommen Ohrenschmerzen und Schnupfen hinzu, und schließlich hat er die Masern. Zwischen vereinzelten Unterrichtsstunden spielt der Zarjewitsch mit seiner elektrischen Eisenbahn. Gibbes notiert für Alexej im Tagebuch:

»Sonntag, 25. Dezember (7. Januar) [1917]. Um 11 Uhr in die Kirche. Mittagessen unten. Nachmittags zum Christbaum in die Reitschule, half, Geschenke zu verteilen. (...)

Dienstag, 10. (23.) Januar. Unterricht am Morgen wie üblich. Nachmittags im Park gespielt. Erste Stunde in Naturgeschichte von V. N. D. [Dr. Djerewjenko]

Donnerstag, 26. Januar (8. Februar). Nicht sehr wohl gefühlt. Fast den ganzen Tag gelegen. Hörte Vorlesen von ›Robinson Crusoe‹ zu. Fühlte mich sehr krank und konnte nicht abendessen. (...)

Dienstag, 31. Januar (13. Februar). Den ganzen Tag sehr krank und kaum imstande zu essen; kein Interesse an irgend etwas. Unter der Einwirkung von Morphium Schmerzen etwas erleichtert, aber den ganzen Tag schläfrig.«

Am 22. Februar (7. März) muß sich Alexej verabschieden; Nikolaus reist wieder in den Generalstab – »weg von der vergifteten Atmosphäre der Hauptstadt«, wie er Gilliard gegenüber bemerkt. Noch am Tag zuvor hatte sich der Zar in die Duma begeben wollen, um, den eindringlichen Warnungen folgend, die Ernennung einer dem Parlament verantwortlichen Regierung bekanntzugeben. Doch im letzten Augenblick rief er Ministerpräsident Gorjomkin spätabends in den Palast, um ihm mitzuteilen: »Ich habe meine Meinung geändert. Morgen reise ich ab.« Waren die beharrlichen Beschwörungen der Zarin, »um Babys willen« nicht nachzugeben, noch eindringlicher als die dramatischste Darstellung der Realität, die er nicht sehen wollte?

Alexej, der mit seinen Masern auch seine Schwestern und die Hofdame Anna Wyrubowa angesteckt hat, kann seinem Vater vom Krankenbett aus noch im letzten Moment einen Abschiedsbrief in den Zug bringen lassen.

Gibbes notiert für Alexej:

»Samstag, 25. Februar (10. März) [1917]. Lag den Großteil des Tages ruhig im abgedunkelten Raum und hörte C. S. G[ibbes] zu, der russische Märchen vorlas.

Sonntag, 26. Februar (11. März). Der Tag verging wie der vorhergehende. Verbrachte ihn mit den anderen Kranken...«

Nur für Alexej bleibt alles gleich. Er bekommt nichts mit von dem, was zu dieser Zeit in der Hauptstadt vor sich geht. Schon am Tag nach der Abreise seines Vaters ins Hauptquartier nach Mogiljew waren in Petrograd 100 000 Arbeiter in den Streik getreten. Die Hauptstadt war voll von revoltierenden Menschen, die rote Fahnen schwenkten. Überall waren die Rufe zu hören: »Brot!« »Frieden!« »Ende mit dem Krieg!«

Die Ereignisse überschlagen sich. Aus der Palastperspektive läßt sich nur wenig erfassen. Nach Zarskoje Sjelo dringen nur Gerüchte. Schließlich ruft Innenminister Protopopow im Palast an:

»In Petrograd geht es stürmisch zu. Es gibt Aufstände. Die Kosaken gehen nach und nach auf die Seite der Revolutionäre über. Morgen entscheidet sich alles. Ich hoffe, unsere Kräfte behalten die Oberhand. Ich habe die Polizei angewiesen, auf den Dachgeschossen Position zu beziehen.«

Kammerdiener Wolkow überbringt die Nachricht der Zarin. Ihre Reaktion: »Ausgeschlossen, das ist niemals möglich. Das muß ein Irrtum sein.«

»Majestät, das berichtet der Innenminister!«

»Das glaube ich nicht. Die Kosaken stellen sich niemals gegen uns.«

Kurz darauf ein Anruf von Protopopow: »Berichten Sie Ihrer Majestät, daß ich hoffe, wir können durchhalten.«

Reaktion der Zarin: »Natürlich, so wird es auch sein.«

An Nikolaus telegraphiert sie:
»Es sind nur Provokateure am Werk. Nichts Besonderes. Wird alles unter Kontrolle kommen.«
Einen Tag später Anruf vom Sekretär des Ministers:
»Berichten Sie Ihrer Majestät, daß einige Gefängnisse geöffnet und die Häftlinge befreit worden sind. Das Arsenal und einige andere Gebäude brennen.«
Wolkow erstattet der Zarin Bericht.
»Was soll man tun?« lautet ihre Reaktion. »Schauen wir erst einmal, wie es weitergeht ...«
Immerhin zeigt sie sich etwas beunruhigt.
Es ist der letzte Anruf aus dem Innenministerium. Danach erscheint der Sekretär des Ministers selbst im Palast. Er teilt mit, daß weitere Gebäude in Flammen stehen, Gefängnisse und der Justizpalast.
Es ist die letzte Mitteilung aus der Hauptstadt. Das Leben steht still. Der Zar ist nicht da, und tagelang gibt es über ihn keine Nachricht.
Gibbes schreibt:
»Donnerstag, 2. (15.) März. Patient geht es besser, kann schon spielen. Bastelten Modellhäuser. Vorgelesen. Tag verging wie gewöhnlich. Jeder besorgt über den Ausgang der Ereignisse. Keine Züge nach Petrograd seit heute Morgen. Schlief in meinem eigenen Zimmer.«
An diesem Tag stürzt auch die russische Dynastie wie ein Kartenhaus zusammen. Der Zar, schließlich von Dumapräsident Rodsjanko von den Vorkommnissen in der Hauptstadt alarmiert, macht sich auf den Weg von Mogiljew nach Zarskoje Sjelo. Um nicht die Routen, auf denen die Züge mit Versorgung und Nachschub zur Front rollen, zu blockieren, wählt er einen Umweg. Diese Ausweichroute wird jedoch von Aufständischen von der Hauptstadt her besetzt. Der Zug des Zaren wird daher nach Pskow umgeleitet.
Hier erwarten ihn bereits schlechte Nachrichten. Ein sofortiger Erlaß, kabelt Rodsjanko, zur Ernennung einer neuen Re-

gierung sei nötig, um die Lage zu retten. Während der Zar seine Bereitschaft bekundet, der Forderung nachzugeben[1], trifft ein neues Telegramm ein: »Zu spät. Jetzt kann nur mehr die Abdankung zugunsten des Zarjewitsch mit Großfürst Michail als Regenten die Lage beruhigen.« Nikolaus holt nun die Meinung der Kommandierenden einzelner Frontabschnitte ein. Das Ergebnis ist niederschmetternd: sie stimmen mit den Forderungen der Politiker in der Hauptstadt überein. Allerdings werden dem Zaren jene Telegramme vorenthalten, die ihn beschwören, der Forderung nach Abdankung nicht nachzugeben.

Hastig wird im Zug, der in Pskow steht, ein Dokument entworfen. Es besagt, daß der Zar zugunsten seines Sohnes Alexej Nikolajewitsch abdankt. Doch nach einer Unterredung mit dem ihn begleitenden Arzt Fjodorow kommt er zu einem anderen Schluß. Fjodorow erinnert den Zaren daran, daß man den Thronfolger kaum bei seinem Vater lassen würde und es außerdem fraglich sei, ob er angesichts der Erbkrankheit das regierungsfähige Alter erreichen würde.

---

[1] Am 1. (14.) März 1917 existiert somit bereits jenes lange geforderte Manifest, in welchem der Zar eine Verfassungsreform ankündigt und die Duma zur Ernennung einer provisorischen Regierung, »die das Vertrauen des Volkes genießt«, beauftragt. Angesichts der sich überstürzenden Ereignisse verläßt es jedoch gar nicht erst den kaiserlichen Zug in Pskow.

Nikolaus läßt die Urkunde neu formulieren:

»Hauptquartier
An den Chef des Generalstabes
In den Tagen des großen Kampfes gegen den äußeren Feind, der seit fast drei Jahren danach strebt, Unser Vaterland zu unterjochen, hat es Gott gefallen, Rußland eine neue schwere Prüfung zu senden. Einsetzende Volksaufstände drohen verhängnisvolle Folgen auf die weitere Führung des erbarmungslosen Krieges zu zeitigen. Das Schicksal Rußlands, die Ehre Unserer heldenmütigen Armee, das Wohl des Volkes und die ganze Zukunft Unseres teuren Vaterlandes fordern, daß der Krieg um jeden Preis bis zum siegreichen Ende geführt wird. Der grausame Feind unternimmt seine letzten Anstrengungen, und nahe ist die Stunde, da Unser ruhmreiches Heer gemeinsam mit Unseren glorreichen Verbündeten den Feind endgültig niederwerfen wird.
In diesen für das Leben Rußlands entscheidenden Tagen hielten Wir es für unsere Gewissenspflicht, Unserem Volk den engsten Zusammenschluß und die Konzentration aller seiner Kräfte zu erleichtern, damit ein schneller Sieg verwirklicht werden kann. Deshalb haben Wir es im Einverständnis mit der Reichsduma für gut befunden, der Krone des Russischen Reiches zu entsagen und die Oberste Herrschaft niederzulegen. Da Wir Uns nicht von Unserem geliebten Sohne trennen wollen, übertragen Wir die Erbfolge auf Unseren Bruder Großfürst Michail Alexandrowitsch, dem Wir bei der Besteigung des Thrones des Russischen Reiches Unseren Segen erteilen. Wir geben Unserem Bruder den Auftrag, in voller und unzerstörbarer Einheit mit den Volksvertretern in den gesetzgebenden Körperschaften die Regierung zu führen und auf die ihnen zugrundeliegenden Prinzipien einen unverletzlichen Eid zu leisten. Im Namen der heißgeliebten Heimat rufen Wir alle treuen Söhne des Vaterlandes auf, ihre heilige Pflicht diesem gegenüber zu erfüllen, dem Zaren in diesem

schweren Augenblick nationaler Prüfungen zu gehorchen und ihm gemeinsam mit den Volksvertretern zu helfen, das Russische Reich auf den Weg des Sieges, des Wohls und des Ruhmes zu führen.

Möge Gott, der Herr, Rußland helfen!

Pskow,

2. (15.) März 1917, 15 Uhr 5 Minuten   Nikolaus

Der Minister des Kaiserlichen Hofes

Generaladjutant Fredericks«

Gelassen begibt sich der Zar in seinem grünen Salonwagen zur Ikone, nimmt seine Mütze ab und sagt leise: »Es ist Gottes Wille. Ich hätte es längst tun sollen.« Die Abgeordneten der Duma, die gekommen waren, um dem Zaren die Abdankung nahezulegen, werden mit der vollendeten Tatsache konfrontiert. Der Zar übergibt ihnen die bereits unterzeichnete Abdankungsurkunde in der zweiten Fassung – mit der Übergabe der Krone an seinen Bruder. Darüber hinaus hat er vorsorglich die Uhrzeit rückdatiert, um dem Verdacht der Beeinflussung durch die Abgeordneten vorzubeugen. Als sie den Zug verlassen haben, schreibt Nikolaus in sein Tagebuch: »Um mich herum ist nichts als Feigheit, Lüge und Verrat.«

Als einzige Zusicherung hat sich der Zar Sicherheitsgarantien für sich und seine Familie ausbedungen und freies Geleit zu seinem Sommersitz nach Livadia, wohin er sich möglicherweise zurückziehen werde. Danach begibt er sich nochmals zurück in die Stawka, um sich vom Generalstabschef, den Generälen und Militärs zu verabschieden. Er verfaßt einen letzten Aufruf an die Armee, der neuen Regierung Gehorsam zu leisten und ihre patriotische Pflicht für Rußland zu erfüllen.

Der Abschied gestaltet sich selbst für die Militärs bewegend. Der Abschiedsbefehl wird von der neuen Provisorischen Regierung jedoch nicht verlautbart, um keine sentimentalen Gefühle für den Ex-Zaren aufkommen zu lassen. Abschließend kommt Nikolaus' Mutter nach Mogiljew. Für sie ist der Schritt ihres Sohnes der größte Schlag. Später schütteln auch andere Mitglieder der kaiserlichen Familie den Kopf darüber, daß der Zar nicht den früheren Forderungen, nun aber jener nach Abdankung nachgegeben hat.

In Zarskoje Sjelo wartet die Familie auf ein Lebenszeichen vom Zaren. Die Telephonleitungen sind unterbrochen. Die Wasserleitungen sind abgesperrt, es kann nicht geheizt werden. Von Zeit zu Zeit ist Schußwechsel zu hören. Auf Alexejs Frage, was vor sich gehe, heißt es stereotyp: »Manöver«.

Am 3. (16.) März schließlich, dem Tag nach der Unterzeichnung der Abdankungsurkunde in Pskow, erscheint Großfürst Pawel Alexandrowitsch, der Onkel der Zaren, bei der Zarin und setzt sie von der Abdankung auch im Namen Alexejs zugunsten des Bruders des Zaren, Großfürst Michail Alexandrowitsch, in Kenntnis. Und davon, daß dieser die Annahme der Krone bereits verweigert hat. Das bedeutet das Ende der Romanow-Dynastie.

Alexandra bricht unter dieser Nachricht zusammen. Sie kann es nicht fassen. Irgendwo klammert sie sich noch an die irreale Hoffnung, daß das alles nicht wahr oder nicht endgültig sei.

Die Tage vergehen. Einmal droht ein Sturm auf den Palast. Doch der Palastkommandant hat rasch eine so starke Verteidigungseinheit mobilisiert, daß die Angreifer schon abziehen, als sie ihrer ansichtig werden.

Endlich die Nachricht, daß der Zar am nächsten Tag eintreffen werde. Bisher hatte sich Alexandra mit beachtlicher Selbstdisziplin nichts von dem Schock, unter dem sie stand, anmerken lassen. Nun geht es darum, die Töchter und Alexej auf die neue Situation vorzubereiten. Mit den Töchtern spricht Alexandra selbst; die schwierige Aufgabe, dem Thronfolger die Hiobsbotschaft zu übermitteln, vertraut die Zarin Gilliard an. Dieser findet Alexej, auf dem Wege der Besserung, in seinem Zimmer vor.

Gilliard beginnt damit, daß morgen der Zar zurückkomme, und fügt hinzu:

»... und er wird nicht mehr nach Mogiljew fahren.«

»Aber warum?«

»Weil Ihr Papa nicht mehr Höchstkommandierender sein will.«

Alexej zeigt sich betroffen. Nie mehr nach Mogiljew?!

Nach kurzem Schweigen fährt Gilliard fort:

»Und Ihr Vater will auch nicht mehr Zar sein.«

Alexej ist völlig überrascht: »Wie? Warum?«

»Weil er sehr müde ist und in letzter Zeit große Schwierigkeiten hatte.«

»Ach ja!« scheint Alexej sich zu erinnern. »Mama sagte, sein Zug wurde angehalten, als er hierherkommen wollte. Aber Papa wird doch später wieder Zar sein, nicht wahr?«

Nun muß Gilliard erklären, daß der Zar zugunsten von »Onkel Mischa« abgedankt hat – und daß dieser seinerseits ebenfalls abgedankt hat.

»Aber wer wird denn dann Zar sein?« fragt Alexej fassungslos.

»Ich weiß nicht. Jetzt niemand ...«

Bei diesen Worten errötet Alexej und scheint sehr betroffen. Er denkt kurz nach und fragt dann:

»Aber wenn es keinen Zaren mehr gibt – wer wird dann Rußland regieren?«

Gilliard ist sehr erstaunt, daß Alexej mit keinem Wort daran erinnert, daß er der legitime Thronfolger ist.

War. Denn jetzt weiß auch Alexej:

Er ist kein Zarjewitsch mehr.

Unter Hausarrest

Anruf aus Petrograd für Doktor Botkin in Zarskoje Sjelo. Jemand von der Provisorischen Regierung will wissen, ob der Zarjewitsch am Leben sei. Botkin bejaht. Warum die Frage? Es gehen Gerüchte um, wonach Alexej getötet worden sei. Gibbes hat in diesen Tagen weitere Notizen aus der Perspektive Alexejs gemacht, der in seinem Krankenbett dahindämmert:

»Sonnabend, 4. (17.) März. Besser, aber noch nicht in sehr guter Verfassung. Weiß nichts über Ereignisse, denkt, es sei alles beim alten. Bastelten Kugeln und Modellhäuser; mit häufigen Besuchen der Kaiserin und von Familienmitgliedern verging der Tag.

Sonntag, 5. (18.) März. Patient nicht besonders gut. Im Unterrichtszimmer, da kein Wasser und Spielzimmer nicht geheizt, da Heißwasserrohre.

Dienstag, 7. (20.) März. Patient besser, aber Augen und Ohren schmerzen. Verbrachte Morgen ruhig. Mittagessen mit Schwestern, schlief den Großteil des Nachmittags, oben Abendessen. Nach Tisch Modellhäuser gebastelt, Domino gespielt.«

Außer dem ungewohnten Lärm, der Alexej mit dem Hinweis auf Manöver erklärt wird, scheint der Thronfolger nichts von dem, was außerhalb des Palastes vorgeht, mitzubekommen. Nur als der Hals-Nasen-Ohrenarzt kommt, um ihn zu untersuchen, wundert sich Alexej, daß dieser von einem Soldaten begleitet wird. Der Uniformierte trägt eine Kappe, die dem kleinen Patienten ungewohnt erscheint – sie gehört seiner Meinung nach zu keiner traditionellen Uniform. In Wirklichkeit handelt es sich freilich um einen Infanteristen, der dem Kommando des neuen Regimes untersteht. Die Provisorische Regierung ist zwar eine bürgerliche Regierung, doch dieser Koalition aus gemäßigtem Flügel ehemaliger Duma-Abgeordneter mit dem extrem linken des Arbeiter- und Soldatensowjets haftet der Geist jener Revolution an, aus dem sie hervorgegangen ist. Alexej weiß von alldem nichts – er betrachtet nur aufmerksam die Kopfbedeckung, die er noch nie gesehen hat: weder Uniformkappe noch Hut.

Neuerlicher Anruf aus Petrograd. Rodsjanko empfiehlt der Ex-Zarin abzureisen. Die Aufständischen könnten auch Zarskoje Sjelo bedrohen. Alexandra lehnt kategorisch ab mit dem Hinweis darauf, daß die Kinder krank seien. Wenn hier auch ihr Stolz gegenüber dem ihr verhaßten ehemaligen Präsidenten der Duma, die in ihren Augen für die dramatischen Ereignisse die Schuld trägt, eine Rolle spielen mag, ist der Preis hoch. »Si la maison brûle, il faut sortir les enfants« (Wenn das Haus brennt, muß man die Kinder wegbringen) sind seine letzten Worte, bevor er auflegt.

Auch Nikolaus läßt Alexandra mitteilen, sie möge ihm mit den Kindern nach Gatschina (20 km südwestlich der Hauptstadt) entgegenreisen. So ersucht sie Gilliard, für alle Fälle Alexejs Sachen packen zu lassen. Doch kurz darauf kommt Doktor Djerewjenko. Er berichtet, daß der Bahnverkehr zur Hauptstadt eingestellt ist – und über diese Route hätte die Zarenfamilie in jedem Fall reisen müssen.

Eine Nachricht jagt die andere. General Kornilow, Kommandant des Militärdistrikts Petrograd, erscheint im Palast. Er erklärt Alexandra im Auftrag der Provisorischen Regierung, daß anläßlich der Abdankung des Zaren sich nicht nur dieser, sondern auch die kaiserliche Familie als gefangen zu betrachten habe. Für ihre Sicherheit trage die Provisorische Regierung Sorge.

Somit ist die Zarenfamilie nicht mehr beschützt, sondern bewacht. Die alten Garden werden durch neue ersetzt, die den von der neuen Regierung eingesetzten Kommandanten unterstehen. Mit Alexandra und den Kindern befinden sich theoretisch auch sämtliche Hofbedienstete unter Hausarrest. Wer wolle, könne hierbleiben, erklärt Kornilow, teile damit aber auch das Schicksal der Familie. Daraufhin setzt ein solcher

Exodus von hunderten Mitgliedern des Personals ein, daß Kornilow – selbst loyaler Anhänger der Krone – kaum hörbar murmelt: »Lakaien...«

Einige wenige, darunter auch der Hofmarschall, Graf Benkkendorff, erweisen sich als treue Diener ihres Herrn und bleiben. Auch Alexandras Hofdamen und Freundinnen Wyrubowa und Dehn gehören dazu – erstere ist im übrigen wie drei der vier Schwestern Alexejs krank; fast alle persönlichen Kammerdiener und Kammerzofen der Zarenfamilie bleiben, die Ärzte Botkin und Djerewjenko ebenfalls. Alexejs Erzieher Gilliard zögert keinen Augenblick und kommentiert die Entscheidung in seinen Aufzeichnungen: »Ich habe die glücklichen Tage der Familie geteilt – wie könnte ich sie jetzt verlassen!« Auch Gibbes hat im Prinzip vor, seine Funktion als Englischlehrer der Kinder bis auf weiteres auszuüben, aber zunächst begibt er sich nach Petrograd, und die kommenden Ereignisse sollten ihn an der Rückkehr nach Zarskoje Sjelo hindern.

Gegen neun Uhr abends eine neue Hiobsbotschaft: die Garnison von Zarskoje Sjelo meutert. Der revolutionäre Wind aus der Hauptstadt ist auch hierher gedrungen. Auf den Straßen wird geschossen. Wieder kursieren mehr Gerüchte als Informationen. Es heißt nun, ein Konvoi revolutionärer Soldaten aus Petrograd sei unterwegs nach Zarskoje Sjelo, um »die Deutsche und ihren Sohn« gefangenzunehmen. Alexandra erfährt davon, als sie – von einem Krankenzimmer zum andern unterwegs – bei den Töchtern sitzt. Gilliard erinnert sich an diesen Augenblick:

»Wir gingen ans Fenster und sahen, wie General Ressin mit zwei Kompanien Stellung vor dem Palast bezog. Ich sah auch zwei Matrosen der Gardeequipage und Angehörige der Konvois. Um den Park wurde die Wache verstärkt. Sie war kampfbereit.

In diesem Augenblick erfuhren wir per Telefon, daß die Aufständischen sich in unsere Richtung bewegen und soeben ein Wachposten 500 m vom Palast entfernt getötet worden ist. Die

Schüsse waren aus immer kürzerer Entfernung zu hören, ein Zusammenstoß mit den Verteidigern des Palasts schien unausweichlich...«

Da zeigt sich Alexandras Charakterstärke und Fähigkeit, Nerven zu bewahren. Es geht um das Leben ihrer Kinder. Sie beschließt, mit Maria – der einzigen Tochter, die gesund geblieben ist – zu den Soldaten hinauszugehen, diese in ihrer Kampfmoral als Verteidiger zu stärken und zugleich zu beschwören, Ruhe zu bewahren. Der Hofmarschall, Graf Benckendorff, hat unverzüglich 1500 Mann angefordert und erhalten. Im Palast warten alle gespannt den Lauf der Dinge ab. Doch kurz bevor es zum befürchteten Zusammenstoß kommt, ziehen die Angreifer angesichts der Stärke der Verteidiger nach kurzem Wortwechsel wieder ab.

Alexej, der das Bett hütet, bleiben diese bangen Minuten ebenso erspart wie das Wissen, daß ebenfalls in diesen Tagen am anderen Ende des Palastparks von revolutionären Soldaten Rasputins Sarg ausgegraben, abtransportiert und abseits der Straße nach Petrograd verbrannt wird.

Am Morgen des 9. (22.) März kommt endlich Nikolaus zurück. Bei der Ankunft auf dem Bahnhof in Zarskoje Sjelo verflüchtigen sich sofort drei seiner vier Adjutanten, Morwdinow, Leuchtenberg und Naryschkin. Nur Fürst Wasilij Dolgorukow bleibt an der Seite des Ex-Zaren und besteigt mit ihm das wartende Automobil.

Nikolaus findet die Welt, die er hier vor kaum mehr als zwei Wochen verlassen hatte, völlig verändert vor. Die Eindrücke, die sich ihm auf dem Weg zum Palast in Zarskoje Sjelo bieten und Alexej bisher verborgen geblieben sind, beschreibt er in seinem Tagebuch:

»9. März. Donnerstag. Bin ohne Verspätung in Zarskoje Sjelo um 11:30 angekommen. Aber mein Gott, was für Veränderung! In der Straße und um das Palais, im Park – überall Wachposten und sogar im Vestibül, ich weiß nicht, was für Burschen! ...«

Als Alexej das bekannte Motorengeräusch vernimmt, horcht er auf. Das muß Papa sein! Alexandras Freundin, Lili Dehn, weilt gerade an seinem Bett und hält seine Hand. Nun will sie sich zurückziehen. Aber Alexej hält sie fest: »Bitte geh nicht, bleib, bis er da ist.«

»Ging gleich hinauf und fand Alix und meine lieben Kinder wohlbehalten vor«, setzt Nikolaus das Tagebuch an diesem Tag fort. »Sie schien sehr gefaßt und keineswegs niedergeschlagen, aber die Kinder waren alle in abgedunkelten Räumen in ihren Betten. Allen geht es schon besser – außer Maria, die nun auch die Masern bekommen hat. Haben mittags und abends bei Alexej im Spielzimmer gegessen. Habe den guten Benckendorff gesehen. Mit Walja Dolgorukow spazierengegangen und mit ihm im Garten gearbeitet, denn es ist verboten, weiter weg zu gehen!«

Die Bewegungsfreiheit der Familie ist spürbar eingeschränkt – es herrscht Hausarrest im wörtlichen Sinn. Nur zweimal pro Tag ist es den Familienmitgliedern erlaubt, den Palast zu verlassen, die Zeit ist ebenso vom Palastkommandanten festgelegt wie der Raum – ein kleines Stück des Parks vor dem Haus. Dazu ist die Zarenfamilie jedesmal auf die Gnade der diensthabenden Soldaten angewiesen, ihnen den Ausgang in den Park aufzusperren.

Es herrscht Willkür. Das Verhalten der Soldaten wechselt je nach Herkunft ihres Regiments und persönlicher Gesinnung. Manche waren in jüngster Zeit stärker als andere der Propaganda der Revolutionäre ausgesetzt (und erlegen). Sowohl Nikolaus als auch Alexej atmen oft erleichtert auf, wenn gerade Angehörige bestimmter Regimenter Dienst versehen, deren unerschütterliche Loyalität zum entthronten Monarchen bekannt ist – auch wenn sie die von den neuen Machthabern auferlegte Pflicht erfüllen müssen. Zumindest Schikanen bleiben der Zarenfamilie in solchen Fällen erspart.

Es wird allgemein mit Erstaunen registriert, mit welcher Gelassenheit der ehemalige Herrscher über Rußland seine neue

Situation zu ertragen scheint. Abgesehen von seiner sprichwörtlichen Disziplin findet Nikolaus die Kraft, sämtlichen Bewachern, die er sieht und die ihm und den Familienangehörigen auf Schritt und Tritt folgen, freundlich zu begegnen, sie zu grüßen und mitunter in ein Gespräch zu verwickeln – was allerdings vom wachhabenden Kommissar meist bald unterbunden wird. Nikolaus ist völlig klar, daß die Soldaten gegen das alte Regime aufgehetzt werden und daß sie verpflichtet sind, allen Anweisungen der neuen Regierung gehorsam zu folgen.

Nikolaus sieht Schikanen – wie er in Gesprächen Gilliard gegenüber äußert – auch als Indiz dafür, daß der gemäßigte Flügel der Provisorischen Regierung dem linksextremen Zugeständnisse macht, wobei ihr offensichtlich allmählich die Macht aus der Hand gleitet. Das bekommt die Zarenfamilie früher oder später zu spüren. Außer Nikolaus' Verständnis für die Situation tragen noch seine Religiosität und seine in letzter Zeit verstärkte, an Apathie grenzende resignative Haltung zu seiner Gelassenheit bei.

Was den ehemaligen Herrscher und Höchstkommandierenden aber immer wieder verstimmt, ist der Zustand der Soldaten, ihr nachlässiges Aussehen, dem ihr Benehmen entspricht: der Armee hatten seine Liebe und sein Stolz gegolten. Und ihr Zerfall bereitet Nikolaus den größten Kummer. Besorgt verfolgt er die Neuigkeiten von der Front.

Niedergeschlagen nimmt er zur Kenntnis, daß die Provisorische Regierung auch in der Hauptstadt nicht imstande ist, Ordnung herzustellen und sich statt dessen deren weiterer Verfall bemerkbar macht. Alte Ordnungskräfte sind außer Dienst gestellt, mit den politischen Häftlingen sind auch andere aus den geöffneten Gefängnissen in Freiheit gelangt. Sie rauben und plündern, und niemand hindert sie daran. Wird die Provisorische Regierung bis zur anberaumten Wahl zur Verfassungsgebenden Versammlung durchhalten? Sie soll im übrigen auch über den neuerlichen Einsatz eines Zaren –

Michail – als konstitutionellen Monarchen entscheiden. Wenn nicht, bedeutet das auch das Ende der Romanow-Dynastie. Alexandra reagiert mit Verschlossenheit und Stolz. Nach der Belastung der vergangenen Tage und Wochen ist ihre Gesundheit angegriffen, ihr Haar ergraut, ihre Seele verbittert. Alexejs Schwestern bleiben je nach Temperament bedrückt, jedoch wie ihre Eltern von nobler Gelassenheit gegenüber ihrer neuen Situation. Alle finden Trost in der Gemeinsamkeit, im Zusammensein und in der gegenseitigen Zuneigung.

Alexej, der bald nach Ankunft seines Vaters sein erstes Bad nehmen und sich außerhalb seines Zimmers bewegen kann, wird sich erst allmählich der Situation, in der sich er und seine Familie befinden, bewußt. Als er aber zum ersten Mal erlebt, wie sein Vater behandelt wird, ist er schockiert. Gilliard erzählt ein Beispiel:

»Wo auch immer wir hingehen, kreisen uns Soldaten mit aufgepflanzten Bajonetten unter dem Kommando eines Offiziers ein und halten mit uns Schritt. Wir sehen wie Verurteilte mit ihren Wärtern aus. Die Anordnungen ändern sich täglich – oder die Offiziere legen sie ständig nach ihrem persönlichen Gutdünken aus! Heute nachmittag, als wir zum Palast zurückkehrten, hielt der diensthabende Wachposten den Zaren mit den Worten an: ›Hier können Sie nicht vorbei!‹ Der Offizier regelte die Situation. Das Blut schoß Alexej ins Gesicht, als er sah, daß ein Soldat seinen Vater anhielt.«

Wie groß ist erst sein Erstaunen, als er das andere Gesicht seines langjährigen Betreuers Djerewjenjko kennenlernen muß! Anna Wyrubowa hat eine Szene beobachtet:

»Ich ging gerade bei Alexejs Zimmer vorbei, dessen Tür halboffen war. Mir bot sich folgender Anblick: Lässig in einem Fauteuil lehnte der Matrose Djerewjenjko, für viele Jahre der persönliche Betreuer des Zarjewitsch, dem die ganze Familie immer Liebenswürdigkeit entgegenbrachte und den sie reich beschenkte. Offensichtlich von Revolutionsmanie erfaßt, zeigte er jetzt den Dank für alles. Er brüllte den Jungen unverschämt an, den er bisher geliebt und umsorgt hatte, befahl ihm, das und jenes zu bringen und jeden nur möglichen Dienst zu erweisen, den sein geringer Verstand nur ausdenken konnte. Benommen und offensichtlich kaum erfassend, was vor sich geht und wozu er gezwungen wurde, bewegte sich der Junge hin und her und versuchte zu gehorchen. Es war unerträglich. Ich bedeckte mein Gesicht mit den Händen und ließ mich von diesem Schauspiel wegbringen.«

Djerewjenjko quittiert bald den Dienst – oder wird davon entbunden. Doch der andere Matrose, Nagornyj, bleibt bei Alexej, und seine Zuneigung und Fürsorglichkeit sind unverändert wie zuvor. Da Alexej in dieser Zeit kaum Tagebuch führt – und wenn, dann nur lakonisch Notizen ohne Hinweis auf Empfindungen oder Gefühle, die der neue Alltag mit seinen Einschränkungen und Erniedrigungen in ihm hervorruft –, finden Erlebnisse wie die erwähnten keinen Niederschlag.

Die Willkür mancher Soldaten macht auch vor jenen nicht Halt, die keine Mitglieder der Zarenfamilie sind. So wird Alexejs Arzt, Djerewjenko, eine barsche Rüge erteilt, da er nach Ansicht der ihn begleitenden Soldaten nicht schnell genug geht, und auch Gilliard wird zurechtgewiesen, als er mit den Großfürstinnen französisch spricht. Die Soldaten bewegen sich nun auch ungeniert in den Räumen des Palastes, sodaß die Familie ihre privaten Zimmer abschließen muß. Einmal verläßt Gilliard gerade Alexejs Zimmer, als ihm Soldaten entgegenkommen. Auf seine Frage, was sie hier suchten, erklären sie, »den Zarjewitsch« – wie er auch von den revolutionären Soldaten genannt wird – »sehen« zu wollen. Gilliard weist darauf hin, daß dieser im Bett liege und nicht gestört werden könne. Nun verlangen sie nach dem Zaren; Gilliard behauptet, dieser sei nicht da. Zu seinem Erstaunen geben sich die jungen Männer damit zufrieden und ziehen ab. Doch mit der Zeit sollte es immer weniger von dieser harmlosen Sorte des Wachpersonals geben.

In der Zwischenzeit versucht Gibbes, wieder zu seinem

Schüler zurückzukehren. Die Wache in Zarskoje Sjelo läßt ihn jedoch nicht passieren. Daraufhin wendet er sich an den britischen Botschafter um Hilfe. Dieser interveniert bei der Provisorischen Regierung. Doch sein Ansuchen wird abgelehnt – fünf Minister haben es unterzeichnet. Vorübergehend gibt Gibbes auf.

Gilliard ist es, der ungeachtet der veränderten Umstände als erster das Problem von Alexejs Weiterbildung anschneidet. Er setzt den Eltern auseinander, daß trotz der fehlenden Lehrer der Unterricht weitergehen müsse. Schließlich wird folgende Lösung gefunden: Nikolaus unterrichtet Geschichte und Geographie, Alexandra Religion, Baronin Buxhoeveden Englisch und russische Literatur, Frau Schneider Arithmetik, Botkin russische Sprache und Rechtschreibung und Gilliard Französisch. Einen Tag später wird Gilliard von Nikolaus mit »cher collègue« begrüßt.

Somit findet der Unterricht für Alexej seine Fortsetzung. Dieser weiß ungeachtet der Tatsache, daß Lernen nicht seine Sache ist, die Hilfbereitschaft der als Lehrer einspringenden Freunde des Hauses zu schätzen. Am Ende der jeweiligen Stunde bedankt er sich höflich bei demjenigen, der ihm gerade Unterricht gegeben hat. Eines abends gibt er für alle eine Party und lädt dazu auch die Ärzte, den treugebliebenen Adjutanten Dolgorukow sowie Hofmarschall Benckendorff ein. Dabei führt er Filme mit dem Apparat vor, den ihm einmal die französische Firma Pathé geschenkt hat. Für jeden Gast hält Alexej eine Kleinigkeit bereit. Da sein Zimmer[1] – Alexej verfügt daneben nur noch über sein Schlafzimmer – nicht viel mehr Personen aufnimmt, veranstaltet er an diesem Abend um neun Uhr dreißig noch eine zweite Vorführung für alle Bediensteten.

Im Mai schreibt Alexej offenbar zu Übungszwecken einen freien Aufsatz. Held der von ihm erfundenen Geschichte ist

---

[1] Bisher »Spielzimmer« und Unterrichtsraum

ein Hund, der seinem Herrn – einem Schuljungen – das Leben rettet, als dieser Krebse aus einem Fluß fischen will und über die steile Böschung ins Wasser fällt. Alexej widmet auch seiner Schwester Tatjana, die wie er selbst einen Hund besitzt, in englischer Sprache ein gereimtes Gedicht über einen Hund. Offenbar ist sein Spaniel Joy in dieser Zeit für Alexej der beste Freund.

Was Alexej im Augenblick am meisten vermißt, ist sein liebster Spielkamerad, Kolja. Kaum genesen, schreibt er ihm eine Postkarte, aber es sollte noch eine Weile dauern, bis er ihn wiedersehen konnte. Immerhin kann er auch Briefe empfangen. Es ist niemandem – auch nicht Verwandten – erlaubt, die Zarenfamilie zu besuchen; die privaten Telefonleitungen sind unterbrochen; Briefe werden zwar geöffnet, aber immerhin können Korrespondenzen noch stattfinden und sind somit für alle Palastbewohner neben den Zeitungen, die Nikolaus noch bekommt, der einzige Kontakt zur Außenwelt.

Diese Möglichkeit, mit Freunden in Verbindung zu bleiben, ist für Alexej tröstlich, im übrigen erhält er häufig Briefe von Menschen, die er gar nicht kennt – Soldaten, die ihn einmal bei einer Inspektion oder einem Besuch in einem Lazarett gesehen haben, oder anderen, die vom Schicksal der Zarenfamilie gehört haben und ihr ihre Sympathie beweisen wollen. Am 21. März (3. April) 1917 kommt Alexander Kerenskij, Justizminister der Provisorischen Regierung. Benckendorff erinnert sich später: »Er kam mit einem Gefolge von fünfzehn Offizieren an. Er trat durch die Küchentür ein, versammelte die Wache und hielt ihr eine ultrarevolutionäre Rede. Den Bedienten, die dabei waren, erklärte er, sie würden jetzt vom Volk bezahlt und seien daher nicht mehr Diener ihrer alten Herrn; der Ton war extrem provokant, sein Wesen nervös, sein Aussehen im blauen Hemd und in Stiefeln das eines Arbeiters am Sonntag. Er ging nicht, sondern rannte durch die Räume, redete laut und erklärte, er wolle ›Nikolaus‹ sehen...«

Nikolaus versammelt die ganze Familie in einem der Privaträume, wo er Kerenskij empfängt. Wie dieser später in seinen Erinnerungen festhält, habe Alexej ihn die ganze Zeit hindurch genau beobachtet. Danach erzählt der Zarjewitsch Gilliard von der Begegnung. »Er hat allen die Hand hingestreckt mit den Worten: ›Ich bin der Oberstaatsanwalt Alexander Kerenskij‹...« Als erstes wendet sich Kerenskij Alexandra mit der Bemerkung zu: »Die Königin von England fragt nach dem Befinden der Ex-Zarin.« Bei diesen Worten errötet Alexandra. Es ist das erste Mal, daß sie sich so angesprochen hört. Alexej zeigt sich ebenfalls betroffen. Seine Mutter faßt sich rasch und antwortet, es gehe ihr gut, nur das Herz mache ihr zu schaffen.

Später stellt sich heraus, daß König Georg von England seinem Cousin Nikolaus anläßlich der Nachricht über dessen Abdankung und Gefangennahme ein Telegramm gesandt hat, das ihm jedoch nie übermittelt und statt dessen der Provisorischen Regierung zugestellt wurde. Nach den kurzen einleitenden Worten zieht sich Kerenskij kurz mit Nikolaus in einen Nebenraum zurück – wobei er den entthronten Zaren hinter sich folgen läßt. Eine der ersten Äußerungen Kerenskijs ist die Mitteilung: »Ich habe soeben die Todesstrafe abgeschafft – gegen großen Widerstand. Man wollte Sie in die Peter und Pauls-Festung bringen...«

Um eine mögliche Ausreise geht es in der nachfolgenden Unterredung, die nur wenige Minuten dauert. Nikolaus äußert den Wunsch, sich mit seiner Familie auf seine Residenz in Livadia zurückziehen zu dürfen. Kerenskij erklärt, das sei aus Sicherheitsgründen nicht möglich; eher komme in Frage, daß die Familie zu ihren Verwandten nach England ausreise, und rät Nikolaus, sich für diesen Fall vorzubereiten. Dieser notiert dazu in seinem Tagebuch: »23. März. Ging meine Bücher und andere Dinge durch, die ich mitnehmen möchte, wenn wir nach England gehen müssen.«

Abschließend fragt Kerenskij nach Anna Wyrubowa. Sie hält sich in ihrem Zimmer auf, wo sie begonnen hat, persönliche

Papiere zu verbrennen. Kerenskij befiehlt ihr, trotz ihrer angegriffenen Gesundheit mitzukommen. Sie wird direkt in die Peter und Pauls-Festung gebracht. Lili Dehn begleitet sie, um sie beim Gehen zu stützen. Nach kurzer Festnahme wird Lili Dehn am nächsten Tag freigelassen – die Rückkehr nach Zarskoje Sjelo bleibt ihr jedoch verwehrt. Der Verlust ihrer besten Freundinnen trifft Alexandra schwer. In Petrograd ist man dabei, die Grundlage für eine Anklage gegen die Ex-Zarin – und möglicherweise den Ex-Zaren – vorzubereiten.

Daher erscheint Kerenskij bald wieder, um Alexandra über ihren Einfluß auf politische Entscheidungen der letzten Monate des Zarenregimes auszufragen. Sie und Nikolaus hätten immer alles besprochen, weil es zwischen ihnen keine Geheimnisse gegeben hätte, erklärt Alexandra. Alexej berichtet nachher Gilliard: »Kerenskij hat heute Mama verhört...« Der Justizminister isoliert Alexandra für etwa eine Woche von der übrigen Familie – »um Absprachen zu vermeiden, bis die Untersuchungen abgeschlossen sind«. Zwischen Aktionen, die offenbar zur Beruhigung der Radikalen in der Provisorischen Regierung bestimmt sind, und humaneren Maßnahmen wie der Zuteilung eines zivilisierten Palastkommandanten namens Kobylinskij, manövriert Kerenskij hin und her.

Als die Soldaten Kerenskijs elegantes Fahrzeug bewundern, hält sich Alexej gerade in der Nähe auf und hört das. »Warum sein Auto? Das ist ein Auto von Papa mit seinem Chauffeur!« stellt er die Situation klar.

Alexej beklagt sich nie, auch in seinem Tagebuch findet man kein Wort der Klage. Darin ist ihm sein Vater Vorbild. Doch am Verkündigungstag, einem Feiertag, macht Nikolaus seinem Ärger Luft: »25. März. Verkündigung. Haben diesen Feiertag in unglaublichen Verhältnissen zugebracht – unter Arrest im eigenen Haus und ohne geringste Möglichkeit, mit Mama oder unseren Verwandten Kontakt zu haben!« Kurz zuvor hatte ihn ein Schreiben seiner Schwester Xenia erreicht, die nach mehrmaligen Versuchen, ihren Bruder zu sehen, mit ihrer Familie zum Familiensitz auf die Krim gereist ist. Sie wird die Zarenfamilie nie mehr wiedersehen.

Am Osterfest darf die Familie die Palastkirche besuchen. Soldaten sind anwesend. Der Hofgeistliche, Wasiljew, ist angeblich krank und wird durch einen anderen Popen ersetzt. Als der Priester an jene Stelle in der Liturgie kommt, da traditionell für alle Mitglieder der Zarenfamilie gebetet wird – was seit der Machtübergabe an die Provisorische Regierung verboten ist –, schweigt er. Anschließend reicht er wie üblich allen Familienmitgliedern das Kreuz zum Kuß. Als Alexej an der Reihe ist, küßt ihn der Pope unbemerkt auf die Stirn. Am Ende will ihm Nikolaus persönlich danken und ihn nach Wasiljews Befinden fragen – doch er wird vom Soldaten daran gehindert.

Nikolaus gibt den Ton für den Tagesablauf an; er nutzt jeden Augenblick des »Ausgangs« in den Park für körperliche Betätigung. Alexej ist bald mit dabei. Solange Schnee liegt, werden die Wege von Vater und Sohn freigeschaufelt; später wird Holz geschlagen. Als die warme Jahreszeit anbricht, legt die Zarenfamilie in gemeinsamer Arbeit einen Gemüsegarten an. Bediente helfen dabei – manchmal sogar bewachende Soldaten. An den Abenden liest Nikolaus seinen Kindern laut aus französischer, englischer und russischer Literatur vor. Alexej hört am liebsten englische Detektivgeschichten. Manchmal wird Karten gespielt. Alexej spielt Nain jaune, seine Mutter bevorzugt Bézigue. Wenn es in den Zeitungen, die im Palast eintreffen, Meldungen von der Front gibt, liest Nikolaus sie gemeinsam mit Alexej. Dabei beklagt er fassungslos den Zerfall der Armee, die, von revolutionärer Propaganda infiziert, ihre Kampfmoral vollständig verloren zu haben scheint.

Ein relativ problemloser Tag schließt nicht Schikanen am nächsten Tag aus – je nach Gesinnung der Soldaten. Einer von ihnen liebt es, Nikolaus zu Fall zu bringen, indem er sein Bajonett in dessen Fahrradspeichen steckt. Ein anderes Mal bereitet man Alexej Kummer. Er spielt im Park mit einem Spielzeuggewehr, das schon Nikolaus von seinem Vater bekommen hat. Ein Soldat beschließt, es ihm wegzunehmen. Gilliard erklärt, es handle sich um ein harmloses Kinderspielzeug. Ohne Erfolg. Alexej ist untröstlich. Als der Offizier davon erfährt, kommt er, sich zu entschuldigen – aber nach der neuen Ordnung, die Soldaten mit Entscheidungsbefugnissen ausstattet, müßten sich Offiziere bereits dem Willen der Soldaten beugen. Kurz darauf läßt der Palastkommandant Alexej sein Gewehr, in Einzelteile zerlegt, Stück für Stück zukommen – am Ende kann dieser wieder damit spielen, allerdings vorsichtshalber nur in seinem Zimmer.

Die Abreise nach England zieht sich hin. Es hat sich herausgestellt, daß König Georg V., Nikolaus' und Alexandras Cousin, nach der anfangs der Provisorischen Regierung gegenüber bekundeten Bereitschaft, die Zarenfamilie in England aufzunehmen, seine Einladung zurückgezogen hat. Angeblich fühlte sich, so Georgs Sekretär Stamfordham in seinem Schreiben an den britischen Außenminister, der König durch Protestbezeugungen aus der Bevölkerung dazu gedrängt, diesen Schritt »zu überdenken«. Stamfordham notiert in einem Memorandum am 28. März 1917:

»Sah den Premierminister in 10 Downing Street und versuchte ihm die feste Überzeugung des Königs zu vermitteln, daß der Kaiser und die Kaiserin von Rußland nicht in dieses Land kommen sollten, und daß die Regierung Herrn Miljukow[1] informieren muß, daß seit der Zusage für deren Kommen (...) die öffentliche Meinung so heftig auf diese Nachricht reagiert, daß die Regierung Seiner Majestät die früher gegebene Zusage zurückziehen muß (...)

Der Premierminister meinte auch, Südfrankreich wäre ein besseres Ziel für Ihre Kaiserlichen Hoheiten. Da gerade der französische Kriegsminister Painlevé anwesend war, zogen wir ihn gleich zu unserem Gespräch bei. Dieser meinte, es

---

[1] russischer Außenminister

wäre nichts gegen ein Kommen der Familie einzuwenden, man habe nichts gegen den Zaren – eher gegen die Zarin, Nikolaus sei seit Jahren Frankreichs Verbündeter; er betonte aber, daß England eine Monarchie und Seine Majestät verwandt mit Ihren Kaiserlichen Hoheiten sei. (...)

Der Premierminister wird morgen Monsieur Ribot[1] treffen und ihm diese Idee mit der Hoffnung unterbreiten, daß die Französische Regierung dem russischen Kaiser und der Kaiserin Asyl auf französischem Territorium anbieten wird...«

Wo waren die »Bande der Freundschaft«, so oft zwischen dem russischen und dem englischen Herrscher beschworen? Zuletzt anläßlich der Thronübernahme König Georgs im Jahre 1910, als dieser auf die Bitte des Zaren »I beg you dearest Georgie to continue our old friendship and to show my country the same interest as your father did...« am 14.5.1910 antwortete: »Yes, dearest Nicky, I hope we shall always continue our old friendship to one another, you know I never change and I have always been fond of you.«

Und wo ist die Allianz auch mit Frankreich, begründet mit dem sichtbaren Zeichen der Alexanderbrücke, die Zar Alexander III. Paris schenkte – und bestätigt in der Unterstützung des französischen Bündnispartners durch Rußland, dem das »Wunder an der Marne« und die Rettung von Paris zu verdanken waren?

Und wo sind »die Bande« der Verwandtschaft mit den Häusern Dänemark, Norwegen, Spanien, Griechenland und Portugal?

Kerenskij bietet der Zarenfamilie an, die Kinder zu ihrer Großmutter, der Zarinmutter Maria Fjodorowna, auf die Krim reisen zu lassen. – Das wäre die Rettung gewesen. Doch die Kinder weigern sich, sich von ihren Eltern zu trennen – und diese bringen offenbar nicht die Stärke auf, das durchzusetzen. Bald wird jedoch Kerenskij vom revolutionären Flügel so

---

[1] französischer Außenminister

WINDSOR CASTLE

6th.April 1917.

My dear Balfour,

    The King wishes me to write again on the
subject of my letter of this morning. He must beg you to
represent to the Prime Minister that from all he hears and
reads in the Press, the residence in this Country of the Ex-
Emperor and Empress would be strongly resented by the public,
and would undoubtedly compromise the position of the King and
Queen from whom it is already generally supposed the invitation
has emanated.

    I would particularly call your attention to an article
in last Thursday's "Justice" _by Hyndman_ who condemns the invitation,
and implies that it has come from Their Majesties. And
Hyndman is the person that Mr Henderson told the King he
wished to send to Russia as one of the representatives of our
Socialists in this Country!

    Buchanan ought to be instructed to tell Miliukoff that
the opposition to the Emperor and Empress coming here is so
strong that we must be allowed to withdraw from the consent
previously given to the Russian Government's proposal.

          Yours very truly,

The Rt.Honble A.J.Balfour.
      O.M. M.P.
Secretary of State for Foreign Affairs.   *Stamfordham*

Brief von Stamfordham, Sekretär von König Georg V., im April 1917 an den
britischen Außenminister Balfour betreffend die Einreise der Zarenfamilie:
»... der Aufenthalt des Ex-Zaren und der Ex-Zarin würde hier bei der Öffentlichkeit auf große Ablehnung stoßen (...) Buchanan muß angewiesen werden,
Miljukow zu sagen, daß (...) wir das frühere Einverständnis zum Angebot
der Russischen Regierung zurückziehen...«

TELEGRAM to :   Sir G. Buchanan (Petrograd)

23 APRIL 1917,   10.30 p.m.

- - -

PRIVATE.

Your personal and confidential telegram of April 15.

We are sounding French as to whether they would receive Ex-Emperor and Empress.   In the meantime you should not hold out any hopes that they can be received in England during the war.

CECIL.

Telegramm des britischen Außenministeriums an Sir George Buchanan, britischer Botschafter in Petrograd, April 1917: »...Prüfen noch Aufnahme des Ex-Zaren und der Ex-Zarin in Frankreich. In der Zwischenzeit keine Hoffnungen aufrechterhalten, daß sie in England während des Krieges Aufnahme finden...«

stark bedrängt, daß eine solche Aktion gar nicht mehr in Frage kommt.

Aber die Ereignisse nehmen nun rasch ihren Lauf. Im April reist Wladimir Iljitsch, genannt Lenin, in Rußland ein. Der Revolutionär hatte sich bis jetzt im Schweizer Exil aufgehalten. Die Februarrevolution, die nicht nur die Tore der politischen Gefängnisse, sondern auch für politische Verbannte geöffnet hatte, ermöglichte seine Rückkehr. Die deutsche Regierung hat Lenins Reise über feindliches Territorium in einem eigens organisierten »exterritorialen« Zug, genannt »der plombierte Waggon«, ermöglicht. Sie hat schon seit 1915, als das bald erwartete Ende des Krieges mit Rußland noch immer nicht in greifbarer Nähe schien, Lenin und andere Revolutionäre finanziell unterstützt, da sie an der Schwächung der russischen Regierung interessiert war. Jetzt geht es um ihren Sturz.

Ein innerer Zusammenbruch konnte auch der Kriegsbereitschaft an der Front ein Ende bereiten. Vor allem hatte sich Lenin bereit erklärt, mit Deutschland einen Separatfrieden zu schließen, was der Zar stets im Hinblick auf seine Bündnispflichten abgelehnt hatte. Für Lenin war die finanzielle Unterstützung zum Aufbau der revolutionären Bewegung in Rußland notwendig, wozu auch die Verbreitung revolutionärer Schriften gehörte. Bei der Übernahme der Macht durch die Provisorische Regierung sandte er aus Zürich an den revolutionären Flügel, den Arbeiter- und Soldatenrat (-sowjet), folgendes Telegramm: »Taktik soll sein: keine Zusammenarbeit, Mißtrauen zeigen.«

Als Außenminister Miljukow vom britischen Geheimdienst informiert wird, daß Lenin und Gesinnungsgenossen in einem von der deutschen Regierung gestellten Zug unterwegs nach Rußland seien mit dem Ziel, die provisorische Regierung zu stürzen, meint er gelassen: »Wenn bekannt wird, mit wessen Unterstützung Lenin gekommen ist, wird er so sehr diskreditiert sein, daß er keine Gefahr mehr darstellt.«

Mit Lenins Ankunft erhält die Propaganda zur Fortsetzung

der Revolution weitere Verstärkung. Sie ist perfekt organisiert und konzentiert sich auf die Beeinflussung von Soldaten und von Zivilisten ärmerer Bevölkerungsschichten. In die hitzigen Reden der bolschewistischen Agitatoren mischen sich klassenkämpferische Töne, die bisher in den sozial motivierten Aufständen nicht zu hören waren. Da die Provisorische Regierung bisher die Lage nicht verbessern konnte, fällt revolutionäre Propaganda auf fruchtbaren Boden und die Aggressionen werden immer radikaler.

Im Mai tritt Premierminister Gutschkow zurück. Seine Stelle nimmt Kerenskij ein. Er feiert diese Ernennung mit Empfängen und Festen im Großen Palast in Zarskoje Sjelo, zu denen er in den Automobilen des Zaren vorfährt. Anschließend richtet er seinen Regierungssitz im Winterpalais ein.

Damit gibt es kaum mehr gemäßigte Mitglieder in der Regierung. An eine freie Ausreise der Zarenfamilie ist nun nicht mehr zu denken. Denn die Revolutionäre fordern deren Tod. Am 19.7. (1.8.) 1917 notiert Nikolaus in sein Tagebuch: »Drei Jahre, seit uns Deutschland den Krieg erklärt hat! Wohin wird Gott Rußland führen – möge er es retten...«

Hofarzt Botkin ersucht Kerenskij bei dessen nächstem Besuch im Palast neuerlich um die Erlaubnis für die Zarenfamilie, nach Livadia auszureisen. Vergeblich. Die Situation im Land sei unkontrollierbar. Womit Kerenskij sogar die Wahrheit sagt. Am 30. 7. (12. August) 1917 ist Alexej dreizehn Jahre alt. Sein Vater notiert an diesem Tag dazu:

»30. Juli. Unser lieber Alexej ist heute dreizehn Jahre alt. Möge der Herr ihm in diesen schweren Zeiten gute Gesundheit, Geduld und Stärke in Körper und Geist schenken!«

Alexandra läßt eine Gottesmutter-Ikone in den Palast bringen und eine kleine Messe feiern. Es gibt kleine Geschenke von allen. Auch Briefe erreichen Alexej – von Bekannten und Unbekannten. Die meisten weisen Kinderschrift auf:

»Nehmen Sie, vergötterter Alexej Nikolajewitsch, meine allerinnigste Gratulation und herzlichsten Glückwünsche entge-

gen. Ein paar Freunde und ich haben ein paar Schiffe zusammengebastelt und bitten Ihre Kaiserliche Hoheit, sie anzunehmen. Ich küsse Ihre teuren Hände. Serjoscha.«
Die Schiffe bekommt der Zarjewitsch nicht mehr zu sehen. Ein anderes Schreiben klingt vorsichtiger:
»Herr Zensor, wir bitten Sie *sehr*, diesen Brief zuzustellen.

Juli 1917. Teurer Alexej Nikolajewitsch.
Russische Kinder, die Sie nie gesehen haben, die Sie aber nie vergessen werden, gratulieren Ihnen zu Ihrem Geburtstag. Sie lieben Sie sehr und waren heute anläßlich Ihres Geburtstags in der Kirche. Sie anders anreden[1] und unsere Namen nennen können wir nicht.«
Der Geburtstag vergeht in allgemeiner Rührung. Sie ist von melancholischer Sentimentalität begleitet: soeben ist bekanntgeworden, daß die Zarenfamilie – und wer immer bereit ist, sie zu begleiten – weggebracht wird. Wohin, bleibt ein Geheimnis. Kerenskij hat dem Hofmarschall lediglich mitgeteilt, man möge warme Kleidung mitnehmen. Geht es etwa nach Sibirien?
Erst später wird bekannt, daß ungeachtet der strengen Geheimhaltung der Abreise der Zarenfamilie – um Loyalitätsbezeugungen oder Übergriffen von seiten revolutionär Gesinnter vorzubeugen – zahlreiche Bittgesuche an die Regierung Kerenskij eingetroffen waren: darin bieten sich die Absender an, den Zarjewitsch zu begleiten. »Selbst wenn es mein Leben kostet und mich auf Schafott bringt, bin ich bereit, für ihn zu sterben, wenn ich ihn bis dahin betreuen und ihm, wenn er krank ist, seinen Zustand erleichtern kann. Ich bin bereit, sein Schicksal zu teilen...« Von solchen mutigen Loyalitätsbezeugungen wird Alexej nie erfahren.
Alexej ist einer der wenigen, der geringen Abschiedsschmerz empfindet. Sein Alltag war monoton geworden, und die Aus-

---

[1] Die Anrede müßte »Kaiserliche Hoheit« lauten.

sicht auf Abwechslung weckt seine Lebensgeister. Er ist so übermütig, daß er, als er in der Hitze des Sommertages im Parkteich badet, seine älteste Schwester Olga in voller Bekleidung ebenfalls ins Wasser befördert.

Die anderen nehmen bereits tränenreichen Abschied. Nikolaus bleibt gelassen, wie man es von ihm gewohnt ist. Er geht mit den Kindern noch einmal in den Gemüsegarten, den sie gemeinsam angelegt haben, und verfügt, daß den Zurückbleibenden die Früchte der Arbeit zukommen sollen – vor allem denen, die mitgeholfen haben. Mit Alexandra geht er noch einmal Hand in Hand durch die Räume des Palastes, den die beiden mehr als zwanzig Jahre bewohnt hatten. Nach dem Abendessen ist die Zarenfamilie bereit.

Plötzlich erscheint Kerenskij und teilt Nikolaus mit, daß dessen Bruder Michail kommt, um sich zu verabschieden. Hofmarschall Benckendorff erinnert sich an diese Szene:

»Das Wiedersehen dauerte nur zehn Minuten. Die beiden Brüder waren von ihren Gefühlen übermannt und zugleich so peinlich berührt, sich vor Augenzeugen wiedersehen zu müssen, daß sie kaum Worte fanden. Der Großfürst brach in Tränen aus und sagte mir später, er hätte nicht einmal feststellen können, ob der Kaiser gesund aussah oder nicht. Es war das letzte Mal, daß Nikolaus und Michail einander sahen.«

Nach diesen Augenblicken bricht Kerenskij die Begegnung ab und erklärt: »Tut mir leid, meine Herren, aber es ist nicht länger Zeit.« Kerenskij schlägt dem Großfürsten auch die Bitte, die Kinder sehen zu dürfen, ab. Doch Alexej hat hinter einer Tür beobachtet, daß jemand gekommen war. »Ist Onkel Mischa da?« fragt er erfreut. Aber er darf ihn nicht begrüßen...

Die Familie und einige ihrer treuen Begleiter warten den ganzen Abend in der Eingangshalle mit ihrem Gepäck. Um Mitternacht sollten sie aufbrechen. Aber nichts passiert. Einige Male ein falscher Alarm – und wieder nichts. Alexej wird müde und möchte schlafen. Das quälende Warten dauert noch bis fünf Uhr morgens. Irgendwann zwischen fünf und sechs fahren Wagen vor. Von der Ausfahrt aus dem Palastpark an wird der Konvoi von einer Kavallerieeinheit begleitet. Aus Gründen der Geheimhaltung werden erst im letzten Augenblick die Lokomotiven vor den Reisezug angehängt. Zwei Kommissare der Provisorischen Regierung reisen mit. Es sind 46 Personen, die die Zarenfamilie als Suite begleiten. An die dreihundert Mann fahren zur Bewachung mit. Der Zug ist als Rotkreuz-Zug mit japanischer Flagge getarnt, seine Fenster sind mit weißem Kalk bestrichen. Niemand sollte die Zarenfamilie zu Gesicht bekommen.

Als der Zug sich Richtung Petrograd in Bewegung setzt, ist es sechs Uhr zehn und ein roter Sonnenaufgang erhellt die morgendliche Hauptstadt zum letzten Mal.

Sibirien

»Wenn ich nur einmal hinausdürfte, nur ein einziges Mal!« hatte Alexej in letzter Zeit immer wieder gerufen, wenn er vom Fenster aus auf die Wachposten an den Toren des Schloßparks blickte. Gaben nicht sie ihm das Gefühl, ein gefangener Vogel in einem goldenen Käfig zu sein? Einmal hinaus – und jetzt fährt er dahin, in die Weite Rußlands, müde, aber weg von der Monotonie der vergangenen Monate, neugierig auf das, was er sehen und erleben wird.

Seine Eltern, nunmehr Ex-Zar und Ex-Zarin, hängen noch stumm den letzten Eindrücken nach. Das graue Bild einer kleinen, aber dichtgedrängten Menschenmenge am Bahnhof ist mit der Entfernung immer verschwommener geworden und endlich ganz verschwunden.

Trotz des Zeitpunkts der Abreise, der sich vom Vorabend bis in die frühen Morgenstunden hingezogen hat, und allen Versuchen, die Abreise der Zarenfamilie geheimzuhalten, hatten sich am kleinen Bahnhof von Zarskoje Sjelo zahlreiche War-

tende versammelt. Stumm standen sie, die die halbe Nacht
ausgeharrt hatten, da.

Niemand wagte, als man der Familie ansichtig wurde, einen
Laut oder eine Geste des Grußes. Kurz nach dem Einsteigen
erschien die Zarenfamilie an einem Wagenfenster. Nikolaus,
Alexandra zu seiner Linken und Alexej zu seiner Rechten, dahinter Tatjana und die anderen Mädchen – sie alle standen
schweigend da und blickten zu den am anderen Ende des
Bahnsteigs Versammelten hinüber. Nikolaus trat noch einmal
auf die Plattform. Da stürzte sich ein junger Oberst, der zur
diensthabenden Wache an diesem Tag in Zarskoje Sjelo gehört
hatte, vor Nikolaus auf die Knie. »Gehen Sie, sonst haben Sie
noch Schwierigkeiten«, flüsterte Nikolaus hastig, küßte den
jungen Militär kurz und schob ihn sanft von sich. »Und dienen Sie Rußland so, wie Sie mir gedient haben…«

Als sich der Zug langsam in Bewegung setzte, nahmen die
Menschen, die sich zu diesem stummen Abschied vereint hatten, ihre Kopfbedeckung ab.

Alexej reist zum ersten Mal in einem öffentlichen Zug. Dieser
gehört zur Gesellschaft der ostchinesischen Eisenbahnlinie –
Zuggesellschaften sind in Rußland zu dieser Zeit private Unternehmen – und ist relativ komfortabel. Genaugenommen
sind es zwei kleine Züge – einer würde für die Anzahl der Passagiere und das Gepäck nicht genügen. Während der Ex-Zar
nur wenig mit sich genommen hatte, wurde für Alexandra zusätzlich zur Bekleidung für alle alles gepackt, was ihr und anderen Familienmitgliedern ans Herz gewachsen war. Das
reichte von persönlichen Photoalben, Ikonen und Schmuck im
Werte von einer Million Rubel[1] bis zu Grammophon, Lampen
und Teppichen; einiges läßt sich Alexandra auch später noch
nachsenden. Alexej hat auch auf seinen Filmvorführapparat
nicht vergessen.

Die Mitglieder der Zarenfamilie sind großzügig auf Waggons

---

[1] entspricht dem gegenwärtigen Wert von DM 270 000

und Coupés verteilt. Zu ihren engsten Begleitern gehören Prinz Dolgorukow, General Tatischtschew, der – obwohl bisher nicht am Hof dienend – sich bereit erklärt hat, dem Zaren statt des betagten Hofmarschalls Benckendorff ins Exil zu folgen, Doktor Botkin, Gilliard, Hoflektorin Schneider, die Kammerfrauen Demidowa, Teglewa und Erzberg und die Diener Tschemodurow und Wolkow. Daß Nagornyj keinen Augenblick gezögert hat, seinen Schützling Alexej nicht zu verlassen, gilt als selbstverständlich.

Wenn der Zug Haltestellen passiert, müssen die Vorhänge der Fenster geschlossen sein. Alexej ist schon froh, daß es von Zeit zu Zeit auf freier Strecke Fahrtunterbrechungen gibt, wo er wie auch die anderen Familienmitglieder in völlig neuer Umgebung mit seinem Hund einen Spaziergang unternehmen kann. Dabei werden sie von Angehörigen des Wachpersonals beaufsichtigt. Sie gehören, wie Nikolaus in seinem Tagebuch erleichtert vermerkt, »unseren Schützen« an – einem Regiment, das sich seine Loyalität zu den abgesetzten Herrschern bewahrt hat. Einmal schenken einige sogar Alexandra Blumen, die sie unterwegs gepflückt haben. Bei den Mahlzeiten leistet Alexej seiner Mutter Gesellschaft, die ihr Coupé nie verläßt. Tagelang gibt es nichts Interessantes zu berichten, wie sein Tagebuch zeigt:

»In den Bahnhöfen müssen die Fenster verdeckt sein, damit niemand uns sieht. Habe mit Mama um acht Uhr in ihrem Coupé abendgegessen und am nächsten Tag zu mittaggegessen. Um halb acht sind wir am Fluß Sylva mit einer Masse Soldaten spazierengegangen. Wir haben Karten gespielt.«

Einmal unterbricht Alexej plötzlich das Kartenspiel mit den Worten, halb im Scherz hingeworfen: »Hören wir auf, wir entgehen dem Gefängnis ohnehin nicht!«

Unmittelbar hinter dem Ural, der Sibirien in Ost- und Westsibirien teilt und wo sich das Land zu seiner sprichwörtlichen Weite öffnet, verlassen die Passagiere die transsibirische Eisenbahnroute. Die Reise geht mit einem Dampfer weiter. Er

358

heißt »Rus« – das alte Wort für Rußland in den ersten Jahrhunderten seiner Staatsbildung. Zwei Tage lang schleicht das Schiff auf der Tura, dann der Tobol dahin, bis es in der Nähe des Zusammenflusses von Tobol und Irtysch bei der Stadt Tobolsk am 6. (19.) August 1917 sein Ziel erreicht.

Tobolsk ist eine alte russische Handelsstadt von nur 20 000 Einwohnern. Sie erhebt sich auf einem Hügel über dem nördlichen Flußufer und ist von einer großzügigen Kremlanlage[1] gekrönt. Am Fuße des Kreml ist an einer Wegkreuzung das stattliche Haus gelegen, das bis vor kurzem dem Gouverneur gehörte. Hier soll die Zarenfamilie untergebracht werden. Die Straße heißt »Swobodnaja ulica« – Straße der Freiheit, und für die gläubigen Mitglieder der Zarenfamilie scheint es kein Zufall zu sein, daß der Blick von der oberen Etage aus, wo sich die privaten Räumlichkeiten befinden, über den Platz hin auf die Auferstehungskirche fällt.

Doch das Haus ist noch nicht bezugsfertig, und die Familie muß noch eine Woche an Bord des Dampfers leben, bis die Räume für so viele Einzelpersonen bereit sind.

Nur die Familie selbst und ihre Bediensteten wohnen in diesem Gebäude; weitere Hofbedienstete sowie Doktor Botkin und Gilliard finden im gegenüberliegenden Haus, das einem wohlhabenden Geschäftsmann namens Kornilow gehört hatte, Unterkunft.

Die Aufsicht über die Angelegenheiten der unter Hausarrest befindlichen Familie und das Kommando über die Wachmannschaft hat jener General Kobylinskij, dem die Zarenfamilie bereits in Zarskoje Sjelo überantwortet war. Dieser muß sich jedoch bald mit den Kommissaren der Stadt Tobolsk arrangieren, die in ihren früheren Jahren wegen sozialrevolutionärer Aktivitäten nach Sibirien verbannt worden waren und daher wenig Sympathie für den abgesetzten Herrscher empfinden. Sie haben vergessen, daß sich die Verbannten – zu

---

[1] Kreml – alte russische Befestigung

denen vor mehr als einem Jahrzehnt auch Lenin gehört hat –
sich auch außerhalb des Hauses frei bewegen konnten, was
der Zarenfamilie nicht zugestanden wird.

Erstaunlicherweise stellt niemand die verfassungsmäßige
Rechtmäßigkeit des Gefangenenstatus der Zarenfamilie in
Frage. Immerhin hat sich der Zar keiner gesetzeswidrigen
Handlung schuldig gemacht; er hat von sich aus abgedankt,
und er hat sich anläßlich dieses Aktes Bewegungsfreiheit und
Sicherheit für sich und seine Familie ausbedungen. Solange
die Provisorische Regierung unter Kerenskij an der Macht ist
und die Entscheidungsgewalt über alles innehat, was die Zarenfamilie betrifft (etwa die Erlaubnis, Post oder Pakete zu erhalten, Ärzte oder Besucher zu empfangen), ist zumindest
ihre persönliche Sicherheit gewährleistet, und es kommt zu
keinen Übergriffen.

Der Grund liegt weniger in der Einstellung Kerenskijs gegenüber der Zarenfamilie; immerhin ist er selbst erklärter
Feind des Zarismus, Schulfreund Lenins und (wenn auch
gemäßigter) Revolutionär. Eher dürfte hier seine Vorsicht als
Jurist in Hinblick auf künftige Entwicklungen in Rußland eine
Rolle spielen, wo der Weg zu einer bürgerlichen Demokratie
theoretisch noch offensteht. Kerenskij trägt die Verantwortung für die Sicherheit der Zarenfamilie auch vor dem Ausland. Der Zar hatte für Rußland die Allianz geschlossen und
versprochen, keinen Separatfrieden mit Deutschland zu
schließen. Den Alliierten England und Frankreich ist Kerenskij gegen finanzielle Unterstützung nun im Wort, daß unter
seiner Regierung Rußland im Krieg verbleibt.

Daher gestaltet sich die erste Zeit des Aufenthalts für die Gefangenen relativ erträglich und annehmbar, solange Kerenskijs persönlicher Beauftragter Kobylinskij das Sagen hat. Das
Haus ist komfortabel – wenn auch nicht für so viele Bewohner geeignet, was nicht nur zu beengten Verhältnissen führt,
sondern auch zu Engpässen im sanitären Bereich. Einmal
wartet Alexej vergeblich darauf, abends ins Badezimmer ge-

rufen zu werden: eine Hofdame hat das letzte Wasser aufgebraucht.

Die Zarenfamilie darf sich auch im kleinen Garten, von dessen Dimensionen Alexej sich enttäuscht zeigt, aufhalten. Am Ende befindet sich eine Baracke mit einem Schweinestall. Um das Haus ist anläßlich des Einzugs der Gefangenen ein häßlicher hoher Bretterzaun errichtet worden. Doch in der Bevölkerung hat sich bald herumgesprochen, wer sich hinter den Mauern verbirgt, und sie trägt offen ihre Sympathie für die Gefangenen zur Schau.

Die Einwohner von Tobolsk sind Bauern, Händler und Geschäftsleute, konservativ und dem alten Regime gegenüber freundlich gesinnt – anders als die Bewohner der Industriestädte des Ural. Nach Tobolsk ist noch kaum revolutionärer Geist gedrungen, Propaganda dieser Art findet hier wenig fruchtbaren Boden vor.

Schaulustige pilgern zum Gouverneurshaus, um vielleicht einen Blick von einem der Mitglieder der Zarenfamilie zu erhaschen. Doch auch zufällig vorbeikommende Passanten bekreuzigen sich, und manchmal sieht man ältere Frauen weinend vor dem Haus stehen oder knien, bis sie von der Wache entfernt werden. Diverse Lebensmittel, Eier, Wein und Geschenke erreichen das Haus – zumindest in den ersten Monaten nach der Ankunft. Von einem Kloster werden auch später noch, als die Freiheiten eingeschränkt werden, Zucker und andere Lebensmittel ins Gouverneurshaus geschmuggelt.

In der ersten Zeit darf die Zarenfamilie die nahegelegene Kirche besuchen, aber nicht zu den allgemeinen Gottesdiensten, sondern nur für einen eigenen, der für sie in den frühen Morgenstunden gelesen wird. Wenn Nikolaus das kurze Stück durch den Park zur Kirche zurücklegt, fallen Passanten, die ihm auf dem Weg begegnen, auf die Knie.

Der Alltag beginnt für alle mit einem gemeinsamen Gebet. Vormittags erhält Alexej seinen Unterricht. Vor dem Mittagessen, das erst um drei Uhr nachmittag gereicht wird und die

Familie mit Gilliard und Doktor Botkin einnimmt, bewegt sich Nikolaus mit seinem Sohn innerhalb des kleinen Gartens an der frischen Luft und sucht sich mit ihm eine Beschäftigung. Er hat gleich zu Anfang den Kommandanten um eine Säge gebeten und die Erlaubnis, sich im Garten betätigen zu dürfen. Der Zar zimmert ein Vordach zum Garten hin, auf welchem man sitzen und so bei gutem Wetter die Sonne genießen kann.

Der Nachmittagstee wird schon um vier Uhr getrunken: hier sind die Tage kürzer, der Winter setzt früher ein und dauert länger an als anderswo. Dann steht Alexej am Fenster und beobachtet neugierig, mitunter auch sehnsüchtig und wehmütig das Leben unten auf dem Platz.

Abends liest Nikolaus wie in Zarskoje Sjelo seinen Kindern vor oder man spielt Karten. Alexej geht um neun Uhr ins Bett, die anderen um elf. Selten hat er etwas in sein Tagebuch zu schreiben – es gibt so wenig zu berichten, ein Tag ist wie der andere. Alexej vermißt seinen Freund und Spielkameraden Kolja. Lakonisch notiert er in sein Tagebuch: »Der ganze Tag verging wie gestern – genauso langweilig.«

Im Haus der Gefangenen scheint die Zeit stehenzubleiben. Dagegen entwickeln sich die Ereignisse in der Außenwelt unaufhaltsam weiter. Mit Verspätung gelangen die Neuigkeiten – durch die Zeitungen – auch zu Nikolaus. Im September muß er mit Entsetzen lesen, daß General Kornilow wegen eines angeblichen Putschversuchs verhaftet worden ist:

Nach einer gescheiterten Offensive an der Front, von der Lenin vorzeitig Wind bekommen und seine deutschen Agenten gewarnt hatte, nützen die Bolschewiken in der Hauptstadt die entmutigte Stimmung der Bevölkerung zu einem Putschversuch aus. Kerenskij ruft Kornilow mit seinen Kosaken-Eliteregimentern von der Front zu Hilfe. Im letzten Augenblick zögert er jedoch und fürchtet um seine eigene Macht: Kornilow droht, zur Vertreibung der bolschewistischen Angreifer eine Militärregierung zu errichten. Kerenskij erklärt ihn daraufhin

Завтракъ
7го Сентября 1917г.

Щи солдатскія
Круть съ шампинь-
онами
Каша перловая
Жареный картофель
Манная каша

Auch im Exil der Zarenfamilie schreibt der Koch für die bescheidenen Gerichte nach wie vor feierlich die Speisekarte mit dem Emblem des Doppeladlers: »Mittagessen, 7. September 1917: Kohlsuppe auf Soldatenart, Pilzge-
richt, Grütze, Bratkartoffel, Weizengrießbrei.«

kurzerhand zum »Verräter« und verhaftet ihn. Damit rettet er – nur für kurze Zeit, wie sich herausstellen sollte – seine Macht, gibt aber die Hauptstadt letztlich den Revolutionären preis.

Für Alexej, der die Ereignisse noch nicht begreift, gilt nur die frohe Nachricht: der Arzt Djerewjenko ist endlich nachgekommen und mit ihm sein Sohn Nikolaj – »Kolja«. Es dauert allerdings drei Wochen, bis der Soldatenrat beschlossen hat, dem Jungen die Genehmigung zu erteilen, seinen gefangenen Freund zu sehen.

Doch indessen hat sich auch Gibbes hartnäckig um die Möglichkeit bemüht, zu seinem Schüler zurückzukehren. Am Tag nach der Abreise der Zarenfamilie aus Zarskoje Sjelo war es ihm gelungen, die Zutrittserlaubnis zum Alexander-Palais zu erhalten. Die Familie war nicht mehr da. So packte er das, was er zurückgelassen hatte, zusammen und begab sich auf den Weg nach Tobolsk. Doch kaum hatte er den Zug bestiegen, wurde ein Eisenbahnerstreik ausgerufen, der einen Monat lang andauerte. Es ist Oktober geworden, als Gibbes gerade noch den letzten Dampfer von Tjumen nach Tobolsk erreicht, bevor der Winter sieben Monate lang die sibirischen Flüsse unpassierbar macht.

Als er sich endlich zum Gouverneurshaus durchschlägt, wird er vom örtlichen Wachkommandanten Pankratow aufgehalten. Es müßten erst die Soldaten über Gibbes Zutritt zur Zarenfamilie abstimmen – das sei jetzt so üblich, erklärt Pankratow dem verblüfften Briten. Es bleibt ihm nichts übrig, als zwei Tage zu warten – so lange dauert es, bis der Soldatenrat entschieden hat. Gibbes darf kommen. Er erhält einen Raum für sich im Kornilow-Haus. Gibbes ist der letzte, der Zutritt zur Zarenfamilie erhält. Baronin Buxhoeveden und Alexandras Kammerfrau Zanotti, die ebenfalls viele Behördenwege bis zur Reisegenehmigung und die Strapazen der Fahrt auf sich genommen haben, um der Familie zu folgen, werden abgewiesen.

Gibbes findet Alexandra sichtlich gealtert vor, mit grauem

Haar und abgehärmtem Gesicht. Sie sitzt gerade bei Alexej, als der Brite eintritt. Welche Überraschung für alle, ihn nach sieben Monaten wiederzusehen! In der Gefangenschaft ist jeder Besuch doppelt willkommen.

Gibbes selbst vermißt in der Suite einige Personen, die er für die ergebensten Diener der Krone gehalten hatte: Graf Grabbe, Generalmajor Ressin und andere. Der Zar, der noch mit der Suite im ebenerdig gelegenen Eßzimmer zu Mittag ißt, kommt gleich anschließend hinauf.

Gibbes: »Anfangs war er etwas reserviert – dann verstand ich: es war England, das ihm in letzter Zeit den härtesten Schlag versetzt hatte...« Die Zurücknahme der Einladung des Königs Georg sollte von der Provisorischen Regierung verschwiegen werden – aber Nikolaus scheint doch davon erfahren zu haben. »Angriffe und Übergriffe von revolutionären Führern in Rußland mußte er auf sich nehmen, das wußte er«, fährt Gibbes in seinem Bericht fort, »aber diesen Schlag von England, demgegenüber er sich so loyal verhalten hatte, und seinem Cousin Georg – das war das Schlimmste von allem. Er war nie zuvor so offenherzig in seinen Äußerungen wie an diesem Nachmittag«, erinnert sich Gibbes weiter, »und in der blassen Nachmittagssonne unter den ständigen Schritten vorbeigehender Passanten resümierte der Mann, der der Autokrat von ganz Rußland war, über sein Leben im Exil...«

Auch Alexej wird von Gibbes beschrieben:

»Damals dreizehn Jahre alt, groß für sein Alter und sehr schlank, hatte er schon in seiner Kindheit von der Krankheit, die er mütterlicherseits geerbt hatte, zu leiden. In Tobolsk wurde es schlimmer, da es keine Mittel zur Behandlung gab. Er war intelligent, aber kein Liebhaber von Studien. Er hatte ein weiches Herz – in den letzten Tagen von Tobolsk war er der einzige, der Geschenke austeilte; er liebte Tiere über die Maßen. Er folgte der Macht seiner Gefühle und selten Anweisungen anderer, aber er gehorchte seinem Vater. Seine Mutter, die ihn leidenschaftlich liebte, war nicht imstande, ihm zu widerstehen, und durch sie erreichte er alles, was er sich wünschte. Alexej ertrug unangenehme Dinge still und ohne Groll. Er hatte ein paar komische Angewohnheiten. In Tobolsk zum Beispiel sammelte er alte Nägel, wobei er meinte: ›Sie könnten nützlich sein.‹«

Die Nachmittage werden kürzer, die Abende des zeitig einsetzenden Winters brechen früher an als in Zarskoje Sjelo. Alexej liebt es, nachmittags mit Gilliard oder Gibbes gegen Fürst Dolgorukow und Frau Schneider »Je langsamer du gehst, desto weiter kommst du« zu spielen. Es ist typisch für seinen Charakter, daß, während Frau Schneider nach jeder Niederlage schwört, nie mehr wieder spielen zu wollen, Alexej zwar auch nicht gern verliert, sich aber umso ernster und entschlossener in das nächste Spiel stürzt.

Die Damen des Hauses – Alexandra oder ihre Töchter – beschäftigen sich mit Handarbeiten; Olga versucht Tatjana Deutsch beizubringen; insgesamt macht sich eine Art Familienidylle breit – mit all denen, die der Familie anhänglich gefolgt sind, bietet sich der biedere Anblick einer Großfamilie.

Doch Anfang November kommen schlechte Nachrichten. Stundenlang ist Nikolaus kopfschüttelnd in ein Bündel Zeitungen vertieft. Lenin hat die Provisorische Regierung in Petrograd durch einen Staatsstreich hinweggefegt.

Nach Lenins versuchtem Staatsstreich im Sommer war gegen ihn eine Untersuchung wegen Spionage und Landesverrats eingeleitet worden. Man hatte bei einer Hausdurchsuchung Bankbelege für Überweisungen aus Deutschland an ihn und seine Genossen gefunden. Aber durch einen vertraulichen Hinweis konnte er sich der Verhaftung entziehen und nach Finnland fliehen.

Im Herbst drängte er seine Genossen neuerlich zum Aufstand. Kerenskij hatte die Verteidiger unter Kornilow vor den Kopf gestoßen. Er ließ sich dazu hinreißen, Trotzkij aus dem Gefängnis zu entlassen. Dieser entwarf den Putschplan. Die Zeit drängte für die Bolschewiken. Es stand die Verfassunggebende Versammlung bevor; Lenins Partei, kaum bekannt und nicht stark genug für eine legitime Regierungsbeteiligung, wäre disqualifiziert worden. Abgesehen davon entsprachen seine klassenkämpferischen Ideen und seine Religionsfeindlichkeit nicht der traditionsgebundenen russischen Mentalität.

Nur mit seiner Friedenspropaganda und dem Versprechen, allen Land zu geben, konnte Lenin somit Hoffnungen wecken und Stimmen gewinnen. Doch das reichte für eine Machtergreifung nicht aus. Als er von heimlichen Separatfriedensverhandlungen des Auslands mit Kerenskij erfuhr, wußte er, daß er nicht länger zuwarten konnte. Wenn er die Macht wollte, mußte er sie jetzt ergreifen, und zwar mit Gewalt. Kerenskijs uneinige und handlungsschwache Regierung konnte dem gut organisierten Überraschungsstreich Lenins keinen Widerstand bieten. Am 26. Oktober (8. November) 1917 gibt es keine Provisorische Regierung mehr. Lenin ist an der Macht.

Nikolaus ist entsetzt. Zum ersten Mal äußert er Gilliard gegenüber offen Bedauern über seine Entscheidung, abgedankt zu haben. Das Opfer, den Thron zur Vermeidung von Blutvergießen, eines Bürgerkriegs und der Spaltung Rußlands aufgegeben zu haben, hat sich als sinnlos erwiesen. Die Hoffnung, daß eine andere Regierung, die sich den Forderungen der Protestbewegungen entsprechend formiert, Ruhe und Ordnung schaffen und die schwierige Lage während des Krieges in den Griff bekommen kann, um einen Erfolg an der Front sicherzustellen, hat sich zerschlagen.

Doch es dauert noch Monate, bis der Wind den Geist des neuen Gesellschaftssystems auch in das verträumte Tobolsk trägt. Erst gibt es nur hin und wieder kleine Schikanen aus persönlichen Machtgelüsten ohne politischen Hintergrund, die noch zu ertragen sind. So liebt es einer der örtlichen Kommandanten beispielsweise, aus Petrograd eintreffende Lebensmittel- oder Weinsendungen für die Familie demonstrativ zu zerstören oder in den Fluß werfen zu lassen. Neue Kommissare sind aus Petrograd eingetroffen. Die Zarenfamilie darf auch nicht mehr zur Kirche gehen. Alexej ist über diesen Freiheitsentzug betrübt. Er notiert entsprechend der monotonen Stimmung:»Gespielt, gegessen, gescherzt und geschlafen. Es ist kalt. Alles ist langweilig, betrüblich und immer dasselbe.«

Alexej liebt es, die Namen der Offiziere der Wachmannschaft in sein Tagebuch einzutragen, vor allem diejenigen, die seinen bevorzugten Regimentern – wie dem 4. zum Beispiel – angehören. Es sind meist ältere Männer, die sich ihre Loyalität bewahrt haben. Mit ihnen spielt Alexej gerne Karten oder Dame und unterhält er sich.

Hoflektorin Bitner, die ebenfalls zur Gesellschaft in Tobolsk gestoßen ist, liest den Kindern vor. Bevorzugtes Buch ist Nekrassows Erzählung»Russische Frauen«, in welcher es um Frauen geht, die ihren Männern, wegen Beteiligung am Dekabristenaufstand verbannt, nach Sibirien folgen.

Bitner ist eine Äußerung Alexejs in jenen Tagen besonders in Erinnerung geblieben. Ganz spontan äußerte er:

»Ich fange erst hier an, das Wort Wahrheit zu begreifen. In Zarskoje Sjelo haben alle gelogen. Sollte ich wirklich eines Tages Zar werden, würde es niemand wagen, mich anzulügen. Ich würde in diesem Land aufräumen...«

Bitner ist erstaunt über diese Bemerkung. Sie beobachtet, wie sich Alexej phantasievoll mit Kleinigkeiten zu beschäftigen sucht, während er auf seinen Freund Kolja wartet. Er bastelt Anlegeketten für kleine Boote, aus Kerzenresten Figuren, und eine Vorrichtung, mit der er das in einer Tonne gesammelte Regenwasser in ein Gefäß leitet, das er mit einer Schnur vom Fenster aus dirigieren kann.

Gibbes beschließt, neben den Unterrichtsstunden auch die Abende sinnvoll zu gestalten. So macht er sich daran, mit den Kindern englische Theaterstücke einzustudieren. Gilliard tut dasselbe mit französischen. Es handelt sich um Einakter, die unter der Woche geprobt und am Sonntag vor allen, die das

Exil der Zarenfamilie teilen, auch den Bediensteten, gespielt werden.

Es beginnt mit Tschechows »Der Bär«. Alexejs älteste Schwester Olga spielt eine alte Witwe, Nikolaus (mit Mühe) einen in Wut geratenden Geizhals, dem ihr verstorbener Mann Geld schuldete, und Maria eine dritte Person. Nach diesem Stück begnügt sich der Ex-Zar meist nur mehr damit, die Programme zu schreiben und übernimmt keine Rolle mehr.

In einem anderen Stück, »Packing up« von Harry Grattan, spielt Anastasia eine Hosenrolle, Maria die Frau des Protagonisten und Alexej einen Träger.

Zum Namenstag seines Vaters im Dezember lernt Alexej die Rolle des Hausgehilfen in der Komödie »Das Wasser des Johannes« von Maurice Hennequin ein. Gilliard übernimmt selbst die männliche Hauptrolle, den Neffen des Protagonisten gibt Alexejs Schwester Maria.

Gilliard studiert noch einen französischen Sketch ein – »Accident de bicyclette« (Ein Radunfall) sowie Mackersys »Rats« (Die Ratten). Alexej hat mit Begeisterung seinen Part auswendig gelernt. Doch es kommt nicht zur Aufführung, denn andere Ereignisse kommen dazwischen.

Manchmal gibt Gibbes den Zarenkindern Bücher, die er in großer Zahl mitgebracht hat. Alexej liest er meist vor. Am liebsten hört der Zarjewitsch Rider Haggards »King Solomon's Mines«, das Gibbes auf seinen Wunsch wiederholen muß, Conan Doyles »Memoirs of Sherlock Holmes« (den Schlußteil mit dem Kampf zwischen Holmes und Moriarty) und Sir Samuel Bakers »Cast up by the Sea«, das Alexej ebenfalls immer wieder hören will.

Doch die trügerische Idylle sollte nicht lange währen.

»Wenn sie mich nur nicht lange quälen ...«

Der Winter hat Einkehr gehalten. Alexandra verfertigt für Alexej neue Socken und andere warme Kleidungsstücke, da es für die zerschlissenen keinen Ersatz gibt. Die Provisorische Regierung, die für die Zuteilung des Familienbudgets (aus dem enteigneten Vermögen des Zaren) zuständig ist, hat in der letzten turbulenten Zeit ihres Bestehens die Zuteilung der Gelder eingestellt. Kobylinskij muß im Ort Kredite aufnehmen und bei Geschäften Schulden machen.

Auch das politische Klima wird rauher und aggressiver. Auch in Tobolsk übernimmt ein Stadtsowjet[1] die Kontrolle. Die Soldaten, die zum Austausch der alten Wachegarden angekommen sind, geben sich feindselig.

Mit ihren Bajonetten schreiben sie den Kindern gehässige Sprüche auf deren Schuhsohlen. Die Temperatur in den Räumen beträgt nur mehr sieben Grad. Die bisher tröstlichen Briefe von Freunden aus der Außenwelt bleiben aus. Nicht nur wegen des eingestellten Schiffsverkehrs von der Eisenbahnlinie her nach Tobolsk (dafür wird ein Ersatzverkehr mit Pferdeschlitten eingerichtet, sondern auch wegen der Haltung des neuen Regimes den Gefangenen gegenüber.

Als die Zarenfamilie zu Weihnachten noch einmal die Genehmigung erhält, die Kirche zu besuchen (nur um sieben Uhr morgens für einen privaten Gottesdienst), begeht der Pope eine folgenschwere Unvorsichtigkeit. Am Ende der Messe singt er die Danksagung mit den in der Zarenzeit traditionellen Formeln. Eingeleitet vom Gesang »Mnogoje ljeto« (Viele Jahre – oder: Lang lebe...) nennt er, wie es früher üblich war, die einzelnen Namen der gesamten Zarenfamilie. Die anwesenden bolschewistischen Wachesoldaten sind außer sich vor Wut. Sie wollen den Priester sofort ins Gefängnis stecken,

---

[1] Sowjet – Rat; Lenin hat im ganzen Land Räte eingesetzt, seine Regierung nennt er Räte-(Sowjet-)Regierung

Alexej zeichnet seine Schwestern in Rollen der Theaterstücke, die zu Hause gespielt werden.

Aus Alexejs Tagebuch, Tobolsk, Januar 1918: »Sonnabend, 6. Januar. (...) Spielte ›Je langsamer du gehst, desto weiter kommst du‹. (...) Nach Tisch kam Kolja. Spielten Karten. Dann mit Papa, Mama und den Schwestern Tee getrunken. (...) Dann ›Nainjaune‹ gespielt mit Gillik, Kolja und Trina. Um 6 Uhr Verstecken gespielt und schrecklich gelärmt... Sonntag, 7. Januar. Der ganze Tag verging genauso wie gestern – außer daß ich tagsüber 1 Stunde draußen war. 20 Grad minus. Schrieb P. W. P[etrow]. Morgen werde ich Unterricht haben. Montag, 8. Januar. Um 8 Uhr 15 aufgestanden. Unterricht. Tee im unteren Geschoß. Der ganze Tag verging wie gestern. Tagsüber von 3 bis 4 Uhr im Garten gespielt mit Kolja, dann ist er weggegangen...« (Es folgt eine Tabelle mit Alexejs Stundenplan) doch der Bischof des Ortes, Hermogen, rettet ihn, indem er ihn in ein Kloster abschiebt. Der Familie ist es nunmehr streng untersagt, noch einmal die Kirche zu besuchen.

Am Christtag ziehen traditionell Gruppen singender Kinder durch die Stadt. Sie kommen zum Gouverneurshaus und bitten, für Alexej singen zu dürfen. Aber die Soldaten verweigern ihnen den Zutritt. Die Familie begeht das Fest in einer kleinen Feier, in der es für jeden kleine selbstgemachte Geschenke gibt – auch für diejenigen, die sie bewachen.

Anfang des Jahres 1918 öffnet Alexej wieder sein Tagebuch: »Mittwoch, 3. (16.) Januar. Heute habe ich rote Flecken auf dem ganzen Körper bekommen. Bin im Bett und bleibe den ganzen Tag. Die Temperatur ist normal, 36,1. Bei meinen Schwestern verschwinden die Flecken schon wieder. (...) Gillik liest mir vor. Dann ist Kolja gekommen, und ich habe den ganzen Nachmittag mit ihm gespielt...«

Kolja hatte die Krankheit eingeschleppt, ist selbst aber wieder gesund. So kommt er weiterhin zu Alexej.

Doch eine neue Enttäuschung folgt. Das Soldatenkomitee hat mit 100 zu 85 Stimmen beschlossen, daß die Schulterstücke, die einen militärischen Rang symbolisieren, entfernt werden sollen. Auch bei Nikolaus und Alexej. Nicht mehr Zar sein, ist eine Sache. Aber sich den Oberstrang, der ihm von seinem Vater verliehen worden war, von gemeinen Soldaten wegnehmen zu lassen, empfindet Nikolaus als unerträgliche Erniedrigung. Auch Alexej zeigt sich davon betroffen. Doch als Dolgorukow durchblicken läßt, daß die Soldaten bereit sind, die Schulterstücke gewaltsam abzureißen, gibt Nikolaus auf.

Daraufhin nimmt auch Alexej seine Militärabzeichen ab und gibt sie mit seinen Orden, darunter dem Andreas-Orden, Frau Teglewa zur Aufbewahrung: »Ich fürchte, ich werde ihn nie wiedersehen...« Mit dieser Bemerkung läßt Alexej seine Ahnung erkennen, daß sich Schlimmes erwarten läßt. Kurze Zeit später meint Alexej melancholisch: »Wenn sie mich töten wollen, sollen sie es nur tun – wenn sie mich nur nicht quälen.« Für die Uniformepauletten findet Nikolaus seine Lösung: er zieht außerhalb seines Zimmers die kaukasische Tscherkesse über, bei der keine Epauletten getragen werden. Kobylinskij erscheint bei Nikolaus und erklärt ihm unter Tränen: »Die Autorität ist meinen Händen entglitten. Ich kann Ihnen nicht mehr nützlich sein. Ich bitte um Demission. Meine Nerven sind am Ende.« Der Zar nimmt ihn an der Schulter und sagt: »Ich bitte Sie, zu bleiben – für mich, für meine Frau, für meine Kinder...« Kobylinskij läßt sich erweichen.

Alexej hat bald den Ärger vergessen. In seinem Tagebuch notiert er weiter: »Gegessen. Karten gespielt. Mit Kolja gespielt...« Dazu zeichnet er eine Tabelle mit seinem Stundenplan: »Montag: 9–10 – Französisch, 10–11 – Russisch, 11–12 – Im Freien – 12–1 –Religion – 1–4 – Mittagessen und im Freien – 4–5 – Geographie – 6–7 – Geschichte – 7–8 – Aufgaben...« An anderen Tagen kommen andere Gegenstände wie Russische Geschichte, Englisch und Arithmetik hinzu.

Das Jahr 1918 ist angebrochen.

Im Garten haben alle zusammen einen Schneehügel für die Kinder errichtet. Jeden Tag verbringt Alexej bei dieser neuen Attraktion. Wie Alexej im Tagebuch berichtet, erweist sich diese Stelle nun als vielseitiger Spielplatz. Er gräbt Tunnels, und dann benutzt er den Hügel wieder als Festung. Es sind immer neue Spiele militärischen Charakters, die sich Alexej mit Kolja ausdenkt.

»17. (30.) Januar. Alles dasselbe. Schwibs[1] geht es besser. Kolja ist noch nicht gekommen. Nachmittags mit den Soldaten gesprochen. Es ist die bessere Garde...«

»18. (31.) Januar. Alles dasselbe. Nachmittags Skigefahren[2]. Anastasia schon angekleidet und herumgegangen. 26° minus. Langeweile !!!. Abends unsere Komödie geprobt.«

Die Außentemperatur beträgt bereits –28 Grad. Wenn Alexej

---

[1] Anastasia, die erkrankt ist
[2] am kleinen Schneehügel

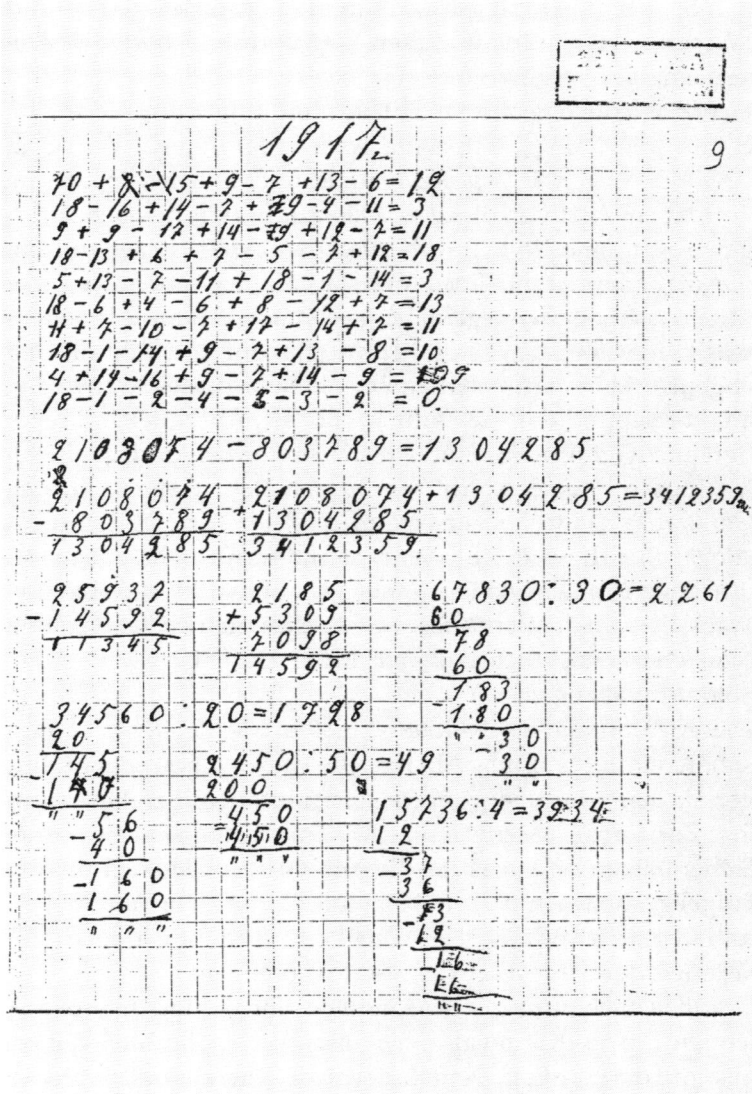

$$70 + 8 - 15 + 9 - 7 + 13 - 6 = 12$$
$$18 - 16 + 14 - 7 + 29 - 4 - 11 = 3$$
$$9 + 9 - 12 + 14 - 29 + 12 - 7 = 11$$
$$18 - 13 + 6 + 7 - 5 - 7 + 12 = 18$$
$$5 + 13 - 7 - 11 + 18 - 1 - 14 = 3$$
$$18 - 6 + 4 - 6 + 8 - 12 + 7 = 13$$
$$11 + 7 - 10 - 7 + 17 - 14 + 7 = 11$$
$$18 - 1 - 14 + 9 - 7 + 13 - 8 = 10$$
$$4 + 14 - 16 + 9 - 7 + 14 - 9 = 109$$
$$18 - 1 - 7 - 4 - 5 - 3 - 2 = 0$$

$$2108074 - 803789 = 1304285$$

$$2108074 \quad 2108074 + 1304285 = 3412359$$
$$-803789 \quad +1304285$$
$$\overline{1304285} \quad \overline{3412359}$$

$$25932 \qquad 2185 \qquad 67830 : 30 = 2261$$
$$-14592 \qquad +5309 \qquad 60$$
$$\overline{11345} \qquad 7098 \qquad -78$$
$$\overline{14592} \qquad 60$$
$$\qquad\qquad 183$$
$$34560 : 20 = 1798 \qquad -180$$
$$20 \qquad\qquad\qquad 30$$
$$\overline{145} \qquad 2450 : 50 = 49 \qquad 30$$
$$140 \qquad 200$$
$$56 \qquad 450 \qquad 15736 : 4 = 3934$$
$$-40 \qquad -450 \qquad 12$$
$$\overline{160} \qquad\qquad -37$$
$$160 \qquad\qquad 36$$
$$\qquad\qquad -13$$
$$\qquad\qquad 12$$
$$\qquad\qquad 16$$

Aus den Arithmetikübungen des dreizehnjährigen Thronfolgers.

den Schneehügel mit Wassereimern aufschüttet, gefriert das Wasser bereits auf dem kurzen Weg dorthin. Aber es ist Alexejs einziges Vergnügen.

Es werden doch noch zwei Stücke von Gilliard einstudiert; im ersten spielt Alexej mit: »A la porte« von Eugène Vercousin und »La Bête noire« von Mendale und Cordier. In diesem kommt ein Arzt vor. Bisher hat Doktor Botkin sich beharrlich geweigert, eine Rolle zu übernehmen. Aber Alexej will ihn diesmal überreden. Eines Tages nimmt er ihn mit ernster Miene zur Seite: »Jewgenij Sergejewitsch, ich muß Ihnen etwas sagen...« Und während er mit ihm am Korridor auf und abgeht, erklärt er ihm, daß nur er die Rolle dieses Arztes spielen könne, und daß sie »sehr leicht« sei. Anschließend repetiert er sie mit ihm. Botkin läßt sich erweichen und spielt. Allerdings nur eine Aufführung, danach läßt er sich durch General Tatischtschew ersetzen.

Alexej notiert, wann Kolja kommt und wann nicht, daß er mit ihm neue Tunnels und Festungen gebaut hat, welche Soldaten Wachdienst haben und daß »sonst alles gleich ist«. Aus den Notizen ist ersichtlich, daß im Februar die meisten der »guten Soldaten« abziehen.

Die revolutionären Soldaten bereiten der heiteren Atmosphäre ein Ende. Eines Abends, als Alexej schon schläft, tragen sie den Schneeberg ab. Die Enttäuschung über diese sinnlose Zerstörung ist grenzenlos. Warum mußte das sein? »Aus Sicherheitsgründen«, lautet die Antwort. Nikolaus sei auf den Hügel gestiegen, um die abziehende Garde zu verabschieden und ihr nachzublicken. Der Wachkommandant verbietet Alexej außerdem, mit Wachsoldaten zu sprechen.

Draußen ziehen singend Menschen vorbei und feiern den letzten Tag des Karnevals. Balalajkas spielen, Fröhlichkeit regiert auf den Straßen. Dem Zarjewitsch wird bewußt, wie sehr er vom Leben ausgesperrt ist.

Im März kommt die erste Abordnung der Roten Garde an. Alexej registriert das genau:

Einer der letzten Briefe Alexejs vor seiner Abreise nach Jekaterinburg an sei-
nen Freund Kolja, Mai 1918: »Lieber Kolja. Alle Schwestern grüßen Dich,
Deine Mama und Deine Großmutter. Es geht mir gut. Wie geht es Deiner
Großmutter? Was macht Fefer? Tagsüber hatte ich Kopfweh, aber jetzt ist es
ganz vergangen. Küsse Dich fest und geb Dir zugleich eins auf den Fuß.
Grüße an die Botkins von uns allen. Immer Dein Alexej. Ende.«

»Donnerstag, 29./11. März[1]. Alles wie gewohnt.
Nachmittags haben wir auf eine Scheibe geschossen und die Axt vom Eis befreit. Interessante Beschäftigung. Etwas wärmer. Während unseres Gartenspazierganges heute morgen ist ein außerordentlicher Kommissar gekommen, Demjanow, der einen Blick auf unseren Garten und den Hof geworfen hat; er ist auch Chef der Abordnung der Roten Garde aus Omsk. Dabei waren auch der Kommandant und das Komitee unserer Abordnung. Die Roten Garden befinden sich schon seit einer Woche hier.«

Kurze Zeit später wird Alexej krank. Er hat sich verletzt, als er, nachdem er sich nicht mehr beim Schneehügel austoben konnte, ein Holzbrett gebastelt hatte und damit über die Treppen des Stiegenhauses hinuntergerutscht ist.

In der Leistengegend bildet sich eine innere Blutung. Zugleich leidet Alexej an Husten. Beides zusammen führt innerhalb kurzer Zeit zu einer Verschlechterung seines Gesundheitszustandes. Er wird bald so ernst wie in Spala.

Alexej kann gerade noch in sein Tagebuch schreiben: »Freitag, 30./12. März[2].«

Zu mehr als einem Vorsatz reichen seine Kräfte jedoch nicht. Es bleibt die letzte Eintragung in Alexejs Tagebuch.

Doktor Djerewjenko ist verzweifelt. Die Apotheken in Tobolsk sind geplündert, und es ist nichts zu bekommen, was Alexejs Zustand bessern und sein Leiden lindern könnte.

Am nächsten Tag brüllt Alexej vor Schmerzen, daß es im ganzen Haus zu hören ist. Drei Tage unerträgliches Leiden. Djerewjenko beschließt, ihm etwas von dem Morphium, das er als Reserve aus Zarskoje Sjelo mitgebracht hat, zu spritzen. Zugleich mit dem Abklingen der Schmerzen geht auch die Hämorrhagie zurück. Doch Alexej bleibt schwach und fiebrig.

---

[1] richtig: 11. April. Alexej irrt sich noch mit dem neuen Kalender, der seit Mitte Januar in Kraft ist
[2] 30. März–12. April

378

Mangel herrscht auch an kräftigenden Lebensmitteln. Seit Februar gibt es wenig zu essen im Haus. Eines Tages war aus Moskau, dem Sitz von Lenins Regierung, eine Nachricht eingetroffen: das Volk (dem ja nach der neuen Ordnung alles gehört) könne die Zarenfamilie nicht länger erhalten. Die Gefangenen müßten selbst für ihren Unterhalt aufkommen. Der Haushalt müsse verkleinert werden. Die Bankkonten der Zarenfamilie waren wie die anderen Vermögenswerte, Besitzungen, Paläste und Kronjuwelen bereits von Kerenskijs Regierung konfisziert worden. Von ihr wurde das Budget für den Lebensunterhalt zugeteilt. Darüber hinaus hat eine dramatische Geldentwertung stattgefunden. In jedem Fall jedoch hat der Zar keinen Zugriff auf seine Bankkonten.

Die Familie ist seitdem auf Soldatenration gesetzt. Da der Zar normalerweise kein Bargeld mit sich trägt, steuern alle, vor allem Botkin, der am meisten Geld bei sich hat, zum Lebensunterhalt bei. Der alte Graf Benckendorff in Petrograd hat davon erfahren und eine größere Summe unter Zarentreuen in der Hauptstadt zusammengetragen. Es gelingt ihm, das Geld nach Tobolsk zu senden; allerdings erreicht nur ein Teil davon seinen Bestimmungsort. Die Köche, aus Zarskoje Sjelo mitgekommen, tun ihr Bestes. Im übrigen wird, selbst wenn es nur Kohlsuppe gibt, diese nach wie vor feierlich auf einer Speisekarte mit Doppeladlerinsignien angekündigt. Bewohner der kleinen Stadt haben vom Mangel im Gouverneurshaus gehört. Sie senden Eier, Zucker und andere Lebensmittel.

Kerenskijs Bevollmächtigte, Kommissare und die von ihm gesandten Einheiten zur Bewachung der Zarenfamilie werden allmählich gegen bolschewistische ausgetauscht. Kobylinskijs Tage sind gezählt.

Im Frühjahr 1918 melden die Zeitungen den Friedensschluß von Brest-Litowsk. Vom nachbarlichen Kornilow-Haus erhält Nikolaus die Zeitung. Lenin hat Deutschland weite Territorien Rußlands zugestanden sowie die Unabhängigkeit Polens, Finnlands und der Baltischen Staaten – und der Ukraine.

Er war der deutschen Regierung, seinem Financier, im Wort, da er ihr seine Rückkehr nach Rußland und Unterstützung für seine Machtübernahme verdankt. Da die Armee durch die revolutionäre Propaganda aufgeweicht und kampfunfähig war, konnte Lenin das politische Diktat des Friedensvertrags auch militärisch nicht anfechten. Nikolaus ist völlig niedergeschlagen. Rußland ist am Ende.

Parallel dazu steht auch das Ende der Zarenfamilie bevor. Langsam, aber unaufhaltsam wird es vorbereitet.

Das Haus wird nun von einer doppelten Wachmannschaft bewacht. Niemand darf sich ihm nähern. Einige der Bewohner des Kornilow-Hauses, die zur Suite der Zarenfamilie gehören, Tatischtschew, Dolgorukow, Hendrikowa und Schneider werden verhaftet und im Gouverneurshaus einquartiert. Nur die Ärzte und Gibbes dürfen sich weiter frei bewegen. Im Gouverneurshaus, in dem die Zarenfamilie festgehalten ist, wird nur dem Koch und seinem Gehilfen zur Erledigung ihrer Besorgungen in der Stadt Bewegungsfreiheit zugestanden.

Da Alexej seinen Freund Kolja nicht sehen kann, schreibt er ihm kurze Briefe:

»Lieber Niki[1], danke für die Kanone. Ich hoffe, wir können uns bald sehen. Grüße Deine Mama, Großmutter und Fefer[2]. Ich schreibe schlecht, denn ich bin im Bett. Das Bein tut mir weh und ich hoffe, es geht bald vorbei. Dein Sixela[3].«

Mitte April kommt auch aus Jekaterinburg eine Abordnung der Roten Garde. Jekaterinburg und Omsk machen sich die Dominanz in dieser Region streitig. Omsk ist die Hauptstadt Westsibiriens, Jekaterinburg die Hauptstadt des Ural. Den Zusammenschluß aller Uralstädte hat die Parteiversammlung der Sowjets soeben beschlossen. Einer ihrer

---

[1] Kolja von Nikolaus, abgekürzt Niki
[2] die Katze
[3] umgekehrte Form von Alexej (Alexis)

Kommissare will die Zarenfamilie in das Stadtgefängnis transferieren, aber Kobylinskij gelingt es, das zu verhindern.

Wenige Tage später trifft ein Kommissar aus Moskau ein. Er heißt Jakowljew und weist sich vor Kobylinskij mit einem Befehl Swerdlows aus – des neuen Vorsitzenden des Exekutivkomitees der Regierung Lenins. Er will das Gouverneurshaus inspizieren, die Zarenfamilie zu Gesicht bekommen und das Gepäck prüfen.

Alexej liegt im Bett und wundert sich über den fremden Mann, der ihn sehen will. Gilliard weilt gerade bei ihm, als Jakowljew mit Nikolaus eintritt. »Das ist mein Sohn, und dieser Herr sein Lehrer«, erklärt er. Jakowlew wirft einen prüfenden Blick auf Alexej und verläßt das Zimmer. Anschließend versucht er, einem anderen Kommissar, der offenbar eine feindlichere Haltung einnimmt, davon zu überzeugen, daß Alexej tatsächlich krank ist. Kurze Zeit später kommt Jakowljew noch einmal zu Alexej. Und noch ein drittes Mal – in Anwesenheit von Doktor Djerewjenko.

Schließlich wird von der Angst, die sich seit Erscheinen des neuen Kommissars im Haus breitgemacht hat, auch Alexej erfaßt. Das mehrmalige Erscheinen des Unbekannten ist ihm unheimlich. Von der Straße durchbricht das Johlen enthemmter Roter Garden die Stille des Zimmers. Die Stimmung ist aggressiv. Alexej sagt leise zu seiner Mutter:

»Ich möchte sterben. Ich habe keine Angst vor dem Tod. Aber ich habe so große Angst vor dem, was die uns alles antun können...«

Am nächsten Tag erklärt Jakowljew Kobylinskij, daß er laut Order des zentralen Exekutivkomitees die Zarenfamilie wegbringen müsse. Da Alexej offenbar nicht transportfähig ist, müsse nur der Ex-Zar mitkommen.

Jakowljew zeigt Nikolaus seinen Befehl: »Ich habe den Auftrag vom Exekutivkomitee aus Moskau, Ihre Familie aus Tobolsk wegzubringen. In Anbetracht Ihres kranken Sohnes habe ich einen zweiten Auftrag bekommen: Sie müssen mitkommen.«

»Ich weigere mich, wegzugehen.«

»Ich ersuche Sie, sich nicht zu weigern. Ich muß meinen Auftrag ausführen. Wenn ich es nicht tue, muß ich entweder Gewalt anwenden oder demissionieren. In diesem Fall tritt ein anderer, weniger humaner Mann an meine Stelle. Seien Sie beruhigt. Ich bin für Ihre Sicherheit verantwortlich. Wenn Sie nicht allein mitkommen wollen, können Sie Personen Ihrer Wahl mitnehmen. Morgen um vier Uhr fahren wir ab.«

Kobylinskij kann nur so viel von Jakowljew herausbringen, daß die Reise an die fünf Tage dauern wird. Daraus schließt er, daß das Ziel Moskau heißt.

Tatsächlich hat der deutsche Botschafter etwa in dieser Zeit auf Auftrag des deutschen Kaisers von Swerdlow verlangt, den Zaren in Moskau zu sehen. Ob aufgrund der angeblichen geheimen Klausel im Friedensvertrag von Brest-Litowsk, wonach die Regierung Lenin die Zarenfamilie unversehrt Deutschland ausliefern werde, oder der Idee Wilhelms, Nikolaus für alle Fälle auch den Friedensvertrag unterschreiben zu lassen – denn Lenins Regime sitzt noch nicht fest im Sattel und wird heftig bekämpft. Genau letzteres ist es, was Nikolaus als Grund für die »fünftägige Reise« vermutet. »Lieber lasse ich mir eine Hand abhacken, als diesen schändlichen Vertrag zu unterschreiben!« äußert er. Doch tatsächlich hat Swerdlow anderes vor, als dem Wunsch von Botschafter Mirbach zu entsprechen. Er läßt den Zug Richtung Jekaterinburg umleiten, um nachträglich machtlos die Achseln zu zucken: »Wie kann ich hier kontrollieren, was im fernen Ural vor sich geht!«

Für Alexandra sind die verbleibenden Stunden bis zum nächsten Tag qualvoll. Noch nie hat sie sich in einem solchen Zwiespalt befunden. Sie muß sich entscheiden: soll sie ihren Mann begleiten oder bei ihrem kranken Sohn bleiben?

Die Zarin entscheidet sich für ersteres. Sie bestimmt, daß ihre älteren Töchter und Anastasia bei Alexej bleiben und nimmt nur Maria mit. Botkin, Dolgorukow und einige Bedienstete kommen mit, Doktor Djerewjenko, Gilliard, Tatischtschew und einige andere bleiben bei den Kindern. Der Zar hatte Botkin zuvor beiseite genommen: »Sie sind von Ihrem Dienst entbunden – bleiben Sie hier, denken Sie an Ihre Kinder.« Aber Botkin erklärte: »Mein Platz ist an Ihrer Seite – bis zum Ende.«

Bisher hatte Alexandra immer eine erstaunliche Disziplin an den Tag gelegt. Doch diesmal kann auch sie sich nicht halten und weint wie alle anderen auch.

Die Abreise wird auf die Nachtstunden verschoben. Nach dem Abendessen versammelt sich die Familie; die Abreisenden verabschieden sich von allen. Um drei Uhr morgens wecken die Eltern Alexej. Als Gilliard kurz eintritt, sieht er Alexandra mit abgewandtem Gesicht an Alexejs Bett sitzen, damit der Kleine nicht ihre Tränen sieht.

Die Fahrzeuge sind primitive Pferdekarren ohne Sitze. Rasch wird vom Stall Stroh gebracht und eine Decke. Langsam setzt sich der Zug in Bewegung. Botkin wendet sich noch einmal zum Fenster des Kornilow-Hauses um. Dort stehen seine Kinder, um ihn wenigstens vom Fenster aus noch einmal zu sehen. Sie dürfen nicht mitkommen. Botkin segnet sie mit seiner Hand.

Gilliard begibt sich auf Alexandras Wunsch sogleich hinauf zu Alexej, damit er jetzt nicht allein ist. Er findet ihn, im Bett liegend, zur Wand abgewandt vor. Noch nie hat Gilliard Alexej so bitterlich weinen gesehen.

Am nächsten Tag schreibt Alexej an Nikolaus ein paar Zeilen. Sie zeigen, daß er sich auch des Dilemmas seines Vaters bewußt war:

»Mein teurer und lieber Papa, mein Liebling,
Ich hoffe, Ihr werdet bald ankommen. Ich werde versuchen, viel zu essen und bald gesund zu werden. Wie gut, daß die

guten Schützen mit Euch reisen. Gott sei mit Euch. Ich küsse Dich sehr und mache Dir ein Kreuzzeichen. Ich werde für Euch beten.   Dein Alexej.«

Die beschwerliche Reise führt erst nach Tjumen. Unterwegs kommt der Konvoi beim Dorf Pokrowskoje vorbei. Noch lange erinnern sich die Bewohner des Dorfes an den ungewöhnlichen Zug von Pferdewagen, der von hundert Reitern der Roten Garde eskortiert wird. In Pokrowskoje hebt sich von den anderen Häusern deutlich das zweigeschossige Haus Rasputins ab. Für Alexandra eine Fügung, die ihr als ferner Gruß des verlorenen »Freundes« erscheint. Wie wahr erscheint ihr seine Prophezeiung: »Wenn mir etwas zustößt, wirst du innerhalb von sechs Monaten deine Krone verlieren und später deinen Sohn!« Aber hat sich nicht in Wirklichkeit diese Prophezeiung, für den Fall des vorzeitigen Todes ausgesprochen, erst recht durch Rasputins Wirken zu Lebzeiten bewahrheitet?
Alexandra mag darüber nachdenken, warum niemand der Zarenfamilie zu Hilfe gekommen ist. In der Tat haben sich mehrere Komitees und Organisationen zur Rettung der Zarenfamilie formiert. Aber es erwies sich als schwierig, in das von den Roten Machthabern kontrollierte Gebiet vorzudringen, ohne Verdacht zu erregen. Ein Leutnant namens Solowjow – Schwiegersohn Rasputins – hatte größere Beträge gesammelt, um von Tjumen aus eine Rettungsaktion zu starten. Doch wenn den anderen die organisatorische Gabe fehlte – und die große Anzahl der Familienmitglieder der Zarenfamilie eine zusätzliche Schwierigkeit darstellte – so mangelte es Solowjow an Standhaftigkeit, der Versuchung eines großen Geldbetrages zu widerstehen. Der Abenteurer schlug sich zum Pazifik und von dort nach Europa durch und eröffnete damit in Berlin ein Lokal.
In Tjumen geht es mit dem Zug weiter. Unterwegs wird er mehrmals angehalten. Er wird von Roten Garden umringt.

Richtungswechsel. Der Zug fährt nun nicht Richtung Moskau weiter. Es geht nach Jekaterinburg.

Das Haus, das als Unterkunft für die Zarenfamilie vorgesehen ist, hat dem wohlhabenden Ingenieur Ipatjew gehört. Er war erst am Vorabend davon verständigt worden, daß er sein Haus verlassen müsse. Noch bevor alle dort ankommen, sind gleich am Bahnhof einige Personen aus der Suite entfernt worden, darunter Fürst Dolgorukow. Er wird direkt in ein Gefängnis gebracht und bald darauf erschossen.

Das Haus, in dem Alexej zurückgeblieben ist, leert sich langsam. Während die anderen die Einrichtungsgegenstände, die die Familie mitgebracht hat, und Persönliches einpacken, schreibt Alexej, dessen Lebensgeister langsam zurückzukehren scheinen, immer noch vom Krankenbett aus, Briefe an seine Eltern und an Kolja. Sein bester Freund darf nicht mehr zu ihm kommen. Der Ton der kurzen Zeilen an ihn ist scherzhaft wie immer:

»Mein lieber Kolja, danke für Deine Briefe und Deine Zeichnungen. Es geht mir jetzt besser. Der Garten sieht sehr schmutzig aus. Ich sende Dir ein gesegnetes Brot. Der Blaue hat mir gesagt, er hat Fefer gefangen. Bravo! Haha! Der Blaue, das ist Dein Papa. Ich habe ihm den Beinamen auf der Krim gegeben. Grüße an alle. Dein Sixela.«

»Lieber Kolja,
Welches Wort enthält drei e? Schreib die Antwort auf und gib sie Gillik. † A.[1]«

Die Kommissare sind ungeduldig. Sie wollen die Abreise der Kinder vorantreiben. Die Fahrt auf den holprigen Straßen birgt jedoch für Alexej die Gefahr, daß die inneren Blutungen wieder ausgelöst werden, die tödlich sein können. Djerewjenko versucht so lange wie möglich, die Reise hinauszuschieben.

---

[1] Das Kreuz im Brief bedeutet, daß der Briefschreiber dem Empfänger Gottes Segen wünscht. Alexej hat die Angewohnheit, am Anfang oder Ende eines Briefes ein Kreuz zu zeichnen, offensichtlich von seiner Mutter übernommen.

Der Abreisetag ist gekommen. Alexej schreibt Kolja zum Abschied einen letzten Brief:

»Lieber Kolja,

Ich sende Dir meine liebste Kanone für Deine. Ich glaube, wir sehen uns vor der Abreise nicht mehr. Grüße Deine Mama, Großmutter und Fefefefefer. Der Herr möge Dich und die Deinen schützen. Ich umarme und segne Dich.   Dein Alexej.«

Es ist Mai; der Fluß ist aufgetaut und wieder schiffbar. So kann die Fahrt bis zur Eisenbahnlinie in Tjumen mit dem Dampfer erfolgen. Der Bischof von Tobolsk organisiert für Alexej einen komfortablen Pferdewagen bis zur Anlegestelle. Von dort wird Alexej von Nagornyj auf das Schiff getragen.

Schon auf der Überfahrt ist die rauhe Wirklichkeit zu spüren. Zum Erstaunen der Zarenkinder wird auch der Pferdewagen des Bischofs auf das Schiff verladen. Alexej protestiert: »Warum das? Das gehört nicht uns!« – »Jetzt gehört alles uns!« ist die barsche Antwort. Tatsächlich wird der Wagen seinem Herrn nicht mehr nützlich sein: Bischof Hermogen wird bald darauf gefangengenommen und an das Dampferrad gebunden. Es wird in Bewegung gesetzt und der Bischof bei lebendigem Leib zerrissen.

Alexej wird von den begleitenden Roten Garden mit Nagornyj in der Kabine eingesperrt und darf sie die ganze Nacht nicht verlassen. Doktor Djerewjenko, Gilliard, Gibbes und die anderen sind in andere Kabinen verteilt.

Bei der Ankunft in Tjumen dürfen alle nur nach Anweisung der Bewacher in den Zug umsteigen. An der Endstation Jekaterinburg werden zuerst die Großfürstinnen zu den wartenden Pferdefuhrwagen gebracht. Dabei müssen sie ihre schweren Koffer selbst tragen und sinken im schlammigen Boden ein. Als Nagornyj ihnen zu Hilfe kommen will, wird er weggestoßen. Danach darf Nagornyj Alexej aus dem Coupé heben. Gilliard, Gibbes und Djerewjenko sowie einige der Suite werden zurückgehalten. Der Diener Tschemodurow und die Hofdamen Schneider und Hendrikowa werden direkt in ein

Gefängnis gebracht, wo sie später erschossen werden. Als Gilliard aus dem Coupéfenster blickt und feststellt, daß Alexej weggebracht wird, ehe man ihm erlaubt, auszusteigen, wird ihm klar, daß er sich von seinem Schützling nicht einmal mehr verabschieden kann. Und daß sie einander vermutlich nicht mehr wiedersehen werden.

Die Fahrt zum Ipatjew-Haus dauert nur kurz. Trotz der Umstände zählt für alle jetzt nur eines: die Familie ist wieder beisammen.

Das zweigeschossige Haus ist doppelt umzäunt worden. Auch innen ist der Anblick trist. Das Fensterglas in der oberen Etage, die der Zarenfamilie zur Verfügung steht, ist bis an den Rand geweißt. Man kann weder hinausblicken noch den Himmel sehen. Der Familie wird verboten, die Fenster zu öffnen, obwohl es sommerlich heiß ist.

Alexej schläft im Zimmer seiner Eltern. Die Großfürstinnen sind alle in einem einzigen Raum untergebracht. Doktor Botkin ist ein Vorraum zugeteilt, irgendwo erhält auch Nagornyj seinen Platz. Sonst sind nur mehr Alexandras Kammerfrau Demidowa hier, Sednjew, Charitonow und Trupp. In der unteren Etage breiten sich Kommissare aus. Auch einige der Wachsoldaten wohnen hier.

Hier ist jeder Raum bewacht. Die innere Wache besteht aus 35 Personen, die äußere aus über 50; insgesamt wechseln über 350 Mann einander ab. Es ist der Familie täglich nur ein kurzer Aufenthalt im Garten erlaubt. Alexej muß getragen werden. Manchmal fährt ihn Nagornyj mit dem Rollstuhl.

Gibbes und Gilliard dürfen sich frei bewegen, aber nicht ins Ipatjew-Haus kommen. Der Arzt Djerewjenko wird zu seinem kleinen Patienten zugelassen – allerdings nur in Begleitung eines Kommissars. Als er kurz nach Alexejs Ankunft kommt, um ihn zu untersuchen, ist ein unbekannter Mann in Schwarz dabei. Später fragt Alexej, wer das gewesen sei. Die Antwort lautet: Jurowskij.

Die Atmosphäre ist anders als in Tobolsk. Die Bewacher sind eigens von einer Fabrik ausgesucht worden, in deren Belegschaft revolutionärer Geist dominiert. Dazu werden auch österreichische und ungarische Kriegsgefangene herangezogen, die in einem Lager unweit von Jekaterinburg die internationale Brigade stellen. Auch sie empfinden wenig Sympathie für die Zarenfamilie, deren Oberhaupt jahrelang ihr Kriegsfeind war.

Die Türen zu den Privaträumen der Familie sind ausgehängt. Die Wachsoldaten kommen, wann es ihnen beliebt. Wenn die Familie zu Tisch sitzt, tritt der eine oder andere der Soldaten oder Kommissare ein und bedient sich. Manchmal schlägt einer dem Zaren die Gabel aus der Hand oder den Ellenbogen ins Gesicht, wenn er nach einem Stück auf dem Tisch langt. An die Türen des Badezimmers werden unflätige Beschimpfungen geschmiert. Die Familie wird bestohlen, und auch der Lagerraum mit ihrem Gepäck wird aufgebrochen.

Als ein Soldat Alexej ein Paar Stiefel wegnehmen will, hält Nagornyj ihn zurück: wenn ein Paar naß sei, brauche Alexej das andere. Der Protest nützt nichts. Mehr noch: der Soldat nimmt, um Nagornyj zu provozieren, Alexej die Ikone ab, die an einer Kette über seinem Bett hängt. Als Nagornyj ihn daran hindern will, wird er abgeführt. Er wird sofort ins Gefängnis gebracht und bald darauf erschossen.

Gilliard bemüht sich, durch Interventionen zur Rettung der Zarenfamilie nützlich zu sein. Er sucht das französische Konsulat auf – doch der Konsul ist auf Urlaub. Dagegen ist der britische da: doch dieser erklärt, es bestehe kein Grund zur Sorge oder zum Einschreiten, für die Zarenfamilie gebe es keine Gefahr. Gibbes schreibt an die ehemalige Hofdame Alexandras aus deren Kinderzeit in Darmstadt, Mrs. Jackson. In verschlüsselten Worten versucht er die Lage der Familie und die akute Gefahr, in der sie sich befindet, zu schildern. Er hofft, daß Mrs. Jackson sich damit an die englische Königin wenden würde. Doch nichts geschieht.

Die Zustände im Ipatjew-Haus werden unerträglich. In der unteren Etage grölt ständig eine Horde Betrunkener. Die Familie flüchtet sich in gemeinsame Gebete. Ihr Glaube gibt ihr die Stärke, alles in Ruhe über sich ergehen zu lassen. Zugleich scheint es, als hätten sie mit dem Leben abgeschlossen. Während unten die betrunkenen Wachsoldaten johlen, wird ihr Grölen im oberen Geschoß von den Betgesängen der Familie übertönt.

Wieder kommt der Mann in Schwarz mit Djerewjenko. Bei dieser Gelegenheit beschwört ihn Botkin, doch etwas zu unternehmen und Medikamente und stärkende Lebensmittel für Alexej zu bringen. »Der Junge gehört eigentlich ins Krankenhaus!« ruft Botkin verzweifelt. Keine Reaktion.

Außer Jurowskij ist auch ein anderer Mann anwesend. Es ist der österreichische Kriegsgefangene Meier, der sich in den Dienst des Sowjets in Jekaterinburg gestellt hat und im Büro arbeitet. Später erinnert er sich an diesen Besuch: »Der Junge machte wirklich einen erbärmlichen Eindruck. Das Schlimmste war, daß ich wußte, daß auch er nicht von jenem Schicksal verschont wird, das der Familie unmittelbar bevorstand.«

Nach Meiers Darstellung wird Botkin kurz darauf ins Kommissariat bestellt. Dabei wird ihm in kaum verschlüsselter Weise zu verstehen gegeben, daß das Schicksal der Zarenfamilie besiegelt sei. »Und es wäre schade um Sie – wollen Sie nicht an einem unserer Spitäler arbeiten?« fragt ihn der Kommissar. Botkin schweigt betroffen. Nach einer Weile faßt er sich und lehnt entschieden ab: »Mein Platz ist an der Seite Seiner Majestät – bis ans Ende.«

Im Moskauer Kreml ist von Lenin und Swerdlow der Beschluß zur Ermordung der Zarenfamilie gefaßt worden – und aller anderer Romanows, die sich noch irgendwo zwischen Moskau und Petersburg aufhalten. Auch Alexandras Schwester Elisabeth, die sich als Äbtissin nur mehr karitativer Tätigkeit widmet, wird verhaftet, ferner Michail, der Bruder des Zaren, Cousins, Onkel – die meisten werden in der Moskauer

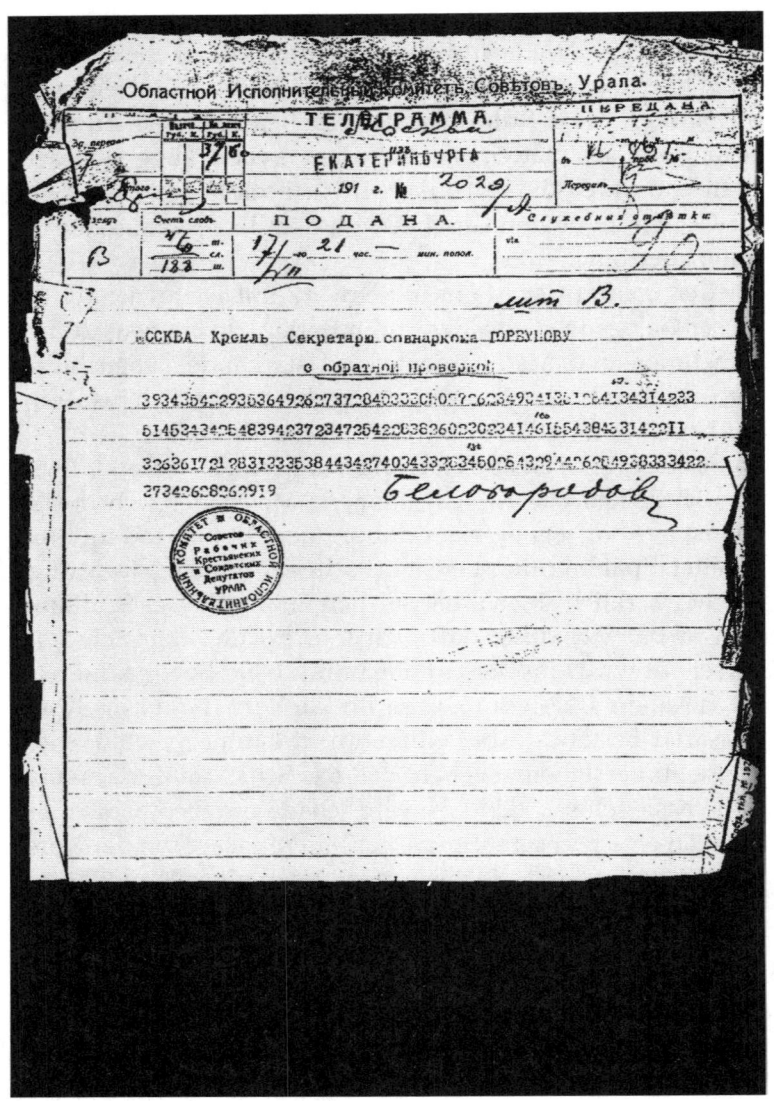

Chiffriertes Telegramm des Jekaterinburger Sowjetkommissars Bjeloborodow an Swerdlow nach Moskau, vom 17. Juli 1918 – dem Tag nach der Ermordung der Zarenfamilie: »Familie vom gleichen Schicksal betroffen wie
ihr Oberhaupt, offiziell kommen sie bei der Evakuierung um ...«

Peter und Pauls-Festung oder in Sibirien umgebracht. Nikolaus bleibt das Wissen erspart, daß sein Bruder Michail vor einem Monat in der Nähe von Perm mitsamt seinen Bedienten erschossen und in einen Schacht gestoßen worden war. Am Sonntag, dem 1. (14.) Juli 1918 wird ein Geistlicher, Storoschew, in das Ipatjew-Haus geschickt, wo er für die Familie bereits Messen gelesen hat. Später berichtet er: »Die ganze Familie war versammelt. Alexej Nikolajewitsch saß im Rollstuhl. Es ging ihm etwas besser, aber er sah sehr blaß aus. Die Familie war sehr still an diesem Tag. Als ich das Gebet für die Verstorbenen sang, sang niemand mit. Niemand hat gesungen an diesem Tag. Es war, als hätten sie alle eine Vorahnung.« Wir werden nie erfahren, ob Botkin von seinem Gespräch im Kommissariat berichtet hat. In keinem der Tagebücher findet sich ein Hinweis. Alexej hat seit Tobolsk nichts mehr geschrieben. Was sollte er auch erzählen? Kolja, Gilliard sind nicht da. Auch sonst bietet ihm das Leben nichts mehr. Nikolaus hat in diesen Tagen in einer seiner letzten Eintragungen festgehalten: »Alexej nahm sein erstes Bad seit Tobolsk...« und Alexandra schreibt am 3. (16.) Juli: »Man brachte den kleinen Küchenjungen Sednjew weg – angeblich zu seinem Onkel; ob das nur stimmt und wir ihn jemals wiedersehen werden? Spielten Bézigue. Um $1/2$ 10 zu Bett. – 4. (17.) Juli...«

Doch diesen Tag erlebt sie nicht mehr. Kurz vorher sind die Fenster vergittert worden. Jurowskij ruft die diensthabende Wachmannschaft zusammen und erklärt ihr, nichts zu unternehmen, wenn sie nachts Schüsse höre. Er besorgt zwölf Pistolen. Elf Mann wählt er aus, davon die Hälfte Österreicher und Ungarn, und stattet sie mit Pistolen aus. Er legt fest, wer heute abend auf wen schießen wird.

Kurz nach Mitternacht weckt er Botkin. Es würden Unruhen in der Stadt befürchtet, die Familie müsse weggebracht werden. Botkin weckt die anderen. Eine halbe Stunde später sind alle angekleidet. Jurowskij, der »Mann in Schwarz«, kommt sie holen. Er geleitet sie hinunter in einen Kellerraum und läßt sie dort warten. Nikolaus hält Alexej in seinen Armen. Alexandra fragt nach Stühlen. Es werden drei Stühle gebracht. Sie nimmt auf einem, Nikolaus auf einem anderen Platz; er setzt Alexej auf den dritten, stützt dessen Oberkörper jedoch mit seinen Armen. Neben Nikolaus steht Botkin, dahinter befinden sich die vier Großfürstinnen, hinter ihnen die Demidowa mit einem Kissen in der Hand, der Lakai Trupp und der Koch Charitonow. Sie alle stehen ruhig und erwartungsvoll wie für ein Gruppenbild da – was Anastasia den Ausruf entlockt: »Schade, daß kein Photograph da ist – er könnte uns alle zusammen aufnehmen!«

Da tritt Jurowskij ein. Er sagt, als verlese er ein Urteil: »Die Ihren wollten Sie retten, daher müssen wir Sie erschießen.« Nikolaus hatte sich gerade umgedreht und wendet nun sein Gesicht Jurowskij zu. Er scheint nicht zu verstehen: »Wie?« Nochmals kurz ein Blick zurück zu den Kindern. In diesem Augenblick trampelt die Tschekagarde herein. Alexandra und eine der Töchter bekreuzigen sich rasch. Die anderen schreien vor Entsetzen auf. Botkin versucht, den Zaren mit seinem Körper zu schützen – und Nikolaus hält eine Hand vor Alexandra, die andere immer noch um Alexej.

Jurowskij zückt seinen Revolver und schießt gezielt auf Nikolaus, der sofort zu Boden stürzt. Dann auf Alexej. Im nächsten Augenblick geht eine Salve von Schüssen los. Botkin fällt zu Boden, dann Alexandra, nach und nach werden die anderen getroffen – außer Demidowa. Bei den Mädchen prallen die Schüsse von den Korsetts ab, in die Juwelen eingenäht sind. Anastasia stöhnt. Einer der Schützen tötet sie mit dem Bajonett. Demidowa fleht, sich mit dem Kissen schützend, um ihr Leben, bevor sie ebenfalls getötet wird. Ein anderer Soldat zertritt mit dem Stiefel Anastasias Hund.

Alexej lehnt immer noch auf dem Stuhl, die Augen halb offen. Er stöhnt »Mama, Mama...« Jurowskij tritt auf ihn zu, zielt auf seinen Kopf und drückt zweimal ab.

Epilog

Am Tag nach der Ermordung der Zarenfamilie kabelt der Vorsitzende des Uralsowjets, A. Bjeloborodow, an Jakow Swerdlow die Ausführung der Exekution chiffriert nach Moskau: »Swerdlow mitteilen, daß mit der gesamten Familie das gleiche geschah wie mit ihrem Oberhaupt, offiziell kommt die Familie bei der Evakuierung um.«

Es besteht aufgrund des schon vor der Ermordung der Zarenfamilie getätigten Telegrammwechsels kein Zweifel daran, daß Lenin und Swerdlow die Entscheidung darüber trafen. Lange wurde versucht, die Verantwortung für die Tat von der Sowjetregierung auf angeblich eigenmächtig handelnde Kommissare des Uralsowjets abzuschieben; der Briefwechsel zeigt jedoch, daß selbst für Fragen von viel geringerer Bedeutung die Anweisungen Moskaus eingeholt wurden. Lenin hatte im Mai 1918, zwei Monate vor der Ermordung der Zarenfamilie, beschlossen, sämtliche Mitglieder der weitverzweigten Familie, sofern man ihrer in Rußland noch habhaft werden konnte, zu exekutieren. Zugleich spielte die Sowjetregierung ein Doppelspiel, in welchem die Zarenfamilie Spielball und politische Geisel zugleich war:

9. Juni[1] 1918: Der sowjetische Kommissar des Äußeren, Joffe (Trotzkijs Nachfolger), beruhigt den dänischen Gesandten auf Anfrage, daß es der Zarenfamilie gut gehe (die Mutter des Zaren entstammte dem dänischen Königshaus).

11. Juni: Lenin erhält von der Kaiserlichen Deutschen Regierung auf Empfehlung ihres Botschafters in Moskau, Mirbach, weitere vierzig Millionen Goldmark (heute vierhundert Millionen Mark) als Hilfe gegen die von der Entente unterstützte

---

[1] nach westlicher Zeitrechnung

Opposition[1], da Lenins Lage »prekär« sei. Mirbach wird kurz nach seinem diesbezüglichen Bericht ermordet.

13. Juni: Großfürst Michail, Bruder des Zaren, wird von Petrograd nach Perm unweit von Jekaterinburg gebracht und zusammen mit seinem englischen Sekretär und seinem Chauffeur im Wald erschossen. Zugleich wird, um die Reaktion zu testen, das Gerücht verbreitet, der Zar sei getötet worden.

20. Juni: Bjeloborodow kabelt nach Moskau auf die Anfrage hin, »ob der Zar erschossen« worden sei: »Alles Lüge.«

21. Juni: Der Nachfolger des deutschen Botschafters in Moskau, Helfferich, telegraphiert nach Berlin, die Zarenfamilie sei angesichts der vorrückenden Weißen Armee[2] in Gefahr.

22. Juni: Das Berliner Außenamt verlangt in einem Telegramm an den Moskauer Kommissar des Äußeren Auskunft über die Zarenfamilie.

24. Juni: Chiffriertes Telegramm von Moskau nach Jekaterinburg mit der Anweisung, die Bewohner des Ipatjew-Hauses genau zu registrieren.

26. Juni: Der deutsche Geschäftsträger in Moskau meldet nach Berlin, laut ZK-Mitglied Tschitscherin sei die »Konterrevolution« im Ural niedergeschlagen, die Zarenfamilie somit nicht in Gefahr. Zugleich telegraphiert Bjeloborodow aus Jekaterinburg nach Moskau, das Gold und Platin des Ural seien soeben nach Perm verladen worden (Maßnahme angesichts der heranrückenden Weißen Armee).

4. Juli: Bjeloborodow an Swerdlows Büro nach Moskau: »Laut Anweisung Bewachung der Zarenfamilie ausgewechselt, Jurowskij Kommandant. Bitte um letzte Anweisungen.« Nikolaus ins Tagebuch: »Neuer Kommandant. Wertgegenstände zu Inventarisierung weggeschafft...«

---

[1] Die deutsche Regierung fürchtete, mit Lenins Fall wäre die Einhaltung des Vertrags von Brest-Litowsk gefährdet.
[2] Freiwillige Widerstandsarmee aus Zarentreuen.

11. Juli: Nikolaus registriert in seinen Aufzeichnungen: »Heute wurden ohne Vorwarnung durch Jurowskij die Fenster vergittert. Der Mann wird uns immer unheimlicher.« 14. Juli: Das Exekutivkomitee des Uralsowjets beschließt nach Rücksprache mit Moskau den Zeitpunkt der Ermordung der Zarenfamilie »bis spätestens 18. Juli«. 15. Juli: Jurowskij bestellt größere Mengen Lebensmittel angeblich für die Zarenfamilie, tatsächlich für das Mordkommando. Er garantiert den potentiellen Mördern höhere Löhne. 16. Juli, 13 Uhr 20: Telegramm der dänischen Zeitung »National Tidende«, Kopenhagen, an Lenin nach Moskau: »Es gibt hier Gerüchte, wonach der Ex-Zar ermordet worden sei. Ersuchen höflich um Mitteilung der Tatsachen.« 16 Uhr: Lenin telegraphiert zurück: »Gerüchte unwahr. Ex-Zar in Sicherheit. Alle Gerüchte Lügen der kapitalistischen Presse. Lenin.« 16. Juli, abends: Die Wachmannschaft im Ipatjew-Haus erhält Pistolen. Nach dem Abendessen wird der Küchenlehrling Sednjew weggeschickt. Nach Mitternacht: die Zarenfamilie wird geweckt, mit dem Arzt Botkin und drei Bediensteten in den Keller geführt und erschossen. 17. Juli: Bjeloborodow bestätigt chiffriert die Ausführung der Tat an Lenins Sekretär Gorbunow nach Moskau. Er besorgt größere Mengen Schwefelsäure zur Zerstörung der Gesichter der bereits in einen Wald geschafften Leichen. 18. Juli: Bjeloborodow telegraphiert unverschlüsselt an Swerdlow und Lenin nach Moskau sowie an Sinowjew und Uritzkij (Tscheka-Chef) nach Petrograd, daß andere Angehörige der Zarenfamilie, inhaftiert in Alapajewsk, »gekidnappt« worden seien. Tatsächliche Aussage: weitere Verwandte des Zaren sind tot. Zur gleichen Zeit wird in Moskau bei einer Tagung des Zentralkomitees unter Swerdlows Vorsitz das Telegramm betreffend die Ermordung der Zarenfamilie verlesen und zur weiteren Tagesordnung übergegangen.

19. Juli: Der deutsche Geschäftsträger in Moskau, Riezler, meldet nach Berlin, Swerdlow habe bekanntgegeben, »aufgrund eines aufgedeckten Komplotts der Weißen« habe der Uralsowjet beschlossen, den Zaren zu erschießen. Die Familie sei »an einen sichereren Ort gebracht worden«.

Riezler plädiert anschließend für neuerliche Demarche zugunsten der deutschstämmigen Zarin und der Zarenkinder mit Ausnahme des Thronfolgers Alexej: »Das wäre zu gefährlich, da die Bolschewiken wissen, daß die Monarchisten hier den Thronfolger gerne als potentiellen Regenten sehen würden; man würde uns gegenüber mißtrauisch werden. Nach unverhohlenen Bekenntnissen eines Generals betreffend den Zarjewitsch ist das Mißtrauen der Bolschewiken in Hinblick auf eine mögliche Unterstützung durch die Deutschen noch gewachsen.«

20. Juli: Bjeloborodow telephoniert mit Swerdlow: Jekaterinburg werde bald fallen, was zu tun sei? Ein Kurier mit heiklen Dokumenten sei unterwegs nach Moskau.

Am gleichen Tag: Die Ermordung des Zaren (nicht jedoch die der gesamten Familie) wird in Moskau öffentlich bekannt.

Gesandter Riezler kabelt nach Berlin, daß er den Angehörigen der Sowjetregierung, Radek und Worowskij, die »scharfe Verurteilung« der Erschießung des Zaren übermittelt und sie »vor weiteren Übergriffen gegen die Zarenfamilie gewarnt« habe. Daraufhin habe »Radek durchblicken lassen, daß man die Frage der Ausreise der Prinzessinnen deutschen Blutes prüfen könne. Vielleicht gelinge es, die Ex-Zarin und ihren gesundheitlich an sie gebundenen Sohn in Kompensation zu deutschem Entgegenkommen (...) zu befreien.«

Noch am 20. Juli trifft aus Berlin der Auftrag an Riezler in Moskau zur Demarche für die Ex-Zarin und die Kinder ein.

23. Juli: Riezler meldet aus Moskau: »Bin wegen Zarin und Prinzessinnen deutschen Blutes vorstellig geworden (...) Tschitscherin hat meine Demarche für die Zarin schweigend

entgegengenommen; bestätigte mehrmals, Zarin und Kinder seien in Perm in Sicherheit.«

Eine Woche ist seit der Ermordung der Zarenfamilie vergangen. Nach der Ermordung von Großfürst Michail, des Bruders des Zaren, bei Perm wird nun auch Alexandras Schwester, Elisabeth, nach Sibirien (Alapajewsk, unweit von Jekaterinburg) gebracht und zusammen mit Großfürst Sergej Michajlowitsch und den Prinzen Igor, Johann und Konstantin Konstantinowitsch umgebracht. Sergej leistet Widerstand und wird sofort erschossen. Die anderen werden lebend in einen Schacht gestoßen und Granaten auf sie geworfen. Andere Romanows ereilt in Petrograd ihr Schicksal, einen unter ihnen sogar noch in Taschkent.

Als Trotzkij von einer Frontinspektion zurückkehrt und erfährt, daß die Zarenfamilie umgebracht worden ist, fragt er überrascht: »Was – alle?«[1] - »Iljitsch[2] und ich haben das beschlossen«, antwortet Swerdlow. »Er wollte den Weißen kein lebendes Symbol hinterlassen.«

---

[1] Trotzkij hatte einen propagandistischen Schauprozeß geplant.
[2] Wladimir Iljitsch Lenin

Fürstin Maria Wladimirowna Dolgorukaja ∞ Michail
1596–1613, ♱ 1645

Maria Iljinischna Miros- ∞ Alexej
lawskaja 1629–1645, ♱ 1676

Agafja Semjo-
nowa Gruschetz-
kaja
Maria Matwejew- ∞ Fjodor Iwan
na Apraxina 1661–1676, ♱ 1682 1666–1682, ♱ 1696
∞ Praxowija Fjodorowna Sal

Anna Iwanowna
1693–1730, ♱ 1740
Karl Leopold ∞ Katharina ∞ Friedrich Wilhelm
Herzog von Herzog von Kurland
Mecklenburg-
Schwerin

Anton Ulrich ∞ Anna Leopoldowna
Herzog von
Braunschweig-
Lüneburg

Iwan Antonowitsch
1740–1740/41, ♱ 1764

Elisabeth Alexejewn
Prinzessin von Bade

Maria Fjodorowna Pri
zessin von Dänemark

Alexandra Fjodorowna ∞ Nikolaj II.
Prinzessin von Hessen-Darmstadt *1868–1894–1917, ♱

Alexej
1904–1918

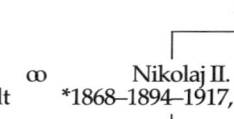

Romanows

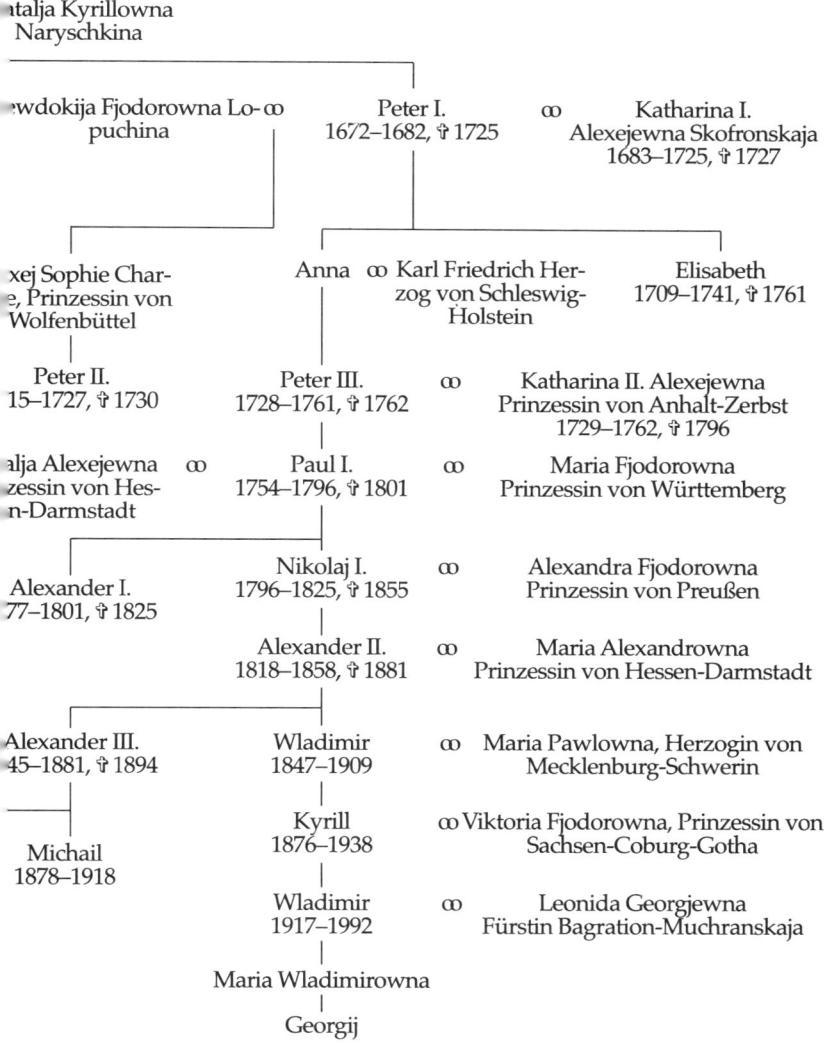

dokia Lukjanowna Strjeschnewa

talja Kyrillowna
Naryschkina

wdokija Fjodorowna Lo-∞　　Peter I.　　　　∞　　Katharina I.
puchina　　　　　　　1672–1682, ✝1725　　Alexejewna Skofronskaja
　　　　　　　　　　　　　　　　　　　　1683–1725, ✝1727

xej Sophie Char-　　Anna ∞ Karl Friedrich Her-　　　　Elisabeth
e, Prinzessin von　　　　zog von Schleswig-　　1709–1741, ✝1761
Wolfenbüttel　　　　　　　Holstein

Peter II.　　　　　　Peter III.　　∞　　Katharina II. Alexejewna
15–1727, ✝1730　　1728–1761, ✝1762　　Prinzessin von Anhalt-Zerbst
　　　　　　　　　　　　　　　　　　　　　1729–1762, ✝1796

alja Alexejewna　∞　　Paul I.　　∞　　Maria Fjodorowna
zessin von Hes-　　1754–1796, ✝1801　　Prinzessin von Württemberg
n-Darmstadt

Alexander I.　　　　Nikolaj I.　　∞　　Alexandra Fjodorowna
77–1801, ✝1825　　1796–1825, ✝1855　　Prinzessin von Preußen

　　　　　　　　　　Alexander II.　　∞　　Maria Alexandrowna
　　　　　　　　　1818–1858, ✝1881　　Prinzessin von Hessen-Darmstadt

Alexander III.　　　　Wladimir　　∞ Maria Pawlowna, Herzogin von
45–1881, ✝1894　　　1847–1909　　　Mecklenburg-Schwerin

　　　　　　　　　　　　Kyrill　　∞ Viktoria Fjodorowna, Prinzessin von
Michail　　　　　1876–1938　　　Sachsen-Coburg-Gotha
1878–1918

　　　　　　　　　　Wladimir　　∞　　Leonida Georgjewna
　　　　　　　　　1917–1992　　　Fürstin Bagration-Muchranskaja

　　　　　　　Maria Wladimirowna

　　　　　　　　　Georgij

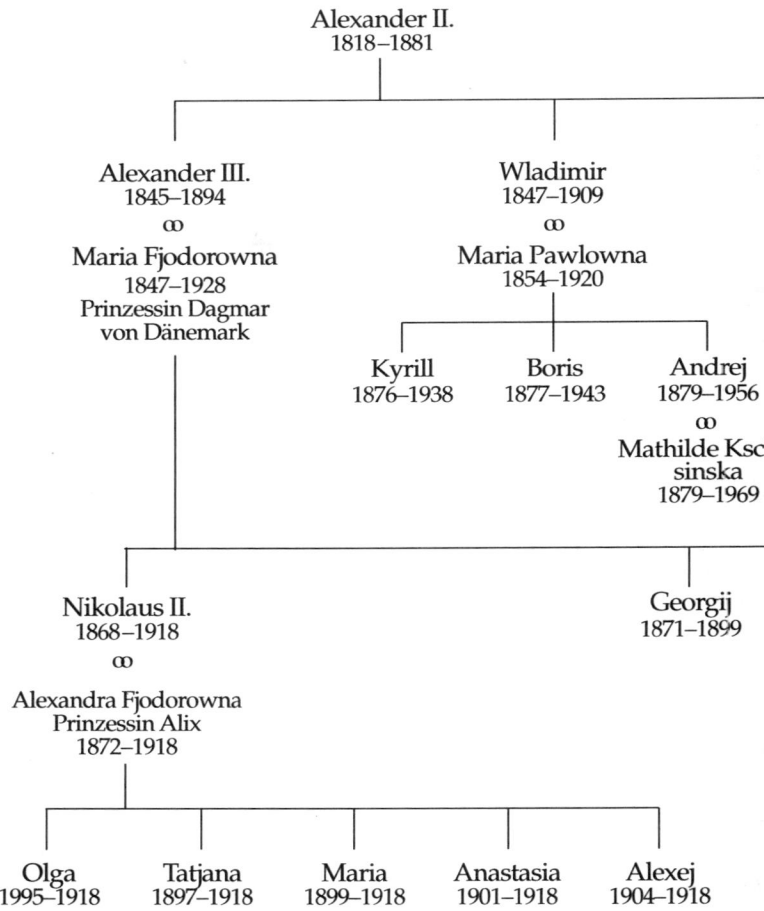

Alexander II.
1818–1881

Alexander III.
1845–1894
∞
Maria Fjodorowna
1847–1928
Prinzessin Dagmar
von Dänemark

Wladimir
1847–1909
∞
Maria Pawlowna
1854–1920

Kyrill
1876–1938

Boris
1877–1943

Andrej
1879–1956
∞
Mathilde Ksc
sinska
1879–1969

Nikolaus II.
1868–1918
∞
Alexandra Fjodorowna
Prinzessin Alix
1872–1918

Georgij
1871–1899

Olga
1995–1918

Tatjana
1897–1918

Maria
1899–1918

Anastasia
1901–1918

Alexej
1904–1918

400

Nikolaus II.

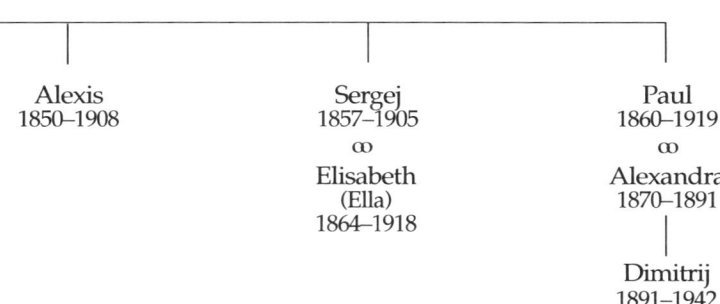

Alexis	Sergej	Paul
1850–1908	1857–1905	1860–1919
	∞	∞
	Elisabeth	Alexandra
	(Ella)	1870–1891
	1864–1918	
		Dimitrij
		1891–1942

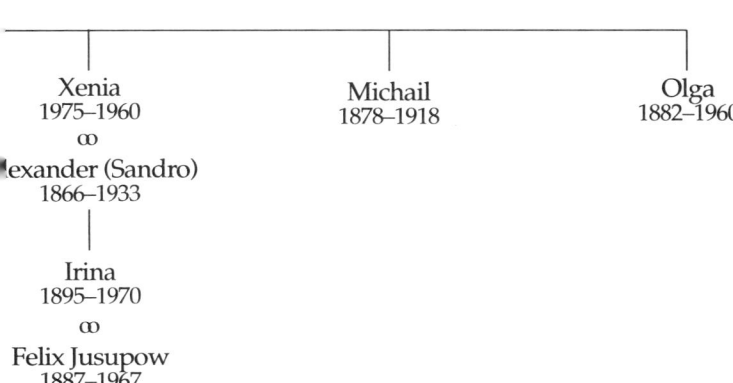

Xenia	Michail	Olga
1975–1960	1878–1918	1882–1960
∞		
exander (Sandro)		
1866–1933		
Irina		
1895–1970		
∞		
Felix Jusupow		
1887–1967		

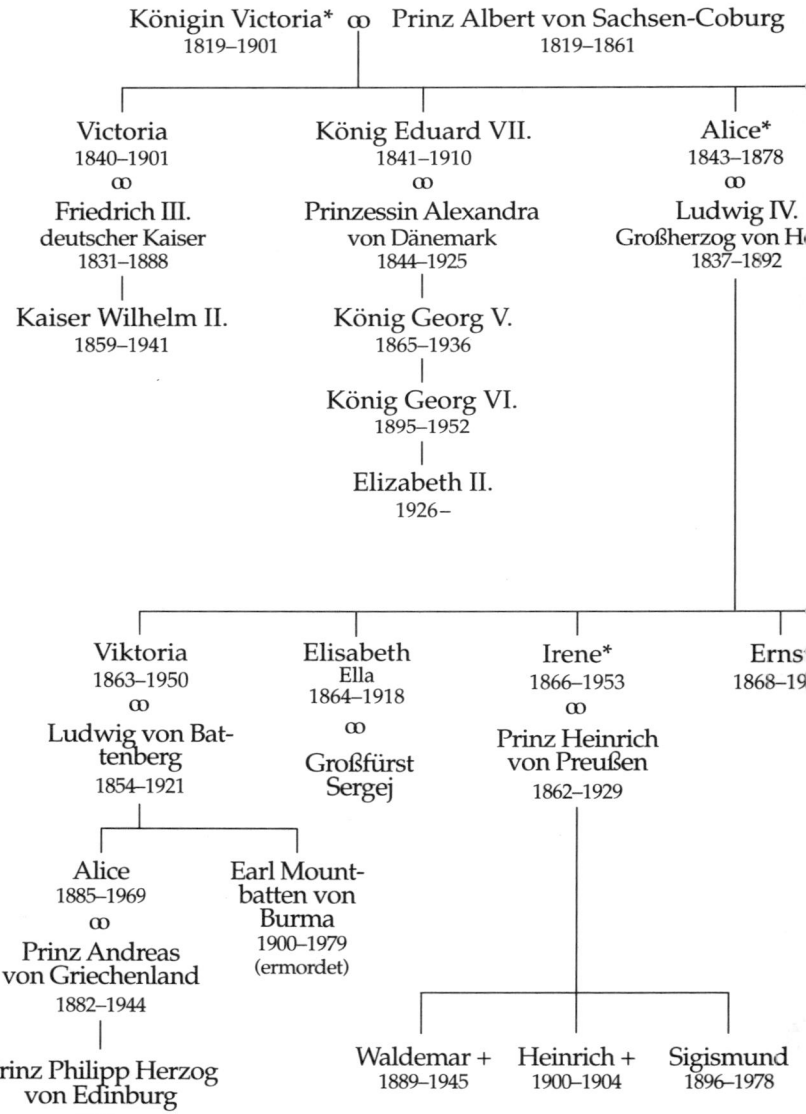

Königin Victoria* ∞ Prinz Albert von Sachsen-Coburg
1819–1901   1819–1861

Victoria	König Eduard VII.	Alice*
1840–1901	1841–1910	1843–1878
∞	∞	∞
Friedrich III.	Prinzessin Alexandra	Ludwig IV.
deutscher Kaiser	von Dänemark	Großherzog von H
1831–1888	1844–1925	1837–1892

Kaiser Wilhelm II.
1859–1941

König Georg V.
1865–1936

König Georg VI.
1895–1952

Elizabeth II.
1926–

Viktoria	Elisabeth	Irene*	Erns
1863–1950	Ella	1866–1953	1868–19
∞	1864–1918	∞	
Ludwig von Bat-		Prinz Heinrich	
tenberg	∞	von Preußen	
1854–1921	Großfürst	1862–1929	
	Sergej		

Alice	Earl Mount-
1885–1969	batten von
∞	Burma
Prinz Andreas	1900–1979
von Griechenland	(ermordet)
1882–1944	

Prinz Philipp Herzog
von Edinburg
1921–

Waldemar +	Heinrich +	Sigismund
1889–1945	1900–1904	1896–1978

geborenen Prinzessin Alix von Hessen

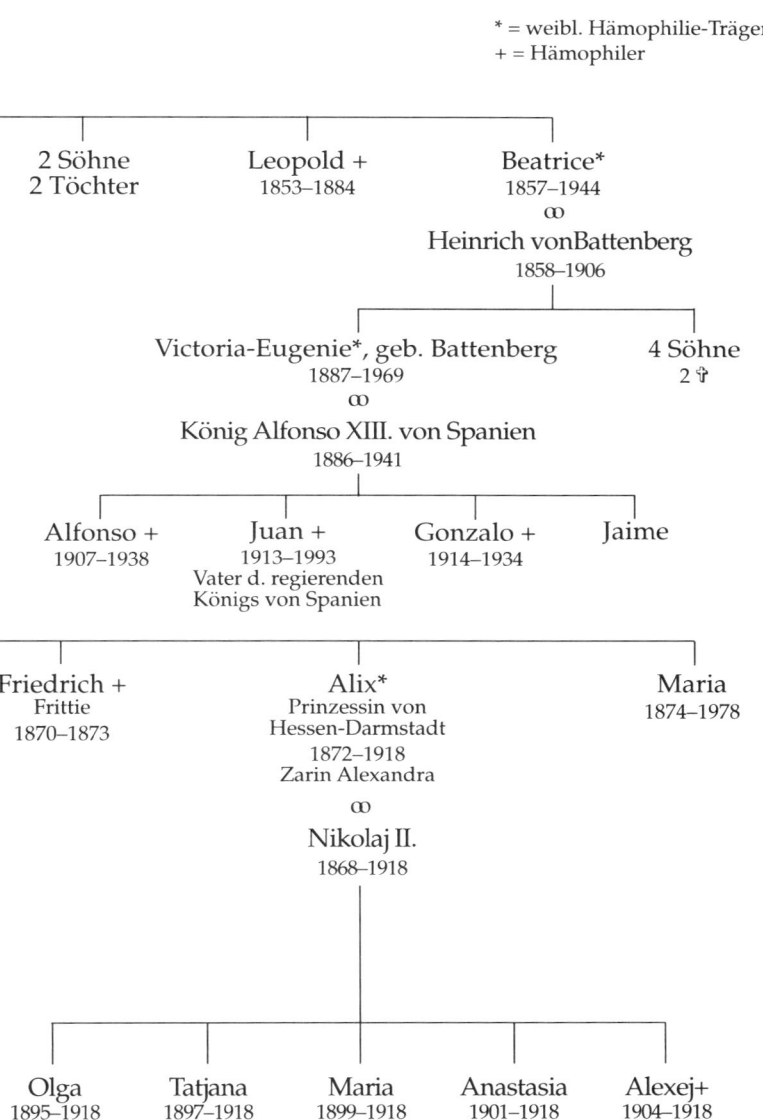

2 Söhne
2 Töchter

Leopold +
1853–1884

Beatrice*
1857–1944
∞
Heinrich vonBattenberg
1858–1906

Victoria-Eugenie*, geb. Battenberg
1887–1969
∞
König Alfonso XIII. von Spanien
1886–1941

4 Söhne
2 ♱

Alfonso +
1907–1938

Juan +
1913–1993
Vater d. regierenden
Königs von Spanien

Gonzalo +
1914–1934

Jaime

Friedrich +
Frittie
1870–1873

Alix*
Prinzessin von
Hessen-Darmstadt
1872–1918
Zarin Alexandra
∞
Nikolaj II.
1868–1918

Maria
1874–1978

Olga
1895–1918

Tatjana
1897–1918

Maria
1899–1918

Anastasia
1901–1918

Alexej+
1904–1918

Vergleichende Stammtafeln

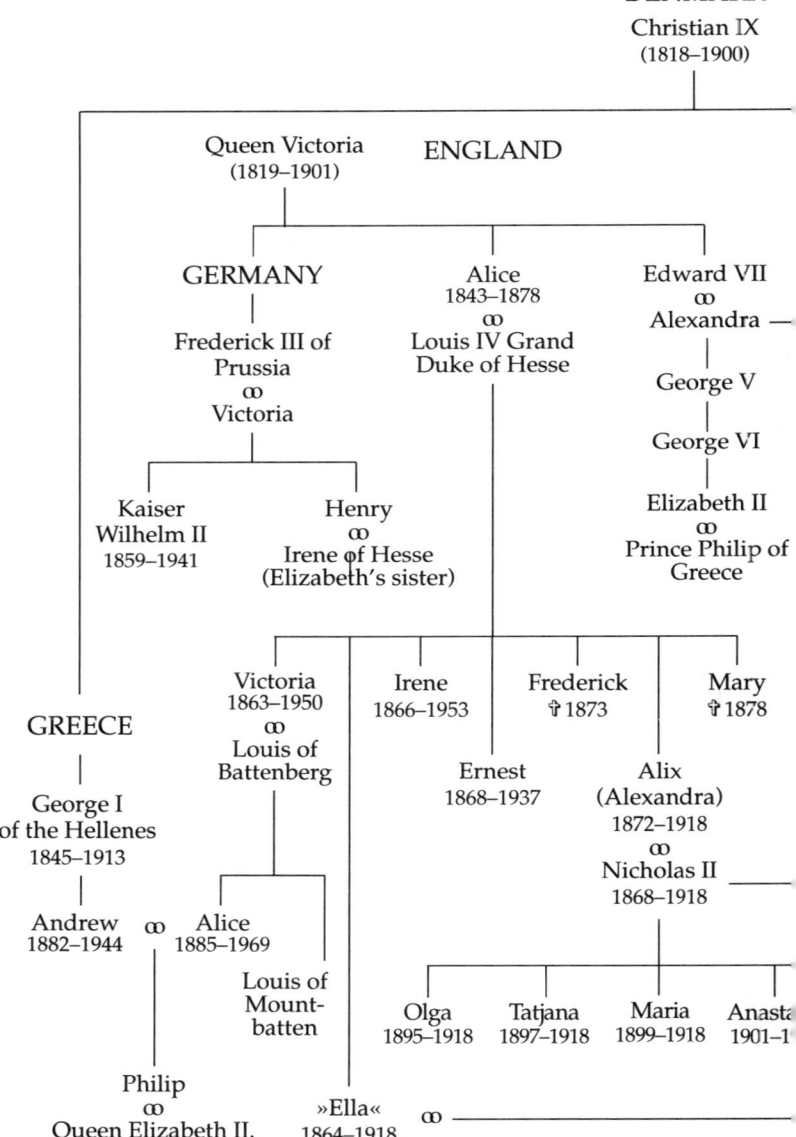

DENMARK
Christian IX
(1818–1900)

Queen Victoria
(1819–1901)
ENGLAND

GERMANY

Frederick III of
Prussia
∞
Victoria

Alice
1843–1878
∞
Louis IV Grand
Duke of Hesse

Edward VII
∞
Alexandra —

George V

George VI

Kaiser
Wilhelm II
1859–1941

Henry
∞
Irene of Hesse
(Elizabeth's sister)

Elizabeth II
∞
Prince Philip of
Greece

Victoria
1863–1950
∞
Louis of
Battenberg

Irene
1866–1953

Frederick
☥ 1873

Mary
☥ 1878

GREECE

George I
of the Hellenes
1845–1913

Ernest
1868–1937

Alix
(Alexandra)
1872–1918
∞
Nicholas II
1868–1918

Andrew   ∞   Alice
1882–1944   1885–1969

Louis of
Mount-
batten

Olga
1895–1918

Tatjana
1897–1918

Maria
1899–1918

Anasta
1901–1

Philip
∞
Queen Elizabeth II.

»Ella«
1864–1918
∞

RUSSIA

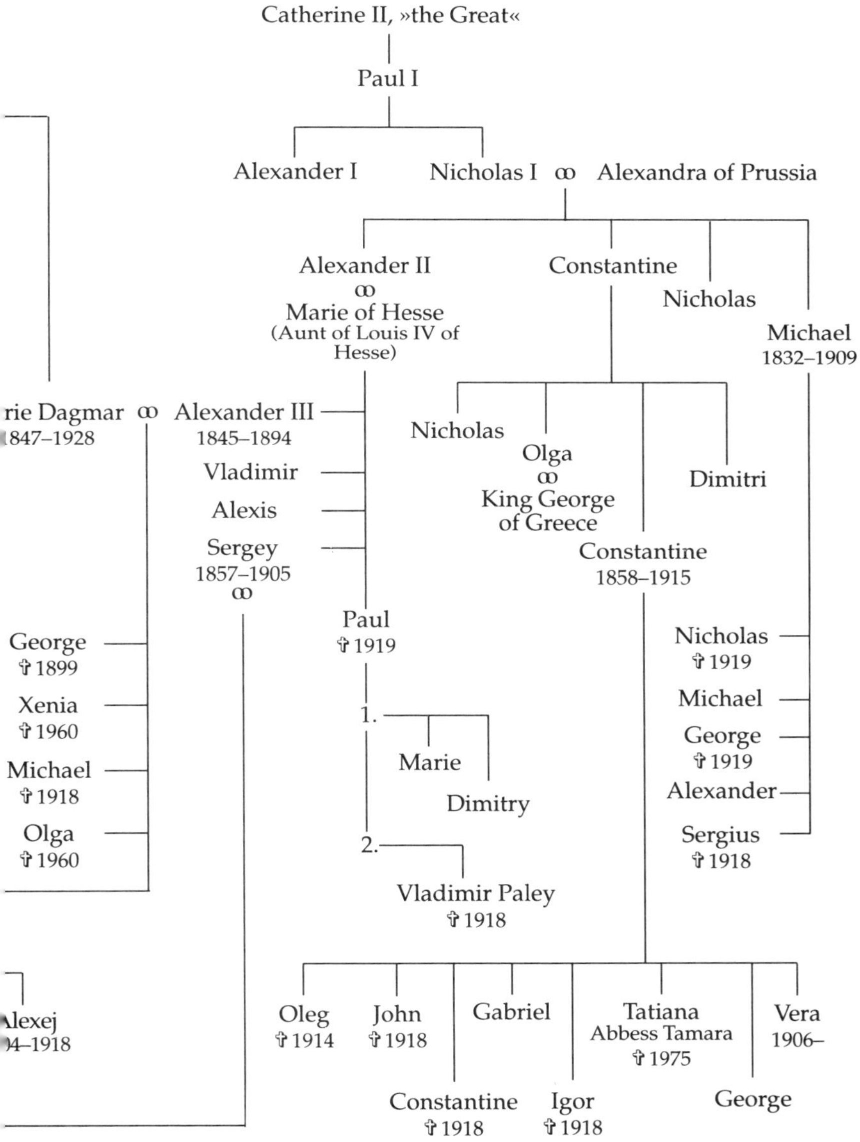

Catherine II, »the Great«

Paul I

Alexander I   Nicholas I ∞ Alexandra of Prussia

Alexander II
∞
Marie of Hesse
(Aunt of Louis IV of
Hesse)

Constantine

Nicholas

Michael
1832–1909

rie Dagmar ∞   Alexander III ——
847–1928   1845–1894

Vladimir ——

Alexis ——

Sergey ——
1857–1905
∞

Nicholas

Olga
∞
King George
of Greece

Dimitri

Constantine
1858–1915

Paul
♱ 1919

George ——
♱ 1899

Xenia ——
♱ 1960

Michael ——
♱ 1918

Olga ——
♱ 1960

1.

Marie

Dimitry

2.

Vladimir Paley
♱ 1918

Nicholas ——
♱ 1919

Michael ——

George ——
♱ 1919

Alexander ——

Sergius ——
♱ 1918

lexej
4–1918

Oleg
♱ 1914

John
♱ 1918

Gabriel

Constantine
♱ 1918

Igor
♱ 1918

Tatiana
Abbess Tamara
♱ 1975

George

Vera
1906–

405

Quellen

Archive

Archiv zur Neueren Geschichte (ehem. Parteiarchiv), Moskau
GARF – Staatliches Archiv der Russischen Föderation, Moskau
Bodleian Library – University of Oxford, England
MID – Archiv – Archiv des Außenministeriums, Moskau
Public Record Office (Foreign Office Papers), London
Archiv des Auswärtigen Amts, Bonn

Gespräche mit russischen Augenzeugen der Zeit bis 1918

Botkina Tatjana J. – Tochter des Hofarztes Botkin, Fontenay aux Roses
Bulgakow Wladimir A. – Wachposten im Kremlpalast um 1913
Kriwoschejin Igor A. – Sohn des Landwirtschaftsministers A.W.Kriwoschejn
Romanow Großfürst Wladimir Kyrillowitsch – Neffe von Zar Nikolaus II.
Schtscherbatow Fürst Alexej Pawlowitsch – Neffe des Innenministers um 1915
Stolypin Arkadij Petrowitsch – Sohn des Innen- und Premierministers P. Stolypin

Weitere Informationen verdanke ich Gesprächen mit:

Wladimir Solowjow – Staatsanwalt, Mitglied der Kommission betreffend die Untersuchung der in Jekaterinburg gefundenen möglichen sterblichen Überreste der Zarenfamilie
Peter Tamm – Wissenschaftliches Institut für Marinegeschichte GesmbH, Hamburg

Primärquellen

Die Tagebücher von Zar Nikolaus II.
Die Tagebücher von Zarin Alexandra Fjodorowna
Das Tagebuch des Zarjewitsch Alexej von 1916 bis 1918
Das Tagebuch von Sir Charles Sidney Gibbes 1917–1918
Das Tagebuch von Pierre Gilliard 1915–1918
Das Tagebuch von Großfürstin Olga Nikolajewna (Alexejs älteste Schwester)
Das Tagebuch des französischen Botschafters in Petersburg, Maurice Paléologue
Briefe von Zar Nikolaus II. an Alexandra Fjodorowna
Briefe von Zar Nikolaus II. an Zarinmutter Maria Fjodorowna
Briefe von Alexandra Fjodorowna an Nikolaus II.
Briefe von Alexandra Fjodorowna an Alexej
Briefe von Maria Fjodorowna an Nikolaus II.
Briefe von Alexej an Nikolaus II.
Briefe von Alexej an Alexandra Fjodorowna
Diverse Briefe an und von Alexej
Telegrammwechsel zwischen Nikolaus II. und Wilhelm II.
Telegrammwechsel zwischen Nikolaus II. und Georg V.
Telegrammwechsel zwischen Moskau und Jekaterinburg, Mai – Juli 1918
Protokolle der Sitzungen des Zentralkomitees in Moskau, Juni – Juli 1918

Verhörprotokolle und andere Dokumente des Untersuchungsrichters der Ermordung der Zarenfamlie, Nikolaj Sokolow, aus den Jahren 1918–1919
Gedächtnisprotokoll des Mordkommandanten Jakow Jurowskij 1918, 2. Fassg. 1920

Sekundärquellen

Alexander Großfürst Michajlowitsch – Wospominanija (Erinnerungen), Moskau 1991
Alexejew, Wenjamin – Gibel carskoje sjemi, miphy i realnost (Der Untergang der Zarenfamilie – Mythen und Wirklichkeit), Jekaterinburg 1993
Barkovec Olga – Naslednik Alexej (Der Thronfolger Alexej), Moskau 1996
Begemann Herbert – »Praktische Hämatologie«, Stuttgart 1977
Buchanan Sir George – Memuary diplomata (Erinnerungen eines Diplomaten), Moskau 1991
Buxhoeveden Baroness Sophie – Life and Tragedy of Alexandra Feodorovna, New York 1928
Buxhoeveden Baroness Sophie – Before the Storm, London 1938
Clarke William – The Lost Fortune of The Tsars, London 1994
Gibbes Sir Charles Sidney / J. C. Trewin – The House of Special Purpose, New York 1975
Gilliard Pierre – Imperator Nikolaj II. i jewo sjemja (Zar Nikolaus II. und seine Familie), 1921
Grabbe Graf Alexander – The Privat World of the Tsar, London 1984
Heresch Elisabeth – Schnitzler und Rußland (Geschichte einer Rezeption), Wien 1982
Heresch Elisabeth – Blutiger Schnee (Augenzeugenberichte der Oktoberrevolution), Graz–Wien–Köln 1987
Heresch Elisabeth – Das Zarenreich, Glanz und Untergang, München 1991
Heresch Elisabeth – Nikolaus II. – Feigheit, Lüge und Verrat, München 1992
Heresch Elisabeth – Alexandra – Tragik und Ende der letzten Zarin, München 1993
Heresch Elisabeth – Rasputin – Das Geheimnis seiner Macht, München 1994
Kerenskij Alexander – Die Kerenski-Memoiren, Wien 1966
Metternich Tatjana (Hrsg.) – Verschwundenes Rußland. Die Memoiren der Fürstin Lydia Wasiltschikow, Wien 1980
Miljukow Pawel – Political Memoirs 1904–1917, Michigan 1967
Mosolow A. A. – Pri dworje posljedjewo Rossijskowo imperatora (Am Hof des letzten russischen Zaren), Moskau 1993
Paléologue Maurice – Wospominanija ... (Erinnerungen des ehemaligen französischen Botschafters in Rußland), Moskau 1923
Pisma zarskoj sjemi is satotschenija (Briefe der Zarenfamilie aus der Gefangenschaft), Hrsg. E. E. Alferjew, Hl.-Dreifaltigkeits-Kloster, Jordanville, USA 1974
Potts D. M. & W. T. W. – Queen Victoria's Gene, Gloucestershire (England) 1995
Rasputin Maria / Baryham Patty – Rasputin, the Man Behind the Myth, 1977
Romanow Roman – Erinnerungen an den Zarenhof, Rom–Kopenhagen–München 1994
Sawtschenko P. – Swjetlyj otrok (sinngemäß: Thronfolger der Hoffnungen), Moskau 1990
Sasonow Sergej D. – Les années fatales (Die Schicksalsjahre), Paris 1927
Spiridowitsch General Alexandre – Les dernières années de la Cour de Tsarskoje Selo (Die letzten Jahre des Hofs von Zarskoje Sjelo), Paris 1928
Witte Graf Sergej Ju. – Wospominanija (Erinnerungen), Moskau 1960
Wyrubowa Anna – Frejlina jejo Welitschestwa (Hofdame Ihrer Majestät), Moskau 1991
Wolkow Alexej A. – Okolo zarskoj sjemi (Bei der Zarenfamilie), Paris 1928 / Moskau 1993

Namenverzeichnis

413

Bildnachweis